AF513750

Tagebuch ohne Datum

Gewidmet der Fremdenlegion, seiner Familie,
die ihn schmiedete und formte –
und dankbar allen Frauen dieser Welt,
die seinen Weg kreuzten und ein Stück begleiteten.

Hermann K. Kling

Tagebuch ohne Datum

Alle Rechte beim Autor
Herstellung: Books on Demand GmbH, Norderstedt
ISBN 3-8330-0619-6

Wo ich bin, will ich nicht bleiben
Die ich kenne, will ich nicht mehr sehen
Wo ich lebe, will ich nicht sterben
Aber wo ich sterbe, da will ich nicht hin
Bleiben will ich, wo ich noch nie gewesen bin.

Vorwort

Was war der Auslöser für dieses Buch? Das grottenschlechte Fernsehprogramm. Langeweile. Also, dann schreibe mal dein Leben nieder. DIN A 4 Block genommen, alles mit der Hand niedergeschrieben in vier Tagen. Nur wenn die Hand weh tat, Pause. Es war wie im Rausch.

Dann in den Keller. Die vierzig Jahre alte Reiseschreibmaschine hochgeholt. „Adler", Gabriele 10. 7,5 kg schwer.

Dreitausend Mal den Wagen mit der Hand hin und her geschoben. Ein Monat Zeitaufwand zum Übertragen in Maschinenschrift. Hundert Seiten lang dauerte es, um zu wissen, wie das Farbband eingelegt werden muss, um nicht dauernd hochzurutschen.

Dann die Rechtschreibung. Die Fremdwörter. Nach drei Stunden tippen wusste der Schreiber nicht mehr, wie man was schreibt. Der Horror.

Alles wurde am Stück niedergeschrieben. Ohne nachzulesen, ohne nachträglich auch nur einmal den Inhalt zu verändern. Er gibt sein Wort, so war es!

Alles ist authentisch, genau so war es. Vieles musste weggelassen werden, „zu heiß"!

Wie wird die Resonanz zu diesem Buch sein? Ob es überhaupt eine gibt?

Der Schreiber ist gespannt.

(Übrigens: Der Umschlag wurde von seinem Patenkind, Philipp Dussmann gestaltet. Der durfte auch als einziger das Manuskript vorher lesen. Dem gefiel es.) Also, Philipp – hoffen wir mal, dass sein alter Spruch sich wieder einmal mehr erfüllt: „Auch dumme Hunde kriegen Knochen."

Weg vom Stahlbauschlosser – In die Fremdenlegion – Der „Stern“ war schuld

Faschingsdienstag, 1953. Hauptbahnhof Mannheim.

Um von der damaligen US-Besatzungszone in die französische zu kommen, musste man nur über die Rheinbrücke nach Ludwigshafen. Das war verboten, strafbar. Drei Versuche schon gescheitert. Aufgegriffen von der Polizei und zurück zur Mutter. Mit Polizei. Das hieß Probleme. Große. Eine Straftat zusätzlich.

Dieses Mal musste es klappen. Faschingsdienstag, fast jeder war irgendwie verkleidet, und es klappte.

ER hatte nur ein Ziel: das Aufnahmebüro der Fremdenlegion – Nein, er musste nicht – er war kein Kofferklauer. Das war der Ausdruck in der Legion für Kleinkriminelle.

Die Illustrierte „Der Stern“ – und seine Reportage über die Legion und Indochina, die Strände, die wunderschönen Mädchen dort. So etwas hatte er noch nie gesehen. Asiatinnen, Eurasierinnen (Vater Europäer, Mutter Asiatin). Welch ein Leben musste das sein im Gegensatz zum jetzigen. Als frischgebackener Stahlbauschlosser. Mündlich 2, Praktisch 3. Abgeschlossen bei der Ridinger KG im Friesenheimer Hafen. Wo der Gestank einer Schokoladenfabrik alles zulullte. Man sich morgens an Kokstonnen mit Holzkohlen erwärmte, zusammen mit Arbeitern, frisch heimgekehrt aus dem Krieg, der Gefangenschaft. Gebrochen, kaputt und ohne Illusionen. Neid, Hass, Missgunst und das Streben nach dem Wohlwollen des Betriebsleiters.

Die anderen mochten ihn. Obwohl er zwei linke Hände hatte. Und halfen ihm. Zeigten ihm, wie ein Kran zusammengebaut wird. Es war die Hölle zu wissen: In dem Beruf gehst du unter. Er hätte ja auch Bankkaufmann werden können. Oder auf dem Tulla-Gymnasium bleiben, wo er nach zwei Jahren abging. Obwohl sein bester Freund der Sohn des Rektors war, der beiden persönlich Nachhilfe gab. Nein, Geld musste her, also Beruf.

Nun, dieser Bericht vom „Stern“. Die Chance. Raus aus dem Mief, dem Dreck, dem Gestank. Dem vorgezeichneten Weg der Klasse, den er als Vierzehnjähriger gewählt hatte.

Eine Fahrkarte zum Aufnahmebüro in Landau konnte er nicht lösen ohne schriftliche Erlaubnis, den Besatzungssektor wechseln zu dürfen. Also Schwarzfahren. Kein Problem. Die Züge überfüllt, der Schaffner ohne Chance, ihn aufzuspüren. Ziel Landau. Dort war das Aufnahmebüro. Nix wie hin – nix wie rein. Und er war drin. –

Über dem Schreibtisch des Wachhabenden ein Schild:
„LEGIONÄR, DU BIST GEKOMMEN, UM ZU STERBEN!
ICH WERDE DIR DEN WEG HIERZU ZEIGEN!"
General Sowieso.

Der erste Gedanke von ihm war, eigentlich wolle er ja nicht sterben, sondern Leben. Und zwar so, wie es im „Stern" geschrieben stand.

Im Aufnahmebüro. In der Pfalz

Alles, was er als Achtzehnjähriger (vor einem Monat wurde er 18) dachte, war – der will dir bloß Angst machen. Wer würde schon freiwillig in die Legion gehen, um zu sterben? Darin sah er keine Logik. Warum sollte man in die Legion wollen, wenn man schon vorher wusste, dass man sterben würde? Also besser ignorieren.

Drei Baracken waren es, oder vier, ca. hundert Quadratmeter jede. Voll mit jungen Leuten. Vorwiegend sein Alter. Ein paar ältere. – Alles in allem so zweihundert Leute. Am nächsten Tag schon sollte ein Transport mit Militär-LKW nach Marseille abgehen.

Kurze ärztliche Untersuchung, die jedoch so hart war, dass von zwanzig Bewerbern nur einer genommen wurde. Nein, die Legion hatte es nicht nötig, Leute betrunken zu machen, auf dass sie unterschrieben, wie das so oft von deutschen Zeitungen geschrieben wurde. Wozu dieser Aufwand, die Jungs kamen freiwillig. Voller Angst, dass sie nicht angenommen würden. Die Legion nahm nur die Besten. Schlank, keine Muskelmänner (nicht belastbar). Name: egal. Wer wollte, bediente sich.

Die meisten waren kriminell, ein bunt gemischter Haufen. Die Legion gibt dir eine Chance, neu zu beginnen. Du tauchst unter, kommst als Herr WEISS und bist zehn Minuten später Herr SCHWARZ. Welche Chance für so viele. Nazi auf der Flucht. Totschläger. Zuhälter. – Höchste Priorität: Neuer Name, neue Identität.

Die drei bis vier Milchbärte wollten keinen neuen Namen. Die Legion lieferte sowieso keinen mehr aus, der angenommen war und seinen Fünfjahresvertrag unterschrieben hatte. Sie wollten nur zu den schönen Asiatinnen. Nur, um die mal zu sehen, zu streicheln und zu küssen. Sex? Nun, da war schon etwas gewesen, aber nicht all zu oft. Aber mit den wunderschönen Asiatinnen – das wär's doch.

Rekrutierungsbüro in Marseille

Am nächsten Tag auf die LKW. Plane runter, Sprechverbot, und ab nach Marseille. Ankunft in der Nacht. Fußmarsch durch das nächtliche Marseille zum Legionsfort am Hafen über der Stadt.

Und los ging's: Putzen, Kartoffelschälen, medizinische Untersuchungen, acht an der Zahl, von Kopf bis Fuß. Es hörte nicht auf. Wieder mussten einige zurück. Der Rest blieb dort. Drei, vier Wochen. Jeder von Ihnen hatte nur einen Wunsch, bleiben zu dürfen. Wenn sie einen Fremdenlegionär sahen, den mit dem weißen Käppi - Kepi Blanc - dann waren das einer von denen, die es geschafft hatten. Neid, Ehrfurcht, und Stolz, unter denen zu sein, zu denen man auch gehören wollte.

Dann Appell, Namenverlesung (einige wussten schon nicht mehr ihren Phantasienamen). Einteilung für das Schiff nach Oran, Algerien. Und weiter zum Ausbildungszentrum Nummer 1: Sidi Bel Abbes.

In Marseille ging das Problem los, dass alle französisch redeten. Sie jedoch verstanden absolut nichts. Kurse gab es nicht. „Demerdez vous", sieh' zu, wie du klar kommst. Tausende von Malen hat er das immer wieder gehört. „Demerdez vous"! Vom Zahnweh bis zum späteren Kampfeinsatz, wenn die Munition zu Ende war. „Demerdez vous", oder die Du-Form: „Demerde toi". Bis heute hat er nicht vergessen, wie einer der französischen Militärärzte ihn bei der Untersuchung siezte. Das erste Mal, dass er von einem seiner Idole gesiezt wurde. Noch dazu von einem Arzt, der sein Schicksal in der Hand hatte – tauglich oder nichttauglich ... Dafür war er stolz, dankbar, und es hat ihn aufgebaut. Und er hat das nie vergessen.

Inzwischen kehrte Angst bei ihnen ein. Man hörte allerlei und nichts Schönes. Da war von Verlusten und Tod die Rede, von den „Vietcong" in Indochina und was da so abging. Aber dies wurde gebucht auf den typischen Legionsausdruck „DER rasiert", auf Deutsch: Der schneidet auf, gibt an, der lügt. Der Rasiert.

Ab Marseille dachte kaum noch einer an die wunderschönen Asiatinnen. Nur, was kommt jetzt? Ist die Ausbildung wirklich so knallhart, wie alle sagen? Wie kommt man da durch? Noch dazu, wo jetzt das Durchschnittsalter bei ca. fünfundzwanzig Jahren lag. Die Jungen wurden fast alle ausgesiebt. Allzu blauäugig. Die Erfahrenen wurden bevorzugt. Ein bisschen Kriminalität darf es schon sein.

Jetzt waren es schon die verschiedensten Nationen. Franzosen, vorwiegend kriminelle, Holländer, Italiener, Polen, Jugoslawen, ein paar Russen, Engländer, Amerikaner und in der Mehrzahl Deutsche. Vorwiegend SS-Soldaten und Offiziere. Die schufteten in Bergwerken unter französisch stehender Verwaltung. Prügel, kaum Verpflegung. Den SS-Leuten wurde bei freiwilliger Meldung in die Legion eine Entlassung nach fünf Jahren ins Zivilleben mit Bleiberecht in Frankreich in Aussicht gestellt. Das konnten die Franzosen gut versprechen bei Verlusten von bis zu neunzig Prozent. Doch wer wusste das schon, damals.

Für die Jungen brach nun eine schwere Zeit an. Von nichts eine Ahnung. Dominiert von Ganoven, vorwiegend. Kein Französisch sprechend, geschweige denn verstehen. Aber, bereits jetzt war ein Mythos zu spüren – etwas Undefinierbares – ein unbestimmtes Zusammengehörigkeitsgefühl – jeder respektierte jeden, ohne zu wissen warum eigentlich. Keiner brauchte (noch) den anderen, keine Gruppenbildungen, jeder für sich. Vielleicht war dabei auch die Angst im Spiel, im letzten Moment noch abgewiesen zu werden. Noch waren sie „Kandidaten". Noch nicht mal Rekruten. Eigentlich hatten sie überhaupt keinen Status. Militärklamotten, neutrale, trugen sie schon. Privates Zeug flog auf den Müll. Komplett. Pässe, Ausweise, Bilder, wurden eingezogen und verwahrt.

Von Marseille nach Oran und Sidi Bel Abbes

Dann die Überfahrt Marseille – Oran. Weiter mit dem Zug nach Sidi Bel Abbes, eine schöne kleinere Stadt. Guter erster Eindruck. Sofort ab in die Kaserne, weg von der Zivilisation. Sidi Bel Abbes – die Basis der Fremdenlegion in Nord-Afrika – und überhaupt. Da spielte sich alles ab. Kaserne in Hufeisenform, Paradeplatz davor. Blitzsauber, alles wie geleckt. Voller Legionäre, Legionsoffiziere. Frisch gebügelt wie aus der Reinigung kommend. Und sie dazwischen. Die „Bleu Bits". Wörtlich übersetzt, die blauen Schwänze. Von nichts eine Ahnung haben, was werden die schon bringen!

Ausbildung bei der „Escadron"

Nach umfangreichen Tests weiter auch mit ärztlichen Untersuchungen, Holzklötzchen zusammensetzen, Diktat (in Deutsch für die Deutschen), Mathematik, Reaktionsgeschwindigkeit bei verschiedenen Übungen – Eignungen wurden erfragt und rückgetestet, nervenaufreibend.

Einteilung zur Ausbildung. Infanterie, Fallschirmjäger, Pioniere. Escadron. Das hieß eigentlich Reiter-Schwadron. Der Namensgeber war Napoleon, die Legion behielt den Namen bei. Noch dazu, wo er aus vergangenen Zeiten so ruhmreich war.

Zehn Mann der Neuen kamen zur Escadron. Auch er.

Escadron stand nun für Panzer, Schwimmpanzer, überschwere Waffen, Minen, Transmission (Funkgeräte), leichte Waffen, Granatwerfer – drei Kaliber - und die vielen Arten der Munition – Panzerfaust, Kartenkunde, Finden der Routen bei Nacht nach den Sternen, Kompass. Das Schwierigste war jedoch, alles in Französisch. Immer noch keine Kurse, es gab auch nie welche. Da war er wieder der Spruch: „Demerde toi", sieh' zu, wie du klarkommst.

Für die Escadron sechs Monate Ausbildung. Sechs Monate! Für alle anderen drei Monate.

Das wirklich verblüffende, rein idiotische war, dass keiner auf die Idee kam, ein Wörterbuch zu kaufen. Wenn es auch noch keinen Ausgang gab, man hätte ja jemanden fragen können. 30 DM bekamen sie ja schon, aber niemand traute sich, irgend jemanden um irgend etwas zu bitten.

Dreißig Mann kamen auf ein Zimmer. Zwei Caporals, Obergefreite, brachten ihnen (noch mehr) Disziplin, Bettenbau (ganz wichtig) und das militärische Aufbewahren der Wäsche bei. Über dem Bett am Kopfende ein Viereck. Vierzig Zentimeter lang, vierzig Zentimeter breit, vierzig Zentimeter hoch, außen herum die Paradeschärpe in blau. Eigentlich gedacht als Bauchbinde aus ganz früheren Zeiten. Mexiko-Einsatz. Das Ganze musste so „gebaut sein", dass die Kanten messerscharf waren – normalerweise – unmöglich, Problemlösung: Holzbrettchen an den Seiten. Innen, natürlich. Jeder von den Vorgesetzten wusste das, aber es wurde ignoriert. Waren diese Hilfsbrettchen doch ein immer funktionierendes Druckmittel, zum Beispiel für Ausgangssperre. „Was, du hast da Brettchen drin? Du willst uns verarschen? Ausgang gestrichen. Vier Stunden Wache dafür." Diese Brettchen waren nur mit der Gunst der Caporals einzusetzen. Das hieß, Kaffee holen, pünktlichst. Austeilen. Töpfe spülen und zurück in die Küche, putzen – und, und, und. Und alles Hopp-hopp.

Antreten. Einteilen in Gruppen zur Ausbildung zu je fünf Mann. Das war um 7:00 Uhr früh.

Er war der Jüngste und seit seinem Eintritt in die Legion waren nun sechs Wochen vergangen. Erst sechs Wochen.

Deutsch sprechen: Verboten.

Freunde, Kontakt: Keine.

Zeit, um an daheim zu denken: Keine.

So muss sich ein Hamster fühlen, der in seinem Rad läuft.

Aber jetzt bekamen sie ihre Legionsuniformen. Und das heiß begehrte Kepi Blanc, den weißen Hut!

Asiatinnen hatte er bis zu diesem Zeitpunkt immer noch nicht gesehen, auch sonst nichts Weibliches. Außer, es lief mal ein weibliches Wesen an seinem Türmchen vorbei, wenn er mal wieder Wache hatte.

Erster Ausgang nach drei Monaten, also noch sechs Wochen bis dahin.

Drei Mal die Woche ging's nach „Khamasis"! Ausbildungsplatz. Zwölf Kilometer vor der Stadt. Mitten in einem großen Fichtenwald. Die zwölf Kilometer ging's zu Fuß. Volle Ausrüstung. Es galt, den Zeitrekord zu brechen und zu unterbieten. Geschafft hatten sie es nie. Sie bekamen es zu spüren. Nach dem Hinmarsch zusätzlich Latrinegraben. Nach dem Rückmarsch Strafwachen.

Dann Ausbildung. Theorie über Minen, Gewehr, Maschinenpistole, überschwere Maschinengewehre, die legendären 12,7 mm-Munitionsarten, Einzelteile, wie funktioniert wie – was, auseinandernehmen, zusammenbauen (Augen verbunden), Handgranaten, wie erfasst man ein Ziel? Wie schätzt man Entfernungen? Panzerfaust. Es hörte nicht auf. Notizen machen verboten. Und alles auf Französisch.

Die Panzerfaust. Das Horrording. Zwei Mann. Einer schießt, einer lädt. Die Projektile waren bis zu 45 Grad Außentemperatur einsatzbereit, dann Explosionsgefahr, Keinen interessierte es, 45 Grad wurden fast laufend überschritten.

Beim Abschuss dringen glühendheiße gelbe Pulverpartikel, in die Beine und den Körper. Schutzbrille? – Nie gesehen. Höllenschmerz. Manchmal funktioniert der Abschuss nicht. Rohr senken, nach vorne zum Boden hin. So, dass der Nachlader das Projektil mit den beiden Händen auffangen muss. Langsam, langsam. Neu einführen, neu abschießen. Laufend denkt man, „Jetzt geht das Ding gleich hoch!". Auch egal.

Das Schießen, jedes Schießen – egal mit was – ist die Nummer 1 von allem. Wer da Spitze ist, ist gut dran. Auf jeden Fall muss er keine Latrinen mehr graben, keine Schießlöcher auf den Schießscheiben mit Papierschnitzeln überkleben, keine Kochgeschirre und Töpfe schrubben. Mit Erde, Lehmerde. Wasser gibt's einen Liter pro Tag.

Dann Dauerlauf mit dem Gewehr. Achthundert Meter Gesamtstrecke. Rennen, Trillerpfeifensignal, im Lauf auf die Scheibe schießen, weiter rennen, Signal, schießen, weiterrennen. Bloß gut, dass das im Ernstfall kaum vorkam. Das Gewehr hieß MAS 36. Also Baujahr 1936. Also siebzehn Jahre alt. Aber es war ein sehr gutes Gewehr. Bei dieser Übung dachte er jedes Mal, jetzt bleibt gleich das Herz stehen. Diese Rennerei bei der Hitze und treffen musste man ja auch noch ...

Es war ist so heiß, dass die Leuchtspurmunition (jeder fünfte Schuss) bei der 12,7 mm im Lauf explodiert. Viele Verletzte. Manche schwer. Die 12,7 mm ist auf gepanzerten Kettenfahrzeugen auf Laufschienen aufmoniert. Im Kreis, 360 Grad, schwenkbar. Wackelt wie ein Kuhschwanz, aber ein irres Gefühl, damit zu schießen. Und noch irrer, damit zu treffen.

Heute bekam er den ersten Tritt in den Hintern vom Ausbilder beim Handgranatenwerfen.

Ein Loch, man steht drinnen – der Ausbilder dahinter. Drei Kreise in verschiedenen Entfernungen davor. Kreis 2 ist zu treffen. Er nimmt die Granate in die linke Hand, zieht mit der rechten den Stift raus – dann zählen – 7 Sekunden. 1 - 7. Bei 7 explodiert das Ding. In diesem Fall, je nach Abstand, wird bei 5 geworfen. Die Granate muss in den entsprechenden Kreis – ideal ist das Explodieren fünf Zentimeter im entsprechenden Kreis über dem Boden.

Nur, dass er bei 4 die abgezogene, explosionsbereite Granate von der linken in die rechte Wurfhand nahm und dann warf. Er hätte von Anfang an die Granate in die rechte Hand nehmen, links abziehen und dann werfen müssen, mit der rechten Hand. Einen Meter vor dem Loch, in dem er mit seinem Ausbilder stand, ging die Granate hoch. Passiert ist nichts, den Tritt in den Hintern hatte er verdient, Anschließend Latrinegraben.

Rückmarsch, Zeitrekord brechbar? Singen wie immer beim Einmarsch in die Stadt. Deutsche Wehrmachtslieder (auch), auf Deutsch. Jetzt mussten die Franzosen und die Nichtdeutschen den „Westerwald“ lernen. Sie freute es.

An diesem Tag werden jetzt erste weibliche Wesen gesichtet. Wie schön sie doch sind. Fabelwesen aus einer anderen Welt. So weit, unerreichbar, entfernt. Wenn eine attraktive weibliche Person vorbeigeht, schreit einer auf Deutsch: “Was sagt die Truppe?“ und alle im Chor „Bonjour la Puppe“. Ja, ja – saublöd, aber es machte Spaß. Sie bekamen dafür immer ein charmantes Lächeln. Müde war in diesem Moment keiner mehr.

Die Ausbilder – SS-Offiziere

Die Ausbilder waren fast alle SS-Offiziere. Der Zweite Weltkrieg war zu Ende gewesen als er zehn Jahre alt war. Er hatte keine Ahnung, was da im Dritten Reich abgegangen war. Und wann ist schon die Vergangenheit aus der Gegenwart heraus erklärbar? Und was ist die Wahrheit? Doch meistens das, was bestimmten Interessengruppen nützt und was die Mehrheit für gut findet und auch so schluckt. Die Moral, die Nutte der Weltgeschichte – dachte er damals unausgegoren so vor sich hin. Die Wahrheit – wer ist im Besitz derselben und was ist sie überhaupt, „die Wahrheit"? Er hatte andere und für ihn weit größere Probleme als solche.

Die SS-Offiziere, alle damals im Rang eines Sergent, Unteroffiziere, Herren über Leben und Tod. Sie waren für die Legionäre mehr als nur Führungsleute. Sie haben mit den Legionären gespielt, alles aus ihnen herausgeholt, motiviert – gebrochen und neu geformt. Aber sie wurden immer wie Männer behandelt. Dafür liebten die Legionäre sie. Brutal, ja – aber nie körperliche Züchtigung. Die mentale Züchtigung ging mehr unter die Haut. Die einfacher gestrickten Legionäre wurden damals schon zu stumpfen, zu allem fähigen Tieren. Primitiv.

Anders er, er wollte vorwärtskommen, aufsteigen, aber wie? Bei den auszubildenden Legionären gab es Architekten, Ärzte, Bankleute, gehobene Berufe und Proleten. Zuhälter, Gangster und ... Stahlbauschlosser. Die Eignungstester waren schon gut und erkannten sofort, dass er nicht einmal für die Pioniere taugte, für das Handwerkliche. Aber für die Escadron. Die Elite neben den Fallschirmjägern.

Allererster Ausgang

Nach drei Monaten Grundausbildung der erste Ausgang. Als Legionär. Hemd gebügelt. Rücken als Schachbrettmuster. Hosen mit Falten zum Brotschneiden. Hände, Fingernägel und Taschentuch vorzeigen. Urlaubsschein. Nix wie raus jetzt. Von 18:00 Uhr bis Mitternacht. Sidi Bel Abbes. Elegant gekleidete Menschen, perlendes Lachen, Duft von Parfüm, vom Krieg keine Spur.

Wohin? Mit allem Geld das er hatte – es reichte für ein Spitzenrestaurant. Rotlichtviertel? Nein. Nächstes Mal. Also, gut essen. Eine weiße Tischdecke mit brennender Kerze auf dem Tisch – das war es, was er heute wollte. Aber, im Restaurant, drinnen, Riesenbammel.

Was isst man? - Wie? Was trinkt man? - Wozu? Wie bewegt man sich? Jeder schaut. Ein einfacher Legionär – Respekt null. Eher belustigte Neugier. Ein Fremdkörper. Er spürte das, und er fühlte in sich eine heiße Wut aufsteigen. Und damit unverhoffte Sicherheit.

Überall Offiziere und er allein. Einfacher Soldat, achtzehn Jahre alt. Fremd, aber nicht verloren. Und ein erster Einblick in das große Spiel um die Macht innerhalb des Militärs.

Die Legion unterstand der französischen Regierung. Die Legion kämpfte unter der Trikolore. Aber die Legion hatte ihre eigenen Fahnen (je Regiment). Und eine einheitliche Farbe. Sie hatte die Farben Grün – Rot. Nie, nie respektierte ein Legionär, vom einfachen bis zum Oberst, französische höherstehende Offiziere von den regulären französischen Truppen. Das kam durch die französischen Offiziersschulen selbst. Die besten drei eines Jahrgangs durften wählen, in welcher Einheit sie Dienst tun wollten. Alle gingen in die Legion, alle. Es waren die Söhne von Generälen, Ministern und anderen hohen Würdenträgern der französischen Republik.

Die Legion war schon immer das Maß aller Dinge in Frankreich, auch bei der Bevölkerung. Man mochte sie nicht unbedingt, aber man bewunderte sie.

An diesem ersten Ausgehabend bekam er sofort mit, dass die anwesenden Legionsoffiziere befürchteten, dass er sich, und damit die Legion, blamiere. Die regulären französischen Offiziere hofften jedoch allzu gern, dass er sich blamiere um zu zeigen, schau – die Legion, die Barbaren.

Die späte Rache dafür, dass die Legion diese Offiziere gar nicht wollte. Die Legion war die Elite. Und sie wussten das, die französischen Offiziere.

Einer seiner Vorteile war sein Instinkt – nicht geschult aber intuitiv. So auch die Auswahl des Essens. Schwerer zu verstehen als die Einzelteile der 12,7 mm auf Französisch. Aber er hatte Glück. Es ging gut aus – dieser erste Abend war härter als ein Ausbildungstag.

Die Frauen waren sehr interessiert, was ist ein langweiliger französischer Offizier gegen einen exotischen Fremdenlegionär? Aber, null Chance. Wie über was in Französisch parlieren? Und wie an eine solche Frau rankommen?

Also zurück in die Kaserne. Viel zu früh, aber an diesem Abend wurde beschlossen – und wenn er dabei draufgehe – „er will dazugehören und muss lernen – alles das, was dazugehört“.

Die Franzosen nennen das KULTUR. Dieses Wort umschließt alles. Benehmen, Anstand, Charme, Verlass, Erfolg – eben alles. Ohne Kultur: Keine Chance. Als erstes Französisch lernen. Heeresdienstvorschriften lernen. Und das Allerwichtigste, die ungeschriebenen Regeln. Das ist schon in der Muttersprache sehr schwer und delikat. Erst in einer fremden Kultur. Unglaublich, wie die Denkungsweise bei den Franzosen gegenüber der deutschen abweicht. Er hätte das vorher nie geglaubt. Das war ja fast ein anderer Kontinent. Welche Opfer sind zu erbringen? Zu welchem Preis? Wo anfangen? Wer hilft und warum? Man lernt, man fragt nach, man öffnet sich und gibt sich so dem anderen gegenüber zu erkennen. Er sah darin keine Vorteile, eher Nachteile. Man sieht sich ja – so sagt man – immer zweimal. Beim Militär gilt das sehr oft. Und wenn der andere dann bei einer krummen Sache etwas vertuschen will? Und der fordert dann einen Gefallen ein, für all die Zeit, die er in ihn investierte? Die Gedanken drehten sich im Kreis. Keine Lösung. Also, darauf ankommen lassen. Wieder einmal.

Freikauf

Am nächsten Tag Rapport beim Capitaine, dem Kompaniechef. Die Mutter von ihm hatte eine Eingabe gemacht und die Chance bekommen, ihn freizukaufen. 20.000 DM, ein Vermögen zu jener Zeit. Der Capitaine befahl ihm, zurückzukehren. Mit wackeligen Beinen Widerspruch. „Er bleibt“, und er blieb. Der Capitaine war sauer. Ab diesem Tag wurde er besonders herangenommen. Panzerketten putzen. Normalerweise besorgten sie sich hierfür Diesel. Verboten. Er putzte die Ketten mit einem kleinen Bürstchen. Strafdienst. Zusatzwachen. Ausgangssperre. Aber es war ihm egal.

Seine beiden Caporals hatten Mitleid mit ihm und stellten ihn vom Stubendienst frei. Natürlich Neid bei den anderen. Er machte wieder Stubendienst. Nun waren die beiden Caporals sauer.

Mutprobe

Einen Tag später Mutprobe. Der Turm. Sein einziger Wunsch, weit weg zu sein. Aber er war nicht weg. Er stand da und musste hinauf auf den Turm. Das Wahrzeichen eines weiteren Übungsgeländes. Gespickt mit allen Schikanen. Mauern, ca. drei Meter hoch, die mit einem Sprung und einem Tritt dagegen einen hochkatapultierten. Die beiden Hände fassen die Oberkante, drüberziehen. Alles mit Stahlhelm und Gewehr. Wehe, das Gewehr berührte bei der Übung den Boden ...

Tiefes Wasser. In Abständen von einem Meter befestigte, jedoch frei schwimmende Reifen. „Nun hüpft mal schön! Schneller, schneller“. Stacheldraht, vierzig Zentimeter hoch gespannt. Durchrobben. Bei Maschinengewehrfeuer, scharfe Munition. Da das MG beim Feuern vibriert, streut es – auch nach unten. Wie durch ein Wunder ist da nie etwas passiert, bis heute ist ihm das ein Rätsel.

Aber all das war nichts gegen den Turm. Ca. dreißig Meter hoch, verbunden mit einer Stahltrosse, befestigt an einer 2,50 Meter hohen Betonmauer. Ca. sechshundert Meter war die Länge der Stahltrosse – vom Turm oben bis zur Mauer. Neigungswinkel ca. 30 Grad. Das ergab einen Affenzahn. Oben, auf dem Turm, eine Art Schlitten mit Haltegriffen – befestigt am Seil, auf Gleitrollen. An den Griffen festhalten und abwärts. Schneller und schneller sauste das Ding abwärts. Richtung Betonmauer. Vor der Betonmauer natürlicher, harter Boden. Landung drei Meter vor der Mauer, nicht früher – sonst Wiederholung des Ganzen. Das war ein Austarieren. Wann loslassen? Lässt man zu spät los, klatscht man gegen die Mauer. Tot.

Die Mauer musste später auf Weisung des Verteidigungsministeriums entfernt werden. Zu viele Tote und Verletzte.

Er schaffte auch diesen verdammten „Turm“. Ab diesem Moment ließ man ihn in relativer Ruhe.

Führerscheine und die Lehmhäuser

Infanterieausbildung nach drei Monaten abgeschlossen. Jetzt Panzerfahren und „Krabben“, so genannte Schwimmpanzer auf Ketten. Besonders leistungsfähig in Reisfeldern unter Wasser und im Schlamm. Offen wie ein Cabriolet und gepanzert. Bestückt mit MG, 7,5 mm, ca. eine Tonne schwer, fünfzig Kilometer schnell. Übungsgelände Schlamm in drei Meter breiten Gräben, ohne Gräben mit festgelegten Routen. Vollgas und durch. Die Seitenwände der Gräben durften dabei nicht berührt werden. Endlich mal etwas, das Spaß machte. Bei erfolgreichem Abschluss durfte auf dem Schulterstück der Uniform eine silberne Krabbe als Abzeichen getragen werden. Auf die waren alle scharf.

Führerschein machen mit dem US-Jeep, Schwimmpanzer (Krabbe) und dem normalen Panzer. Prüfungsaufgabe für den Panzer-Führerschein: Auffahren mit dem Panzer auf eine Art Pyramide. Vier Meter hoch. Die Oberkante der Pyramide war mit einem Stahldreieck eingefasst. Zwanzig Zentimeter breit. So hielt an der Oberkante der Beton und bröckelte nicht ab. Ganz, ganz langsam hochfahren. War der Schwergewichtspunkt des Panzers überschritten, kippte der nach vorne und unten. Mit einem Schlag und einer Gewalt, dass er dachte, sein Körper sei in der Mitte zweigeteilt worden. Durchgefallen, noch einmal. Drei Versuche. Der Panzer musste so ausgependelt werden, dass er auf der nur vier Zentimeter breiten Oberkante „wippte“. Frei und waagrecht wippte. Ein Millimeter zuviel an Gas, falsches Austarieren der Kupplung, und wieder klatschte der Koloss auf. Er hat es beim dritten Mal geschafft.

Diese Ausbildung machte Spaß. Die Legion sorgte jedoch dafür, dass der Spaß nicht zu groß wurde. In den Pausen lernten sie, kleinere Häuser aus Lehm zu bauen.

Das ging so. Riesenkuhle. Lehm wurde mit viel Wasser und Stroh mit den nackten Füßen vermischt. Stundenlang. Dann raus mit dem Lehm und kurz antrocknen lassen. Anschließend in handliche Blöcke zurechtschneiden (ähnlich wie Torfstechen) und trocknen lassen. Beim Zusammenbau in kleinere Häuser wurden die nun trockenen Blöcke wieder angefeuchtet und zusammengefügt. Das war der Knackpunkt bei dem Häuserbau aus Lehm. Die Feuchtigkeit der Blöcke musste genauestens stimmen. Eine Wissenschaft war das, fast. Jedoch unglaublich, wie resistent diese Häuser waren. Ob Regen, Hitze oder Kälte – die Dinger waren unverwüstlich. Zwei Drittel der Häuser blieben stehen zum Austesten auf die Dauer der Haltbarkeit. Die anderen wurden nach dem zweiten Tag wieder eingerissen und das Material wieder verwendet. Es wurde auf den Zentimeter genau gearbeitet und dann riss man alles wieder ein. Merde, verdammte.

Grundausbildung

Änderung der Ausbildung „Dschungelkampf". Im Fichtenwald. Bei ihnen in Sidi Bel Abbes gab es keinen Dschungel. MG-Löcher graben. Schützenlöcher. Kampfformationen, Erkundungen, Hinterhalt legen, Stellung sichern, Verhalten bei eventuellem Rückzug, Nahkampf mit dem kleinen Feldspaten üben. Durchschlagskraft der verschiedensten Munitionsarten bei verschiedener Entfernung - auswendig lernen.

Er war immer noch achtzehn Jahre alt und die sechs Monate Ausbildung waren immer noch nicht vorbei.

Abends Kantine. Viele Legionäre – viel Bier – ab und zu Tumulte, Militärpolizei. Er war zwei Mal dort, das war nichts für ihn. Er lernte statt dessen Französisch mit der restlichen Energie, die nach dem vergangenen Tag noch verblieb.

Besuch bei den „Blumen der Nacht"

Jetzt auch Besuch bei den „Blumen der „Nacht". Bordell. Nur die kontrollierten – off limits die anderen Etablissements. Diese waren jedoch besser. Wehe, man wurde darin geschnappt. Mädchen und Frauen aus vielen arabischen Ländern.

Zur Dauerfreundin wurde eine Rothaarige. Selten. Er hatte nicht das Geld und sie mochte ihn, sehr. Musik, arabisch, französisch, die Piaf, der Spatz aus Paris. Das erste Geborgenheitsgefühl – Zärtlichkeit, Gespräche und Dankbarkeit gegenüber diesen Mädchen. Er wusste damals noch nicht, dass ihn diese Blumen der Nacht sein Leben lang faszinieren und begleiten sollten. Begleiten – sporadisch gemeint. Weltweit. Damals „Grundsteinlegung". Nie haben sie ihn verraten, enttäuscht, beklaut. Sie merkten, er respektierte sie, er mochte sie. Und er liebte sie. Was auch an Kraft und Energie dort verblieb – er kehrte mit mehr in die Kaserne zurück als er dort ließ.

Ab nach Indochina – Ankunft in Saigon – Das Fünfte Regiment

Appell. Antreten. Truppenzusammenziehung. 5000 Mann. Einschiffung nach Indochina. Was später an kläglichem Rest dieses damaligen Riesenlandes verblieb nannte man dann „Vietnam". Und die „Viets" – die Vietcong waren die Bösen, die Kommunisten, sagte man ihnen damals.

Was verstand er schon damals davon, achtzehneinhalb Jahre alt. Es hätte ihn wahrscheinlich auch gar nicht interessiert. Es gab andere Probleme. Hautnahe Probleme. Der tägliche Alltag war genug.

Jetzt die Einschiffung auf der „Pasteur", dem früheren deutschen Schiff „Bremen". 5000 Mann, Hängematte, dicht an dicht. Alle Legionäre unter Deck. Heiß, kaum Süßwasser, Drill, Vorschriften. Minutiöser Ablauf verschiedener Übungen. Essen fassen, Unform waschen, bügeln – wie?, wo?, mit was? Demerde-toi – sieh' zu, wie du klar kommst.

Ankunft in Saigon. Nacht. Auf LKW und ab ging's. Rein in die grüne Hölle. Dschungel, riesige Reisfelder, Moskitos, Blutegel, Malaria und die überaus gefürchtete Dysenterie. Und weiß der Teufel, was noch.

Ach ja, es gab ja auch noch die Vietcong! Die Menschen in Indochina waren zarter, knabenhafter vom Wuchs her. Die Männer wendig, ohne Skrupel und fanatisch in der eingeimpften Ideologie. Unterstützt im Kampf gegen Frankreich von Kubanern, Nordkoreanern, Russen und DDR-Soldaten. Selbst bis dahin hatte er noch keine Asiatin gesehen. Manchmal glaubte er schon, es gäbe gar keine. Hatte der „Stern" gelogen? Aber der brachte doch die Bilder von diesen Mädchen, den Stränden und Palmen – das ganze Exotische, das ihn erst in die Legion hatte gehen lassen.

Einteilung in das Fünfte Regiment. Infanterie. Das glorreiche Fünfte Regiment. Und das verlustreichste. Infanterie, wieso Infanterie? Er war doch von der Escadron, Panzerfahrer mit Spezialausbildung. Wofür dann sechs Monate Grundausbildung? Später erfuhr er, dass alle Krabben aus dem Verkehr gezogen worden waren. Aufgelöst, Panzerung fünf Millimeter zu schwach. Alle Fahrer, nach und nach, abgeschossen. Die Fahrzeuge waren noch da, aber keine Fahrer. Es blieben bei der Ankunft mit ihm zwanzig Fahrer. Ab in die Infanterie. Die brauchten unbedingt Ersatz. Viele Verluste.

Er war sauer, enttäuscht und wütend. Er hatte doch Plattfüße, gar nicht tauglich für die Infanterie ... Ankunft in dem neuen Haufen, 3:00 Uhr nachts. Eine Kompanie hatte vier Züge. Er kam in den dritten. Mit weiteren drei Mann als Verstärkung. Die erwarteten zehn Mann!

Dieser Zug lag an einem Dschungelrand, zwanzig Mann. Davor Reisfelder, im Mondlicht silbern glänzend. Romantisch. Eine nach Diesel stinkende Krabbe, ohne Mondlicht, wäre ihm lieber gewesen. Erstes Zusammentreffen mit dem Sektionschef Schmitt, dem „Bär". Normalerweise hätte ein Leutnant führen sollen – keiner mehr da. Schmitt, früherer SS-Offizier, neunzig Kilogramm. Schiss vor dem. Damals wusste er noch nicht, dass sie beide noch gut fünf Jahre zusammenbleiben sollten.

Der brauchte einen neuen MG-Schützen. Die Waffe, Typ „FM" 7,5 mm. Eine Top-Waffe. Je Ladestreifen 22 Schuss. Zehn Ladestreifen trug er. Also 220 Schuss. Das war aber nicht viel. Zum Tragen schon. Zur MG-Mannschaft gehörten noch weitere vier Mann – mit weiteren 250 Schuss je Mann. Ergab gesamt ca. 1300 Schuss. Bei Dauerfeuer waren die in fünf Minuten weg. Später lernte er, dass selbst im Kampfeinsatz die 1300 Schuss vier Wochen lang reichen. Reichen mussten!

Je Zug gab es zwei „FM"-Maschinengewehre. Eines musste neu besetzt werden. Schießen auf Flaschen. In der Nacht. Drei Mann standen zur Auswahl. Er bekam das MG. Der Schütze immer privilegiert, so lange er Spitze war.

Erste Frage an den Bär – wo kriegt er Munition her? Diese schönen unschuldigen Fragen, die den alten Hasen zur Verzweiflung brachten. Nachschub? Gelegentlich, per Abwurf am Fallschirm. - Straßen? Weit weg. - Hubschrauber? Keine. - Ärzte? Keine. - Demerde toi – sieh' zu, wie du klar kommst.

Indochina – Erster Tag von drei Jahren

Weihnachten in Indochina. Die erste Weihnacht in der Legion. Wache von Mitternacht bis 2:00 Uhr nachts. Die beschissenste Wache von allen. Einmal richtig durchschlafen, ja das wär's. Regen, kalt. Der dünne Kampfanzug durchnässt. Unterhemd? Pullover? – Rien – nichts. Ein dünner Regenmantel. Jeder hatte eine halbe kleine Zeltplane. Zwei Mann ergaben so ein Zelt. Seine halbe Zeltplane hing über dem MG. Den Schlapphut hatte er in die Stirn gedrückt. Stahlhelme gab es in Indochina für die Legion nicht. Soldaten im Dschungel mit Stahlhelm ... Man hört damit nichts. Beim Schießen rutscht er über die Augen, und schwer zum Tragen ist er noch dazu. Der Regen war gut. So sah der Bär bei der Wachkontrolle seine Tränen nicht.

In zwei Wochen ist sein neunzehnter Geburtstag.

Die französische Kriegsführung war anders als die spätere amerikanische. Keine Basislager. Seltenst. Immer in Bewegung bleiben. Jagen und gejagt werden. Immer in Bewegung bleiben. Die einzige Chance, älter zu werden.

Der Dschungel – faszinierend, unergründlich und alle zehn Meter ein neuer Eindruck. Für ihn wiederholte sich kein noch so kleiner Ausschnitt. Alle zehn Meter war alles anders. Er liebte den Dschungel in seiner Unergründlichkeit, Gefährlichkeit und Schönheit. Und der Dschungel mochte ihn. Sie wuchsen zusammen, bildeten eine Einheit, eine Symbiose. Er erahnte es, wenn der Dschungel sich vor ihm lichtete oder dichter wurde, oder sich irgendwie veränderte. Die tausend verschiedenen Farben des Dschungels, er kannte sie. Dadurch erkannte er auch die Uniformen der anderen, versteckt darin. Er wusste um den Hinterhalt, Sekunden vorher. Er sah den Dschungel, roch ihn in all seinen Facetten von Gerüchen, auch das, was da nicht hingehörte.

MG-Chef „Herbe", der Zuhälter aus Marseille

Nachschub. Fünf Mann. Darunter der erste MG-Chef, den er in Indochina hatte. Ein Obergefreiter. Kein Unteroffizier laut Vorschrift. Woher nehmen? Das waren immer die ersten vorne, wenn was los war, und sie starben als erste. Der Obergefreite Herbe aus Marseille. Zuhälter. Krimineller. Tätowiert auf den Knien mit zwei Augen. Die öffneten und schlossen sich wenn er lief. Vorne auf der Eichel seines Gliedes ein Mäusekopf. Fünfunddreißig Jahre alt, durchtrainiert. Immer lachend. Gefürchtet als Schläger.

Eine Chance für den, ins Zivilleben zurückkehren zu können, war abzuhauen in die Legion und sich dort zu bewähren. Bewährung bestanden und Straferlass bei den ihn suchenden Behörden wenn Auszeichnung mit der „Medaille Militaire". Die bekam man erst, wenn mindestens sieben Einzelauszeichnungen vorlagen. Die „Medaille Militaire" war die höchste Auszeichnung Frankreichs für einen Soldaten. Bis zum General hoch. Selbst der General de Gaulle hatte diese Auszeichnung nicht. Das war ein selten verliehenes Stück. An einen Lebenden. Einige mehr wurden verliehen an Tote. Aber an Lebende – seltener als ein Eisberg im Rhein.

Viele Franzosen waren in die Legion gekommen, um sich zu rehabilitieren. Und nur in der Legion hatten sie die Chance, diese „Medaille Militaire" zu bekommen. Nur in der Legion kamen diese vielen Kampfeinsätze zusammen und damit die Chancen, sich auszuzeichnen. Er selbst lernte in seiner Kompanie in sechs Jahren nur einen kennen, der diese Medaille erhalten hatte. Ein Franzose in sechs Jahren! Aber der hieß nicht Herbe. Dieser hier wurde also für vier Wochen sein neuer Chef. Der Bär glaubte wohl, der sei härter, der Zuhälter, als ein knapp neunzehnjähriger Milchbubi. Nachvollziehbar. Die Tortur durch den ging los. Schikane, Verarschung – der Bär beobachtete nur. Kein Wort, kein Eingreifen. Er hätte Schutz gebraucht, aber da war keiner.

Eine typische Besonderheit für jeden MG-Schützen war, wie er sein MG trug. Kilometerweit. Jeden Tag. Zwölf Kilogramm ohne Munition und restlicher Ausrüstung. Die Schulter blutete die ersten Wochen nur noch. Er war ja nur ein Handtuch, schwach aber zäh. Jedoch die Wut in ihm machte ihn noch zäher, wilder und voller Hass. Aber auch die Angst vor dem Kerl, dem Herbe.

Also, wie das FM – der Name für dieses Maschinengewehr – tragen, ohne dass er dabei schlappmachte? Und trotzdem Kraft reservierte für den Kampf. Wen fragen? Den Bär? Das traute er sich nicht. Die anderen? Kein Vorbild. Auch die litten vor sich hin. Es gab jedoch Vorbilder. Die Einheimischen. Die vietnamesischen Bauern, Frauen und Mädchen, die kilometerweit ihre Lasten trugen. Und dabei noch frisch waren, voll da, Reserven hatten. Die Lösung: Eine Bambusstange, fünf Zentimeter Durchmesser, zwei Meter lang. Vorne eine Last – hinten eine Last. Die Lasten am Bambus schwankten bei jedem Schritt im Rhythmus mit. Diese Bewegungen, Vibrationen, galt es nun mit dem Oberkörper auszupendeln, mitzuschwingen. Hatte man den Bogen raus, war nur noch ein Minimum der ursprünglich aufgewendeten Kraft nötig. Das Gesamtgewicht reduzierte sich, verteilte sich auf den ganzen Körper. Keine Müdigkeit, Erschöpfung mehr. Nachteil, durch das rhythmische Mitschwingen des Körpers ging der normale männliche Bewegungsablauf verloren. Der war nun mehr weiblich, graziös. Vollkommen atypisch für einen Mann. Er selbst merkte das gar nicht. War er doch heilfroh, eine einmalige kraftsparende Methode gefunden zu haben, sein FM zu tragen. Natürlich ohne Bambusstangen. Es ging ja nur um die rhythmische Körperbewegung und damit der Lastverteilung. „Herbe“ brachte es auf den Punkt. Der nannte ihn nur noch „Rita“. Jeder lachte. Außer dem Bär – der beobachtete nur. Das ging so drei Tage lang. Dann, trotz aller Angst, die er vor diesem Kerl hatte, am vierten Tag nahm er sein MG von der Schulter, am Lauf, und schlug DEM den Kolben der Waffe mit aller Kraft mitten ins Gesicht. Der fiel um, einige Brüche. Den sah er nie wieder.

Ab diesem Tag war er der Chef des MG, nicht besonders stolz aber von tiefer Befriedigung erfüllt. Hatte er doch seine Angst vor Dem überwunden, und die war so groß gewesen. Er trug sein MG weiter so wie „Rita“. Niemand lachte mehr. Niemand.

Tagesroutine „Überleben“

Von den dreißig Mann Sollstärke des Zuges gab es noch vierzehn – so pendelte sich das ein. Neuzugang – Verluste – Neuzugang. Nur er, zwei, drei andere und der Bär überstanden als alte Kernmannschaft. Zusammen seit dem ersten Tag. Warum? Schicksal, Zufall, Glück? – Es war halt so.

Manchmal betete er zu einem Gott, mit dem drei Jahre später brach. Aber noch betete er. Allerdings nur, wenn er besonders große Angst hatte, oder für einen weiteren toten Kameraden. Freundschaften wurden nicht gerne gesehen. Man musste vorwärts, über seinen verwundeten oder toten Freund steigen. Weiter, weiter – nur das Ganze zählt. Wenig Freunde, weniger Schmerz.

Und im Endeffekt doch wieder der Einzelne. Aber nur, solange er lebt, andere mitreißt, vorwärts treibt. Und immer wieder heißt es, das eigene Leben einzusetzen. Diese schönen Lügen, man mache es für das Ganze. Nix da. Man tut es für sich – die Sekunde der Wahrheit. Bist du der Mann, der du zu sein glaubst? Willst du eine Auszeichnung? Willst du die Beförderung? Der Respekt der Gruppe und der Vorgesetzten geht nur über die Leistung – Erreichen des Ziels mit geringstmöglichen Verlusten. Vorbild sein, Erster sein. Und die Leute müssen dir auch blind nachfolgen. Die merken schnell „großes Maul und nichts dahinter“. Und bleiben liegen. Basta. Passiert dir das nur einmal, dass die Leute den Befehl verweigern, bist du erledigt. Auch im tiefsten Dschungel wird die Personalakte geführt. “Seine Leute verweigerten den Gehorsam“, stand dann da. Das war das Aus für alle Ambitionen. Ein Schandmal ins Gesicht gebrannt und jeder wusste Bescheid. Namen sind bekannt, soldatische Fähigkeiten noch mehr.

Der Ruf, die Reputation – einmal kaputt, n i e mehr zu reparieren. Er wusste das damals noch nicht so, aber er ahnte es und der Mythos der Legion pulste nun in seinem Blut. Tote Kameraden, Hunger, Krankheiten, keine Zigaretten und die vielen Dinge des täglichen Miteinander und Auseinander schweißen zusammen. Man lernt das „Wieso?“ und das „Warum?“ zu verstehen. Wenigstens was das Soldatische betrifft. Und je mehr er erlebte, je weniger verstand er vom großen „Wieso?“ und „Warum?“ Er ließ es dann bleiben, es verstehen zu wollen.

Der Sektionschef ist gefürchtet und wird verehrt. Sein Wort ist Gesetz. Sie haben die geringsten Verluste der Kompanie. Alle Tage trafen sie auf irgendein Dorf, zehn Hütten, umschlossen von Bambus. In den Dörfern fiel selten ein Schuss. Die anderen wussten von ihrem Kommen und tauchten unter. Kaum waren sie weg, waren die Viets wieder da.

Ab und zu klauten sie ein kleines Schwein. Hühner zu fangen war schwieriger. Obwohl verboten – viele Minen – jagten sie die Viecher mit langen Bambusstangen. Einer war besonders pfiffig, der schoss auf ein Huhn mit der MP (9 mm-Munition). - Gulasch mit Federn. Anschiss vom Bär.

Jetzt sah er auch die ersten Asiatinnen. Landbevölkerung. Vorwiegend ältere. Die jungen wurden versteckt. Ältere Männer mit ihrem Ziegenbart. Je länger, je höher war der Rang in der Dorfgemeinschaft. Wie schön waren diese kleinen Dörfer, eingebettet in Bambus, Bananenstauden; dem kleinen Weiher in der Dorfmitte, umschlossen von riesigen Reisfeldern. Viele Büffel, die sie insbesondere in der Nacht bei Einsätzen, und das war ja dauernd, jagten. Der Trick, einschmieren mit Dreck. Je stinkender, je besser. Überdeckt den Eigengeruch und hält die Büffel und die Moskitos fern.

Saigon, allererster Urlaub

Nach sechs Monaten Einsatz erster Kurzurlaub in Saigon. Sieben Tage. Stationiert wurden sie auf freiem Feld vor der Stadt. Welche Stadt, welche Kultur, welcher Luxus! Die französischen Offiziere von der Regulären (natürlich) alle in weißer Uniform. Legion im Kampfanzug. Die Uniform wurde vor der Stadt in einem Tümpel gewaschen, in die Sonne zum Trocknen gelegt. Die Falten in Hose und Kampfjacke wurden mit den Fingern geformt. Das funktionierte.

Die Verbündeten, die Vietnamesen

In das Stadtgebiet durften sie damals nur unbewaffnet. Gerade war das Stadtverbot für die Legion aufgehoben worden. Im Hafenviertel Schießerei mit der Militärpolizei der verbündeten Vietnamesen. Das waren richtige Kotzbrocken, Kriminelle. Und auch sonst hatten sie keinen guten Ruf, die Kampfeinheiten der Vietnamesen, die ja gegen die Vietcong kämpfen sollten. Die bekamen die besten Waffen aus Frankreich. Alles automatische und letzter Schrei. Die Legion hatte immer noch das Gewehr 36, also Baujahr 1936. Die zogen in den Kampf, natürlich auf Straßen, mit Frau und Kind. Gekämpft wurde äußerst selten, und nie in erster Linie, immer schön weit weg vom Brennpunkt. Die Legion hatte außer dem Gewehr 36 je Zug zwei FM-Maschinengewehre, und die MAT 49 Maschinenpistole, 9 Millimeter, Ladestreifen 20 Schuss. Alles zusammen, je Mann, 200 Schuss. In drei Minuten wäre die Munition verknallt gewesen. Die Waffe – Klasse, jedoch nur eingerichtet für Dauerfeuer, kein Einzelfeuer. Viele feilten die Mechanik so zurecht, dass auch Einzelfeuer möglich war. Strengstens verboten, aber lebenswichtig. Was bist du im Kampf ohne Munition? Vorschriftsmäßig, aber tot. Sie lernten ökonomisch schießen – Einzelfeuer wie auch Dauerfeuer.

DDR-Soldaten in Indochina

Einsatz und erstes Zusammentreffen mit DDR-Einheiten. Die wurden immer am Schießen erkannt, an der Abfolge von Schüssen. In jedem Kampf wurde von ihnen erkannt, wer die anderen waren: Vietcong, Kubaner, Russen – jede Nation schießt in einem anderen Rhythmus. Ein untrügliches Erkennungszeichen für den erfahrenen Soldaten. Die DDRler schossen wie auf dem Schießplatz, also hatten sie auch größere Munitionsvorräte. Und das legendäre deutsche MG 42. Das hatten sie selbst auch, allerdings in Sidi Bel Abbes, im Magazin. Denn wer sollte die Munition tragen? Die Legion hatte als Kampftruppe aus Gründen der Beweglichkeit diese Waffe nicht. Die mitzutragende Munition war indiskutabel. Später erfuhren sie, dass die DDR Kulis für den Munitionstransport hatte. Viel zu unbeweglich waren die. Doch sehr gut ausgebildete Soldaten. Aber keine Legionäre. Suppe ohne Salz. Keine Einzelkämpfer, immer in Trauben geballt und so schön gekleidet. Wirklich. Nein, für den Dschungel taugten die nichts. Dafür brutal, ohne soldatische Ehre, kein Fair Play.

Die Legion achtete den Vietcong; gaben oft das einzige Verbandspäckchen an ihre Verwundeten – sie taten dasselbe. Damals. Es ging um alles, ohne Rücksicht, aber immer war auch die Ehre dabei. Nein, mit der DDR gab es das nicht. Sie spielten auch keine Rolle. Bauern im Schachspiel.

Erster Rückzug – Erste Verwundung

Ein Jahr Indochina vorbei. Ein Dorf am Fuße einer Gebirgskette, verlassen. Das war einmal ein schönes Dorf, feste Häuser, fast schick, auf jeden Fall mit Geschmack. Davor Weideland, trocken, flach wie ein Fußballfeld. Zum Dorf führte eine Straße, die auch dort endete. Die Strasse war aufgeschüttet, ca. drei Meter hoch. Wahrscheinlich war das jetzige, trockene Weideland früher einmal ein Reisfeld gewesen. Vermutung. Die Straße – Schotter, hart.

Nachts kam die Legion an. Eine Kompanie. Vier Züge. Sollstärke hundertzwanzig Mann, Ist achtzig Mann. Sie gruben sich ein, und er bekam einen neuen MG-Chef. Mal was Neues. Einen Sergent, jung, erfahren. Vorher hatte er kurz einen Caporal, Obergefreiten. Name Blum. Herzschuss, tot. Nun also einen anderen. Der Zug, in dem er war, deckte die äußerste linke Seite. Der Bär teilte sie ein.

Links unten von der erhöhten Straße lag das zweite MG, Schütze Lorenz. Steiger aus dem Kohlenpott, der ihn ab und zu unter seine Fittiche nahm. Mitten auf der Straße sein MG. Stellung graben – 1,80 Meter tief – Schussfeld 180 Grad. Schotter. Loch mit Militärspaten graben. Sauarbeit. Seine Leute verteilt, fünf Meter Abstand im Zickzack. Um 3:00 Uhr früh fertig. Waffen überprüfen. Schnell was essen. Kein Feuer, kein Rauchen, kein Krach mehr. Totenstille. Einteilung der Wachen. Er übernahm die erste, 3:00 bis 5:00 Uhr früh. Wenn der Vietcong sie besuchen kam, dann zwischen 4:00 und 5:00 Uhr. Die Regel bei unseren „Freunden", wenn schon des Nachts, dann zu der Zeit.

Die Wolken klarten auf, der Mond kam zum Vorschein. Er tauchte die Straße in ein milchiges Dämmerlicht – links und rechts von der erhöhten Straße das Weideland. Glatt wie ein Affenarsch. Kein Baum, kein Strauch. Durch den dunklen Untergrund, keine Reflektion des Mondlichts. Niemand zu sehen von den anderen Legionären. Er dachte noch, wenn er seine Kameraden unten decken sollte, ginge das nicht, zu dunkel. Einzige Möglichkeit, vorhalten. Fünfzig Meter vor der bekannten Stellungslinie. Schlecht, zu wenig Munition für ein wirkungsvolles Streufeuer. Noch schlechter im Moment, das Rauchverbot. Das Aufleuchten der Glut ist nachts mehr als fünfhundert Meter weit zu sehen. Der Geruch wird im Dschungel mehrere hundert Meter weit getragen und ist noch eine Stunde nach dem Ausdrücken der Zigarette zu riechen. Also keine. Mist.

Die Schotterstraße ist hell. Zu hell. Wenn es zum Überfall kommen sollte, wohin, wenn sie überrannt würden? Erst von der Trasse runter und dann? Besser nicht weiterdenken.

Da, ein leichtes Geklapper – Metall gegen Metall – hellwach. Schweißnasse Hände, trockener Mund (umgekehrt wäre besser), sie kommen. Er sah nur die Straße, ein leidlich helles Band im Dunkel. Er wusste, auch die Kameraden wussten es, sie bekamen Besuch. Jedes Geräusch wurde erkannt, zugeordnet. Hunderte von Nächten im Dschungel verbracht. Jetzt zahlte sich das aus. Die Viets wussten nicht, dass sie da waren und auf sie warteten. Niemand wusste, wie viele das waren. Die trugen ihre schwarzen Klamotten, nicht auszumachen in der Nacht.

Also warten, warten – MG durchladen. Langsam und leise. Der in der gleichen Nacht ihm zugeteilte Sergent kniete hinter ihm auf der Straße. Im Loch der MG-Stellung nur er und sein MG.

Da, ca. vierhundert Meter vor dem MG ein etwas verwaschenes, diffuses Gebilde – undefinierbar. Mensch, Menschen, ein Tier, Tiere, eine Sinnestäuschung? Der Sergent sah klarer, geschulter. Nur zwei Worte von ihm zu ihm: „Sie kommen". Und noch zwei Worte: „Nicht schießen". Und die letzten zwei Worte die er von ihm hören sollte: „Kommen lassen". Er wusste noch nicht mal dessen Namen, fiel ihm dazu ein.

Es waren ca. zwölf Mann auf der Straße. Die Vietcong-Chefs mit Funkgerät und kleiner Eskorte. Wie fühlten die sich sicher. Er konnte nur noch denken, wieso sehen die dich nicht? Schlafen die? Wie immer in solchen Momenten kurz vor dem Angriff glaubte er, die Luft um ihn herum sei voller Energie, geladen mit Elektrizität. Eine Energie voller Spannung, fühlbar, greifbar und übertragbar auf ihn.

Dreihundert Meter, zweihundert, hundert, fünfzig, zwanzig – noch fiel kein Schuss. Weder von ihm noch von den anderen Legionären. Aber jetzt eröffnete er das Feuer, Dauerfeuer, Rhythmus 2, 3 Schuss. Spare Munition. Als sei dies das Signal, ging der Zauber los. MP, Gewehr, Granatwerfer, Handgranaten. Der hinter ihm kniende Sergent fiel auf ihn ins Loch. Tot. Der lag auf dem MG, das ins Loch zusammen mit dem toten Sergeant gefallen war. Mit zitternden Händen hervorzerren, weiterschießen, weiter. Es ging nicht anders, er musste sich auf den toten Sergent stellen. Jetzt war die Nacht hell. Leuchtspur, explodierende Granaten. Mündungsfeuer überall – Begleitmusik zum Überleben und zum Sterben.

Damals war es ihm noch nicht egal, draufzugehen. Der Überlebenstrieb dominierte. Erst später erkannte er, dass dieser Trieb mehr schadet als nutzt.

Man denkt zu viel an sich, was kann passieren, was machst du, wenn du verwundet wirst, wie kommst hu hier heraus? Diese Distanz zur absoluten kalten Klarheit – erst die Meisterung der Gefahr, ohne Gefühle, ohne überleben zu „müssen", ging ihm noch ab. Noch.

Noch schossen die Vietcong auf der Straße zurück. Sie hatten schlechte Karten. Nun sah er kurz nach rechts zu seinen Kameraden. Nahkampf, sie wurden überrannt. Es konnte nur noch Minuten dauern. Die Viets waren wieder einmal voller Rauschgift. Das heißt, sie merkten gar nicht , dass sie verwundet waren. Wie Zombies.

Plötzlich ein Rauschen. Wie ein großer Schwarm Vögel. Merde. Die französische Artillerie eröffnete das Feuer, wieder einmal, auf die eigenen Linien. Den Befehl hierzu gab die Legion von sich aus immer dann, wenn sie überrannt wurden und die Lage absolut hoffnungslos war. Die lagen bestimmt zehn Kilometer weg und schossen metergenau. Das Beste, was die Franzosen zu bieten hatten, die Artillerie. Das ging so fünfzehn Minuten, die Hölle. Sich einfach klein machen und ins MG-Loch kauern ging auch nicht. Wenn die schon über ihn kommen sollten, wollte er bis zum letzten Augenblick seine Pflicht tun. Munition war noch da. Der Lauf glühte. In solchen Momenten wird zur Abkühlung darüber uriniert. Doch da kam nichts. Alles verkrampft voller Angst. Soll das MG eben explodieren, auch egal.

Dann Ruhe. Kein Laut. Drei Minuten Totenstille. Gespenstisch, unheimlich. Dann Kommandos: Verlustmeldungen, Stellung sichern, die Einzelchefs zum Bär. Auch er. Sein MG-Chef war ja tot. Langsam wurde es hell. Er ging zurück zum MG. Neuer Angriff, wo kamen die bloß her? Keine Artillerie mehr, Befehl zum Abzug. Gruppenweise. Eine Gruppe gab der anderen Feuerschutz. Geordneter Rückzug hieß das.

Während der fünfzehn Minuten Feuerpause dazwischen wurden die toten Legionäre auf die Straße gelegt, zugedeckt mit Zeltplanen – eine lange Reihe war das – eine lange Reihe von Körpern.

Er krabbelte aus seinem Loch – ein Schlag, er fiel um. Durchschuss. Oberschenkel rechts. Das war bestimmt die MP Thompson, amerikanische Waffe. Ein Riesenaustrittsloch, fünfzehn Zentimeter lang, fünf Zentimeter breit, abbinden. Noch kein Schmerz. Verbandspäckchen hatte er keines mehr. Aber der tote Sergent, der immer noch im Loch lag. Er selbst lag auf der Straße, sein MG im Arm. Laufen konnte er nicht mehr. (Wie schaffen die Soldaten im Film das, im Kino?) Er schaffte das nicht. Und der Viet war da. Überall. Links und rechts unterhalb von der Straße. Auf die Idee, dass außer den Toten noch welche auf der Straße lagen, kamen die nicht.

Munition gab es wieder für sie von den toten eigenen Leuten. Da kamen auf der Straße von hinten zwei Legionäre mit einer Türe gerannt. Eine Türe, hier? Wieso, wo kommt denn die her? Das war das Einzige, was er im Moment dachte, an die Herkunft dieser Türe. Sie legten ihn darauf und zogen ihn weg. Jetzt kam der Schmerz. Nichts heroisches war in diesem Moment noch in ihm, er schrie nur noch vor Schmerz. Die Legionäre, die ihn rennend zogen und er auf dieser mysteriösen Türe, wurden beschossen. Die zwei warfen sich hin - auf – weiter - hinschmeißen.

Jetzt endlich kam die andere Kompanie, die Zehnte, und schirmte ihre geschundene, nur noch aus fünfzehn Mann bestehende Kompanie ab, deckte deren Rückzug so gut es eben ging. Fünf Kilometer weiter Sammelplatz. Keine Ärzte, zwei, drei Sanitäter, keine schmerzlindernden Spritzen, keine Antibiotika. Nichts.

Es war Nachmittag geworden. Nur eines war anders dieses Mal. Es gab da die Straße, sogar eine gute, befestigte Straße. Das hieß, LKW könnten kommen. Und sie kamen. Rauf auf den Karren, Wo ist mein MG? Verdammt, wo ist mein MG. Es muss ihm beim Rückzug aus den Händen geglitten sein – weg.

Hospital in Saigon

Ab ins zwölf Stunden Fahrzeit entfernte Hospital in Saigon. Da war sie wieder, seine Glitzerstadt und er mitten drin. Ein schönes breites Bett, weiße Bettlaken, gutes Essen, Spitzenärzte und Träume von hübschen französischen Schwestern. So muss es im Himmel sein, wenn man da mal hochkommen sollte ...

Er stand nun kurz vor seinem zwanzigsten Lebensjahr. Genau dreizehn Monate in Indochina. Niemand besuchte ihn. Mitteilung vom Arzt, Grüße vom Bär. Die haben einen neuen Einsatz im Mekong Delta. Ersatz wäre noch keiner da. Er war ihm dankbar, dem Bär, für die kurze Nachricht. Natürlich wurde ihm auch der Anschiss vermittelt, wieso er ohne MG zum Sammelplatz gekommen wäre? Legionäre der Zehnten Kompanie, die den Rückzug deckten, gaben es zurück, erfuhr er später. Der Bär ließ ihn in dem Glauben, es sei durch seine Schuld verloren.

Auch eine Art zu zeigen, wie man jemanden mag. Er schwor sich, das nächste Mal, wenn so etwas wieder passiert, bindet er das verdammte MG an sich fest. Er glaubt noch heute, dass der Bär nur wegen des MGs angerufen hatte. Er fühlte sich mies, als Anfänger und schlechter Legionär. Eine Lektion – lerne daraus.

Er lag nun vierzehn Tage in diesem Hospital. Wunde verheilt mit Brachialmethode. Der Wundrand links wurde mit dem Wundrand rechts per Klebebändern, drei Stück à zwei Zentimeter breit, zusammengepresst und überklebt. Einfachst. Infektion keine. Wild wachsende Haut wurde mit einem so genannten „Höllenstein" abgebrannt. Ende – Arztbesuch. Vier Wochen Genesungsurlaub, und das in Saigon, seiner Glitzerstadt. Abgelehnt. Er wollte so schnell wie möglich zurück. Zurück zu seiner „Familie". Verwundetenabzeichen. Zu einer Auszeichnung langte es nicht. Keine herausragende Leistung. Das verlorene MG vermasselte alles. Um Haaresbreite, nachträglich, vierzehn Tage Bau. Das hieß vierzehn Tage keinen Sold, Eintrag ins Soldbuch, Personalakte.

Zurück zur Einheit – Prolongation (Verlängerung) in Indochina auf drei Jahre

Ankunft beim Haufen, viele neue Leute. Sofort bekam er wieder sein altes MG, welches die Zehnte Kompanie ja gefunden und zurückgegeben hatte. Die neuen Leute, der Ersatz, alle um die achtzehn, neunzehn Jahre alt. Obwohl kaum älter, trennten sie Lichtjahre.

Regenzeit. Kalt. Wo man ging oder sich setzte, sich bei Tag oder Nacht hinlegte, Wasser. Es stand. Der Boden saugte es nicht mehr auf. Einziger Schutz, die halbe Zeltplane, und die lag über dem MG. Das MG garantierte sein Überleben, nicht sein Körper, seine Person, dachte er und handelte danach. Der Dschungel, sein Freund, gab teilweise Schutz. Nachts eingraben war nun leicht. Der Boden nass – das Wasser stand im MG-Schützenloch. Die Granatwerfer-Überfälle häuften sich – lieber im geschützten Wasser liegen. Zwei Jahre Indochina vergangen – zurück nach Algerien, Afrika, war Vorschrift. Er wollte noch bleiben so lange es nur ging. Rapport beim Bär, Kompaniechef, Bataillonskommandant. Seiner Bitte wurde nachgegeben und er durfte ein Jahr in Indochina verlängern. Preis: Statt fünf Jahren Legionsverpflichtung nun sechs Jahre. Er unterschrieb. Er hätte auch für zehn Jahre unterschrieben, um fünf Jahre länger in Indochina bleiben zu dürfen. Die anderen erklärten ihn für verrückt. Er jedoch liebte inzwischen das Land und vor allem den Dschungel. Er war sein Refugium. Nein, sein Heim. Nie mehr sollte er sich so fühlen wie damals da drüben. Die einzige Zeit, in der er sich als Mann fühlte. Die Verantwortung, da gab es kein Abschieben, Weitergeben an andere, Herausreden, Entschuldigungen, Ausflüchte. Nur die einzelne Person zählte.

Jeden Tag fast gab es die Sekunde der Wahrheit. Hinterhalt, Überfall. Die orientierungslosen Neuen. Was tut er? Wie? Was will er, das sie machen sollen? Ein warum gab es nicht. Nie. Seine Leitfigur war gefestigt durch Erfolge. Wer nicht hörte, fühlte. Das erkannten die schnell. Autorität durch vorleben, nicht durch den Rang oder Titel.

Er war immer noch Deuxième Classe, Schütze Arsch. Noch nicht einmal Gefreiter.

Der ganze Zug wurde seit seinem Ankommen kommandiert durch den Bär, Sergent. Keine weiteren Unteroffiziere, es fehlten drei. Keine Caporals, es fehlten vier. Normalerweise, nach Vorschrift, ist der Chef eines Zuges Leutnant. In diesem Zug hatte er noch nie einen gesehen. Die starben auch immer zuerst. Einserschüler in den französischen Kaderschmieden, dreiundzwanzig, vierundzwanzig Jahre alt. Aber Paris ist nicht Indochina. Keine weißen Unformen mehr. Begraben wurden sie in Bananenstauden eingewickelt. Nass, schmutzig. Das noch junge Gesicht fahl, gelblich blass. Er sah einige dieser Offiziere bei den Nachbarkompanien. Beim Ehrensalut war er dabei. Rücküberführung der Toten gab es nicht. Wie auch? Keine Straßen, keine Hubschrauber – die nächste Stadt am Ende der Welt. Die Legionäre kannten die Offiziere zu kurz, um um sie zu trauern. Respekt, ja. Er war einer der Ihren. „VIVE LA FRANCE".

Das Fehlen von Vorgesetzten war seine Chance, sich zu bewähren. Punkte zu sammeln, um vorwärts zu kommen. Aufzusteigen in einen höheren Rang bzw. als erster auf die Schule geschickt zu werden. Wenn das auch nicht im Dschungel möglich war, irgendwann würde das sein. Der Unterschied lag vorrangig im Sold, nicht wichtig. Hast du Erfolg, hast du Macht. Dann kommt das Geld von allein.

Noch mehr Pflichten, die Neuen einweisen. Bemuttern, trösten, aufbauen, auf die Legion einschwören. Den Mythos erfühlen lassen. Der Bär half ihm und zeigte ihm seine Grenzen auf. Was noch zu lernen, zu verbessern war. Wo es noch fehlte – und es fehlte noch allzu viel. Es fehlt ja immer etwas, man merkt es am Misserfolg. Er war ja schuld – kein Herausreden.

Er dachte sich Situationen aus (später nannte man das „Fallbeispiele"): „Was machst du, wenn es jetzt knallt? Wo schickst du deine Leute hin? Was müssen sie abdecken? Vor oder seitlich oder zurückgehen?" Tausende von Situationen spielte er so durch. Und lernte, er lernte zu reagieren ohne nachzudenken. Schnell zu reagieren. Und im Gegenteil, zu agieren, wenn es ihr Angriff war.

Feuerüberfall

Mitten in einem Reisfeld, die Pflanzen noch klein, keine fünf Zentimeter hoch, Beschuss. Granatwerfer sechzig Millimeter. Rein in die Brühe. MG auf die Schulter eines anderen, Feuer erwidern. Aber wohin schießen? Das Mündungsfeuer lag ca. fünfhundert Meter vor ihnen, MG-Feuer.

Vom Dschungelrand blitzte kurz Mündungsfeuer auf, niemand zu sehen. Das Granatwerfer-Feuer lag gut. Zu gut. Ihr Glück, das unter Wasser stehende Reisfeld. Rein in die Brühe. Pass' auf das MG auf – Einschlag keine drei Meter weg. Die Granate, rein in die Brühe, Explosion und glühend heißes Wasser und Erdbrocken bedeckten seine Beine. Höllenschmerz. Die Haut und Fleisch verbrannt. Stoffteile der Uniform verbacken mit den Wunden. Neue Narben. Dann war der Spuk vorbei. Vorwärts. „L'Assaut", Gegenangriff. Angekommen. Das Verbandspäckchen wurde nicht benutzt. Als Führer geht das nicht – erst die anderen. Schmerz ignorieren. Aber dafür sorgen, dass die anderen sein Blut, verbrannte Haut und Löcher in den Beinen auch sehen. Aber so, dass die anderen nicht merken, wie man sich selbst vorführt. Ein erlaubtes Mittel, um den Ruf weiter zu festigen. Und es hilft, den Schmerz leichter zu ertragen. Und stärkt die anderen. Sie trauen sich nun nicht mehr, zu jammern bzw. sie jammern weniger.

Ruhepause am Meer - Begegnung mit einer Vietcong-Patrouille am Strand. Nachts

Zurück nach Saigon, aber vorher drei Wochen Ruhepause. Ans Meer, kampieren am Strand, Sand, Palmen und Feindgebiet. Alles ist ja Feindgebiet. Keine Linien. Keine Fronten. Von den inzwischen zweieinhalb Jahren Indochina = 30 Monate, waren 28 Monate Einsatz. Tag und Nacht. Ohne Bett, ohne feste Mauern um einen herum.

Medaille für sechs Monate ununterbrochenen Einsatz. Die in Paris konnten sich nur sechs Monate vorstellen, dass einer das aushält. Die wenigen übrig gebliebenen hätten eine Zusatzmedaille erhalten sollen für dreißigmonatigen Einsatz. Wenigstens der Bär, er und die zwei, drei anderen, die von Anbeginn dabei waren. Natürlich nix da. Dafür Gefreiter. Première Classe. Ein grüner Winkel. Diesen Rang gibt es ohne Schule. Keine weitere Beförderung ohne Schulbank drücken. Also abwarten.

Das Meer - die Luft – Zeltlager unter Palmen. Trotzdem Schützenlöcher graben, Wache schieben, Waffenpflege, Ladestreifen-Federn entspannen, Munition putzen, und, und, und – aber egal. Endlich mal Meer und Palmen. Der „Stern" hatte also doch nicht gelogen. Nur, wo waren die hübschen Asiatinnen? Wo er war, nicht. Dort am Meer war es strengstens verboten, ab Einbruch der Dunkelheit die Stellung zu verlassen. Eines Nachts pfiff er darauf – es waren ja nur hundert Meter zum Strand. Der Strand war ca. sechs bis acht Kilometer lang. Geschwungen. Der Vollmond tauchte alles in Silber, das Meer, den weißen Sandstrand, den Dschungelrand. Er schlich sich, nur in Badehose, durch die Wachen. Pennten die alle? In diesem Fall jedoch umso besser.

Kurz vor Mitternacht – er lief den Strand entlang – nach ca. vier Kilometern plötzlich das altbekannte Gefühl, die Vorahnung einer drohenden Gefahr. Zu spät. Vier Mann kommen auf ihn zu. In Linie verteilt vom Meer bis hoch zum Dschungelrand. Abstand von Mann zu Mann fünfzehn Meter. Den Strand abdeckend. Kleinwüchsig, schwarz gekleidet. Der Viet. Sie waren noch fünfzig Meter weit weg. Natürlich hatten sie ihn gesehen. Was tun? Ins Meer rennen? Die hätten sich hingesetzt und auf ihn gewartet. In den Dschungel rennen? Zu weit weg. Unendlich weit weg. Also, Junge, du glaubst doch immer, du wärst so top, was tun? Angreifen? Mit was? So draufzugehen war nicht gerade heroisch. Im Moment war vom Mythos der Legion nicht mehr viel in ihm. Es war einfach nur blöde. Saublöde, und er war der Allerblödeste. Ein tolles Resümee. Er musste an den Spruch an der Wand im Aufnahmebüro der Legion denken. „Legionär, du bist gekommen, um zu sterben. Ich werde dir den Weg dahin zeigen“. Ob der General mit diesem Spruch den Strand einschloss? Fast hätte er gelacht. Aber nur fast.

Nun war es also soweit. Der berühmteste aller Legionssprüche war „Mort aux Coins“. Nicht übersetzbar, stand für Sterben aus Dummheit, idiotische Handlungen und so etwas. Wörtlich, Tod allen Idioten / Stinktieren. Nun war es also so weit, nun – wenn schon, dann mit Würde. Kein Wegrennen, sowieso zwecklos, kein Betteln, keine Unterwürfigkeit. Weitergehen im gleichen Rhythmus, Kopf hoch.

Jetzt, fünf Meter, vier, drei, zwei, einen Meter und gleiche Höhe. Blickkontakt. Ohne es zu wollen sagte er „Bon soir“, guten Abend. Zurückgegrüßt hat keiner. Die liefen einfach weiter! Die liefen einfach weiter, ihn ignorierend. Ihm fielen die vielen Köpfe ein, abgehackt und aufgereiht auf Bambusstöcken. Gefangene Legionäre, geköpfte franzosenfreundliche vietnamesische Dorfälteste. Ein Papier mit dem Spruch „Mort pour la gamelle“, wörtlich, „gestorben für das Kochgeschirr“. So schrieben das die Viets. Er konnte es nicht fassen, noch zu leben.

Er lief noch fünf Minuten. Nein, er drehte sich nicht nach denen um, dann versagten ihm die Beine. Er musste sich setzen. Er zitterte an allen Gliedern und hatte keine Lust mehr, am Strand spazieren zu gehen. Aber, wenn die nun zurückkamen? Sollte er durch den Dschungel zurück? Zu gefährlich, barfuß und mit dem Risiko, von den eigenen Leuten erschossen zu werden. Also denn, er wollte spazieren gehen und er ging spazieren. Zurück schon ein wenig schneller als auf dem Herweg.

Anruf der Wache: „Parole?". Es war Lorenz, also keine Meldung darüber, dass er im Morgengrauen allein vom Strand zurückkam. Nein, der hatte keine Viets gesehen. Die waren also vorher im Dschungel abgetaucht. Das hieß, sie wussten von der Legion, dass sie dort lag. Und demnach wussten die auch, dass er ein Legionär war. Der Respekt vor den anderen, den Gegnern, wuchs noch mehr. Und Dankbarkeit mit dem Vorsatz, jetzt Junge, revanchiere dich. Irgendwann, irgendwie.

Kein Abmarsch nach Saigon. Zurück in den Dschungeleinsatz. Rein in die grüne Hölle, wie die anderen sagten. Für ihn war es nie die Hölle, wenn schon eine Bezeichnung, dann ein guter Freund, der Schutz gab.

Ankunft von US-Offizieren und deren Ausbildung

Ankunft einiger amerikanischer Offiziere. Durchtrainiert, erfahren. Nicht im Dschungelkampf. Die sollten hier Erfahrung sammeln. Die Offiziere wurden aufgeteilt. Auch in seine Gruppe kam einer. Keine Befehlsgewalt über die, die natürlich auch nicht über sie. Die sollten nur zuschauen, sie sollten Gefahren von denen fernhalten. Das war auch besser so – das hätte gerade noch gefehlt, wenn einer von denen gefallen wäre, vielleicht noch „für Frankreich". Er teilte den Offizier ein zum MG-Loch graben, nur um zu sehen, wie der reagiert. Natürlich Ablehnung. Befehl an die Mannschaft, den ab sofort links liegen zu lassen. Keine Kontakte mehr, Ausschluss aus der Gruppe. Der wusste nicht mehr, wo hinten und vorne war. So erzogen sie den. Es dauerte sieben Tage und der grub das MG-Loch feiwillig und allein. Mehr oder weniger wurden so alle US-Boys von der Legion erzogen. Nach einigen Scharmützeln und einer Embuscade, einem Hinterhalt, kapierten die. Spätestens dann waren diese Offiziere gute Kameraden. Sehr gute Soldaten. Nach vier Wochen gingen die wieder. Fast hätten sie sie vermisst.

Erste Auszeichnung

Er war nun einundzwanzigeinhalb Jahre alt, fast drei Jahre Vietnam. Einige Auszeichnungen. Die letzte Auszeichnung in Vietnam bekam er aufgrund „Als letzter deckte er den Rückzug seiner Kameraden".

Ein ganz normaler Tag. Morgens Schützenlöcher zuschütten, Spuren beseitigen. 5:00 Uhr früh Abmarsch. In der „weiteren Nähe" von Haiphong weiter durch die Reisfelder. Diese waren ca. alle dreihundert Meter durch einen erhöhten Weg abgeteilt. Wie kleine Deiche. Fünfzig Zentimeter über dem Reisfeld, achtzig Zentimeter breit. Grund dieser erhöhten Wege: Um die Reispflanzen nicht zu zerstören, wenn die Bauern mit ihren Pflügen und Büffeln zum Arbeiten gingen .Natürlich war es verlockend, auf diesen Pfaden zu gehen. Trockene Schuhe, keine Blutegel, die manchmal bis zum Oberkörper hochkrochen, sich festsaugten. Entweder fielen sie von allein wieder ab, wenn sie sich vollgesaugt hatten oder wurden mit der Glut einer Zigarette vom Körper abgelöst.

Doch diese Pfade waren allzu oft vermint. Minenaufspürgeräte gab es nicht. Zeit war keine, um nach Minen zu suchen. Alles zu aufwendig. Nur im Kampfeinsatz legten sich die MG-Schützen auf diese Pfade. Besseres Schussfeld. Nachteil: Sie waren leicht auszumachende Ziele. Jedoch, bei diesen zu überquerenden Reisfeldern waren die Legionäre zu sehr im Nachteil beim Zurückschießen. Lagen sie im Reisfeld im Wasser, schutzsuchend, und die Pflanzen schon zu hoch, sahen sie nicht, wohin sie schossen. Knien in der Brühe brachte es auch nicht. Also aufrecht stellen. Noch schlimmer, die anderen lagen am Dschungelrand, gedeckt. Die Legionäre standen da wie Pappkameraden auf dem Schießstand – Scheibenschießen auf lebende Ziele.

Einfach liegen bleiben ging auch nicht. Schließlich gab es Marschziele, die in der vorgegebenen Zeit zu erreichen waren. Nicht zu vergessen, dass die Reisfelder sich kilometerweit hinzogen.

Also los. Im Dauerlauf durch zwanzig Zentimeter tiefen Schlamm durch das Reisfeld. Ab achthundert Meter vor dem Dschungelrand ging's los. Noch siebenhundert, sechshundert, fünfhundert, vierhundert, dreihundert, zweihundert – hundert Meter. Eine Ewigkeit. Es ging ans Eingemachte. Zurückgeschossen wurde nur sporadisch. Auf Mündungsfeuer, die hier und da aufblitzten. Hätten die nur ein MG 42 gehabt – keiner wäre da durchgekommen. Erreichen des Dschungelrandes – die anderen waren abgetaucht. Kurze Pause. Begraben der Toten, Versorgen der Verwundeten. Schon wieder keine Verbandspäckchen mehr. Merde.

Weiter, weiter – Ende der Reisfelder. Fester Boden. Wie aus dem Nichts eine Straße. Laut Karte durfte die gar nicht hier sein. Drei Meter erhöht, fester Untergrund. Links, glatt wie ein Fußballplatz, mindestens fünf Kilometer bis zu einer Bergkette hin. Rechts nach fünfhundert Metern Dschungel. Grün, dicht, voller Bambus. Hoch auf die Straße. Sie fielen hin wo sie standen, kaputt, ausgelaugt. Die Beine trugen nicht mehr.

Waffen putzen, Munition voller Dreck und Schlamm. Bürokratie. Wer ist wann, wo, warum (Anlass) und wie gefallen oder verwundet worden? Nützte sein Tod den Kameraden, wurde durch seinen Einsatz und folgenden Tod Schlimmeres vermieden oder war es ein „normaler" Tod im Kampfeinsatz?

Alles wichtig für den Rapport, die Legende, Geschichte der Kompanie. Und die Kampfstatistik. Ganz wichtig! Verhältnis, wie wichtig war der Einsatz für das allgemeine, vorgegebene Erreichen des Zieles im Verhältnis zu den Verlusten, Männern und ganz wichtig, Waffen. Normal, 30% Verluste. Die 30% waren eine magische Zahl. Vom Schicksal scheinbar vorgegebene Zahl. Nein, keine 25% und keine 35%. Zu 80% war es die 30, 30% Verluste. Das galt für Indochina. Ganz wichtig war das Erfolgs-/Verlustverhältnis für die Bewertung der Chefs. Von ganz unten bis nach ganz oben.

Große Verluste, kleiner Erfolg – diese Chefs waren erledigt. Versetzung, keine Beförderung mehr. Nie mehr. Anfangs dachte er, die kümmern sich aber um das Leben der Legionäre. Irrtum. Es stimmte schon, aber aus anderen Gründen. Wo Legionäre, gut ausgebildete mit Kampferfahrung herbekommen? Die „Ist"-Stärke lag ja meistens bei nur noch der Hälfte zum „Soll". Wie die Einsätze erfüllen? Die Schlagkraft der Truppe sank ja automatisch mit. Wie den anderen widerstehen? Und, es ging ja erst in zweiter Linie ums Widerstehen – an erster Stelle stand ja das Vorwärts, der Angriff, das Überrollen, Hinterhalte legen.

Das ist, als wenn von einer Fußballmannschaft von elf Mann vier Mann alles übernehmen sollen. Vom Tormann, Verteidigung, bis Sturm. Und die Gegenseite hat elf Mann.

Das hat mit Können und Glück nichts mehr zu tun. Das ist Harakiri, Selbstmord. Das wussten auch die in Paris. Und sie taten ja auch alles, um zu helfen. Nicht ihnen, klar, aber es ging um die Interessen Frankreichs. Und deswegen in erster Linie kam die Legion zum Zug und wurde gepflegt, gehätschelt und bekam besondere Vorteile und Vollmachten. Es war die Fremdenlegion, die in Indochina kämpfte.

Die regulären französischen Truppen schoben in Städten und in ihren Stützpunkten Wachdienst. Immer nahe der Städte. Hatten Panzereinheiten. Nur sie. Artillerie, die Perle der Franzosen, und die Piloten. Sie warfen Verpflegung und Munition ab. Und Leuchtfallschirme des Nachts, wenn mal wieder die Kacke am Dampfen war.

Die Hauptvorteile, die sie damals hatten aufgrund der chronischen Unterbesetzung bei gleichzeitiger Erfüllung aller vorgegebenen Aufgaben war Macht, Nimbus, Mythos der Legion. Elite der Elite. Selbst ein Chef des MG (plus der fünf Mann) hatte mit dem Rang eines Gefreiten mehr Vollmachten und Pflichten als ein Leutnant bei den Regulären. Natürlich musste man erst mal überleben, um diesen Rang zu erreichen. Manchmal ging's. Er war einer davon.

Nun lagen sie also auf dieser Straße. Dieser laut Karte nicht existierenden Straße. Hechelnd wie ein Jagdhund nach der Jagd und ziemlich am Ende. Nur liegen und eine „Troupe"-Zigarette nach der anderen.

Der Zweite Feuerüberfall am gleichen Tag – Rückzug

Feuerüberfall, plötzlich und unerwartet. Das Verhältnis war so 10 zu 1 für die anderen. Sein Chef, der Bär, kam zu ihm: „Bleibst du freiwillig oder muss ich es dir befehlen?" Als letzter mit seinen noch fünf Mann. Er bekam die gesamte Munition des zweiten MGs. Noch Zweihundertfünfzig Schuss. Der Bär führte den Rest des Zuges mit Verwundeten zurück. „Point de Ralignement", Treffpunkt bestimmen. Aber wo? Die Karte wies nur Gelände aus. Die Straße? Null Ahnung wo die begann und hinführte. Zweihundert Kilometer weg war Haiphong. Da lag keine Legion. Offene Stadt. Diese Generalrichtung wählte der Bär. Also, der Straße folgen. „Lasse uns einen Vorsprung. Halte aus, so lange es nur geht. Zeitpunkt bestimmst zu selbst. Wir treffen uns irgendwo, wie immer". Irgendwie trafen sie sich auch, irgendwie und irgendwo. Merde, dachte er mal wieder. Merde. Das gute deutsche Wort hierfür Scheiße, Mist verdammter, ein universell zu verwendendes Wort. Alles was schief ging, Merde!

Nun war er mit seiner Gruppe allein. Nachmittag. Es war noch viel zu lange hell. Er gruppierte seine Leute neu. Nun hätte er das zig Mal unnötig gegrabene Schützenloch gebraucht, wie noch selten zuvor. Aber da war keines. Aushalten, irgendwie, bis die Dämmerung hereinbricht. Langsam wurde der Tag zur Nacht.

Sie waren nun nur noch zu Dritt, einer der Gruppe tot, einer schwerstverwundet. Die Schießerei hatte nachgelassen – nur noch einzelne Schüsse von Scharfschützen. Langsames Fertigmachen zum Rückzug.

Den Schwerstverwundeten ließen sie zurück. Zu 90% schonten die regulären Einheiten der Viets die verwundeten Legionäre. Die Legion schonte die ihren. Ungeschriebenes Gesetz. Sie waren Soldaten aus der ersten Linie, das heißt Übergriffe kamen nur von den Nachfolgenden, der zweiten Linie, wenn schon alles vorbei war. Fair Play beim Sterben, wenigstens das. Hätten sie den Verwundeten mitgenommen, wäre das sein sicherer Tod gewesen. Kein Penicillin, kein Morphium – nur ein Verbandspäckchen war noch da. Das letzte. So hatte der eine letzte Chance durch die Vietcong.

Abschied. Er bekam, hoffentlich nicht seine letzte, Zigarette in den Mund gesteckt. Sie nahmen ihn ein allerletztes Mal in den Arm, los ging's, die Straße zurück.

Vorhandene Munition für die letzten drei Mann, fünf Schuss und Ende. Vorschrift war, dass jeder einen Schuss zurückhalten musste, Drei Mann waren sie noch, also zwei Schuss Reserve. Fünf Schuss hatten sie gesamt. Also konnten sie auf die Viets noch zwei Schuss abgeben.

Nun war ihnen alles egal – Hätten sie nicht schon längst tot sein müssen? Nun war also heute der Tag x.

Rennen? Scheiß' drauf. Ergeben? Keine Diskussion. Sie gingen hochaufgerichtet auf der Straße zurück. Keiner rechnete damit, auch nur fünf Meter weit zu kommen. Sie waren viel zu ausgebrannt und leer und gleichgültig, um darüber lange nachzudenken.

Die Waffen wurden umgehängt, die letzten zwei Schuss in den MG-Ladestreifen eingedrückt. Er packte das MG am Lauf, über die Schulter damit, das war's. Dieses Mal kein Sicherheitsabstand, sie klumpten zusammen. Zigarette an – ob man die Glut sieht oder nicht, auch egal. Sie gaben ein prima Ziel ab, sowieso – wie sie aufrecht auf der Straße gingen. Die ersten zwanzig Meter realisierten sie überhaupt nicht, dass niemand mehr auf sie schoss. Sie hatten mit dem Leben abgeschlossen – was gab es da noch zu realisieren?

Die Viets ließen sie laufen. Einfach weggehen.

Das Gefühl kurz vor der Erwartung des Todes

Da war es wieder, das unerklärliche Gefühl. So, als sei man überhaupt nicht mehr existent. Losgelöst vom Körper, der Welt, nur reine Energie. Spirituell. Wunderschön. Nur in Momenten der sofortigen Todeserwartung war dieses Gefühl da. Man wusste nicht mehr, wo man war, wer man ist, was um einen herum war – das alles war weg. Weit weg. Nur dieses Gefühl war da – es machte süchtig, gefährlicher als eine Droge.

Je mehr man dieses Gefühl „erlebte", desto mehr kostete man das aus. Pure Energie – eins mit dem Universum. Der Name dafür? Unwichtig. Mit Worten ist vieles nicht mehr zu definieren, was über das reine, reale Verständnis hinausgeht. Er versuchte es auch nie.

Warum Unerklärliches kaputt quatschen? Viele seiner Kameraden hatten dieses Gefühl nicht. Ihnen etwas erklären zu wollen, wo es nichts zu erklären gab? Selbst genießen und auskosten. Es hält sowieso nur kurz an, halt's fest! Zieh' es in die Länge – vergeblich.

Rückzug und das Zusammentreffen mit regulären französischen Panzertruppen – Mit durchgeladener Waffe den Weitergang erzwungen

Sie liefen nun so acht Stunden zurück. Auf der Straße. Das waren so ca. fünfundzwanzig Kilometer. Langsam und still. Es fiel kein Wort. Dann ein Anruf. Parole? Spinnen die? Panzer auf der Straße, gestaffelt. MG, Wachen – wie im Film. Einem sauschlechten Film. Deren Kampfformation war so, wie sich Lieschen Müller

Hollywood vorstellen musste, dachte er. Die regulären französischen Truppen, schön angezogen, lagen auf Klappbetten, made in USA, kochten wie die Pfadfinder.

Keine Legion, kein Bär. Sie waren Fremde in der eigenen französischen Armee. Ein Satellit, ein nicht hierher gehörender Störfaktor. So empfand er das. (Später erfuhr er, dass der Bär mit dem Rest des Zuges die einfach umgangen hatte – der wusste, warum.)

Er gab den Befehl an die Legionäre, Sprechverbot. In allem den Mund halten, in allem. Er wusste, was nun kommen würde. Und es kam. Er kam. Ein geschniegelter französischer Offizier. Ein Regulärer. Oberleutnant. Junger Bubi. Babyarschgesicht. Das waren die Schlimmsten. Ihr eigenes Ego noch suchend. Oft vergebliche Mühe.

Er lief weiter, beachtete den gar nicht. Aber der ihn schon. Anschiss, Grüßen, Meldung, und überhaupt!? Wo sie denn herkämen und wieso? Wo die Kompanie sei, und dass in der Nacht nicht marschiert werden dürfe. So ein Arschloch.

Inzwischen gab es einen Auflauf. Fünfzig Mann mindestens um sie herum. Häme, Spott, Verarschung. Endlich konnten sie es der „ganzen" Legion heimzahlen. Neid, Missgunst und blanker Hass schlug ihnen entgegen. Vor ihm, auf seinem Weg zurück auf der Straße, eine Mauer aus Soldaten. Kein Durchkommen. Zwei Meter hinter ihm immer noch der französische Offizier. Keifend, tobend. Seine (scheinbare) Autorität genießend. „Schaut mal, wie ich die drei fertig mache". Er selbst sagte kein Wort, drehte sich um, nahm sein MG von der Schulter und hielt es dem regulären französischen Offizier an den Kopf. Seine zwei Legionäre taten das Gleiche und luden durch. Einen Schuss hatten sie ja noch je Mann, er drei. Alle Waffen auf den Offizier gerichtet. Totenstille. Von denen lag keiner mehr auf dem Feldbett made in USA oder kochte. Zehn Sekunden ging das. Eine Ewigkeit – kein Wort fiel von beiden Seiten. Er drehte sich wieder herum, seinem Ziel zu, nahm sein MG am Lauf, legte es wieder auf seine Schulter und ging weiter seines Weges. Niemand wollte mehr etwas von ihnen. Der Weg war frei.

Immer waren es solche Offiziere, die das Verhältnis „Legion zu den regulären Truppen" vergifteten. Die Legionsoffiziere waren ja auch zu 99% Franzosen. Das waren Offiziere von Ehre, Stolz und Klasse. Eben die Elite. Nicht so ein Verschnitt.

Ankunft beim Haufen und beim Bär - Der pfälzische Sergent.

Im Morgengrauen, links und rechts von der Straße, vier große, Dreißigmannzelte. Mobile Kampfeinheit der Legion, die Feuerwehr. Leider nur da, wo Straßen waren – und das war selten. Halftrucks, Halbkettenfahrzeuge. Einige US-LKW – unverwüstlich. Das beste an Militär-LKW, was er bis heute sah. Dagegen waren die Renault, die später eingesetzt wurden, und einige Mercedes ein Totalausfall. Kippten im Gelände um und waren laufend defekt. Dann eine Art Kantine, Verpflegungszelt – Waffen, Klamotten, Munition. Der Bär empfing sie. Meldung. Erste Frage, wo sind die Fehlenden? Bericht. In Ordnung. Das war's. Er sagte noch: „geht ins Verpflegungszelt", und da stand er nun. Der hätte sich ja wenigstens freuen können, sie wieder zu sehen. Nix da. Kein Wort. Alles war normal. Sie lebten ja noch. Trotzdem „Merde".

Also ins Verpflegungszelt. Der Chef, ein Sergent aus der Pfalz. Heimeliger Dialekt. Licht. Sauberkeit. Und wie besorgt war der um sie. Erst die Männer der Gruppe – Befehl an die: Zelt bauen, Waffen versorgen, Waffenpflege, Munition und Handgranaten, Verbandspäckchen, Klamotten empfangen und Abmarsch zu dem vorbestimmten Platz. Dann er – dreckig, stinkig, müde, kotzübel. Er war alle. Der Sergent fragte, was er essen wolle. Was hast du? Was willst du? - Eine andere Welt. Er duschte, der Sergent kleidete ihn neu ein. Beste Klamotten, passend natürlich! Neue Schuhe. In Indochina hatten sie so eine Art Stoffschuhe, die bis zum Knöchel gingen, mit dicker Gummisohle. Die war gedacht zum Schutz gegen Bambusfallen. Selbst der Bär hinkte deswegen ein wenig. Wie er erfuhr, war der in eine Bambusfalle getreten. Ein Loch, vierzig Zentimeter breit, vierzig Zentimeter tief, vierzig Zentimeter lang – auf dem Boden des Loches aufgereihte Bambusstöcke, zugespitzt und mit menschlichen Exkrementen eingeschmiert. Blutvergiftung. Oft war die Folge, in eine solche Falle getreten zu sein, Amputation oder gar Tod. Abgedeckt war das Loch, die Falle, so gut, dass man keine Chance hatte, diese zu erkennen. Vergraben waren diese Fallen vorwiegend auf den Deichen, die durch die Reisfelder führten. Die Einheimischen waren eingeweiht. Oder im Dschungel auf Wildpfaden. Oder, oder, oder – der Phantasie war für die Platzierung keine Grenzen gesetzt.

Eine Woche Ruhe, total. Er schlief auf einem Klappbett made in USA, im Verpflegungszelt. Beim Sergent. Verboten, aber schön war's. Der Bär wusste es natürlich, wie der immer alles wusste, aber der sah darüber hinweg.

Sieben Tage lang waren sie die Könige, bekannt im Bataillon wie rote Hunde. Noch dazu wo einer das Erlebnis mit den französischen Panzereinheiten ausplauderte. Sie genossen das alles, sie wussten, nach sieben Tagen sind sie wieder Schütze Arsch. Aber diese Woche nahm ihnen keiner mehr weg. Keiner.

Du pfälzischer Sergent, wenn du diese Zeilen liest und demnach noch lebst, melde dich unbedingt. Dein pockennarbiges Gesicht bleibt unvergessen. Leicht rothaarig warst du und ca. 1,85 groß. „Monnem vorne – und die Pfalz auch!"

Während dieser sieben Tage schaltete der Pfälzer permanent den Radio ein. Militärsender.

Die Piaf und Gilbert Becaud

Ach du, die „PIAF" aus Paris. Der Spatz aus Paris. Auch du hast die Legion geliebt und sie besungen. Mit dem Chanson, unter vielen anderen, mit dem „Petit Légionaire". Mon petit Légionaire, mit dem du eine Nacht verbrachtest – in diesem Chanson beschrieben. Welche Vollblutfrau warst du doch und wie wortsicher, du kleiner, 1,50 großer Spatz. Und Gilbert Becaud, ihr Frank Sinatra. Sie verstanden die Texte ja immer noch nur zur Hälfte. Aber was sie verstanden, gefiel Ihnen.

Zu 100% verstanden sie die Heeresdienstvorschriften. Die tausend Einzelteile der Waffen, die verschiedenste Munition, die Granaten, die Minen und den Drill. Und die Lieder, SS-Lieder und Wehrmachtslieder auf Französisch. Selbst die Franzosen mochten diese Lieder. Welch große Nation. Er achtete die Franzosen. Er schwärmte für die französischen Legionsoffiziere, weil er sie respektierte, als Männer. Immer waren sie die ersten vorne, wenn es brenzlig wurde. Vorausgesetzt, es gab noch welche.

Das Beste, was die französische Nation hatte, verreckte im Dreck. „Vive la France" und „Mort aux Coins". Nicht übersetzbar, aber passte auf alles. Verrecken für Nichts. Er ging drauf. Tod allen Stinktieren. „Mort aux Coins" – täglich hundert Mal benutzt, hatte einen festen Platz in der Umgangssprache, allerdings „leicht" vulgär ...

Affenangriff – Sandtunnel – Grassuppe mit Erdbeeren

Neues Einsatzziel, die Vietcong aufzustöbern, zu jagen und zum Kampf zu zwingen. Gebirgige Region. Mal etwas anderes. Und gleich danach ein lustiges Erlebnis. Plötzlich ein Kokosnussbombardement. Auf sie alle. Die Dinger flogen – und wenn diese trafen, dann mit großer Wucht und Härte. Wer, verdammt, warf diese?

Kein Mensch zu sehen. Plötzlich tauchten Affen auf. Riesengroße Viecher. Das erste Mal, dass sie Affen sahen – wild, in Rudeln. Sie rieben sich die Augen – und umgingen die Affen – sie überließen den Affen den Sieg.

Die Granatwerfergruppe wurde ihnen zugeteilt. Am Abend Ankunft vor einem Berg. Ein hartes, mit kleinem Gebüsch bewachsenes Gelände, sich kilometerweit erstreckend. Der Kompaniechef, seine drei Mann als Eskorte, Funksprechgerät und Ordonanz, kampierten auf dem leicht abfallenden Berghang. Darunter die Granatwerfertruppe des Bataillons. Drei Stück, sechzig und achtzig Millimeter. Die schossen sich nun ein mit Rauchgranaten. Später sagte ihm der Chef der Gruppe, Mathieu, ein Belgier, dass sie damit die Viets anlocken sollten. Jetzt wurden die also auch noch angelockt. Als ob es nicht auch so schon reichen würde, ohne locken.

Vor dem Berg, dort wo er anzusteigen begann, Sandhaufen. Jeweils zehn Meter lang, fünf Meter hoch, zehn Meter tief. Der Sand verwaschen, zusammengebacken, hart. Aber eben doch Sand. Sie wollten sich darauf legen und das Schützenloch in den Sand hinein graben. Nein! Die Stellungen mussten ebenerdig sein. Das hieß, Tunnel graben, durch den ganzen Sand hindurch – und die Nacht darin verbringen. Die Tunnel waren so hoch, dass man gerade darin liegen konnte. Nichts wurde abgestützt. Keiner schlief diese Nacht. Jeder hatte Angst, dass alles über ihnen zusammenbrechen könnte und sie lebendig begraben würden. Diese Nacht kein Angriff von den anderen. War wohl eine Falschmeldung, dass da welche wären, von denen.

Abzug am Morgen. Sie hätten schon längst in Saigon sein sollen. Ankunft in einem verfallenen Gemäuer, gebaut im Viereck. Innen ein kleiner Platz. Das könnte ein kleines Kloster oder ein altes Fort, noch von den Japanern, gewesen sein. Nicht herauszukriegen. Von der Bevölkerung niemand zu sehen. Auch gut. Sie blieben zwei Tage, dann Überfall. Die kamen nicht rein – und sie nicht raus.

Das ging so vier Tage lang. Nichts zu essen, kaum mehr Wasser. Da sie nicht wussten, wie lange sie noch in diesem Gemäuer zubringen würden, wurde versucht, das auf dem kleinen Platz wachsende Gras zu sammeln und zu kochen. In den verfallenen Gemäuern wurden Pflanzen und allerlei Gewächse, von denen niemand den Namen wusste und was das überhaupt war, gesucht, abgeerntet und in die Grassuppe geworfen. Und gekocht. Gewürzt wurde mit der Asche des verbrannten Holzes, mit dem die Suppe gekocht worden war. Das schmeckte gar nicht so übel, außerdem hatten sie Hunger.

Am vierten Tag wurden sie herausgeholt – die brachten gleich Sonderverpflegung mit. Er wollte nur Erdbeeren. In Dosen. Das gab es sonst nie. Zwei Dosen gegessen, hintereinander, verschlungen. Welche Köstlichkeit. Aber danach das Erwachen – noch selten hatte er sich so den Magen verdorben wie damals mit den zwei Büchsen Erdbeeren, gegessen auf Grassuppe.

Strafdienst mit der scharfen Handgranate

Einer der letzten Einsätze im Dschungel, davor ein Reisfeld. Einer der Legionäre der Kompanie wurde bestraft, vierzehn Tage Bau (Gefängnis). Im Dschungel gab es keine Gefängnisse, da gab es subtilere Methoden. Der Legionär, der ihnen im dritten Zug unbekannt war, wurde bei Einbruch der Nacht, nur mit Militärhose bekleidet, vierhundert Meter vor sein MG in das Reisfeld gesetzt. Auf Knien. Dauer: Die ganze Nacht. Schon das war haarig – hätten die anderen angegriffen, er hätte nicht zurückgehen dürfen. Dort bleiben, was auch passiert. Das Tüpfelchen auf dem „i" war jedoch, dass er eine abgezogene, also scharfe Handgranate in der Hand halten musste. Die Granate hatte an der Seite eine Art Löffel, ca. fünf Zentimeter lang, der mittels Sicherungsstift an der Granate anlag. Wurde der Stift gezogen, und war der Löffel nicht fest - mittels Fingerdruck an die Granate gedrückt - ging diese los. Nur ein kurzes Lockern des Fingerdrucks genügte, und die Granate explodierte. Gut, der Soldat hätte ja die Granate wegwerfen können, hätte aber dadurch den anderen die Anwesenheit der Legion verraten.

Colombecher, die Strafkompanie in der Sahara

Das hätte „Colombecher" bedeutet. Die berühmt-berüchtigte Strafkompanie der Legion in der Sahara, Sand, sengende Hitze, Wellblechkäfige, nachts eiskalt, Sprechverbot. Befehle ergingen durch bestimmte Signalpfiffe mit der Trillerpfeife. Alle Bewegungen im Dauerlauf. Niemand von ihnen wusste etwas Genaues, aber jeder fürchtete diese Strafeinheit wie die Pest. Das war das letzte Druckmittel gegen Disziplinlosigkeit, Feigheit vor dem Feind, usw. Und das effektivste. Nein, da wollte keiner hin.

Der Junge hatte Glück, kein Angriff – das wäre dessen sicherer Tod gewesen. Aber die ganze Nacht knien, den Löffel mittels Fingerdruck an die Granate pressen – welche Höllenangst muss der ausgestanden haben. Ein statuiertes Exempel – jeder sah es – es wirkte.

Das höchste Strafmaß war der Tod durch Erschießen. Aber nicht vor dem Exekutionskommando, das erledigten die Geschädigten unter sich. Es gab keine Gerichtsmedizin, die die Kugeln dem entsprechenden Gewehr zuordnete. Auch das wusste jeder und verhielt sich danach.

Zurück nach Saigon – Leibgarde für den Präsidenten

Abwurf von Munition, Klamotten und drei Tagesrationen in Blechbüchsen. Eine Büchse, zwanzig Zentimeter lang, fünfzehn Zentimeter breit, acht Zentimeter hoch, ein Kilogramm schwer. Da war drin: Ein Päckchen Zigaretten, Marke TROUPE. Streichhölzer, zwanzig Stück, immer zu wenig. Fünfzehn Salzkekse, Salztabletten, eine Dose Ölsardinen, eine Dose (sechs Zentimeter Durchmesser) Käse, eine Dose Leberwurst, ein Streifen Schokolade, Toilettenpapier, eine kleine Flasche Schnaps (zwei Fingerhüte voll), eine kleine Flasche Moskitoöl, ein Verbandspäckchen, US-Armee. Die Qualität von allen Dingen da drin' war sehr gut. Für einen Tag ausreichend. Waren sie doch immer so ausgepumpt, dass sie gar keinen Hunger mehr hatten. Hoch im Kurs im Tauschhandel standen Zigaretten. Viele von ihnen rauchten zwei Zigaretten auf einmal, zusammen im Mund. Das kam auf die Situation an.

Geöffnet werden durften die Büchsen nur auf Befehl. Aber die waren ihnen zum Tragen zu schwer und deswegen wurde alles gleich aufgegessen. Kontrolliert wurde nie. Sie ernährten sich aus dem Dschungel. Ab und zu wurde ein Büffel geschlachtet. Hühner, kleine Schweine wurden im Tausch den Bauern abgekauft. Gegen Sardinen, und so. Besonders bliebt, Schokolade für die Kinder.

Wieso Abwurf von einem Kampfanzug je Mann? Befehlsausgabe. Alles nach Saigon, das ganze Bataillon. Nicht ins Zeltlager, einige Kilometer vor der Stadt, nein. Mitten hinein in die Stadt. Sie glaubten es erst, als sie drin' waren.

Seine geliebte Glitzerstadt. Sein Zug, Sonderaufgabe. Bewachung des Regierungschefs, „Bao-Dai". Riesenschloss, der Park ein Traum. Sie wurden in einer Acht-Abstellplatz-Garage untergebracht = drei Wände um sie herum. Ein Dach, Dusche, Toiletten, heißes Essen, Klappbetten – das Paradies.

Zwei neue Caporals, Obergefreite, ein Italiener, ein Spanier. Die wurden für die anderen drei Gruppen des Zuges eingeteilt. Er blieb was er war. Direkt dem Bär unterstellt.

Urlaub, Tag und Nacht, so oft man wollte im Rahmen des Dienstes natürlich und so lange man Geld hatte. Da war keine rothaarige Araberin wie in Sidi Bel Abbes, die kein Geld wollte – aber die Asiatinnen kassierten mit Klasse und diskret. Man hatte immer das Gefühl, das Mädchen selbst aufgerissen zu haben. Dabei war es, wie immer wenn's ums Geschäft geht, umgekehrt. Aber, die Männer sind mal eben romantischer. Die Frauen dafür pragmatischer. Auf jeden Fall endlich Zeit für seine Blumen der Nacht. Auch um diese mehrmals zu treffen, kennen zu lernen, danach. Das zweite Paradies. Das Lächeln, die Grazie der Bewegungen, die Figuren, diese weiche Haut, die großen Augen – und, und, und. Geld war da. Zwölf Monate ausstehender Sold.

“Dien Bien Phu“ – das Aus für Frankreich in Indochina

Die Reportage des „Stern“ hat sich in der Realität bestätigt. Kompliment, im Nachhinein. Das war das Sahnehäubchen - doch der Dienst war knallhart. Erste Gerüchte über Dien Bien Phu. Das Debakel, die Katastrophe. Das Ende Frankreichs in Indochina. Die einzelnen Forts vorwiegend im Tal, davor eine Bergkette. Eingebaut, Artillerie-Geschütze vom Vietcong. Direkter Beschuss auf die Besatzungen des Forts. Französische reguläre Truppen, algerische Truppen, die Legion. Untergang. Der Kommandierende erschoss sich. Was da wirklich abging, wer wusste das schon? Kaum überlebende Gefangene, geschundene Kadaver. Der General der anderen, Giap, machte das große Tabula rasa. Aus war’s. Es schlug Wellen bis nach Saigon. Sie wussten, die Tage in Indochina waren gezählt.

Geldverbrennung bei der Zentralbank

Einsatz bei der Bank von Indochina. Sechs Legionäre und der Bär, sein Sergent. Durchgeladene Maschinenpistolen. Ein Berg, ein Riesenberg gültiger Banknoten. Alles große Scheine. Verbrennen. Tausend Vermögen weg. Flammen, Rauch und Ende.

Jeder dachte, klauen wir etwas, nur eineinhalb Hände voll, hundert Nächte in Saus und Braus. Aber die anderen Legionäre waren von anderen Kompanien. Der Bär und er waren die einzigen, die sich kannten. Schießbefehl, der galt auch für die eigenen Leute. Wer klaut, erschießen, egal, wer es ist. Ohne Zögern. Also verbrennen.

Bis heute sieht er den Riesenberg gültigen Geldes vor sich. Und träumt ...

Ankunft der Vietcong in Saigon und im Regierungspalast - Machtübernahme

Zurück in den Bao-Dai-Regierungspalast und ihre Suite, der Garage. Sie waren dankbar dafür. Kein Wasser mehr unter dem Hintern, saubere Klamotten, warmes Essen.

Abends Besprechung. Saigon wird aufgegeben. Die anderen übernehmen! „Ho Chi Minh“, die Symbolfigur. Wie haben sie ihn gejagt, aber nie gefasst. Manchmal waren es nur Minuten, um die es ging. Die Symbolfigur, guter Populist, Integrationsfigur. Dabei ein ausgekochter Gangster, der später die eigenen Gefolgsleute über die Klinge springen ließ, um seine Macht zu erhalten bzw. auszubauen. Das

Volk glaubt ja immer nur zu gern und hofft auf Änderung. Folgt den Parolen der Demagogen. Dann der Wechsel und das Erwachen. Die Ernüchterung, wenn das Volk merkt, dass es ihnen nun noch schlechter geht als vorher. Man arrangiert sich, um nicht zugeben zu müssen, dass man einmal mehr auf einen Aalglatten hereingefallen war. Nichts Neues, und ändert sich auch nicht. Weltweit nicht.

Ankunft der Vietcong. Als allererster Anlaufpunkt Übernahme des Regierungspalastes. Die kamen also zu ihnen. Der Regierungschef Bao-Dai war schon weg. Seine Fahne auch. Genaueste Verhaltensregeln vom Bär. Allergenaueste. Schießverbot, egal was passiert. Jeder behielt jedoch seine eigene schussbereite Waffe.

Sie kamen an. Ca. hundert Mann und machten sich im Palast breit. Die Garage, also sie, zwanzig Meter von denen entfernt. Nur – die Toiletten waren im Palast, Dienstbotenteil, die Duschen auch – bizarr. Zum Pinkeln und Duschen mit der MP. Der eine Legionär stand an dem einen Urinal, der Viet, mit MP, am anderen. Jeder bewaffnet. Kein Blick (nur auf das Glied, die hatten kleinere), kein Wort, rien, nichts. Vor Aufregung konnte man damals kaum pinkeln. Die anderen auch nicht. Zwischenfälle gab es keine. Beide Teile waren erfahrene Soldaten. Jeder Haufen wurde kommandiert durch seinen Chef, dem nichts fremd war. Auch nicht diese Situation.

Dann Abmarsch. Aufgabe seiner Glitzerstadt. US-LKW, offen. Eine lange Schlange. Am Straßenrand die Bevölkerung. Ruhig, still, zu still. Keine Aufhetzer, keine feindlichen Parolen – aber, wer weiß, ein Funke, und das Pulverfass wäre explodiert und sie wären endgültig „jenseits von Eden“ angekommen.

Der dritte Zug, also sie mit dem Bär, waren in dem allerletzten LKW. Sechs Maschinengewehre auf Lauflafette. Durchgeladen. Schießverbot, absolutes. Wäre es zu Übergriffen gekommen – welch Gemetzel hätte daraus resultiert.

Aber es war ein Abschiednehmen im gegenseitigen Respekt und Bedauern. Sie liebten das Land und auch die Bevölkerung. Die Einheimischen ahnten, dass nun eine andere Zeit – und keine bessere – für sie selbst anbrach. Tausende von Menschen gaben ihnen das Geleit. Unter ihnen viele, viele Blumen der Nacht. Nun waren sie nur noch Schmetterlinge mit angesengten Flügeln. Blumen, die eingingen. Orchideen, die man in der Antarktis aussetzte.

Später erfuhr man, dass alle Mädchen aufs Land gekarrt wurden. Frondienst und Umerziehung unter Hammer und Sichel. Wobei diese Mädchen sich mehr für Nagellack interessierten, als für eine noch so perverse Ideologie – West oder Ost. Der geschickteste Populist gewinnt das Spiel um die allgemeine Volksverdummung. Bis zum heutigen Tag sind die Asiatinnen die gebildetsten, zärtlichsten und bestaussehenden Mädchen gewesen.

Seine letzten Gedanken auf diesem waffenstrotzenden LKW galten ihnen, diesen Mädchen. Wie oft hatten sie ihn getröstet, ohne dass er zeigte, dass er mal wieder am Ende war. Die ahnten, spürten das. Gingen auf ihn ein, da drüben war das Geld nicht erstrangig, wenn auch nicht unwichtig. Er wünschte ihnen allen zum Abschied alles Glück – was sie sich auch darunter vorstellen mochten. Er hoffte auf ein Wiedersehen und wusste doch, es gab keines.

Algerien – die Stadt Tlemsen

Ankunft in Algerien und weiter mit dem LKW zur Stadt Tlemsen. Fünfzig Kilometer vor der marokkanischen Grenze. Fünfzigtausend Einwohner. Eine schmucke Stadt mit französischem Flair. Sehr gute Hotels, Kinos, Rotlichtviertel und zwei Krankenhäuser, ein Militärkrankenhaus, ein Zivilkrankenhaus, und ein großer Friedhof für beide Gruppen. Vorwiegend belegt durch die Legion. Tlemsen lag in der Ebene. Nach Norden, Ebene. Nach hundert Kilometern das Mittelmeer. Im Osten, Ebene und Sidi Bel Abbes, Algier und Oran. Im Westen, Marokko. Im Süden, das leicht bis auf dreitausend Meter ansteigende Gebirge. Zerklüftet, felsig, viele Schluchten. Er hasste es. Bis heute steigt er keinen Berg mehr hoch. In der Stadt stationiert, französische reguläre Truppen. Die Legion, wie immer, außerhalb der Stadt.

Stationierung - Erstes Basislager

Oberhalb von Tlemsen, Luftlinie drei Kilometer auf einem Gebirgsplateau, wurden sie stationiert. Einem früheren Militärlager aus dem Zweiten Weltkrieg. Baracken, winterfest, mehr oder weniger. Die Neunte Kompanie, je Zug eine Baracke = vier gesamt. Ein Gebäude, Kantine für Legionäre; ein Gebäude, Kantine für Unteroffiziere. Ein Gebäude für die Küche. Eines für das Waffenmagazin, optische Geräte, Munition und alles, was noch dazugehörte an Ausrüstungsmaterialien. Die Unteroffiziere hatten ein kleines Gebäude für sich. Alles war einstöckig, sehr bescheiden aber zweckmäßig. Militärisch karg. In der Mitte der Appellplatz. Die Baracken waren in den leicht aufsteigenden Berg gebaut worden.

Vor dem Camp die Straße – nur für Militär - diese traf nach einem Kilometer auf die Verbindungsstraße nach Tlemsen. Entlang der Straße das Bataillon.

Ab jetzt wehte ein anderer Wind. Und, für sie alle, kein besserer. Aus war es mit der Freiheit, die eine permanent kämpfende Truppe, immer in Bewegung, hat. Morgens: Antreten. Abends: Antreten. Waffenappell, Kochtopfappell, optische Geräte Appell, Bettzeugappell. Grausam. Alles für die Disziplin. Nur unterbrochen durch Einsätze, häufig. Nur weg und raus. Bloß kein Appell. Kompaniechef ein Italiener, Leutnant. Jeder Zug hatte nun drei Sergents. Er behielt den Bär als Zugführer (Sektionschef). Erstmalig Sollstärke, plus/minus 10 Prozent.

Lehrgang Caporal und Lehrgang Sergent in Sidi Bel Abbes

Die Ordonanz kommt. Er soll sofort zum Bär. Abreise zum Lehrgang. Caporal – Obergefreiter, drei Monate lang.

Vom Regen in die Traufe. In Sidi Bel Abbes alles noch schlimmer. Überhaupt keine Freiheiten mehr. Tag und Nacht minutiöse Dienstpläne. Indochina – du warst ein Paradies.

Auf dem Lehrgang wurde größter Wert auf Kampfausbildung, Waffen, Munition, Granaten und Minenkunde (mit Lageplänen) gelegt. Das alles war nun wirklich kein Problem für ihn. Vierzig Mann, Abschluss als Drittbester. Zwei grüne Winkel auf der Uniformjacke, sah ganz gut aus. Rückkehr nach Tlemsen. Nur kurz.

Der Legion gingen die Unteroffiziere aus. Lehrgang, wieder drei Monate. Nun wurde es haarig - Jetzt musste er büffeln, lernen – keine Zeit für nichts, zum Ausgang schon gar nicht. Knallhart. Das altbekannte „Khamasis", alles wie es war. Er glaubte noch, jeden Baum zu kennen, auf diesem Ausbildungsplatz zwölf Kilometer vor der Stadt. Nun war die Ausbildung anders. Für Fortgeschrittene, gekoppelt mit Ausbilderfunktion vom Legionär bis zum Sergent. Allein bei dem Befehl „Gewehr über" drei Grundzeiten. Beschreiben der Hand- und Fingerstellung, jedes einzelnen Fingers, Um das herunterzubeten, hätte das bei schriftlicher Niederlegung zwei volle DIN A 4 Seiten gefüllt. Alle diese verschiedensten Einzelbefehle füllten ein dickes Buch. Kleingedruckt.

Dann die Befehle für Gruppen – Sektionen (Züge) dreißig Mann – und Kompanien. Das erstreckte sich von „Pflichten des Küchenunteroffiziers" bis zu „Ehrensalutschießen für einen Toten".

Da gab es nichts zu improvisieren, alles war detailliert beschrieben und festgelegt. Wort für Wort.

Dann das neue Infrarotgewehr. Kam das abhanden, wurde dies als Sabotage gewertet. Kriegsgericht. Allein das war Grund genug, dass sie das nicht mochten.

Granatwerfer. Sechzig und achtzig Millimeter. Die ganzen Winkelfunktionen und Berechnungen, Tabellen ohne Ende. Auswendig zu lernen. Es hörte und hörte nicht auf.

Schwimmen mit Promille

Sportprüfungen. Saukalt. Schwimmprüfung. Zum Aufwärmen wurde Kognak getrunken – zuviel – beim Schwimmen gingen einige im Wasser unter. Die anderen hatten indiskutable Zeiten. Nur das Wohlwollen der Ausbilder, die das verschwiegen (verschweigen mussten), rettete sie vor dem Kursabbruch.

Von den fünfzig Mann, die den Kurs absolvierten, waren fünfundvierzig wie er erst kurz vorher aus Indochina zurückgekehrt. Alles Frontschweine, ausgebuffte. Die Ausbilder konnten den Kurs gar nicht platzen lassen – hätte das doch geheißen, dass sie mit so einem Haufen nicht fertig würden.

Nachtmärsche, Tagesmärsche – ohne Karte per Kompass. Verschiedene Anlaufziele, schriftliche Bestätigung der Ankunftszeit. Interessant. stockdunkle Nächte, kein Ablesen des Kompasses möglich. Dreimann-Gruppe. Einer war immer dabei, der einen Trick draufhatte, die Gradanzeige zu erkennen. Die Einteilung der Kompasse war in Grad oder in Tausendstel. Gleich, aber vollkommen anders abzulesen.

Prüfungen - Diktat und Mathe, Auto, Transmission, Funkgeräte und Signalflaggen, Minen, MG, Pistolen und Gewehr, MP, Kultur, Granatwerferschießen, Heeresdienstvorschriften, wie auch den Pflichten des Küchenunteroffiziers

Diktat und Matheprüfung. Die Rechenaufgabe war in drei Schritten zu lösen. Zu beschreiben, wie war der Weg zur Lösung? 20 Punkte gesamt.

Diktat, fehlerfrei = 10 Punkte; Mathe, fehlerfrei = 10 Punkte.

Wer keine 10 Gesamtpunkte hatte, war durchgefallen – Heimreise.

„Black-out bei der Rechenaufgabe. Null Punkte. Diktat, null Fehler, also das Minimum 10 Punkte.

Normal war, dass das Diktat fast nie fehlerfrei abgegeben wurde. Noch nicht einmal von den Franzosen. Irgendein Schutzengel musste ihm die Hand geführt haben.

Nach dieser Prüfung lag er in der Gesamtbewertung am unteren Ende, das fing ja gut an. Aber auf jeden Fall noch dabei. Prüfer, je Fach, ein Legionsoffizier. Für die Prüfungszeit hatte er sich eine Ordonanz organisiert für Wäsche waschen und Bügeln. Das ganze Geld ging dafür drauf – verboten, deshalb höhere Preise. Aber er hatte einfach keine Zeit, auch noch Wäsche zu waschen und zu bügeln. Bügeln konnte er sowieso noch nie.

Wie auch sonst war das Erscheinungsbild eminent wichtig. Der Gruß – die Meldung, Dienstnummer, Kompanie, Bataillon, Regiment, Anlegen der Auszeichnungen. Diese Auszeichnungen und sonstige Medaillen ergaben für den Eingeweihten einen lückenlosen Ablauf seiner Dienstzeit visuell wieder. Wie ein geschriebener Lebenslauf.

Der prüfende Offizier kannte seinen Kompaniechef – konnte nicht schaden. Fünfzehn Minuten Gespräch über Indochina. Dann die Prüfung. Es fehlten zwei Punkte. Durchgefallen. Der Prüfer rief seinen Kompaniechef an. „Taugt der was oder soll ich ihn durchfallen lassen?" Nach dem Gespräch bekam er die fehlenden zwei Punkte. Er wusste ja viel, aber wie ein Vergaser funktioniert, war zuviel. Für diesen Anruf bekam er später, nach seiner Rückkehr zur Einheit, einen dicken Anschiss.

Das war ja das Letzte. Sie mussten lernen, mit Flaggen Signale zu geben. Wie bei der Marine. Nie, aber auch gar nie wurde das bei ihnen praktiziert. Er kannte drei Signale mit den entsprechenden Flaggen und Bedeutungen. Genau die wurden verlangt. 19 Punkte von 20 möglichen.

Funkgeräte, o.k. Nicht berauschend aber ausreichend. 17 Punkte. Die Geräte waren moderner, schneller und raffinierter. Nie vorher gesehen. Es wurde vorausgesetzt, dass diese Geräte beherrscht wurden.

Minen und Lagepläne verschlüsselt. Zehn verschiedene. Auch hier ein Prüfungsoffizier. Frontoffizier. Er durfte sich eine Mine aussuchen. Springmine. Einen Meter über dem Boden explodierend. Auch in Indochina hatten sie diese Minen. Sie wurden entschärft, zerlegt und vergraben. Zu viele eigene Verluste, der Effekt stand in keinem Verhältnis zum Nutzen. Sie wurden nicht mehr verlegt. 18 von 20 möglichen Punkten.

Schwer, Querschnitte der Mechanik zu zeichnen. „Wie" funktioniert „was?" „warum"? Keine verbalen Erklärungen. Erklärung per Zeichnung. Bei der Prüfung schwitzte er ein Hemd durch. 18 von 20 Punkten.

Das gute französische Wort für so vieles „Kultur", Benimmregeln von A – Z. Für das zivile und Militärleben. Wie betrete ich ein Restaurant? Wann muss das Kepi unter dem Arm getragen werden? Wo wird dieses während des Essens abgelegt? Reaktion, wie muss er sich verhalten, wenn ein höherer Offizier das Restaurant betritt? Dafür gab es keine Vorbereitungskurse. Das vorhandene Wissen darüber wurde abgerufen und benotet. Mit viel Wohlwollen gab es 15 Punkte. „Merci, mon Capitaine. "

„Khamasis", Granatwerfer schießen. Ein Schuss kurz davor, ein Schuss kurz dahinter, der dritte ins Ziel. Die verdammte Geometrie und Einstellerei. Die ganz große Unbekannte, der Wind. Wenn der stark war, trieb die Granate ab. Nicht viel, aber das Ziel wurde verfehlt. Er musste kommandieren. Zwei ihm fremde Legionäre führten nach seinen Angeben die Einstellerei aus. Der Prüfungsoffizier daneben. Da gab es kein Beschummeln. 16 von 20 Punkten (Kein Wind).

Aus der Heeresdienstvorschrift. Mehr als zwanzig Seiten allein hiervon. Von allen anderen Dienstvorschriften erhielt er diese: Die „Pflichten des Küchenunteroffiziers“

(1) im Einsatz,

(2) in der Kaserne

bei einer Annahme von hundertzwanzig zu verpflegenden Soldaten. Genau anzugeben war, wie viele Töpfe, Pfannen, Brennholz, LKW zum Transport, Kartoffel in Kilogramm, Fleisch in Kilogramm, Salate, Wein in Liter - Pflicht und Vorschrift war, dass jeder Legionär täglich einen Viertelliter Rotwein „Pinner“ genannt zu bekommen hatte. Nicht im Einsatz. Melonen als Dessert, Wasser in Liter zum Kochen – unglaublich, was da alles zusammenkommt. Ach ja, und die Kochzeiten – was braucht wie viel Minuten um gar zu sein? Nur selbst kochen musste er nicht. Welch Glück für die entsprechende Kompanie. 16 von 20 Punkten.

Der Nachthinterhalt und der Schlangenbiss

Abfahrt in der Nacht. Wald. Unbekanntes Gelände. Es war ein Hinterhalt zu legen. Der gesamte Lehrgang, fünfzig Mann, war beteiligt und aufgeteilt, Zehnergruppen. Drei Offiziere von der Legion und drei Offiziere von den Regulären als Beobachter. Erst jetzt erfuhren sie, dass ein paralleler Kurs der Regulären, ebenfalls Sergent-Lehrgang, bei denen ablief und die, ohne es zu wissen, in ihren Hinterhalt laufen sollten. Übungsmunition, Übungsgranaten. Sie sollten gegen 4:00 Uhr früh kommen, jetzt war es 2:00 Uhr in der Nacht. Kein Mond. Auch die Regulären hatten drei Legionsoffiziere als Beobachter dabei.

Ruhe, absolute Ruhe. Es war gegen 3:00 Uhr früh. Bewegung in ihren Reihen. Unruhe, scharfe gedämpfte Befehle. Die Ursache, einer der Legionäre wurde von einer Schlange gebissen. Er sah die, konnte sie jedoch nicht beschreiben. Aber der Legionär hatte nun Angst, dass diese giftig war und er eventuell an diesem Biss sterben könnte. Arzt? Keiner. Nun mussten die Legionsoffiziere entscheiden, alles abbrechen oder weiterlaufen zu lassen. Abbruch = verloren. Beschluss: Alles läuft weiter wie geplant. Stirbt der Legionär, war die Schlange giftig. Stirbt er nicht, war sie nicht giftig.

Bei Androhung einer Strafe wurde der ruhiggestellt. Die Regulären liefen schön ahnungslos in den Hinterhalt. Alle bestanden. Keine Punkte bei dieser Übung.

Übrigens, es stellte sich durch das Überleben des Legionärs heraus, dass die Schlange wohl ungiftig war. Alle, ohne Ausnahme, verstanden den Befehl, weiterzumachen wie geplant. Außer einem, dem Gebissenen.

Kommandos „Ehrensalut für einen Toten“

Schießplatz. Fünf Legionäre als Kommando. „Ehrensalut“. Er hundert Meter weit weg. Aus der Entfernung musste er kommandieren. Also schreien. Der Prüfungsoffizier dazwischen. Zehn Einzelkommandos, die er nicht kannte. Nicht gelernt. Erlaubnis erbeten und auch erteilt, kurz zu den Legionären gehen zu dürfen. Er sagte denen, dass er zehn Kommandos geben würde – unverständliche – und sie diese in der korrekten Abfolge auszuführen hätten. Diese Legionäre standen dem ganzen Kurs während der Prüfung zur Verfügung und kannten die Abfolge der Befehle besser als diejenigen, die die Befehle zu geben hatten. Wenn alles klappte, drei Kisten Bier.

Es lief und er hatte bestanden. Abends Bezahlung der Ehrenschuld. 18 von 20 Punkten.

Prüfung durch den Colonel - Offizier des Tages „Abschlussschießen“

Sandkasten. Zwanzig Panzer. Fünf Flugzeuge. Vierhundert Mann, Bataillonsstärke. Einsatz im Gebirge, Route für die Panzer festlegen, Ziele für die Flugzeuge, Frequenzen für den Funk. Das machte Spaß. Erklärung, warum so und nicht anders – Alternativlösungen – keine Probleme. 18 Punkte

Ausgerechnet beim Schießen Offizier des Tages. Armbinde, Rangabzeichen eines Oberleutnants. Das hieß, ein Unterleutnant, selbst von der Legion, hatte ihm als Ranghöherem zu gehorchen. Gutes Gefühl, kam aber in der Praxis außerhalb von Prüfungen selten vor.

Fünfzig Mann, 5:00 Uhr früh. Munition, Waffen, Schießscheiben, Kleber für die Schießlöcher und tausend andere Dinge. Er war verantwortlich für alles. Für alles, selbst für die Fahrbefehle der LKW. Nichts klappte. Abmarsch 7:00 Uhr früh. Um 8:00 Uhr standen die fünfzig Mann immer noch da. Aufsicht drei Prüfungsoffiziere. Abmarsch zwei Stunden später als geplant. Am Abend nach der Rückkehr vom Schießen sagten ihm die Prüfungsoffiziere, dass er bestanden hätte, aber nur, weil er bei den ganzen Pannen ruhig und souverän geblieben wäre. Der Tagesablauf beim Schießen lief dann normal ab. 15 von 20 Punkten.

Er bestand als Fünftbester von fünfzig Kursteilnehmern. Antreten, Bekanntgabe der Resultate, Übergabe der zwei goldenen Winkel, eine heiße Sache. Von nun an, kein Kepi Blanc mehr, nun dunkelblau.

Er wurde Unteroffizier am 1.12.1956. Da war er einundzwanzig Jahre alt und drei Jahre in der Legion.

Abschlussprüfung, „Rectification d'Etat Zivil" - Stimmt der Name?

Vor dem Besuch des Kurses zum Unteroffizier wurde informiert, dass nur Legionäre mit echtem Namen den Kurs absolvieren können. Das hieß: Wer einen angenommenen Namen behalten wollte oder musste – kein Kursbesuch.

Der erste Ausgang – Rotlichtviertel - Aufgaben der Puffmutter

Der erste Ausgang nach all diesen Anforderungen – Rotlichtviertel. Seine rothaarige Freundin von drei Jahren zuvor, aus der Ausbildungszeit, habe sich in Frankreich verheiratet, sagte die „Puffmutter". Diese Frauen leiteten ein Bordell. Die waren Mutter, Schwester, Freundin und quasi „Erziehungsberechtigte". Intelligente Führungskräfte, die das „Soll" und „Ist" eines solchen Geschäftes aus dem „ff" beherrschten. Gute Konversationspartner, intelligent, verschwiegen und integer. Später stellte er fest, so war das weltweit.

Den Abend verbrachte er mit ihr, sich „nur" unterhaltend. Es war ein schöner, interessanter Abend.

Rückkehr nach Tlemsen - SS-Offizier „Fil de Fer", Stacheldraht

Er blieb noch drei Tage in Sidi Bel Abbes. Absolutes Nichtstun. Zurück zum Haufen. Grundsätzlich gilt, bei Beförderung Versetzung mindestens in eine andere Kompanie oder Einheit. Die Führung befürchtete Interessenskonflikte. Er blieb vom ersten bis zum letzten Tag, sechs Jahre lang, im gleichen Zug der gleichen Kompanie. Mit dem Bär fünf Jahre lang zusammen. Auch der war nun auf einem Lehrgang. Als Adjudant-Chef. Höchster Rang bei den Unteroffizieren. Nächster Rang – Unterleutnant. Dafür war ein Lehrgang auf einer Offiziersschule nötig.

Fil de Fer, das war der Jux-Name eines zweiten SS-Offiziers, neu in der Kompanie. Zugchef des zweiten Zuges. Zwischen den beiden knisterte es immer.

Negativ. Niemand mochte den. Aber erstklassiger Offizier, ebenfalls Adjudant-Chef. Nun, er hatte ja nichts, noch nichts, mit dem zu tun. Der Bär kehrte ebenfalls eine Woche später mit neuem Rang wieder zurück. Aber der „Alte".

Einsatz in Ausgehuniform - Die „Fellaghas"

Algerien, die Fellaghas. Aus dem Blickwinkel eines Soldaten, nicht als Politikwissenschaftler. Sonntag. Einige standen in der Ausgehuniform da und warteten auf die LKW, die sie mit der zu begleitenden Eskorte in die Stadt bringen sollten. Die Legionäre und Caporals mit ihren weißen, er mit seinem dunklen Kepi. Oberseite rot, über der Krempe, die in die Stirn ging, der Kinnriemen in Gold. Beim Einsatz mit Kepi wurde der unter das Kinn gelegt. Auf der Vorderseite des Kepis ein Symbol, das eine explodierende Granate versinnbildlichte. Siebenflammig. Unter der Granate ein Kreis mit der Zahl fünf, seines Regiments. Noch heute hat er dieses Kepi.

Genau so seinen Legionsdolch, der ihn ab Indochina begleitete, amerikanisches Karabinerbajonett. Ausgehurlaub gestrichen. Einsatz, wie sie da standen. Geputzt und geschniegelt und ab in die Berge. Waffen holen im Laufschritt und auf die LKW, die schon dastanden.

Fellaghas nannte man die Aufständischen in Algerien. Algerien war zu dieser Zeit „Mutterland" von Frankreich. Also keine Kolonie – es zählte zu Frankreich. Alles, was in diesem Buch sich auf Politik bezieht, basiert auf seinen Erfahrungen und praktischen Erlebnissen. Politikwissenschaftler und Historiker werden das in ihren Eigenheimen wohl anders sehen, weil es vielleicht nicht in ihr Weltbild passt. Sein Weltbild war die Praxis und das Erleben pur.

Unterdrückung - So genannter Rassismus und sonstig Unangenehmes

Viele Franzosen waren in Algerien, viele auch dort geboren. Tätig als Farmer, Ärzte, Hoteliers, Spezialisten eben. Weniger Algerier waren in Frankreich. Französischer Pass, Franzosen – aber doch Algerier. Man wollte die nicht. Damals nicht und heute noch weniger. „Pied noir", Schwarzfüße nannte man die. Gleiches Problem, weltweit, wie heute mit den Schwarzen, die man ja inzwischen Afroafrikaner nennen muss. Schwarze sei eine Diskriminierung. Das ganze wird „Rassismus" genannt. Aus seiner Erfahrung ist der „Rassismus" aufseiten der Schwarzen gegen die Weißen stärker ausgeprägt als umgekehrt. Es ist kein Rassismus, sondern Abgrenzung. Keine Ausgrenzung. Abgrenzung, weil keine Assimilierung, also Anpassung, erwünscht ist. Bei denen sogar als Verrat an der eigenen Sache gewertet wird. Jeder will beweisen, dass seine Auffassung – insbesondere von Selbsterhalt, also Eigenleistung, die richtige ist. Einem aus gefühlter Minderwertigkeit geborenem Hochgefühl. So ist es einfach, den Arbeitenden und damit Besitzenden alle Schuld zuzuschieben und seine eigene gewollte Unfähigkeit vor sich selbst nicht zugeben zu müssen. Dass man erst einen Baum pflanzen muss, um unter seinem Schatten sitzen zu können, ist diesen Leuten fremd.

Um dies auszubauen, wäre ein weiteres dickes Buch nötig zu diesem Thema. Alles, was er bisher darüber las, bezog sich auf die Wirkung und Auswirkungen, nie auf die Ursachen, das WARUM. Das wird verschwiegen. Man könnte ja damit anecken ...

So viele kalkulierte Lügen seitens dieser Autoren sind mindestens oskarreif. Aber jeder stimmt ein in den Chor, verlogene Moral, die Masse glaubt es – weil sie es glauben will und muss. Und die, die es besser wissen, schweigen. Keiner will „Rassist" sein. Besser verkauft sich der arme, ausgebeutete Eingeborene, der sich dabei jedoch meistens sehr wohl fühlt – von irgendwoher kommt ja immer Hilfe – warum also selbst sich den Hintern aufreißen?

Das Vorgenannte ist ein Vorgriff auf sein späteres Leben und dreißigjähriger Berufserfahrung bzw. Erfahrungen in entsprechenden Ländern. Er selbst will nun „Germanen-Kelte" genannt werden und nicht mehr „Weißer".

Der Einsatz und das vergessene Gewehr

Sie wurden in die Berge gekarrt. Fünfzehn Kilometer in etwa. Da lagen die. Die regulären Truppen waren gescheitert, den Berg einzunehmen. Viele Verluste. Sie stürmten den Berg, zerklüftet und voller Felsen. Plötzlich Jagdflugzeuge – fünf Stück. Laut Genfer Konvention durfte immer nur ein Flugzeug zu gleicher Zeit angreifen. Die schossen auf die eigenen Leute. Schutz hinter den Felsen, die Raketen hatten keine Wirkung. Nur einer brach sich ein Bein, ein Belgier, natürlich Brackmann. Ein „lieber" Soldat, der ihm zugeteilt wurde. Der wollte immer alles richtig machen, aber immer ging alles schief, was der auch anstellte. Er wurde zum Fiasko. Als Legionär ein hoffnungsloser Fall. In irgendeinem Einsatz ließ der doch einfach sein Gewehr zurück. Vergessen. Nach zwei Kilometern stellte der fest, dass das Gewehr zwei Kilometer zurück in den Felsen lag. Er selbst rannte zurück, allein, und holte das Gewehr. Idiotische Aktion und viel zu gefährlich. Das wäre jedoch endgültig die Degradierung gewesen. Einer seiner Leute lässt das Gewehr liegen und keiner merkt's. An dem Tag vergaß er sich und prügelte den windelweich. Eine Meldung konnte er ja nicht machen – dann wäre er erst recht bestraft worden.

Der Berg wurde erstürmt, die anderen gingen stiften. Die wussten, die Legion nimmt den Berg – egal was es auch kostet – die Fellaghas dachten ökonomischer und hauten ab.

Ziele der Fellaghas

Eine ehrlose, fanatische Truppe unter dem islamischen Halbmond. Das Fair Play aus Indochina gab es in Algerien nicht. Auch gut – die Karten lagen auf dem Tisch – neu gemischt.

Jeden Tag und jede Nacht gingen immer mehr Farmen in Flammen auf. Die Farmer mit Frau und Kindern, Tieren – alles wurde von denen abgemetzelt. Die Farmer sollten sie auch beschützen, doch sie kamen fast immer zu spät. Nach und nach gaben immer mehr französische Farmer ihr Land auf. Wie hatten sie dafür Generationen lang hart geschuftet. Sie kehrten nach Frankreich zurück.

Die Farmen und Böden verkamen – die Einheimischen hielten nichts vom Arbeiten. Die wollten nur ernten – nicht säen.

Die Uschi aus Bielefeld

Eines Tages kam ein Sergent aus seiner Kompanie zu ihm. Der hatte in einer deutschen Tageszeitung eine Annonce aufgegeben. Hunderte von Zuschriften. Der fragte, ob er eine Adresse wolle. Aber ja. Erst später stellte sich heraus, dass zwei Freundinnen schrieben, aber ihre Bilder wissentlich vertauscht hatten.

Der Brief von einem Modell war nicht berauschend, aber das Bild. Blond, ein Gesicht wie Milch und Blut, achtzehn Jahre jung – er war sofort verliebt. Er schrieb, sie schrieb zurück. Zweieinhalb Jahre lang schrieben sie sich, es war schön, Gedanken austauschen zu können. Verliebt zu sein. Zu träumen und vor sich hinzuspinnen. Jeder beneidete ihn um diese Frau – ihr Bild hing über seinem Bett. Auf der gefleckten Zeltplane. Darunter seine belgische Reiterpistole mit Patronengurt und dem Dolch. Das sah sehr malerisch aus ...

Der Schreiber kommt auf die Uschi zurück – später. Sie sollte noch zu einem wichtigen Faktor in seinem Leben werden. Viel später nannte sie Ihn „der Geist, der immer wieder aus der Flasche kommt". Danke Uschi, für diese Zeit und deine Zuneigung zu diesem Sergent. Deinen goldenen Glücksbringer, ein Kreuz, hat er erst viel später in Kenia verloren. Merde!

Die verschworene Gemeinschaft und das Testament

Erstmals Freundesgruppe. Molski, Werling, Ludwig und er. Alles Sergents. Er der jüngste an Jahren und der jüngste im Rang.

Molski, Bankkaufmann aus Hamburg. Nur Hein genannt.

Werling, Architekt aus der Pfalz.

Ludwig, verzeih, wo du herkamst und deinen Beruf hat er vergessen. Du warst „nur" ein Freund.

Molski war der Wildeste. Kompanieschreiber. Der bekam jede Frau, die er wollte, fast. Bildhübsch, blond, charmant - und war noch nie im Einsatz. Versetzt vom Bataillonsstab auf eigenen Wunsch zu ihrer Kompanie, der kannte den Bär noch von früher. Seinen Zugführer.

Molski wollte nun endlich Auszeichnungen. Mit allen Wassern gewaschen, mit allen Vorschriften vertraut. Jeder Kompaniechef musste scheitern, wenn der nicht wollte. Der hatte wirklich Macht.

An einem Abend, sie waren ganz leicht angesäuselt, in der Unteroffiziersmesse. Wie aus heiterem Himmel kamen sie auf eine Art von „Testament" zu sprechen. „Wer" vermacht „Was" – „Wem" im Falle seines Todes, sollte einer von ihnen im Kampfeinsatz fallen. Bei Molski ging es um Klamotten. Der hatte die besten. Alles US-Ware. Und wer seinen Hund, einen Setter, versorgt.

Bei Werling ging's um die Uhr und sein Jagdgewehr mit Patronen.

Bei ihm ging es um seine belgische Reiterpistole. Langlauf. Privat organisiert. Für ihn hatte diese Waffe magische Kräfte. Bei Prüfungen im Schießen mit der hatte er von allen immer die meisten Treffer. Er glaubte fest daran, dass die sich ihr Ziel selbst suchte. Die anderen Sergents bettelten darum, beim Prüfungsschießen diese Waffe benutzen zu dürfen.

Beim Testament schloss sich noch einer an. Finoccio, ein Italiener. Boxchampion der Militärmeisterschaften. Sie wollten den eigentlich nicht so, aber na ja, in Ordnung. Der brachte seinen Ring ein. Handgemacht in Saigon mit vietnamesischen Schriftzeichen „Ich bringe dir Glück". Gold. Dieser Ring ging später an ihn. Er hat ihn noch heute. Dem anderen hat er kein Glück gebracht. Die Kopie des Testaments wurde beim Kompaniechef hinterlegt.

Nach der Abfassung dieses Testaments fühlten sich alle irgendwie erleichtert – so als sei nun alles in Ordnung.

Zwei von vier Freunden tot – Einsatz - Tod von Ludwig

Werling, Sergent, kampferprobt. Der lag im Dauerkrieg mit jedem Vorgesetzten. Zweiter Zug. Sehr guter Soldat, aber auf der Verliererseite. Er wusste nichts um das Ausspielen seiner Karten – oder er wollte gar nicht.

Ludwig, das Frontschwein, eiskalt, intelligent und ohne Skrupel. Sie waren ein Team und blieben es. Bis Ludwig, durch Kopfschuss getötet, ausfiel. Der Schuss ging durch seinen US-Stahlhelm. Die besten, die es gab. Stahlhelme waren in Algerien Vorschrift bei bestimmten Einsätzen. Die französischen Helme taugten nichts, die US-Helme waren besser. Das half Ludwig nichts, „dieser" Helm war nicht gut genug, um ihn zu retten. Er hielt Ludwig in den Armen, getroffen durch den Helm in den Kopf. Der Helm saugte sich voller Blut. Ein Vakuum entstand, der Helm war nicht abzunehmen. Er heulte Rotz und Wasser – keine Chance, etwas zu tun. Das war das Allerschlimmste. Er drückte ihm eine letzte Zigarette in den Mund, Scheiß-Spiel. Er schwor sich, keine neuen Freunde mehr!

Er erinnerte sich, damals im „Conti" Hotel in Tlemsen, als der Ober die Rechnung überhöhte und Ludwig betrügen wollte. Ludwig sagte kein Wort. Er zog seine Pistole und schoss dem das rechte Ohrläppchen ab. Das war Ludwig. Seit dem Abend mussten sie immer ihre Waffen abgeben. Die landeten im Kühlschrank. Geladen. Da dieses Hotel ihr Lieblingshotel war, wurde das Ganze langsam zur festen Zeremonie. Langer Bar-Tresen, voller Leute, alles gemischt. Teuerer Laden. Keine Legionäre. Sie stellten sich an das Kopfende und schubsten die Waffe zur Barmaid – die Waffen schlitterten, eine nach der anderen, den Tresen entlang und alle Köpfe folgten den Waffen. Bis diese im Kühlschrank hinter der Bar landeten.

Abschuss der farbigen Birnen aus dem Lüster

In diesem Hotel wurde der Löwenanteil ihres Soldes ausgegeben. Sie waren dort zu Hause. Ihre Stammkneipe in der Stadt. Manchmal wurde die Gesamtzeche im Nebenzimmer ausgeschossen. Da hing dieser Lüster, den keiner mochte. Warum? Keine Ahnung. Der hatte viele farbige Birnen, jede Menge. Es ging nun darum, zum Beispiel die roten herauszuschießen ohne eine weitere zu treffen. Das war schlicht unmöglich. Immer gingen mindestens zwanzig Stück drauf. Der, der zuerst per Ausknobeln schießen musste, hatte schon verloren. Sie versuchten es immer wieder. Unmöglich. Teuerer Spaß. Rückversetzung in den ursprünglichen

Zustand plus Wände, Schießlöcher zugipsen und neu streichen. Alles fand im nüchternen Zustand statt. Sie wollten schließlich das Vergnügen, das Teuere genießen ...

Tod von Molski beim ersten Einsatz

Du mit deinem Setter, deinem Jagdhund. Einmal war der Schreiber mit diesem Hund am Meer. Auf dem Rückweg Zusammentreffen mit einer Kuhherde. Die Kühe kesselten den Hund ein und traten ihn zu Tode. Einen Jagdhund. Er hätte das nie für möglich gehalten. Kein Entkommen für den Hund. Er war allein mit seiner MP. Als er sah, was passierte, lud er durch, um die Kühe zu erschießen. Da dies in den Augen der Legion kein Notfall war, demnach verboten, zwang er sich, gegebene Befehle in dieser Hinsicht zu halten.

Er kam zurück, den toten Hund in seinen Armen. Molski sagte kein Wort. Das Liebste, was er hatte, tot. Besäufnis in Freundesrunde – zur Erinnerung und zum Abschiednehmen für den Hund. Standardgetränk, Martini rouge mit einem Schuss Gin und einer grünen Olive.

Treffen mit Molski im „Popote“, der Unteroffizierskantine. Zusammen mit Werling. Morgen also erster Einsatz für Molski. Nach vielen Bitten hatte der erreicht, mitkommen zu dürfen. Chef einer Gruppe von zehn Legionären. Er und Werling rieten ihm noch einmal ab. Keine Erfahrung. Molski sagte, dass sie beide nur nicht möchten, dass er eine Auszeichnung bekäme. So ein Schwachsinn. Nochmals Überzeugungsversuch: „Eine Auszeichnung gibt’s nicht gratis und wenn vielleicht, liegt sie wahrscheinlich auf deinem Sarg.“ Keine Chance, den umzustimmen. Ach Hein, du warst so clever und doch manchmal so unüberlegt und trotzig dickköpfig.

Der Jeep als Minensuchgerät

Kurz vorher waren sie in ein neues Camp verlegt worden. In den Bergen, weg von Tlemsen, hundert Kilometer Luftlinie. Vom Camp zur Straße führte ein Weg. Harter Unterboden, gerade so breit, dass ein LKW passieren konnte. Viel Wald, Gebüsch. Abgeholzt werden durfte schon damals nichts. Kein Wald, kein Regen. Kein Regen, keine Fruchtbarkeit. Die Franzosen erkannten das schon damals und handelten auch danach. Rigoros. Befehle hierzu vom Verteidigungsministerium in Paris.

Aufsitzen. Sechs LKW, vorneweg ein US-Militärjeep. Im Jeep er und ein Fahrer. Der Jeepbeifahrer war immer ein Sergent und wechselte von Fahrt zu Fahrt und von Einsatz zu Einsatz. Grund: Der Jeep wurde zu oft von den Fellaghas per Fernzündung einer Mine gesprengt. Die dachten, dass im Jeep auch der Kompaniechef sitzt. Die wechselten jedoch erst später in den Jeep, Schadensbegrenzung. Es gab ein Minensuchgerät, nie benutzt. Doch, einmal – das reichte auch. Zu zeitaufwendig und nur fünfzig Prozent der Minen aufspürend. Es wurde dem jeweiligen Sergent, der als erster im Jeep den Weg durchfuhr, freigestellt – Minensuchgerät oder andere Methode. Er wählte die ihm angemessene, wie auch den Fahrer aus.

Fliegender Start und mit Vollgas darüber, so würde jede Mine hinter ihnen hochgehen. Links und rechts vom Weg, Bäume. Ohne Licht, 4:00 Uhr früh, nur wenige Fahrer machten das mit.

Es klappte mal wieder. Er wartete am Ende des Weges auf die LKW und den Kompaniechef, der dann ja seinen Platz im Jeep einnehmen sollte. Molski war auf dem dritten LKW. Plötzlich eine Detonation und Feuerball. Danach Stille. Er durfte seine Position nicht verlassen. Da kam ein Legionär gerannt – Information, dass Molski im Sterben läge und er sofort zurückkommen solle.

Es hatte nur Molski erwischt auf dem Beifahrersitz des LKW. Die Sitzbänke auf diesen LKW hatten drei Lehnen aus Holz, jede so zehn Zentimeter hoch, vier Zentimeter dick. Von hinten nach vorne bis kurz vor der Fahrerkabine durchgehend als Rückenstütze. Molski kauerte auf dem Beifahrersitz. Ein Stück Holz der Rückenlehne hatte seinen Kopf durchbohrt, von Wange zu Wange. Er lebte noch und war bei Bewusstsein. Beide wussten, das war das Aus. Er nahm ihn in den Arm. Molski war tot. Und er hatte einen Nervenzusammenbruch. Bis zu der Zeit wusste er gar nicht, was das ist. Gesehen bei anderen schon, aber für ihn nicht nachvollziehbar.

Die Legionäre trugen beide ins Camp zurück. Einsatz ohne ihn. Am Abend wurde er zur Wache eingeteilt. Seine Wachmannschaft hatte den Radio laufen. Er drehte durch und warf den Radio gegen die Wand. Sofort Meldung beim Oberfeldwebel der Kompanie. Italiener. Rein ins Büro. Licht aus – dann verprügelte der ihn. Von ihm keine Gegenwehr. Danach war er wieder normal, halbwegs.

Beerdigung von Molski - Die Ohrfeige für den Pfarrer

Beerdigung von Molski auf dem Friedhof von Tlemsen. Viel Bevölkerung, hohe Offiziere, Presse.

Man wusste, sie waren Freunde – er sollte das Ehrenkommando führen. Auch das noch. Werling wollte das für ihn übernehmen, abgelehnt vom Kompaniechef.

Beerdigt wurden noch andere Legionäre, alle katholisch. Nur Molski war evangelisch. Nach dem zuletzt beerdigten katholischen Legionär wollte der Pfarrer weggehen. Der ließ Molski einfach da liegen. Der evangelische Pfarrer war nicht gekommen. Alle Augen ruhten nun auf ihm, was tun – er stand fünfzehn Meter von Molski in seinem Sarg und dreißig Meter vom Pfarrer entfernt mit seiner Ehrengarde.

Befehl „Präsentiert das Gewehr“, dann ging er zum Pfarrer. Sein Kompaniechef starrte ihn mit versteinertem Gesicht an. Er konnte nicht eingreifen. Es waren ja auch Reporter da, was würden die am nächsten Tag in der Zeitung schreiben Die Meldungen gingen ja auch nach Paris ... Er bat den Pfarrer, Molski, wenn auch evangelisch, zu beerdigen. Der lehnte glatt ab. Er sagte dem, „Wenn du gehst und lässt meinen Freund hier liegen, erschieße ich dich – hier und jetzt auf dem Friedhof“. Er hätte das auch getan mit allen Konsequenzen für sich selbst. Dann gab er dem Pfarrer eine schallende Ohrfeige, grüßte danach den Pfarrer mit militärischem Gruß und ging zurück zu seiner Eskorte. Und wartete. Molski wurde beerdigt. Von den Umstehenden, Bevölkerung wie auch Militär, kein Wort. Stille. Abmarsch zurück ins Camp – dem Kompaniechef aus dem Weg gehend – nichts wie weg.

Vierzehn Tage Bau - Rapport beim Regimentskommandeur, einem Russen

Meldung beim Kompaniechef. Vierzehn Tage Bau. Rapport beim Bataillonskommandeur. Dann beim Regimentskommandeur.

Sein Verhalten ein Skandal – aber das Militär fand seine Reaktion in Ordnung. Unter der Hand.

Bekam ein Sergent Bau (Gefängnis), so durfte er nicht an Einsätzen teilnehmen. Begründung „Er hat es nicht verdient. Das verstößt gegen die Ehre der Legion“. Er musste auf seinem Zimmer bleiben. Das Essen wurde serviert, endlich einmal schlafen. Der Sold lief weiter. Also, eigentlich gar nicht so schlecht. Nur, bekam ein Unteroffizier dreißig Tage Bau im Jahr, wurde er degradiert, sofort. Dreißig

Tage kommen sehr schnell zusammen und die goldenen Winkel wollte keiner verlieren.

Erstes Zusammentreffen mit dem Hollywood-Offizier und Frontschwein. Eine gelungene Mischung. Ob er es bereue, den Pfarrer verprügelt zu haben? - Nein. - Warum nicht? - Begründung aus seiner Sicht. Er gab diese. Emotional, unsoldatisch. Es war ihm egal. Der Russe trat ihm in den Hintern und warf ihn raus. Das war die erste Begegnung – aber sie mochten sich. Beide – sofort.

Schacher um den Einsatz und die Annullierung der vierzehn Tage Bau

Drei Tage nun Zimmerarrest, es fehlten elf Tage bis zur Wiederaufnahme des Dienstes. Einsatz der Kompanie – er sollte die Granatwerferabteilung des Bataillons übernehmen. Der zuständige Chef, Nachturlaub, nicht erreichbar. Er lehnte ab. Riesenaufstand. Die Kompaniechef-Ordonanz kam mit dem Befehl. Er lehnte ab. Die Ordonanz wieder zurück zum Kompaniechef und zurück zu ihm – Meldung sofort. Er begründete die Ablehnung als im Einklang mit der Heeresdienstvorschrift stehende Ausnahmeregelung.

Nur wenn der unter Strafe stehende Unteroffizier es selbst will, darf er eingesetzt werden. Keine Befehlsverweigerung. Er stellte klar, nur Einsatz, wenn die vierzehn Tage Bau annulliert werden. Die Kompanie wartete – der Oberleutnant sagte, dazu hätte er keine Kompetenzen. Er schlug vor, den Russen, Regimentskommandeur, anzurufen. Er musste zum Telefon – sieben Worte „Du gehst sofort zum Einsatz, Bau bleibt“. Da gab's nur eine Antwort: „Oui, mon Colonel“. Bei dem sich auf die Heeresdienstvorschrift zu berufen, wäre Harakiri gewesen.

Ab dem Tage hatte er es beim Kompaniechef, dem Italiener, endgültig verschissen. Der hasste ihn nun noch mehr, weil er ihn brauchte. Dabei war er überhaupt nicht der Beste. Es gab Bessere, fand er.

Nur, denen fehlte die Intuition, das Riechen der anderen – dass die da waren – schon vorher - und wo die lagen und auf sie warteten. Die geschulte Gabe aus Indochina, Vietnam. Und er hatte die geringsten Verluste und die größten Erfolge. Die Legionäre wollten knallharte Führung. Keine Anbiedereien aus Schwäche. Er war bekannt im Bataillon. Genau wie sein Zugführer, der Bär.

Übernahme der Granatwerferabteilung – Bier statt Granaten

Übernahme der Granatwerferabteilung. Ein ihm fremder Haufen. Waren die doch dem Bataillon unterstellt. Drei Granatwerfer, fünfzehn Mann. Die Kompanie wartete noch immer. Seine erste Pflicht war, die Granatwerfer, Munition, Karten und sonstige Ausrüstung zu überprüfen. Keine Zeit, nichts wie los jetzt. In den Bergen Beschuss von den Fellaghas. Ziel erkannt. Sie hatten sechzig Schuss. Haben müssen. Er kommandierte „a quatre“, vier Granaten hintereinander. Ziel getroffen. Der Obergefreite machte Meldung. Noch zehn Granaten. Es fehlten also sechsundvierzig. Was ist in den Presskartonhülsen? Normalerweise die Granatwerfermunition. Antwort: Bier. Das gute alte Kronenbourg. Er sah sich schon wieder als einfacher Soldat. Hundert Prozent Degradierung. Keine Überprüfung vor dem Abmarsch.

Nur die Hoffnung blieb, kein weiterer Beschuss mehr. Keine Feuererwiderung. Doch es ging weiter – Meldung an den Kompaniechef. Keine weitere Munition. Wieso? In den Hülsen ist Bier. Stille im Funkgerät. Anruf vom Colonel. Nach Rückkehr, sofort Rapport. Sofort. Ende der goldenen Winkel. Kein Überprüfen der Ausrüstung. Aber noch viel schlimmer, er konnte beschuldigt werden, den Tod von Legionären verursacht zu haben wegen Fehlens des unterstützenden und beschützenden Granatwerferfeuers.

Das hieß: Kriegsgericht in Paris. Degradierung und weit Schlimmeres. Er zog seine beste Uniform an. Anlegung aller Auszeichnungen. Es würde sowieso das letzte Mal sein, dass er diese Uniform tragen konnte. Die Vorabdegradierung konnte ja sofort vollzogen werden. Rein in den Jeep. Eskorte hinterher. Und ab zum Colonel. Der lag vierzehn Kilometer entfernt.

Drei Offiziere. Er allein. Meldung. Da er wusste, was ihm blühen würde und das zu Recht, regte ihn gar nichts mehr auf. Er blieb ruhig, soldatisch und überlegt. Kein Ausreden, volle Verantwortungsübernahme, keine Schuldigen außer ihm. Akzeptierung und tragen jeder Strafe. Ende des Vortrags.

Rühren, steh bequem. Drei Stunden Verhör. Er blieb bei seiner ersten Version. Er behielt die Winkel. Der vorherige Bau wegen der Ohrfeige für den Pfarrer, annulliert. Nicht zuletzt wegen der Parteinahme der Reporter in ihrem Zeitungsbericht für ihn und damit für die Legion. Die Legion kam dabei sehr gut weg. Insbesondere sein militärischer Gruß vor dem Pfarrer, nachdem der die Ohrfeige bekommen hatte, von ihm.

Für die Granatwerfermunition, die durch Bier ersetzt worden war, keine Strafe. Dafür vierzehn Tage Bau für den aktuellen Chef, den Sergent, weil seine eingespielte Truppe, auch in seiner Abwesenheit, versagt hatte. Er konnte es nicht glauben. Verabschiedung mit Handschlag. Es war wie in einem Traum. Er fragte zurück und wiederholte die Entscheidung, ob er alles richtig verstanden hätte. Ein erstes leichtes Lächeln seitens der Offiziere. Dann „Abtreten". Du russischer Haudegen. Nie hat er einen Legionsoffizier so respektiert, wie den. Der hatte ihn unter dem Daumen und im letzten Moment entwischen lassen. Merci, mon Colonel.

Straßensperre - Halt für den General

Am nächsten Tag, Kommando über die Straßensperre in Richtung nach Marokko. Marokko – Tlemsen, jeder kann passieren. Tlemsen – Marokko, niemand passiert. Niemand. Alles zurück. Das war der Befehl an ihn. Er hatte noch immer seine alte MG-Mannschaft. Schütze Steiner plus vier Mann. Darunter auch Brackmann, das belgische Sorgenkind. Er verteilte seine Leute so, dass Kreuzfeuer möglich war, ohne sich gegenseitig abzuschießen. Der MG-Schütze – man kannte sich inzwischen so gut, dass man die Gedanken des anderen kannte, ohne dass Worte nötig waren. In militärischen Belangen. Der Typ war eiskalt, einer der besten Legionäre, die er jemals unter seinem Kommando hatte. Sein Befehl: Wer durch die Sperre bricht, egal wer, erschießen. Die Kompanie lag fünfhundert Meter weit weg auf dem Berg. Er, unten an der Straße. Es war ein Ausnahmefall, dass die Straße gesperrt wurde. Niemand wusste warum, war auch egal. Befehl ist Befehl. Alles lief routinemäßig ab. Das sollte sich ändern.

Gegen 16:00 Uhr nachmittags Generalswagen mit Standarte. Zwei Sterne. General von den Regulären. Ohne Eskorte, sehr unüblich. Im Auto der Fahrer, der General und eine sehr hübsche, junge Frau. Seine Tochter war das bestimmt nicht.

Er hielt den Wagen an, der Fahrer stieg aus – Meldung von dem, der General müsse durch und die Straße sei sofort freizugeben. Er: „Umkehren". Nun stieg der General aus, stocksauer. Dessen Befehl: „Straße freigeben". Er lehnte ab. Der General stieg in das Auto und bedeutete dem Fahrer, weiter. Er rief Steiner zu, wenn der durchfährt – erschießen. Das Motto der Legion war in solchen Fällen „Wenn du die Waffe ziehst, musst du schießen. Und wenn du schießt, müssen die oder der tot sein". Steiner lud durch, dem General war das nicht entgangen und der wusste nun, was Sache war und stieg erneut aus. „Wo ist dein Vorgesetzter?" Er zeigte den Berg hinauf. Der General kletterte hoch, er schickte Brackmann hinterher, als eine Art Eskorte. Es sah auch irgendwie besser aus, fand er. General ist schließlich General, wenn auch von den Regulären.

Nach fünfzehn Minuten tauchte der wieder auf, den Kompaniechef an seiner Seite. Dahinter Brackmann, grinsend wie immer. Er bekam einen Anschiss wie noch selten in seinem Leben. Da gab es nur eine Antwort: „Oui, mon Leutnant." Der General durfte weiterfahren.

Die Geschichte verbreitete sich im Bataillon wie ein Lauffeuer. Wieder einmal er. Neuer Rapport beim Russen, dem Regimentskommandeur. Der eröffnete das Gespräch damit, dass er ihm sagte, in seiner Laufbahn noch selten so viel Kontakt mit einem Sergent gehabt zu haben, wie mit ihm. Der General hätte sich bei ihm beschwert, dass dieser Sergent ihn bestimmt erschossen hätte. Rückfrage: „Hättest du das?". Er: „Ja". Er wurde belobigt, aber er solle ihm von nun an vom Hals bleiben. Seine Antwort: Er wolle ja gar nicht kommen, aber er müsse ja immer. Die Ordonanz, ein Oberleutnant, hielt die Tür auf – Rausschmiss. Inzwischen war fast ein Vater - Sohn Verhältnis entstanden. Aber nur fast. Der Russe war nun an ihm als jungem Sergent interessiert.

Rückblende zu Molski, seinem toten Freund - Letzte Rate für den Jeep

Einen Tag später war die letzte Rate für den US-Jeep zu bezahlen. Werling, Molski und er hatten „Staatsschulden". Umgerechnet 6.500 DM, damals und jeder von den dreien. Und das ging so:

Eines späten Abends, gegen 23:00 Uhr, wurde spontan beschlossen, die Blumen der Nacht zu besuchen. Ohne Urlaubsschein, ohne Erlaubnis, den Jeep benutzen zu dürfen, ohne Eskorte, d.h. gepanzertes Fahrzeug plus fünf Mann. Ohne Eskorte kein Besuch in der Stadt.

Tagsüber war der Zugang per Straße nach Tlemsen offen. Des Nachts waren alle Straßen bewacht von der Heimwehr und mit Stacheldrahtrollen versperrt. Da die Heimwehr nur zivilen Status und vor der Legion zuviel Schiss hatte, war der Zugang kein Problem.

Also rein nach Tlemsen und ein paar schöne Stunden gehabt. Abfahrt, zurück ins Camp, gegen 2:00 Uhr nachts. Fahrdauer dreißig Minuten. Natürlich fuhren sie volle Pulle und ohne Licht diese mit Kurven gespickte Straße zurück. Promillespiegel zu hoch, aber nicht betrunken. Fahrer: Molski. Eine Kurve war zu „kurvig". Der Jeep überschlug sich, sie flogen raus, und der Jeep lag fünfzig Meter weiter unterhalb. Keine Chance, den auf die Straße zurückzukriegen und wenn, der Jeep war hin. So ziemlich.

Sie selbst voller Hautabschürfungen. Blutend, aber nichts gebrochen. Kurzer Kriegsrat mit dem Ergebnis, Molski geht zu Fuß zurück ins Bataillon, allein, das war haarig. Zur Fahrbereitschaft. Da standen die gepanzerten Fahrzeuge. Jede Kompanie hatte nur einen Jeep. Da Molski lange Zeit Bataillonsschreiber war, kannte der jeden. Und die kannten ihn. Seine Aufgabe war, Rückkehr mit einem gepanzerten Fahrzeug. Diese hatten alle eine Winde mit langem Drahtseil. So wäre der Jeep zurück auf die Straße zu bringen gewesen und zurück ins Camp ohne dass jemand gemerkt hätte, wo der Jeep zu Bruch gegangen war.

Er und Werling hielten inzwischen Wache. Werling oben auf der Straße. Er unten beim Jeep. Als Molski zurückkam, merkte er, dass in der MP kein Ladestreifen war - also suchen bei Nacht. Und gefunden. Molski erzählte, dass er und zehn Legionäre das gepanzerte Fahrzeug leicht anrollen hatten lassen und dann schoben. Mit gebührendem Abstand ließen die dann den Motor an, niemand hatte etwas gehört. Alles klappte, der Jeep wurde abgestellt auf seinem Platz in der Kompanie. Das Kettenfahrzeug kehrte zurück ins Bataillon. Und sie wuschen das Blut ab und streuten aus dem Verbandspäckchen Wundpulver auf die Schürfwunden.

Am Morgen Appell. Normal. Der Jeep wurde entdeckt und es herrschte ziemliche Aufregung. Niemand konnte sich erklären, wie das kommen konnte. Nichts gehört – nichts gesehen.

Die Wachen, wie auch die Wachhabenden bekamen danach dicke Strafen. Das ganze wurde offiziell zur Übung erklärt, im Nachhinein.

Aber nun, bei Tageslicht, beim Appell, war alles klar. Da standen die drei. Verschrammt, Schürfwunden.

Der Kompaniechef konnte das Ganze nicht melden. Wie hätte er erklären können, dass da ein Jeep das Gelände verlassen konnte, unerlaubt, durch die Wachen. Das war auch nicht durch die Übung in ihrem Falle zu erklären, weil die Übung vorher schriftlich festgehalten wird. Chronologischer Zeitablauf. Und die Zeiten stimmten nun nicht mehr im Befehlsbuch.

Weit schlimmer noch, auch der Bataillonskommandeur wäre hineingezogen worden. Fuhr doch ein gepanzertes Fahrzeug ohne sein Wissen mit zehn Legionären durch die Nacht.

Kleine Konferenz: Er, Molski, Werling, der Kompaniechef, der Bataillonskommandeur und der Chef der Eskorte, Sergent wie sie, Breuer hieß der. Keine Strafe, aber der Jeep verunglückte am Tage danach. Technischer Fehler. Molski machte das Protokoll und brachte die Ungereimtheiten, auch mit den Wachen, ins militärisch Reine.

Der Jeep wurde veranschlagt mit einem Wert von 20.000 DM (viel zu hoch). Werling, Molski und er haben zu zahlen. Schwarz, unter der Hand. Das Geld kommt der Bataillonskasse zugute. Später sickerte das durch. Wieder mal er dabei.

Angebot Chef der Eskorte für den Bataillonskommandeur

Aber der dickste Hund: Im Laufe des nächsten Tages besuchte ihn Breuer, Chef der Eskorte. Er selbst würde entlassen, ob er Chef der Eskorte für den Bataillonskommandeur machen wolle. Ein Rang höher, also Sergent-Chef war das Lockmittel. Das war schon etwas. Rückfrage, weiß der Bataillonskommandeur Bescheid?

- Aber ja, in dessen Namen käme der ja. (Scheinbar war er nach der Ohrfeige für den Pfarrer und dem Verweigern der Durchfahrt für den General fest etabliert mit seinem Ruf.) Er lehnte ab. Er wollte bei seiner Familie bleiben.

Leibarzt von Mussolini

Das Bataillon bekam einen neuen Arzt. Italiener, Name vergessen. Der war Leibarzt von Mussolini gewesen. Früher. Ein kleiner, dicker Homosexueller. Angeblich Spitzenarzt – im Einsatz wurde der allerdings nie gesehen.

Vier Legionäre gegen dreihundert Fellaghas. - Was tun?

Seine Einsätze überschlugen sich, seit er Sergent war. Dieses Mal, Hinterhalt legen. Gegen 22:00 Uhr raus bis 5:00 Uhr früh, zehn Kilometer weg ins Gebirge. Fest vorgegebene Routen, um da hinzukommen.

Zwei Probleme:

(1) Die Wildschweine; die Viecher waren sehr gefährlich

(2) Die Rückkehr in stockdunkler Nacht.

Die Berge sahen schon bei Tag ziemlich gleich aus und erst bei Nacht. Selbst mit Kompass war das so eine Sache. Keine Anhaltspunkte wie z.B. Tlemsen. Das war zu weit weg. Kein erleuchteter Himmel über der Stadt zu sehen.

Freiwillige in Vietcong Uniform

Also raus. Zu der Zeit wurde von der Führung nicht bestimmt, welcher Legionär an der Reihe war, zu gehen. Grund: Die Leute waren am Ende. Jede Nacht Einsatz, die Fellaghas machten Dampf. Die Unteroffiziere mussten sich ihre Truppe auf freiwilliger Basis zusammensuchen. Für manche Sergents ein Problem, die bekamen die Leute nicht zusammen. Eintrag: Sergent x kann sich im Einsatz nicht durchsetzen. Für solche Fälle wurde dann doch befohlen, Du und Du und Du. Das war schlecht für den betreffenden Sergent, sehr schlecht.

Diese Probleme hatte er nie. Er hatte immer mehr Leute, monatelang, mehr Freiwillige als er brauchte. Grund: Ein bisschen Hollywood und der Ruf, die geringsten Verluste zu haben, obwohl meistens immer etwas los war.

Die „Kleiderordnung“ wurde für Nacht-Hinterhalte sehr gelockert. Er, als einziger Sergent, ging mit seinen Leuten in Vietcong-Klamotten, schwarze Seide (!), raus. Kein Stahlhelm, kein Maschinengewehr, kein Ballast. Je Mann eine MP und acht Ladestreifen. Zweihundert Schuss. Sein Dolch und drei Raketen. 1 x weiß zum Aufklären, 1 x grün = Fellaghas in Übermacht. 1 x rot = Artilleriefeuer auf sich und seine Leute, Rückkehr ausgeschlossen. Jeder fand die Klamotten und Waffen recht abenteuerlich. Er natürlich, als Erfinder, auch. Einen Legionär von vier suchte er aus, der neu war. Während des Hinmarsches hustete der laufend. Verwarnung. Weiteres Husten – er zog dessen Waffe ein, nahm ihm die Hundemarke (Plakette mit Namen um den Hals) ab und schickte den zu Fuß, allein, zurück. Bei der Rückkehr, Riesenanschiss, nicht dass der hätte getötet werden können. Nein, weil der eventuell hätte gefangengenommen werden können und dabei Informationen an die Fellaghas hätte geben können. War ihm in der Nacht ziemlich egal. Diese Husterei hörte man ja in den Bergen ewig weit.

Weiter zum befohlenen Platz. Der musste plus/minus zwanzig Meter genau eingenommen werden. Die Artillerie hatte ja die Koordinaten von ihm für den Ernstfall.

Berghang, steil, Ziegenpfade, bewaldet, stockdunkel. In Stellung bringen der Leute, der restlichen. Einer fehlte ja. Sie lagen sehr gut. Mit zwanzig hätten sie es aufnehmen können.

Er lag weiter unten an einem relativ breiten Ziegenpfad hinter einem umgestürzten Baum. Dunkler Hintergrund durch den Wald.

Stille, plötzlich ein leichtes Scheppern. Metall trifft auf Metall. Durchladen – da kamen sie. Hunderte, mindestens dreihundert Fellaghas. Bei zweihundert hörte er auf zu zählen. Dass die besonders gut ausgebildet waren, merkte er schon daran, wie die sich bewegten, Abstand hielten, die geringstmöglichen Geräusche machten.

Er erteilte Schießverbot. Er robbte zehn Meter zurück, stand hinter einem Baum und befestigte die rote Rakete so am Baum, dass diese beim Abschießen keinen Ast berühren würde. Die Auslösungsschlaufe zog er über seine linke Hand. So würde die Rakete auch losgehen und ausgelöst werden, wenn er im Kampf fallen sollte und nicht mehr die Kraft hätte, die Rakete auszulösen.

Was tun? Das Feuer eröffnen? Nicht eröffnen? Und dann, was soll er melden? Lügen, dass da überhaupt jemand war? Tausend Gedanken schwirrten durch seinen Kopf. Und die Leute, seine, alle wären sie tot. Der Einsatz war zu hoch. Vielleicht dreißig tote Fellaghas gegen drei Legionäre? Nein. Diese Gleichung ging nicht auf. Er entschied innerhalb von Sekunden, die vorbeizulassen.

Die waren kaum hundert Meter weit weg, da rief er seine Leute, erst mal eine Rauchen, und noch eine. Keiner sagte ein Wort. Dann Rückkehr – Meldung wie es war, mündlich. Dann, sofort einzureichen, schriftlich. Niemand gab einen Kommentar zu seinem Bericht. Militärische Logik, kaum nachvollziehbar. Man hat nur eine Chance zu verstehen, wenn man das Entgegengesetzte zum Erwarteten annimmt. Das haut meistens hin. Was ja dann auch wieder logisch ist ...

Verhör durch das Deuxième Bureau, dem Geheimdienst der französischen Regierung (Abteilung Gegenspionage)

Das waren gefürchtete Leute. Mit allen Vollmachten. Von Staats wegen. Niemandem, außer dem Innenminister direkt verantwortlich. Die hielten zusammen wie Pech und Schwefel. In Deutschland ist dem nichts vergleichbar.

Die existieren noch heute.

Ihm selbst waren die egal. Noch dazu, wo er deren Vorgehensweise kannte. Auch die kochten nur mit Wasser. Wenn auch mit sehr heißem. Einer seiner Freunde (gefallen danach) war im Nachturlaub, ohne Erlaubnis, mit der Tochter eines französischen Offiziers. Im Hotel. Nachts Klopfen an der Türe. „Sofort öffnen". - Verweigert. - „Dann brechen wir die Türe auf". - „Dann schieße ich". Die brachen die Türe auf und der Freund schoss. - Einer tot. Die hatten sich nicht ausgewiesen. Der andere nahm das Mädel an der Hand und haute ab. Erst später erfuhr er durch den Portier, dass das Leute vom Zweiten Büro (so war deren Bezeichnung) waren. Der Portier hielt dicht. Sagte nicht dessen Namen. Die wussten nur, dass das ein Sergent der Legion war – mehr bekamen die auch nicht heraus.

Die Jungs waren also sauer auf die Legion. Verständlich und nachvollziehbar. Die kamen zu dritt, Erscheinungsbild zwischen Mafia und Gestapo. Betont unauffällig. Vorlage der Verhörerlaubnis. Zu unterschreiben, dass auf freiwilliger Basis – von wegen. Vereidigung.

Die hatten über ein Jahr hinweg alle seine Einsatzpläne und Berichte vor sich liegen. Wann – wo – wie viele Leute – Resultate der Einsätze – etc. Das verglichen die mit anderen Berichten von verschiedenen Sergents des Bataillons. Je Nacht. Je Nacht waren ja verschiedene Gruppen draußen. Aber keiner wusste vom anderen. Geheimhaltung. Hauptvorwurf, wieso er fast keine Verluste hätte und andere Gruppen um soviel mehr? Das war mal etwas Neues als Vorwurf. Beschuldigung: Er wäre nie dort gewesen, wo er hätte sein sollen, sondern hätte sich irgendwo nahe der Kompanie versteckt. Das war nun wirklich nicht zum Lachen.

Er sagte kein Wort, stand auf und verließ den Raum. Befehle (das waren ja alles Offiziere), zu bleiben. Strafandrohung, Verhaftung, wenn er nicht sofort zurückkäme. Interessierte ihn nicht. Er ging. Jetzt ging es erst recht los.

Die verhörten einzeln alle Legionäre, mit denen er jemals im Einsatz beim Legen von Hinterhalten des Nachts war. Drei Tage lang. Jeder von den Legionären sagte, was los war in der und der Nacht, wie alles abgelaufen war und wo sie in etwa gewesen waren. Die machten sogar Ortstermine. Trotz des ganzen Tohuwabohus lief alles deckungsgleich ab. Solche Aussagen von so vielen verschiedenen Leuten – im Verhör durch absolute Profis – sind unmöglich vorher zu proben und abzustimmen. Seine Leute fragten ihn, was sie sagen sollten. Sie würden aussagen, was er wolle. Er gab ihnen den Befehl absolut wahrheitsgetreu zu antworten. Nichts hinzuzufügen und nichts wegzulassen. Auch Pannen, die sie hatten, zuzugeben.

Anschließend wollten die einen ausgeben – er ließ die stehen. Er war nun in deren Akten. Das Zweite Büro kam wieder auf ihn zu, später, kurz vor seiner Entlassung. Darüber später.

Michèlle aus Tlemsen, seine erste jüdische Freundin.

Er lernte sie im Stadtpark kennen. Mittags. Ein blitzgescheites, attraktives Mädchen Er stellte sie seinen Freunden vor. Er durfte sie zum Essen in die Kompanie einladen. Was für eine schöne Zeit. Sie dachten an Ernsteres. Da erfuhren die Eltern, dass er kein Jude war. Dem Vater, mit dem er sich sehr gut verstand, war's egal. Der Mutter nicht. Keine Chance, die war sogar bei seinem Kompaniechef. Ihre Tochter mit einem Nazi. Seitens der Legion wurde er gebeten – nicht befohlen – das Verhältnis abzubrechen. Grund: Man müsse sich gut mit der Bevölkerung stellen.

Langes Gespräch mit Michèlle, la belle, und aus im Namen der Religion. Noch heute kann er sich an sie erinnern. Die Mutter verlor dadurch die Tochter. Der Vater sagte ihm, dass Michèlle zur Oma nach Frankreich zurückgekehrt sei und die Eltern verlassen habe.

Wie wird sie wohl jetzt leben? Und wo? Ob sie noch an ihn denkt? Sentimentalitäten, nicht zu verdrängen – immer wieder hochkommend. Süße Wehmut – man kann so schön dabei leiden.

Zweite Verwundung - Seine Leute ließen ihn im Stich - Das Bataillon schaute zu.

Ab in die Berge. Das „Arbeitsamt", so nannte die Legion langsam fliegende Aufklärungsflugzeuge, meldete starke Verbände der Fellaghas. Berghöhe x. Also hin, das ganze Bataillon. Ein wunderschöner Tag, den er nie vergessen sollte.

Das Bataillon schloss den Berg um 180 Grad ein. Nach hinten war kein Entkommen. Das war kein Meisterstück von den Fellaghas, sich da niederzulassen. Vielleicht entging ihnen auch das Aufklärungsflugzeug. Wer weiß?

Bei jedem Einsatz, bei dem es um Gegner von ca. zweihundert Mann ging, war eine andere Kompanie des Bataillons dran. Und diese Kompanie stellte auch einen Zug, der als erster eine Schneise am Berg freimachen musste. Seine Gruppe sollte sich dann oben festsetzen und Schutz geben für die dann nachrückende Kompanie. Das alles lief unter den Augen des Bataillons ab. Der Eingreif-Reserve. Die hatten einen Blick auf das alles, wie in einer römischen Arena. Nur die Waffen waren anders. Zugführer an diesem Tag, er. Der Bär war diesmal nicht dabei.

Er verteilte seine Leute in Linie, breitgefächert, und gab den Befehl zum Angriff. Die Fellaghas hatten noch keinen Schuss abgegeben – die warteten. Das hieß, die waren gut ausgebildet und zeigten Disziplin. Also Angriff – Dauerlauf zum Berg hoch, so schnell wie möglich. Sein Befehl war, auf die Kuppe, festsetzen, und die nachrückende Kompanie von oben soweit wie möglich decken.

Nur, die Leute blieben liegen. Die gingen nicht mit. Sein erstes Erlebnis dieser Art. Was tun? Dreihundertfünfzig Mann schauten zu. Der Bataillonskommandeur im direkten Funkkontakt mit dem russischen Regimentskommandeur. So eine Schmach. Eine Schande. Er wusste, er war erledigt. Und das ihm. Er war noch nicht einmal sauer auf seine Leute. Der Schock war zu groß, dass die ihm den Gehorsam verweigerten. Gut, dann lieber draufgehen. Er erwog noch, seine eigenen Leute hier und jetzt zu erschießen. Ein Gedanke. Er ließ ihn fallen. Das hätte auch nichts geändert. Der Tag x war gekommen. Er hatte sich den schon ein wenig heroischer vorgestellt. Gut –

Anstatt loszurennen, nahm er seinen US-Karabiner und hängte ihn um. Wenn die anderen den Befehl verweigerten, musste er diesen eben allein ausführen. Dieses letzte Fünkchen an Ehre wollte er in den Tod mitnehmen. Das war er sich, dem Bär und dem russischen Colonel schuldig.

Langsam lief er auf den Berg zu. Und hinauf. Der Alte schrie, „sofort zurück“. Für ihn hatte der zum letzten Mal geschrien, egal, weiter. Wann schossen die endlich? Und warum nicht? Doch die Fellaghas schossen nicht. Die dachten wohl, einer mit Macke – lass’ den mal laufen – schießen kann der auch nicht – der Karabiner war ja umgehängt. Er lief so zweihundert Meter weit, eine Ewigkeit. Da war es wieder, das Todesgefühl, das er zum ersten Mal in Indochina hatte. Da war es wieder – spirituell und unglaublich schön.

Plötzlich Tumult hinter ihm. Der ganze Zug rannte ohne weitere Befehle – er hatte den Befehl nur einmal gegeben, sich ohne ein Wort von denen abgewandt, als er sah, dass sie nicht mitgingen. Jetzt überholten sie ihn und rannten den Berg hinauf. Karabiner in die Hand und mitrennen. Das erste Mal, dass er bei einem Angriff der Letzte war. Nun flogen die Fetzen. Viele Verluste. Oben angekommen mit dreizehn Mann von dreißig. Die in Stellung gebracht. Nun kam die Kompanie nachgerückt. Er sah zu wie im Kino, kein Eingreifen möglich in diesem Moment.

Da sah er ein Erdloch. Wie ein Anfänger schaute er hinein, statt eine Granate hineinzuwerfen. Langsam kam der Doppellauf eines Jagdgewehrs auf ihn zu. Einen Meter entfernt. Er schaute in den Doppellauf, unfähig zu reagieren. Der Schuss. Später sagten die ihm, er hätte zwölf Löcher im Hals, links. Die Patronen waren mit Schrotkugeln geladen, acht Millimeter Durchmesser. Und kleingehacktem Blei, das ging in die Brust.

Sein Glück, dass er die Ladung aus kürzester Distanz abbekam, ein Meter. So blieb die Ladung zusammen und ergab einen Streukreis von sechs Zentimetern. Hätte der aus zwei Metern geschossen – aus wäre es gewesen – voll ins Gesicht. So eine Ladung strebt ja auseinander – je weiter die Entfernung vom Lauf, desto größer der Kreis der abgeschossenen Kugeln.

Er hatte einen Schlag bekommen, als hätte ihn ein Pferd getreten. Flog zurück und rollte den Berg abwärts. Später sagte ihm Werling, der das alles zufällig gesehen hatte, er hätte an einen Bauchschuss geglaubt. Seine Armhaltung im Moment des Treffens wäre dafür typisch gewesen. Er wusste nichts von seiner Armhaltung, er lag erst mal flach.

Werling kam, strengstens verboten, um nach ihm zu sehen. Er rief zwei seiner Legionäre, die trugen ihn wieder den Berg hinauf. Vorher übergab er Werling sein Kommando über seine restlichen Legionäre. Oben war inzwischen der Kompaniechef. Mit Funkgerät, Ordonanz und kleiner Eskorte.

Uniformjacke voller Blut. Das stank infernalisch in der Hitze. Keine Schmerzen. Der Blutverlust lässt keine mehr spüren. Er dämmerte so leicht dahin, bekam jedoch alles mit. Den Kopf fest auf die linke Schulter gepresst, das spannte weniger. Der Bataillonschef an den Kompaniechef: "Wie hält er sich?" Die Antwort weiß er bis heute: „Comme un chef". Bewusstlos. Er kam zu sich und erschrak fast zu Tode. Er lag angeschnallt auf einer Bahre auf den Kufen eines fliegenden Hubschraubers. Ein Höllenlärm durch die Rotoren. Sein Gedanke, gleich falle ich runter. Wieder bewusstlos.

Ankunft in Tlemsen, zwei Krankenhäuser. An geraden Tagen wurden Verwundete ins Zivilkrankenhaus eingeliefert. An ungeraden Tagen ins Militärkrankenhaus. Es war ein gerader Tag, also Zivilkrankenhaus!

Natürlich hingen alle am Fenster. Ausladen des Hubschraubers. Alles Tote. Die glaubten, auch er sei tot und ließen ihn liegen, bis zuletzt. Sagten die ihm später. Er wurde nun endlich von der Bahre gehoben, die trugen ihn nicht mal rein. Er stand, wackelig, zusammengekrümmt, aber er stand. Zwei Reguläre wollten ihn stützen – er stieß die zurück und kippte nun endgültig um.

Er wachte auf nach der Operation, Schmerzen jetzt. Eine Schwester schaute ihn mit ehrlicher Besorgnis an. Das tat gut. Spritze, schlafen.

Im Krankenhaus - Miss Tlemsen, die Evelyne

Vier Wochen im Krankenhaus. Anfreunden mit der Schwester „Solange". Sie wickelten zusammen Binden auf – das „verband". Solange war sehr nett, freundlich, charmant und Französin, Oberschwester. Eines Tages traf er sie auf einem Gang mit einer jungen Frau, zwanzig Jahre, eine Schönheit. Vorstellung „meine Tochter". Zwischen den beiden funkte es irgendwie, sofort.

Einladung zum Essen bei denen zu Hause. Solch eine Einladung war sehr selten. Aber jetzt saß er da und schaute sie nur an – nur anschauen – er war be- und verzaubert. Sie hatte wirklich den Titel gewonnen – zu Recht. Das ganze Bataillon beneidete ihn.

Und die Mutter passte auf wie ein Schießhund. Er durfte oft bei denen zu Hause übernachten – die Mutter hatte sechs Augen, mindestens, und einen leichten Schlaf. Aber es kam so, wie es kommen musste. Es war gut, dass Evelyne ihn mehr liebte als umgekehrt. Das half, eine gewisse Distanz zu halten und ihn nicht von den militärischen Aufgaben abzulenken. Wenigstens nicht allzu sehr. Trotzdem nahm er nun jeden Urlaub, den er kriegen konnte und der nicht mit seinen militärischen Pflichten kollidierte.

Bei ihr sein. Das dauerte – Dann Verlegung, Urlaubssperren, kein Treffen mehr so leicht möglich. Die Woche einmal kam sie dann wahrhaftig mit dem Taxi, um ihn zu besuchen. Das war sehr gefährlich. Es passierte allerhand. Das ganze Bataillon wusste davon und jeder fühlte sich verantwortlich für das Mädchen und wollte helfen. Ja, ja – eine schöne Frau mit Klasse kocht selbst ein Bataillon von Legionären weich. Selbst eine, nur für das Militär reservierte Telefonverbindung durfte benutzt werden. Und die Ordonanz vom Kompaniechef holte ihn, wenn sie am Apparat war. Auch nachts – sie telefonierte gerne nachts. Eine Bitte von dem Mädchen wurde als persönliche Auszeichnung gewertet. So etwas bringt nur eine Französin fertig, oder?

Später, zurück in Deutschland, hätte er sie fast nachkommen lassen. Aber, das war dann eine andere Zeit, damals. Dazu später.

Besuch vom Colonel im Krankenhaus.

Da stand er vor dem Bett. Sein Russe. Mit großem Gefolge. Die übliche Konversation, wie sie jeder Offizier der Welt draufhat.

Jeder Legionär bekam eine Geldsumme, so Hundert DM umgerechnet, Nur er nicht. Frage an den Russen, warum er nichts bekomme. Er: „Weil du es nicht brauchst. Du bist Sergent und bezahlst deiner Freundin noch nicht mal das Taxi, wenn sie dich in der Pampa besucht." Merde, gut gebrüllt Löwe. Der wusste also auch das.

Dann schickte er alle aus dem Zimmer. Er sagte: „Dein Zug ist aufgelöst. Alle wurden in verschiedene Kompanien aufgeteilt. Die dreizehn übrigen Legionäre vom Einsatz sind inzwischen tot. So ein Zufall". Dann ging er.

Evelyne, ihre Mutter und die Blumen der Nacht.

Besuch von den Blumen der Nacht. Das wurde peinlich, war doch die Mutter von Evelyne Stationsschwester und bekam alles mit. Und die Mädchen kamen jeden Tag. Mit Früchten und sonstigen Dingen, um die sie gebeten hatten. Kleinigkeiten, aber trotzdem. Sie wurden verwöhnt wie die Paschas – es lagen ja noch Legionäre von anderen Einsätzen und anderen Einheiten auf der Station. Den Mädchen war es egal, ob sie die Legionäre kannten oder nicht.

Zu den regulären französischen Truppen ging keine, selbst nicht zu deren Offizieren. Die wollten sich nur um die Legion kümmern, Rang egal. Packten die Geschenke aus, setzten sich aufs Bett, plapperten, lachten vor sich hin. Manchmal, oft, saßen bis zu drei Mädchen auf seinem Bett. Den Schwestern und dem Chefarzt gefiel das gar nicht. Aber diese Mädchen antworteten auf alle Vorbehalte nur mit einem entwaffnenden Lächeln – es wurde dann seitens der Verantwortlichen einfach ignoriert.

Danke euch allen – er trägt sie noch alle in seinem Herzen als Erinnerung. Diese natürliche Fröhlichkeit und Offenheit ohne Berechnung – er lernte das in seiner vollen Tragweite erst sehr viel später schätzen.

Überfall aufs Krankenhaus

Nacht. Schießerei. Viele Tote bei den Zivilisten und auch bei den Legionären. Die erschossen alle in den Betten, auf dem Gang, wo auch immer. Niemand von ihnen hatte eine Waffe. Anruf an Werling: „Komme sofort und bringe meine Pistole mit". Strengstens verboten seitens des Krankenhauses, aber das war ihm nun wirklich egal. Er schlief nun ruhiger.

Das war der Auslöser, dass er sofort raus wollte. Vier Wochen Genesungsurlaub abgelehnt. Er wollte zurück zum Haufen. Zuviel Zivilleben war auch nichts.

Zurück vom Krankenhaus - Übernahme des Waffenmagazins, dem Magazin allgemein und dem, unter dem Bett vergrabenen Überschuss

Zurück im Haufen. Übernahme des Waffenmagazins. Alle verwendeten Waffen in der Kompanie, Munition, Granaten, Zielfernrohre, alle optischen Geräte zusätzlich, Decken, Beschaffung von Töpfen und Pfannen, Gabeln, Messern – der Wahnsinn, was da zusammenkam. Alles, was aus einem nackten Legionär einen einsatzbereiten Legionär machte, ging über seinen Laden. Nur Zeitungen wurden nicht verkauft.

Er bekam einen Legionär als Hilfe zugeteilt. Ein praktisch veranlagtes Kerlchen. Eine große Hilfe. Sie kamen sehr gut miteinander aus.

Bei der Übernahme stellt er etwas Verblüffendes fest: Die vorhandene Bürokratie war für diese Verantwortung nun wirklich nicht ausreichend. Er erstellte neue Listen. Jeder Legionär und Offizier eines jeden Zuges der Kompanie wurde erfasst. Jeder, aber auch jeder Ausrüstungsgegenstand. Das war nur zu erfassen durch eine verhasste Zeremonie, die ja auch vom Vorgänger eingestellt wurde. Jedes Gewehr, MP, Fernglas, Kompass, usw. hatte ja eine Nummer. Nur: Nichts war à jour. Das lief so vor sich hin – es funktionierte ja. Aber mit ihm - so nicht.

Er hatte die Funktion – in seiner jetzigen Aufgabe – als undefinierbarer Vorgesetzter. Zwitterstellung. Undankbar.

Revue d'Arme – Waffenappell, optische Geräte Appell, Deckenappell

Er hatte das Recht und die Pflicht, solche Appelle anzusetzen. Und er setzte diese an. Die Kompanie mauerte, alle. Auch die Sergents, stinksauer. Der Kompaniechef hielt sich raus – er wusste warum – er hatte das zu lange schleifen lassen.

Diese Appelle, Inspektionen, fanden vor der Baracke statt. Alles war auf die Zeltplanen zu legen. Schön geordnet, jeder gleiches Schema.

Um den Herren eine Lektion zu erteilen, setzte er an einem Sonntag, zwei Stunden vor dem Stadturlaub, die erste Inspektion an. Deckenappell. Ausklopfen. Laut Vorschrift war in jede Decke (drei Stück jeder) oben links ein Stoffschild fünf mal fünf Zentimeter einzunähen. Name, Vorname, Dienstnummer, Zug und Kompanie mit Tintenstift einzutragen. Nach vorgegebenem Muster. Das war Vorschrift, nie gemacht. Riesenaufstand. Er sagte denen in einer kurzen Ansprache zwei Dinge: Wenn der Deckenappell nicht durchgezogen wird, Urlaub gestrichen und alle anderen Inspektionen nur noch an Sonntagen. Oder, alles läuft korrekt ab und die restlichen Appelle erfolgen werktags. Aus.

Es wurde gemacht. Schnell. Die kapierten. Entweder Zusammenarbeit oder kalter Krieg, nur schlimmer.

Meldungen gingen ein. Munitionsbestand, Schäden an den Waffen – alles lief wie geschmiert und wie verlangt.

Seine Position war mit dem Recht verbunden, Meldung zu schreiben und Bau zu verhängen. Für jeden, das war keine Kunst. Gründe gab es immer. Er tat das äußerst selten. Das Druckmittel war wirksamer, wenn es nicht benutzt wurde. Außer bei Vorsatz und ausgemachter Blödheit.

MG und Munition vom Vorgänger unter dem Bett versteckt und vergraben. - Das Ganze war untergebracht in einer Baracke mit festem Unterboden. Aber Grasboden. Unter seinem Bett ließ der eine Grube ausheben und die Wände mit Zeltplane verkleiden. Da kam alles rein, was unter dem schönen Namen „rabiot" lief. Rabiot, übrig Gebliebenes, egal was. Auch Zusatzrationen. Die Abdeckung wurde kunstvoll gefertigt, Muster waren die Bambusfallen der Vietcong in Indochina. Zusammengefügte Holzbretter, abgedeckt mit Grasblöcken. Das wurde sogar ein Mal die Woche gegossen, Das war perfekt.

Da war ein komplettes MG drin, Munition, Ferngläser, etc. Das hatte der Vorgänger angesammelt, die Nummern herausgefeilt, Originalschlagzahlen besorgt, neu phosphatiert (schwarz wie die Waffe eingefärbt). Das stammte von toten Legionären. Der hatte das einfach nicht gemeldet, die Gegenstände als fehlend deklariert und Reserven gebildet. Der hatte Mut. Er selbst dachte, das ist ein Schatz, den behältst du. Grund: Ersatz für unverschuldet verloren gegangene Gegenstände besonders guter Legionäre. Wahrscheinlich hatte er im Hinterkopf sein verloren gegangenes MG in Indochina, als er verwundet wurde. Damals. Wehe das wäre nicht gefunden worden.

Hätte man das Lager entdeckt und gemeldet, hätte das Kriegsgericht geheißen. Die Anklage hätte er schon gekannt: „Das wurde gesammelt, um es an den Gegner zu verkaufen." Also, dem vorbeugen.

Er legte ein Buch an von all seinen Schätzen, die er mit Aufgabe der Position zurückgab. Die Kopie lag beim Kompaniechef. Verschlossen. Der wusste gar nicht, was in dem Umschlag drin war. Das war dann später auch ein Erklärungsnotstand. Besser, er hätte alles zugeschüttet und nichts zurückgegeben. – Aber, alles zurück ans Bataillon. Es war besser so. Immer schön reinen Tisch machen, wenn es auch manchmal weh tut und man nicht weiß, wie alles ausgeht. In diesem Fall lief alles gut.

In vorgenannter Position hatte er viel Verantwortung und Zeit, trotzdem. Keine Einsätze. War die Kompanie draußen, knüpfte er Kontakte zum Bataillon. So wurden langsam aber stetig verbrauchte Waffen ausrangiert. Und alle Ladestreifenfedern. Von der Pistole über das MG und der MP. Ganz wichtig, diese

Federn zu erneuern. Diese waren aus Edelstahl und hatten die Aufgabe, die Munition in den Ladestreifen nach oben zu drücken. Sie leierten zu schnell aus und führten so sehr oft zu Ladehemmungen. Er kannte ja alle diese Probleme aus der Praxis und kämpfte für seine Leute. Die bekamen das ja auch mit und spurten um so besser bei den Inspektionen. Keine Probleme mehr damit.

So kam der Respekt für diese neue Aufgabe und seine Position von allein. Top Leistung = Respekt. Wie überall. Respekt ist ja nicht einzufordern, durch den Rang oder Titel schon gar nicht. Respekt, eine Ware mit ziemlich schnellem Verfallsdatum – oft. Täglich neu zu er- und verdienen.

Capitaine de Broucker - Rapport mit Hund.

Inzwischen hatte er einen Hund. Belgischer Schäferhund. Gezüchtet für den Einsatz in Bergen. An den Vorderläufen hatte der besonders lange Krallen, wie kleine Steigeisen. Der kam jede Steigung hoch. Der Name: „Zyklon". Sondererlaubnis. Gut dressiert übernommen von einem Offizier. Vorstellung mit Hund, wurde verlangt. Ein knallharter Offizier, typischer Franzose, sehr gute Herkunft, top Soldat mit „Kultur" und Klasse. Das wurde über die Ordonanz vorher in Erfahrung gebracht. Die Ordonanz war neu in der Kompanie und kam zu ihm mit Sonderwünschen. Abgelehnt. Das war dem neu. Also: „Erzähle mal über den Capitaine oder es gibt nichts". Und der erzählte und der Hund knurrte vor sich hin. Der hat den nie gemocht. Auch gut.

So informiert – Vorstellung. Mit Bestandsaufnahmelisten und allem Pipapo. Die waren nicht verlangt. Aber besser, unaufgefordert zeigen, so gräbt man vielem vorher das Wasser ab. So sah der Capitaine, dass es solche Listen gab und alles erfasst war. Ruhe. Hätte er diese Listen nicht sofort gezeigt, wäre der mit eigenen Vorstellungen gekommen und alles wäre neu zu machen gewesen. Nach dessen Vorstellungen ...

Ein erster Blick zwischen ihnen und alles war klar. Beziehung: Offene Neutralität. Optimal.

Mitten im Gespräch furzt der Hund – voller Schreck deutet er auf den, das war der , mon Capitain. Ein vernichtender Blick. Gespräch beendet und Inspektion des Magazins. Das war vorherzusehen. Alles blitzblank. Sie konnten miteinander, bis Werling zwei Wochen später Malaria bekam.

Werlings Malaria und die Befehlsverweigerung

Nachts kam Werlings Ordonanz. Aufgelöst, voller Panik. „Bitte kommen Sie mit. Ich weiß nicht, was ich machen soll." Werling schweißnass im Bett, Schüttelfrost und frierend wie ein Hund. Also Zusatzdecken. Zurück ins Magazin, drei Decken unter den Arm geklemmt. Plötzlich stand der Alte vor ihm. Für wen? – Warum? Bericht. „Der kriegt keine Zusatzdecken, andere Legionäre haben auch nicht dieses Privileg." Er: „Doch". Der Alte: „Nein". Er nahm die Decken aufs Neue und brachte diese Werling. Der Alte gab ihm auf der Stelle fünfzehn Tage Bau.

Er riss seine Sergent-Winkel von der Uniform und warf diese dem Alten vor die Füße. Versorgte Werling. Zog sich als einfacher Legionär an, ging zu seinem alten Zug und bat um Verwendung als Legionär Deuxième Classe (Schütze Arsch). Die Jungs wussten nicht, was tun. Er schon. Am nächsten Tag mal wieder Rapport – beim Kompaniechef. Befehl, die Winkel wieder anzulegen Sofort. Werling behielt seine Decken – er seine Winkel. Die fünfzehn Tage Bau wurden nicht eingetragen.

Zurück im Zug

Das war eine Wende in der Beziehung Capitaine und ihm. Positiv. Neuer Respekt. Sie wurden fast Freunde und führten viele private Gespräche. Welch ein Offizier. Selbst als er schon zurück in Deutschland war, bekam er noch Briefe von diesem Offizier – er solle zurückkommen. „Capitaine de Broucker, Sie waren Klasse. Und hatten Klasse."

Den Hund gab er später zurück an Bekannte in Tlemsen. Er wollte wieder in den Einsatz. Der Hund hätte ihn dabei zu sehr behindert.

Der Bitte um Versetzung wurde entsprochen. Er war wieder in seinem alten Zug, bei seiner Familie. Inzwischen fast alles Neue. Drei Alte.

Lorenzo aus Bilbao und sein Affe - Tod von Lorenzo

Lorenzo kam in seinen Zug. Alter Veteran. In Indochina war er dabei und zuletzt in Dien Bien Phu. Dort wurde er durch die Vietcong gefangengenommen. Er und ein paar andere Legionäre wurden verschleppt und ins Hinterland gebracht. Die Viets wurden gejagt von der Legion – und Lorenzo war mittendrin. Er musste dort die Hölle mitgemacht haben, wie er erzählte. Wer von den Gefangenen nicht mehr marschieren konnte, wurde von den Viets erschossen. Irgendwie gelang es ihm, zu fliehen und auf die Legion zu treffen. Mit dem Fall von Dien Bien Phu waren ja die militärischen Aktionen der Franzosen noch nicht beendet.

Nach einem Verhör seitens des Zweiten Büros, dem französischen Geheimdienst, wurde er sofort nach Algerien ins Fünfte Regiment versetzt. Es gab damals ein bilaterales Übereinkommen zwischen den Regierungen. In Indochina wie auch in Algerien gleichlautend. Wird einer gefangengenommen und freigelassen, darf er in dem betreffenden Land nicht mehr eingesetzt werden. Sollte er doch, und ein zweites Mal gefangengenommen werden, wurde der betreffende sofort erschossen.

Bei der Gefangennahme hatte Lorenzo den Rang eines Caporals – Obergefreiter. Jeder Legionär, der Dien Bien Phu überlebte, bekam einen Rang mehr. Also Caporal-Chef. Das waren zwei grüne Winkel und darüber ein goldener. So kam er zu ihnen.

Die Kompanie schickte ihn erst mal nach Sidi Bel Abbes auf einen Sergent-Lehrgang. Das sahen die als Schonung an.

Lorenzo kehrte zurück in seinen Zug als Sergent – für sie alle war er ein unbeschriebenes Blatt.

Sie hatten ihn da drüben gebrochen. So, als hätte man ihm seine Persönlichkeit genommen. Verschlossen – nie lachend – er befolgte alle Befehle ohne die geringste Emotion. Niemand wusste, woran man mit ihm war. Drehte er durch? Und wann? Wo? Im Einsatz? Allen war es wohler, als er Urlaub für Spanien bekam und erst einmal weg war.

Aus Indochina hatte der einen kleinen Affen mitgebracht. Zwanzig Zentimeter hoch, ein Kilogramm schwer, oder weniger. Nachts ging der auf Tour und suchte sich einen aus, mit dem er dann schlief. Nur, jede Nacht pinkelte er dann denjenigen an – der Affe bekam dann natürlich einen Tritt und flog aus dem Bett. Der keifte dann in so hoher Tonlage, dass Lorenzo auf der Bildfläche erschien. Der beschützte das Vieh wie eine Löwenmutter ihr Baby. Lorenzo wusste natürlich nicht, wer den Affen mal wieder aus dem Bett geworfen hatte. Der Affe zeigte es ihm am nächsten Tag. Ging der Entsprechende vorbei, keifte der Affe und zeigte seine Zähne – so war alles klar.

Zu der Zeit hatten sie einen italienischen Kompaniefeldwebel. Einen Spieß. Der sah aus, wie ein Vorstadtstenz. Nie im Einsatz. Großes Maul. Der war reif für eine Lektion. Harmlos, aber mit viel Arbeit verbunden, danach. Werling und er beschlossen das „Strafmaß“. Sie reizten den Affen bis zur Weißglut und trieben ihn dann durch das Fenster in des Oberfeldwebels Büro. Fenster zu und nix wie weg.

Der Affe zerfetzte jede Akte, jedes Schriftstück – selbst die Einsatztafel an der Wand wurde zerstört und die Namensschilder zerrissen. Der Spieß machte Garona verantwortlich – Riesenaufstand.

Oft nahm Lorenzo den Affen in den Einsatz mit. Der lief gehorsam mit. War das Äffchen müde, setzte es sich auf den Spann des Fußes von Lorenzo und ließ sich mittragen. Oder es legte sich in dessen Genick. Dem Vieh passierte nie etwas.

Lorenzo wollte den Affen anlässlich seines Urlaubes bei seiner Mutter in Spanien lassen. Und das tat er dann auch. Nach vier Wochen schrieb die Mutter, das Äffchen sei tot. Nahrungsaufnahmeverweigerung. Das tat ihnen allen schon leid. Das Äffchen hatte sie alle scheinbar doch sehr vermisst – es gab ja auch Momente, wo man den streichelte und fütterte.

Der Tod seines Äffchens tat ein Übriges, Lorenzo noch mehr niederzudrücken. Man machte sich noch mehr Sorgen um den, obwohl – gemocht hat man ihn immer noch nicht allzu sehr.

Er war jedoch Sergent, einer der ihren. Sie wollten ihn bis zu seiner Entlassung durch- und mitschleppen. Irgendwie. Und ihm helfen auf ihre Weise.

Einsatz in den Bergen. Einer von hunderten. Beschuss. Steil oben eine Höhle. Gedeckt zum Gipfel - zwei Meter höher - durch eine hervorspringende Felsplatte, waagrecht. Da saßen die Fellaghas drin und schossen auf sie – und sie schossen gut. Das musste aufhören.

An dem Tag musste Lorenzo den Berg hoch. Es war seine Tour. Gleichzeitig umgingen andere Legionäre den Berg. Die stiegen von der Rückseite, die vollkommen frei war, hoch. Aber die kamen an die Höhle nicht ran. Nicht von oben und nicht von der Seite. Lorenzo war inzwischen mit ca. zehn Legionären fünfzig Meter unterhalb der Höhle. Sie arbeiteten sich langsam vor. Jeden Zentimeter Deckung ausnutzend. Er, der an diesem Tag nicht den ersten Einsatz hatte, schaute als Eingreifreserve hundert Meter zurück, gedeckt, zu.

Die Legionäre, die von oben und von der Seite an die Höhle nicht herankamen, versuchten nun, Granaten in die Höhle zu werfen. Nur, die Granaten trafen nicht, prallten an dem Fels zurück und kullerten alle auf Lorenzo zu. Der lag in einer kleinen Mulde und, wie von einer Schnur gezogen, fielen die Granaten, ca. zehn Stück, alle in diese Mulde und explodierten. Jeder wusste, was das hieß. Die restlichen Legionäre stürmten nun voller Wut den Berg und setzten dem Fellagha-Feuer ein Ende.

Er selbst rannte zu Garona. Nur die Uniform, das, was noch davon übrig war, hielt dessen Körper halbwegs zusammen. Der Kolben des US-Karabiners verkohlt. Der Lauf verbogen zu bizarrer Form und Farben. Er nahm den nochglühend heißen Karabiner, verbrannte sich die Hände und zerschlug diesen auf einem Felsbrocken zu Einzelteilen.

Nun forderten sie Pioniere an – die Höhle wurde zubetoniert mit allem, was darinnen war.

Der Hölle in Indochina, Dien Bien Phu, der Gefangenschaft durch die Viets war er entkommen, sein Äffchen in Spanien begraben – er musste an einem heute unbekannten Berg sterben.

Mehrmals, auch früher und jetzt, heute dachte er mal wieder: Wieso immer die anderen? Lebst du noch aus Schicksalsfügung? Glück? Oder wirst du noch zu etwas Besonderem gebraucht? Eine Antwort fand er nie. Er ordnete es ein unter dubios, zweifelhaft. Geborgtes Leben.

Werling war inzwischen in die Küche strafversetzt worden. Der Capitaine war auf den stinksauer, seit dem ersten Tag, an dem sie sich zum ersten Mal trafen. Hatten die anderen Stadturlaub, musste er mit drei Legionären Minen räumen.

Das ging so: Die Gleise waren oft vermint, Züge flogen in die Luft. Also wurden vor die Lokomotive einige Waggons gekoppelt, die dann beim Überrollen die Minen zur Explosion brachten. Werling und seine drei Mann auf der Lok. Ein saublöder, gefährlicher Einsatz. Der Sonntagsurlaub war für ihn ebenfalls gelaufen. Wenn der dann zurückkam, ging man ihm besser aus dem Weg – musste es sein, ging der keiner Schlägerei aus dem Weg. Unterernährt, bzw. körperlich unterentwickelt war der auch gerade nicht. Aber ein schmucker Sergent, gepflegt und soldatisch.

Dann Strafversetzung in die Küche. Vom Kochen hatte der so viel Ahnung wie er selbst. Keine. Er hatte wohl selbsternannte Köche als Legionäre, aber verantwortlich war er. Demerdez vous, sieh' zu, wie du klarkommst ...

Eines seiner Probleme, das Brennholz. Nur Holz. Für alles. Er bekam wohl vom Bataillon Holz zugeteilt, das war jedoch immer zu wenig. Und es war kalt zu der Zeit – immer wurde ein Teil des Holzes geklaut. Auch der Schreiber klaute. Seine Ordonanz weigerte sich. „Wenn der mich schnappt, bringt der mich um." Werling lag auf der Lauer ...

Also klaute er dessen Holz. Es war wirklich saukalt.

Die Enten, die nicht gar waren.

Jeden Samstag kam der Bataillonskommandeur zur Essenszeit und verkostete das Essen. An diesem Tag gab es Ente. Vorgeschrieben. Der konnte nicht kochen, was er wollte. Die Enten waren nicht durch, also nicht gar. Sofort fünfzehn Tage Prison, Bau, Begründung: Die Enten waren nicht durch. Auf Französisch klingt das wie ein Wortspiel – alle lachten Tränen. Werling nicht.

Sergent vom Popote – Unteroffizierskantine

Unter Protest befreit vom Einsatz zwecks Übernahme des Popotes, Unteroffiziersmesse. Dazu gehörte, penibelst das Kassenbuch zu führen. Selbst in der Stadt einzukaufen, was gebraucht wurde. Ca. zwanzig Sorten Getränke, scharfes Zeug und kleinere Gerichte wie Würstchen, Zigaretten - und Einhalten der Öffnungszeiten und besonders der Schließungszeiten. Mittags kamen die Sergents und höheren Ränge innerhalb der Unteroffiziere zum Essen. Tische decken, saubere Gläser, Servietten, usw., usw. Die Arbeiten machten andere. Er war verantwortlich. Er wehrte sich mit Händen und Füßen, er wollte nicht. Aber er musste; selbst sein Capitaine ließ sich nicht erweichen.

Bestechung durch den Lieferanten

Aber diese neue Aufgabe hatte auch Vorteile. Drei Mal wöchentlich in die Stadt zum Einkaufen. Er ging zum gleichen Lieferanten wie sein Vorgänger. Der gab ihm gleich 5.000 DM in französischen Franken. Ein Vermögen als Bestechung. Er nahm das Geld - ging zu seinem Capitaine – Bericht – Geldübergabe. Der Capitaine fragte: „Und, wie geht's weiter?" - Er wolle den Lieferanten behalten. Auf alle Einkäufe ab sofort 10% Rabatt. Und wöchentlich eine Fuhre Brennholz für die Küche, frei Camp. Der Alte runzelte die Stirn, aber schwieg. Also einverstanden. Dann Gespräch mit dem Lieferanten, einem Araber. Sympathischer Gangster. Das Bestechungsgeld ist beschlagnahmt. 10% auf alles plus eine Fuhre Brennholz je Woche frei Camp. Er war einverstanden. Die Preise waren unter denen alle abgesprochen, also gleich. Die 10% waren also ein echter Preisnachlass.

Lap, der Sohn des Generals und seine Frau aus Paris - Der Deal

Das Popote wurde sehr gerne von Offizieren besucht, was die Sergents jedoch auf keinen Fall wollten. Nur einer durfte von Anbeginn rein – ein frisch zugeteilter Leutnant, direkt von der Offiziersschule. Lap, Vater General. Der hatte bei den anderen Offizieren ein gutes Entrée durch den Rang seines Vaters. Aber auch die Sergents mochten den alle. Er wurde behandelt wie ein Sergent. Das war die Bedingung, dass er rein durfte. Der Sergent Popote hatte das Recht, jedem den Zutritt zu verweigern, der sich einmal nicht an die Regeln gehalten hatte. Auch Offizieren – gedeckt durch die Heeresdienstvorschrift. Lap malte als erstes die Wand hinter dem großen Esstisch an. Hawai-Motiv. Gar nicht so sehr übel.

Er selbst hing gegenüber jedem höheren Rang die Sau raus – er dachte, je mehr meckern, desto eher Strafversetzung zurück zur kämpfenden Einheit. Das war sein Kalkül – aber es ging nicht auf.

Für die Offiziere war das einmal etwas Neues, ein motzender Sergent, der sofort kassierte. Ohne Geld – kein Drink. Das gab es so in keiner Kompanie des Bataillons. Die kamen jetzt erst recht. Für jeden Offizier galt: Kein Heraushängen des Ranges – oder Hausverbot. Das lief optimal.

Dann kam Lap zu ihm. Ob er wohl seine Frau aus Paris kommen lassen könne. Er verstand nichts, Rückfrage, Der spezifizierte dann, dass sie drei Wochen bliebe aber nur zusammen mit den Sergents essen wolle. Keine Offiziersmesse. Sie würde Offiziersmessen hassen. Probleme. Jedes Wort auf die Goldwaage legen, besonders korrekt essen usw., usw.

Er trug das vor und schlug einen Deal vor: Gut, Ihre Frau kommt, er nimmt die Mehrarbeit auf sich, aber nur, wenn er ihm Zutritt zum Offiziersbordell verschafft. - Jetzt verstand der nichts und fragte zurück.

Zweihundert Meter von der Kompanie entfernt war das Bordell. Kleineres Häuschen, verschiede Zimmer und sehr schnuckelig. Bis 21:00 Uhr durften die Legionäre rein, dann nur noch Offiziere. Die Frauen bildeten teilweise einen Zweiklassen-Service. Einmal für Legionäre, einmal für Offiziere, eine typische Militäreinrichtung. Selbst die Bumserei erfolgte nach Heeresdienstvorschrift. Er wollte zu Offizierszeiten rein, weil

1. weniger los war in Bezug auf Freier,
2. alles gepflegter war, mehr Klasse.

Die Ränge waren striktestens getrennt. Der Offizier Lap musste seine Freunde fragen und überzeugen – doch er schaffte das. Auch die Madame Puffmutter hatte nichts dagegen, die kannte ihn ja auch. Ab und zu bekam sie einen Champagner aus seinen Beständen. Der Boden war zubereitet. Er durfte also zu den Zeiten der Offiziere rein.

Kleinere Probleme mit verschiedenen Offizieren aus Eifersüchteleien regelte Madame. Diskret. Mit Klasse. Entschieden.

Eine schöne Zeit, noch dazu, wo er als Sergent Popote an keine Appelle gebunden war, außer an die von ihm angesetzten. Er blieb auch der einzige Unteroffiziersgrad, der da rein durfte. Der Bataillonskommandeur ignorierte ihn und er machte sich in dessen Anwesenheit, soweit wie möglich, unsichtbar.

Frau Lap kam überraschend, auch für den Ehemann, unter der Woche. Der Wachhabende brachte sie zu ihm. Wahrscheinlich hatte der Schiss, sie nach ihren Ausweispapieren zu fragen und der Erlaubnis, dass sie das Camp betreten kann. Er tat es. Sie wollte erst mal einen Café, man verstand sich und plauderte ein wenig so vor sich hin. Dann kam der Ehemann, stinkig. „Wieso kommst du früher und ohne Anmeldung – was hängst du in dem Popote herum?" Er flüchtete ...

Abends dann, zusammen essen. Die hatte gleich alles und alle im Griff. Man konnte meinen, sie sei der Offizier des Tages. Aber alle beugten sich, wahrscheinlich aus Selbsterhaltungstrieb. Sie war sehr gut aussehend, charmant und aus der „Crème de la Crème" Frankreichs. Pariser Klamotten und sehr gut riechend.

Am nächsten Tag nahmen einige höhere Offiziere am Essen teil. Die brachten einige Delikatessen mit und Austern. Austern. Er musste, er wollte nicht, neben ihr sitzen. Panne – eine Auster flog beim Auslösen durch ihn aus der Schale und flog direkt in den Schoß, auf die Pariser Klamotten. Sie lachte, sein Capitaine nicht. (Im nächsten Zeugnis – zwanzig Benotungen – in „Kultur“ die schlechteste Note, die er jemals hatte, eine Drei.)

Abschied von Madame mit Küsschen vor der angetretenen Kompanie

Dann Abschied. Als Einziger bekam er ein Küsschen. Links, rechts. Ihm wackelten die Knie ...

Wenn er die Abrechnung machte oder noch eine rauchte und Musik hörte, ganz allein in seinem Popote, kam sie oft noch vorbei. Nachts. Sie wollte alles über die Legion wissen – besonders Interna. Alles. Es wurde viel gelacht und geblödelt. Fast im gleichen Alter – 23 Jahre. Einmal kam sein Capitaine und rief ihn nach draußen. Zu vertrauter Umgang mit der Frau eines Offiziers. Sofort abzustellen. Er darauf: „Gut, ich sage ihr sofort, dass ich jeden Kontakt zu ihr abbrechen muss auf grund Ihrer Weisung.“ Der erschrak ganz schön - Nein, so hätte er das nicht gemeint. Also lief alles weiter wie vorher. Der Capitaine bekam übrigens kein Küsschen von ihr zum Abschied.

Die Kompanie trat ihr zu Ehren an. Aus ungeschriebenen Protokollgründen. Vater vom Ehemann, General. Ihr Vater, ein sehr hohes Tier in der Regierung. Bataillonskommandeur anwesend.

Er stand mit seinen drei Legionären, seinen Helfern, getrennt neben den anderen Zügen. Er war sein eigener Zug. Die Madame verabschiedete sich von den vier Zugführern ohne Handschlag. Dem Kompaniechef mit Handschlag. Dann lief sie den ganzen Weg zurück, vor der angetretenen Kompanie zu ihm und gab ihm Küsschen. Er stand unbeweglich, Augen geradeaus. So wurde er noch nie geküsst, in dieser Stellung. Nur die Legionäre freute das – die Offiziere nicht. Dann Gemunkel, wieso kriegt der Küsschen? War da etwas? Nix war. Gar nichts war. Nur viele durchgequatschte Nachtstunden mit Gin/Tonic, Martini/Gin und anderem Zeugs. Offene Gespräche, viel Lachen, nichts Gekünsteltes. Das gefiel ihr. Scheinbar war sie das von einem Soldaten nicht gewohnt, dass der zu ihr gleich zu gleich verkehrte. Manchmal zog sie die Augenbrauen hoch, wenn er mal wieder einen Legions-Slang brachte. Er versuchte das zu unterdrücken, aber manchmal rutschte das doch raus. Danach ignorierte sie das. Er sagte ihr, das sei stärker als er. Sie wolle doch alles über die Legion wissen, da gehöre auch manchmal ein „Faux pas“ dazu. Sie lachte.

Noch als sie drei Tage weg war, roch das Popote nach ihr. „Au revoir“, Madame, es war eine schöne Zeit „avec vous“.

Zurück in den Zug - Neuer Zugführer - Erster Einsatz mit dem.

Jetzt, nachdem alles in der Messe lief, Ablösung. Zurück zum Zug. Der Bär wurde abkommandiert nach Sidi Bel Abbes als Ausbilder und Prüfer für künftige Sergents. Eine Ära ging zu Ende. Der Bär wollte versuchen, ihn nachkommen zu lassen. Er hatte ja das Ausbilderdiplom – aber alles kam mal wieder ganz anders.

Sein neuer Zugführer, der Intimfeind vom Bär. Ehemaliger SS-Offizier. Für Leute dieses Typs wurde von den Bayern das Wort „hinterfotzig" geprägt. Auch er und sein neuer Chef hassten sich tief und innig. Wenig Eigenverantwortung übertrug der, nur Befehle, saft- und kraftlos. Aber punktgenau auszuführen. Er ersuchte um Versetzung, beim Kompaniechef, beim Bataillonskommandanten, beim russischen Colonel. Vergebens. Sein Zug verkam zur normalen Einheit. Die Motivation fehlte – für den hätte er keinen Finger geopfert.

Eines Tages, gebirgiges Gelände durchkämmen. Der Zug in Linienformation. Sichtweite, aber nicht weiter als dreißig Meter von Mann zu Mann. Hindernisse durften nicht umgangen – selbst wenn frei einsehbar – sondern mussten frontal angegangen werden. Fehlte nur noch, dass ein Baum nicht umgangen werden durfte, sondern dass an der Vorderseite hochgeklettert werden musste und an der Rückseite des Baumes abzusteigen war. Das war reine Schinderei, militärisch gesehen, idiotisch. Der wollte nur zeigen: „ab heute läuft alles anders".

Mittags schrie der ihn zusammen – er nahm seinen Karabiner und legte auf den an. Fünf Sekunden lang – er hätte den abgeknallt. Irgend einer schrie: „Sergent!" Das brachte ihn zurück und zur Besinnung. Der Adjudant-Chef wurde dann dem ersten Zug zugeteilt – alle waren gegen den – was auch dem Kompaniechef nicht entgangen war. Was bringt ein nicht motivierter Zug im Einsatz? Minimalleistung. Sie gingen sich dann aus dem Weg.

Eines Nachts war er „Chef de Ronde", Wachoffizier im Leutnantsrang. Er hatte die Wachen zu kontrollieren, Passwort abzufragen und zu prüfen, ob alles mit rechten Dingen ablief. Da, ein Schatten vor ihm – Pistole raus, anlegen – Ruf: „Passwort?". Keine Antwort. Zweiter Ruf: „Passwort?". Da kam die Antwort. Es war der „Fil de fer". Er sagte dem, dass er ihn das nächste Mal abknalle, oder aber im Einsatz. „Noch eine Schikane und du gehst über den Jordan." Ab jetzt war Ruhe.

Kino - Jagd auf den Italiener per MP und Einzelfeuer

Abends Kino. Er ging hin. Der Film wurde in seiner Kompanie abgespielt. Die anderen Kompanien kamen dazu. Es wurde aus Sicherheitsgründen jedes Mal der Vorführungsplatz gewechselt. Oft erfolgte Granatwerferbeschuss während des Ablaufes des Filmes.

Das Bataillon saß also da und wartete auf den Beginn des Films. Die Vorführung verzögerte sich. Pinocchio, der Muskelmann und Boxchampion der Militärmeisterschaften musste sich mal wieder produzieren. Er suchte sich ihn als Opfer aus. Der ging auf ihn zu und stemmte ihn mit einer Hand hoch. Das Bataillon johlte. Alle Offiziere waren da – er sagte kein Wort. Der stemmte ihn ein zweites Mal. Irritiert, dass da keine Gegenwehr erfolgte und kein Wort fiel, stellt der ihn auf den Waldboden zurück.

Er ging in seine Unterkunft, nahm sich eine MP und ging zurück. Wartete bis der Film aus war und Offiziere weg waren. Dann suchte er den und fand ihn in der Unteroffiziersmesse, die ja jetzt ein anderer Sergent führte. Er legte die MP vor der Türe, draußen, ab und ging rein. Forderte den auf, rauszukommen. Der kam raus und alle anderen Sergenten auch. Die glaubten an einen Boxkampf.

Der Italiener lachte nur – was sollte ihm als Champion schon passieren. Er nahm die Waffe und jagte den per Einzelfeuer durch die Baracken und durch den Wald. Der „Champ" war schweißgebadet und mit den Nerven am Ende. Sein Ruf war wieder hergestellt. Er bekam acht Tage Bau. Motiv: Wildwestspiele auf amerikanisch. Auf Französisch klang das Motiv viel origineller. Er akzeptierte den Prison. Werling lachte sich halbtot; der war übrigens auch wieder in seinem alten Zug und war heilfroh darüber.

Leutnant Torniere erschießt sich.

Nach einem Einsatz im Laufe der Woche hatte Leutnant Torniere, auch ein neu zugeteilter Leutnant, hohe Verluste. Seine ersten. Nachts ein Schuss. Er rannte hin zum Appellplatz. Torniere hatte die Legionsfahne gehisst und sich darunter erschossen. Zu Hause hatten die Eltern ein großes Weingut. Zum Soldaten war der nicht geboren. Man nahm seine Entscheidung zur Kenntnis, respektierte diese und ging zum normalen Tagesablauf über.

Lap war in solchen Dingen lernfähiger. Der hatte immer einen erfahreneren Sergent an seiner Seite und fragte den zuerst. Dann erst gab der seine Befehle, meistens deckungsgleich mit der Meinung des Sergent. Keiner der Legionäre machte sich über den lustig, im Gegenteil, er wurde noch mehr respektiert. Schließlich ging es ja um ihr Leben.

Die Granate im Bistro, dem Sammelpunkt - Selbstmord des Attentäters

Er war mal wieder dran als „Chef der Eskorte". Hatten die Legionäre Stadturlaub, mussten die begleitet werden bis in die Stadt und auf dem Rückweg ins Camp.

Die Eskorte bestand aus sechs Legionären, einem MG, MP und ihm mit seinem Revolver. Anlaufpunkt zum Absitzen und späteren Treffen für den Rückweg war ein Bistro. Mitten in der Stadt an einem großen Platz. Es ging um dreißig Urlauber, unbewaffnet.

Die Fellaghas hatten ein neues Spielchen entdeckt. Sie warfen in vorbeifahrende Jeeps Handgranaten und hauten ab. Es wurde nie einer gefasst. Jetzt suchten sie sich Treffpunkte der Urlauber aus, die sich kurz vor der Abfahrt irgendwo trafen. In seinem Falle das Bistro. Zeitgleich mit dem Befehl „Aufsitzen" kullerte eine „Ananas"-Handgranate in das Bistro. Eine amerikanische Sprenghandgranate mit verheerender Wirkung. Gleichzeitig vor dem Bistro eine Explosion. Die in das Bistro gerollte Granate explodierte nicht, der hatte vergessen, die Granate scharf zu machen. Alles rannte raus. Der wollte eine zweite Handgranate werfen, dieses Mal war sie scharf und explodierte in dessen Händen. Die beiden Arme waren unter dem Ellbogen weg. Zwei Stümpfe.

Die Legionäre wurden zurück ins Bistro befohlen. Er mit seinen Leuten um den Terroristen, Tunesier. Im Kreis. Erschießen hätte mitten in der Stadt zuviel Bürokratie bedeutet.

Nun war an der anderen Ecke ein sehr gutes Hotel. Aus dem Fenster schrie ein regulärer französischer Offizier seine Befehle an ihn: „Sofort den Mann ins Krankenhaus!" Er verstand, aber da war keines. Der schickte seine Ordonanz, einen Offizier. Also musste der aus dem Fenster schreiende ein hohes Tier sein. Der überbrachte also dessen Befehl. Inzwischen nahmen die Araber eine drohende Haltung ein. Sonntag, 18:00 Uhr, alles voller Menschen. Er ließ durchladen. - Endlich hauchte der sein Leben aus. Zeitweise hatten sie mehr Verluste durch solche Anschläge als im Einsatz. Immer heimtückisch, unvorhersehbar. Sie bestiegen den Wagen, ließen den liegen und fuhren zurück. Natürlich mal wieder Rapport – ohne Folgen.

Selbst die Zeitungen gaben ihm recht, aber nur, weil zu viele Zivilisten bei diesen Anschlägen getötet wurden.

Kopfgeld per Flugblätter, fünfzehn Jahre später noch in arabischen Computern

Das Zweite Büro schnappte kurz darauf einen Kurier der Fellaghas und fand bei dem restliche Flugblätter mit seinem Bild und der Belohnung für seinen Tod. Man stellte ihm frei, das Regiment und den Einsatzort zu wechseln. Er lehnte ab, blieb aber doch zwei Monate lang der Stadt fern. Jeder kannte ihn nun auch in der Stadt – die Franzosen belobigten ihn, die anderen weniger. Auf jeden Fall erfolgten kaum noch Anschläge. Wäre übrigens die Granate explodiert, in diesem engen Raum, hätten mindestens zehn Legionäre und einige Zivilisten ihr Leben gelassen. Der Mann starb durch Selbstmord – so stand es in der Zeitung.

Dass die Flugblätter sehr ernst zu nehmen waren, bewahrheitete sich so fünfzehn Jahre später. Das verblüffte ihn nun wirklich, das hatte er den Arabern gar nicht zugetraut.

Er sollte für seine Firma nach Saudi Arabien. Man arbeitete damals eng mit der Firma Holzmann zusammen. Eine korrekte, leistungsfähige Firma zu diesem Zeitpunkt. Die Saudis gaben keine Verträge, zahlten die Rechnungen mit großem Verzug – so ging das nicht weiter. Er beantragte ein Visum, das damals beim Auswärtigen Amt in Bonn angefordert werden musste.

Rückantwort vom auswärtigen Amt: Raten von einem Besuch ab. Er stünde im Computer und würde von denen gesucht.

Das ging also von Algerien nach Saudi Arabien. Ihn wunderte nur, dass diese Suchmeldung überhaupt bei denen ankam und auch noch ordnungsgemäß im Computer landete. Er versteht es bis heute nicht – nach Saudi Arabien reiste er nicht.

Der Bär fällt in einen Hinterhalt

Mit fünfzig angehenden Sergents fiel der in einen Hinterhalt, schwerstverwundet. Neue Leute, nicht eingespielt, kein blindes Verstehen. Sonderurlaub für ihn - Sidi Bel Abbes, wo der Bär im Krankenhaus lag. Er erzählte, dass er dreißig seiner Leute von fünfzig verloren hatte. Der war fertig über diesen Verlust und quälte sich mit der Frage – Meine Schuld, oder nicht? Was habe ich falsch gemacht? Was übersehen? Wie konnte das passieren - mir passieren?

Er selbst kannte diese bohrenden Selbstzweifel aus eigener Erfahrung nur zu gut und machte dabei eine, für ihn erschreckende Erfahrung. Er glaubte damals, er liege daneben mit dieser Erfahrung und sei zu jung und zu lebensunerfahren, um zu dem Ergebnis zu kommen, das sich am Ende herauskristallisierte. Aber dem war so.

Die große Lüge – Die aus dem Ego geborene Existenzfrage

Es ging gar nicht um die Toten, seine Verluste, es ging nicht um den Menschen. Es ging nur um ihn. Sein Image. Seinen Ruf, besser „seine Reputation“.

Später bekam er mit, dass es anderen Berufsgruppen genau so geht, z.B. Ärzten. Die verlieren einen Patienten. Natürlich ist das bedauerlich, aber erst in zweiter Linie geht es um den Patienten. Erst geht es um den eigenen Ruf. Die eigene Statistik.

Soundso viele Tote bei soundso vielen Patienten bei vergleichbarer Arbeit. Stimmt die hauseigene Statistik nicht? - Der ist aber ein schlechter Arzt. Aber die halten wenigstens untereinander zusammen, da sind so fünf Mitwisser. In der Legion sind es bedeutend mehr, die alles mitkriegen. Da kommen die Fakten auf den Tisch, gegebenenfalls Degradierung, unehrenhafte Entlassung oder Schlimmeres. Wann verliert ein Arzt seine Approbation?

In der Legion ist jeder „à jour“. Jeder Unteroffizier der Legion muss alle sechs Monate ein „Echelle“, eine Prüfung ablegen, dass er auf dem letzten Stand des aktuellen militärischen Wissens ist. Von Ärzten ist ihm das unbekannt. Die praktizieren bis ins hohe Alter. Ohne Weiterbildung, oft.

Und diese verlogene Moral, Ethik und Show. Die ist schon widerlich. Das ist aber zu einem Großteil Schuld der Patienten, die die Ärzte hoch verehren und denen permanent in den Hintern kriechen. Kein Wunder, dass die Ärzte mit der Zeit selbst daran glauben, etwas Besseres zu sein.

Er hat nichts gegen den Ärztestand. Die, die ihn betreuen sind top. Es fällt ihm nur kein besserer Vergleich ein.

Also quälte sich der Bär mit den gleichen Problemen herum. Unlösbar für alle Zeiten, weil keiner den Mist zugibt, den er gemacht hat. Und gibt er den Mist zu, hat er gleich zehn Erklärungen parat, um sich selbst zu täuschen und damit aus dem Schneider zu sein. Am schlimmsten sind die Ego-Krüppel, die die Fahne in den Wind hängen – nur nicht unbeliebt machen. Da wird der Tolerante, Weltoffene gespielt. Nur zu Hause ist der Kosmos eng und es riecht nach Kohl und abgestandenem Mief.

Je weiter oben im Job oder als „Prominenter“, je fauler ist das Ei. Der Klügere gibt nach – deswegen herrschen die Schwachköpfe – Amen.

Legion d'Honneur für den Bär auf dem Totenbett - Abschied vom Bär.

Der Bär bekam, als jeder der Ärzte glaubte, dass er stürbe, die Legion d'honneur. Eine Ehrenauszeichnung, sehr hoch angesiedelt in Frankreich. Keine Kriegsauszeichnung. Als der Bär dann doch nicht starb, forderten die Franzosen die Auszeichnung zurück. Aber der gab sie nicht mehr her. Bär, du hast sie hundert Mal verdient!

Sie nahmen Abschied voneinander. Das ging ans Eingemachte. Er glaubte, man risse ihm das Herz heraus. Und wirklich – er ist fest davon überzeugt, dass seit damals wenigstens ein kleines Stück seines Herzens fehlt.

Der langsame Abschied von der Legion

Der Fünfjahresvertrag plus ein Jahr Verlängerung = sechs Jahre gesamt lief aus. So viele Länder. Allein in Nordafrika Algerien, Marokko, Tunesien, Mauretanien, ohne die anderen Länder, drüben. Am nächsten Tag Rapport beim Colonel. Endgespräch. Auch bei Werling liefen seine fünf Jahre aus, eine Woche später. Er weiß es bis heute, sie saßen auf einem kleinen Mäuerchen, draußen in der sternenklaren Nacht. Eine Flasche Gin und Tonic-Wasser, Eis daneben.

Verlängern oder nicht verlängern? Sie tranken auf Molski, Ludwig, Garona und die anderen, vielen, vielen Toten.

Selbst im eigenen Zug, Sollstärke dreißig Mann, ließen im Laufe der Jahre Hunderte ihr Leben. Allein in einem 30-Mann-Zug.

Sie kamen zu dem Schluss: Gehen wir. Fünf Minuten später: Wir bleiben. Dann wieder, wir gehen.

Was machst du? – Ich gehe zurück in ein Kaff in der Pfalz. Ich kann als Architekt in einem Büro nicht mehr arbeiten, nicht mehr anpassen. Und du? – Er fahre erst mal zu Uschi nach Bielefeld. Als Stahlbauschlosser würde er nicht mehr arbeiten. Nie mehr.

Sie verdienten damals 2.500 DM netto. Plus Zusatzeinkünfte für die diversen „Echelles", Sonderprüfungen. Zu der Zeit viel Holz, sehr viel Holz. Sie trafen eine Absprache. Wenn sie in Deutschland, in einem ihnen fremden Beruf in zwei Jahren 2.000 DM monatlich verdienten, würden sie bleiben, in Deutschland. Wenn nicht, zurück in die Legion.

Sie hatten zwei Jahre Zeit, wieder in die Legion zurückzukehren. Mit dem alten Rang. (Hätten sie damals gewusst, was ihnen in Deutschland blühte, hätten sie sofort verlängert.)

Endgespräche beim Colonel – Medaille Militaire – Offizierslaufbahn – Drei Jobs – Ein Angebot vom Geheimdienst

Militärisch herausgeputzt. Anlegen aller Auszeichnungen. Eskorte und ab. Eintritt ins Büro. Der Ordonanzoffizier grüßte ihn zackig. Was ist mit dem los? Im Büro, der Colonel grüßte ihn militärisch – DER grüßte ihn. Noch im Raum, das Deuxième Bureau, der französische Gemeindienst. Drei Mann. „Gingen die immer zu dritt?", dachte er noch.

Dann Verleihen der Medaille Militaire. Die hatte er schon drei Jahre vorher verliehen bekommen vom Ministerium in Frankreich. Aber die Legion gab ihm diese Medaille nicht weiter. Die lag im Regimentstresor. Er kochte vor Wut. Warum?

Der Colonel: „Dann hättest du ganz abgehoben. Du warst in den letzten fünfeinhalb Jahren der Einzige im Regiment, der mit einundzwanzig Jahren diese Medaille verliehen bekam. Mit einundzwanzig Jahren!"

Nun war das so mit der Medaille Militaire, dass der Träger größte Vergünstigungen hatte und praktisch nicht mehr zu degradieren war. Wurde die Medaille lang getragen, wie bei Paraden, musste selbst ein General grüßen. Die Wache musste das Gewehr präsentieren. – In Frankreichs Militärkreisen heiß begehrt. Er sah selten einen Offizier mit der Auszeichnung. So viele Einsätze brachten die gar nicht zusammen, um sich auszuzeichnen. Diese Medaille wurde seltenst an Lebende verliehen. Dann die Frage: „Prolongierst du?" – „Nein."

Offizierschule – Bestehen ohne Prüfung

Angebot. „Ich schicke dich noch dieses Jahr auf die Offiziersschule nach Frankreich. Bestanden hast du jetzt schon, nur Formsache."

Er bat um Erklärung, wieso? Deutsche Offiziere in der Legion gab es so gut wie keine. Genauso wenig wie einen zweiten russischen Colonel. Wieso also er? Diese Schulen waren ohne Universitätsabschluss (eingegliedert in den Offiziersschulen) unmöglich zu bestehen. Und dann noch als „Boche", das Schimpfwort der Franzosen für Deutsche. Noch heute. Ein harmloses Wort, auch nicht abwertend. Deutsche sind da drüben eben Boches.

Die Prüfungen zum Offizier liefen ab wie in etwa die Prüfungen in der Legion zum Unteroffizier. Das Schema, nicht die Wissensabfrage. Es gab je Fach Punkte. Zwanzig das Maximum. Zehn Punkte das Minimum. Wer keine fünfzehn Punkte hatte, au revoir.

Dann wurde die Gesamtzahl errechnet. Ab ca. dreihundert Punkten hieß bestanden. Nun hatten besonders schlaue Bürokraten (Deutschland lässt grüßen) sich selbst und den Staat aufs Kreuz gelegt. Das wollte der Colonel, erlaubt, nutzen.

Für Auszeichnungen gab es Punkte – die konnten sich nicht vorstellen, dass ein Soldat oder sonstige Anwärter es auf mehr als fünfzig Punkte bringen konnten, lebend und unter dreiundzwanzig Jahren. Das war das Alterslimit. Da hatten die Jungs schon mitgedacht; er hatte gegen dreihundertfünfzig Punkte nur an Auszeichnungen. Bestanden im vornhinein, aber an der Schule müsste er zwei Jahre teilnehmen und mitarbeiten. Bedingung: Sofort und jetzt die französische Staatsbürgerschaft annehmen. Die deutsche ist abzulegen. So war das in der Zeit. Das wollte er dann doch nicht. Damals!

Förster in Nizza – Renault – Verbrechensbekämpfung mit Porsche

"Willst lieber Förster sein?“ Er: „Keine Ahnung“. Der Colonel: „Kein Problem. In Nizza gibt es sowieso keinen Wald, dafür das schöne Mittelmeer.“ - Er wollte nicht.

Job bei Renault. „Organisation mit Kontakten zum Militär. Bedarf abstimmen, Qualitätsprüfungen etc.“ – „Nein.“

Jetzt schaltete sich der Geheimdienst ins Gespräch ein. Sie würden gerade eine Brigade „Verbrechensbekämpfung“ aufstellen. Für ganz Frankreich. Beamtenstatus. Rang: Oberleutnant. Den gab es ohne Schule. Spesen frei und Porsche. Aufgaben: Zugang zu den Banden suchen und von innen heraus zerschlagen. Das hätte ihn schon sehr interessiert.

Aber plötzlich hatte ihn Heimweh gepackt. Er bat um Bedenkzeit und verabschiedete sich.

Man fragte ihn, was er als Abschiedsgeschenk wolle – einen goldenen Chronometer (Uhr).

Dann Abschied bei den Legionären, Puffmutter und, und, und. Ab nach Sidi Bel Abbes, zum letzten Mal. Zivilklamotten kaufen und ab nach Marseille.

Abschied aus Marseille – Poker, das Geld ist weg.

Er blieb die letzten zwei Tage als Zivilist im Fort. Das Fort voll von neuen Anwärtern, Aufnahmekandidaten. Gleiche Zeremonie wie damals bei ihm. Auch die Fenster wurden immer noch mit Zeitungspapier geputzt. Er fragte einige, was so los sei in Deutschland. Im Grunde vorwiegend positive Antworten. Das dämpfte ein wenig die Unsicherheit.

Er hatte mit Ach und Krach umgerechnet 3.000 DM gespart. Man pokerte, alles verloren. – Er verließ Marseille mit 50 DM und einer Bahnfahrkarte über Offenburg nach Mannheim.

Abschied eines Legionärs - Die Rente - Auf 750.000 DM verzichtet

In Marseille wurde er noch ein Mal geröngt. Er hatte immer noch eine Kugel im Hals. Diese zu entfernen wäre gefährlicher gewesen, als sie drinnen zulassen, sagte man ihm.

Man bot ihm eine Rente an, damals 1.000 DM monatlich, freiwillig. Nur, wurde die Rente akzeptiert, war die Rückkehr in die Legion ausgeschlossen.

Den Rückweg wollte er sich nicht verbauen, er lehnte die Rente ab. Unterschrieb. Laut Überschlagsrechnung zum heutigen Tag kostete ihn das 750.000 DM.

Er hat das nie bereut. Die mögliche Rückkehr in die Legion innerhalb zweier Jahre zum alten Rang war ihm das wert. Was bekam er dafür? Es war die einzige Zeit – in der Legion – in der er sich als Mann fühlte. Weil nur der Mann in einem selbst zählte. Da half kein Schleimen, wegtauchen, ausreden, Schuld anderen zuschieben. Es hieß, Eigenverantwortung – auch für andere Leben – übernehmen. Zu tragen und zu verantworten. Und den Kopf dafür hinhalten, wenn es schief ging.

Das war im Berufsleben später der Ausnahmefall, dass er das bei anderen erlebte und dass einer sagte, das war meine Schuld. Nur meine Schuld. Wenn er etwas in seinem Leben bereute – und das war wenig - war es das Verlassen der Legion.

Lieber zehn Jahre intensiv das Leben erleben und jung sterben, als vierzig Jahre und mehr sich täglich im Beruf – egal welchem – zu prostituieren.

Rückblick auf die Legion – die französische Führung und Frankreich allgemein aus seiner Sicht

Frankreich, welch stolze Nation. Da kommen die Deutschen nicht heran. Insbesondere was die staatliche Fürsorgepflicht gegenüber den ehemaligen Soldaten betrifft. Wie habt ihr eure Legionäre behandelt. Fremde Söhne aus anderen Ländern. Und dann noch aus Deutschland, das euch so sehr demütigte. - Und die Deutschen ihre eigenen Soldaten aus dem Zweiten Weltkrieg? Welche Schande. Nur noch übertroffen von den Amerikanern, mit den zurückgekehrten Vietnam-Soldaten.

Für die Legionäre, die entlassenen und verkrüppelten, wurden Heime gebaut. Nahe Marseille. Sie werden betreut, versorgt und bekommen noch Rente. Nach fünf Jahren Dienst nur.

Was hatten die zurückgekehrten Wehrmachtssoldaten? Die Frauen der Gefallenen?

Bis heute nur, oder fast nur, Verachtung der selbst ernannten Intellektuellen, der unwissenden, böswilligen, realitätsfernen „Gut"-Menschen. Ihr Wissen aus Archiven beziehend, die Vergangenheit aus der Gegenwart beurteilend. Charakternutten bis heute. Im Büßergewand – kein Stolz, keine Ehre. Ausnahme: Ex-Kanzler Helmut Schmidt. Ein Mann. Respekt.

Auch Rudolf Augstein, der „Spiegel"-Chef.

Marseille – Mannheim per Zug – Und die Caritas

Das erste Mal, dass er von einer kirchlichen Organisation etwas bekam. Bis heute, das war die Caritas. Verpflegung – Kartoffelsalat und ein Schnitzel, freundlichst übereicht. Im Zug. Gleich nach der französischen Grenze. Er hat das nie vergessen. Noch heute spendet er, wenn überhaupt, nur der Caritas. Eine kleine Geste zur richtigen Zeit und man vergisst das nie. Misst dem einen Wert zu, der in keiner Relation steht zum eigenen Vorteil in Geld gemessen. Und doch, dieses 3 DM Geschenk war und ist ihm unvergessen. Vor kurzem las er, dass ein Afghane in Stuttgart interviewt wurde, was er von Deutschland halte. Der sagte, er liebe Deutschland. – Wieso? – Vor fünf Jahren hätte er ein kleines Mädchen gefragt, wo es zum Bahnhof gehe – und die sei so lieb gewesen, damals. Er versteht's.

Ankunft in Mannheim und die Zeit mit Uschi

Hauptbahnhof. Die Mutter stand da und Uschi. Seine Uschi. Die Mutter hätte ihn natürlich erst mal für sich haben wollen – Uschi kam als Überraschung. Der erste Satz, unvergesslich. „Herms, du sprichst ja Dialekt". Klar, gibt es einen Mannheimer, der hochdeutsch spricht? Er kennt keinen. Was soll's? Mannheimer Dialekt ist so anheimelnd, weich und einzigartig. Warum also sich verbiegen und hochdeutsch babbeln – haut erstens nicht hin und zweitens, die Monnemer (die Mannheimer) sind stolz auf ihr Baden. Nun, Uschi sah es anders. Egal. Also ab nach Hause. Erster Sex unter dem Fernseher. Deutschland hatte ihn wieder.

Seine Briefpartnerin aus der Legion. Sie war noch hübscher als auf den Fotos und natürlich viel lebendiger. Nach vier Wochen kehrte er mit ihr zu deren Eltern nach Bielefeld zurück. Streng katholisch, sehr reich und bodenständig. Der Chef im Hause war die Mutter – sehr dominant, aber sie beide verstanden sich sofort.

Er hatte ein Zimmer im Erdgeschoss – Uschi schlief oben. Wollte sie ihn des Nachts besuchen, musste erst Affi, ein bellendes kleines Hundevieh mit Kalbsleberwurst (nur der) bestochen werden, damit der das Maul hielt. Nach der dritten Bestechung wartete der schon immer, dass Uschi mit dem Häppchen kam. Die Mutter wunderte sich – „seit wann sitzt der Hund nachts auf der Treppe?"

So langsam kümmerte er sich um Arbeit. Sein Wahlspruch in Deutschland für die ersten zwei Jahre war: „Du hast es in der Legion geschafft. Setze es um, wenn du glaubst so gut zu sein wie du selbst von dir denkst."

Bewerbung bei der Polizei

Er ging zuerst, vor allen anderen Besuchen um Arbeit zu finden, zum Polizeipräsidium, um sich zu bewerben. Wenn ihn schon der französische Geheimdienst wollte, musste das auch für Bielefeld reichen. Freundlicher Empfang mit der Bitte, auf dem Flur noch zehn Minuten zu warten. Er wartete zwanzig Minuten, dann ging er. Oft dachte er, wie wohl sein Leben verlaufen wäre, hätten die ihn nicht warten lassen und als Polizisten eingestellt. Welche Position hätte er wohl erreicht? - Erlaubte Spinnereien.

Uschi, die Familie und das Aus

Dann Besuch von Uschis Mutter und Vater bei seiner Mutter in Mannheim. Die drei verstanden sich sofort und schlugen die Verlobung vor. Gemacht. Es muss gesagt werden – man verstehe seine Eitelkeit – dass die Leute auf der Straße stehen blieben und sich nach der umsahen, wenn sie vorbeiging.

Erzogen in einem katholischen Internat und von Hausarbeit keine Ahnung. Es war lustig, schon wenn sie Kaffee kochte, war das immer mit irgendwelchen, immer wieder neuen, Problemen verbunden. Es war eine schöne Zeit. Mit seinen jetzt vierundzwanzig Jahren.

Dann Uschis Mutter, Vater, Uschi und er – zurück nach Bielefeld. Die Mutter von Uschi wollte ihn finanziell unterstützen, er lehnte ab.

Eines Nachts packte er seinen Koffer, ab durch das Erdgeschoss-Fenster zum Bahnhof und zurück nach Mannheim. Ohne Abschied. Er brach alle Kontakte ab.

Arbeitssuche

Schließlich hatte er nur noch eineinhalb Jahre Zeit, eine Arbeit zu finden und innerhalb des Finanzplans 2.000 DM zu verdienen. Gelang das nicht, war er fest entschlossen, zurück in die Legion zu gehen.

Erst die Karriere, dann die Frauen – so hielt er es sein leben lang. Dieser infantile Spruch: Hinter jedem erfolgreichen Mann steht eine starke Frau. Einen anderen Spruch hält er für besser und dagegen: Ein erfolgreicher Mann ist der, der so viel Geld verdient, dass es seine Familie gar nicht ausgeben kann.

Und eine erfolgreiche Frau ist die, die einen solchen Mann findet.

Also, weiter in der Arbeitssuche. Persönliche Vorsprachen in x Personalbüros. Das, was er in der Legion gelernt hatte, war in der Privatwirtschaft nicht gefragt, damals. Vielleicht heute eher ...

Da wurden Leute gesucht zum Grabenausheben für Kabel. Alles mit der Hand. Maschinen, spezielle dafür gab es nicht, damals. Und wenn doch, hatte der Unternehmer nicht das Geld, solche Maschinen zu kaufen. Das war damals in Deutschland so, wie heute in der Dritten Welt. Handarbeit ist billiger als Maschinenarbeit, noch heute, in Entwicklungsländern.

Er wurde selbst für das Grabenausheben nicht angenommen. Die suchten Leute „mit Erfahrung“. Er bewarb sich in der Bundeswehr, Fallschirmjäger – die waren begeistert. Aber Absage. Grund: „Wenn Sie im Rang steigen, und das werden Sie, und es passiert irgend etwas, steht in der BILD-Zeitung: Fremdenlegionär schikaniert deutsche junge Rekruten, oder so etwas Ähnliches.“ Aber die Hamburger nehmen Legionäre, sagten die ihm in Mannheim, Nein, Hamburg kam für ihn nicht infrage.

Die Zeit verflog rasend schnell. Ein Jahr vorbei!

Ums Erbe betrogen

Seine Verwandtschaft hatte eine große Baufirma in Mannheim. Noch heute. Dort bewarb er sich um Arbeit. Er wurde eingestellt als Mörtelträger. Vom Erdgeschoss bis in den vierten Stock. Zwei Monate lang. Dann Abbruch. Auslöser, eine Frühstückspause. Der Vorarbeiter sagte, er brauche Geld und wisse nicht, woher nehmen. An seinem Mofa war das Hinterrad beschädigt. Der war fünfzig Jahre alt und hatte keine 30 DM, um das Mofa reparieren zu lassen. Er selbst bekam keinen Pfennig mehr als die anderen.

Pikant, dass die mit seinem Erbteil die Firma mitbetrieben und er als Mörtelträger dort arbeitete.

In der damaligen Zeit versorgte die jüngste Tochter die Mutter. Ohne Unterstützung. Verpflegen, Wohnen, Betreuen, alles übernahm die jüngste Tochter. Dann starb die Oma. Die Familie, seiner Mutter Bruder kassierte alles allein ab. Riesige Felder – Oma war Bäuerin. Voll erschlossene Wohngebiete. Große Erträge. Die Firma gibt es noch heute. Wittemaier, Mannheim.

Während der Mörteltragerei besuchte er Kurse in der Volkshochschule, alles was die hatten, beruflicher Schriftverkehr, kaufmännisches Rechnen, Algebra 1 und 2, etc. Das Angebot von denen war gut.

Firma Leiser, Friedrichsplatz

Er hatte die Nase voll. Packte seine Koffer und war bereit, am nächsten Tag abzureisen. Marseille. Oran. Sidi Bel Abbes. Zurück ins Fünfte Regiment. Deutschland kann ihn mal –

Durch Zufall las er eine Anzeige im „Mannheimer Morgen“. Firma Leiser, FORTSCHRITT Büro-Organisation, sucht einen Beifahrer. 200 DM monatlich brutto, 150 DM netto. Er ging hin. Zurück in der Legion wollte er sich später nicht vorwerfen, nicht alles versucht zu haben, im zivilen Leben Fuß zu fassen. Leiser war eine Perspektive. Eine scheiß Perspektive, aber es war eine.

Prokurist, Herr Korn. Frauentyp. Früherer Offizier in der Marine, kerniger Mann.

Beifahrer – Fahrer – Angestellter im Innendienst – im Außendienst

Viele Bewerbungen – er legte seine Karten auf den Tisch. Sagte dem, dass er den Job wolle und warum. Der mochte ihn und stellte ihn ein. Beifahrer, Ford-Kleinlaster. Büromöbel ausfahren. Blauer Latzanzug. Der war gewöhnungsbedürftig. Die Fahrten gingen bis in die Pfalz und das Neckartal hoch.

Dann Fahrer, 350 DM brutto.

Fest Angestellter, 600 DM brutto.

Außendienst, 1.600 DM brutto, viel Geld, damals.

Sein Verkaufsprogramm umfasste das gesamte Programm für die FORTSCHRITT Büro-Organisation. Von der Buchhaltungseinrichtung, von der er bis heute nichts versteht, über Lochkartenschränke, Büroschränke, Stühle, Sessel, Adressiermaschinen. Ein Riesenprogramm.

Er stellte die Weichen neu. Mit Bammel. Ade Legion – jetzt versuchen wir es in der Privatwirtschaft.

Bei Leiser gab es einen Prokuristen, Lorey. Der brachte ihm alles bei, was das Kaufmännische betraf. Oft wurde er von seiner Familie eingeladen. Eine streng gläubige Familie, ohne bigott zu sein. Diese Familie tat ihm gut, zeigte ihm eine andere Seite des Lebens.

Herr Korn hatte eine Sekretärin, Frau Brenk, auch die nahm ihn gleich unter ihre Fittiche. Sie beide waren befreundet bis zu deren Tod.

Rose, seine Ehefrau für drei Monate – Geburt seines Sohnes, Steffen-Michael

Ihre Tochter hieß Rosemarie. Rose. Eine Rothaarige, voller Leben. Hübsch und attraktiv. Blitzgescheit und Sekretärin in der BASF. Man lernte sich kennen – mochte sich – wollte zusammenbleiben und heiratete. Eingezogen wurde in das Haus seiner Mutter. Aber zwischen seiner Mutter und Rose bauten sich Spannungen auf. Die Mutter kontrollierte die Salatblätter im Abfall, zeigte sie ihm und bemängelte dies und das. Das war ihm alles zuviel. Auszug und Einzug in die neue Wohnung Mannheim-Lindenhof.

Sein Sohn wurde geboren. Steffen-Michael. Nach drei Monaten hielt er das Familienleben nicht mehr aus. Reichte die Scheidung ein. Verließ Frau und Kind.

Familienvater ist etwas anderes als frei zu sein. Wie er Freiheit verstand. Es ging nicht um die viel beschworene Verantwortung. Rose entlastete ihn ja bei allem. Sie war keine Last, genauso wenig wie sein Sohn. Aber er fühlte sich wie mit einem

Mühlstein um den Hals. Er wusste bereits damals, wie sein Leben weitergehen würde und wo er stünde mit vierzig, würde er „in Familie" weitermachen.

Er wollte noch so viel bewegen, schaffen, kreativ sein, Erfolg haben, wieder irgendwo an der Spitze stehen.

Mit Familie geht das nicht. Von Null zur Spitze. Allein. Ohne Beziehungen.

Der Weg nach oben kennt keine Kompromisse. Da muss man alles geben, was man hat. Und mehr. Für die Familie bleibt da nichts bzw. immer zu wenig. Man weiß das, hat ein schlechtes Gewissen und sucht Schuldige. Das ist dann die Frau, die eigene. Auch das erkannte er damals schon. Soweit wollte er es nicht kommen lassen. Das hatten Rose und sein Sohn nicht verdient. Also Scheidung. Der alte Leiser wollte ihm sofort kündigen. Korn und Roses Mutter verhinderten das.

Streit hatten sie keinen. Sie verstanden sich noch immer sehr gut. Die Scheidungsgründe wurden erfunden, für das Gericht. Über Unterhaltszahlungen wurde zwischen ihm und Rose gesprochen. Sie wollte nichts. Keine Ansprüche. Keine DM. Er überließ ihr die Wohnung, mit allem, was drin war. Packte einen Koffer mit seinem Zeug und ging.

Er vergaß nie, als er ging, lag sein dreimonatiger Sohn auf dem Sofa. Auf einem riesigen Kopfkissen und schlief.

Verheiratet hat er sich nicht mehr. Weitere Kinder, seines Wissens, auch nicht.

Angebot von der FFF Fabriken (FORTSCHRITT Büro-Organisation) in Freiburg. Als Werksbeauftragter. Diese Fabriken hatten zu der Zeit siebzig Niederlassungen in Deutschland. Es hätte ihn gereizt. Lehrgänge, Vorträge, Arbeitsabläufe in großen Unternehmen, Versicherungen, Banken, Industrie, die dann mit ihren Organisationsmitteln ausgestattet wurden. Und mit Möbeln, Glastrennwänden, Maschinen, etc. Nur, das Gehaltsangebot lag zu niedrig. Also Absage.

Vorladung bei der Polizei in Mannheim, L6

Die Legionsvergangenheit holte ihn ein. Vorladung zur Polizei. Sein alter MG-Kollege aus Indochina suchte ihn und die Polizei vermutete wohl, dass man da einem alten Legionär an den Karren fahren könne. Nur um zu helfen, den alten Kumpel wiederzufinden, war bestimmt nicht der Grund, ihn vorzuladen.

Verhör. Zwei Stunden. Die wollten Auskünfte über bestimmte Legionäre, Namen, Informationen über die Strukturen der Legion. Er kannte keine Legionäre, wusste nichts über Strukturen, Er mauerte und blockte ab.

Man setzte ihn unter Druck mit Strafandrohung. Er hätte damals die US-Besatzungszone unerlaubt verlassen und sei in den französischen Sektor übergewechselt. Die hatten Recht. Hatten das Gesetz auf ihrer Seite. Seine Loyalität stand für ihn höher, als von fremden Besatzungsmächten installierte Gesetze. Er sagte denen das. Die akzeptierten es.

Sie waren fair und korrekt, die Mannheimer L6-Spezialisten. Tschau und raus.

Cafe Wegele, sein neues Zuhause

Er wohnte nun im Cafe Wegele. Fußgängerzone Mannheim. Das Cafe vermiete Zimmer für Dauermieter. Schöne Zimmer. Ging er in der Frühe aus dem Haus und kehrte abends zurück, musste er durch das Cafe, an der Tortenauslage vorbei. Das war schon exotisch und roch auch immer so gut. Alles frei zugänglich – aber er hat sich nie bedient. Wenn auch die jeweilige Begleiterin sehr gern zugegriffen hätte ...

Vor dem Cafe fand er einmal einen 20 DM Schein. Das war ein Festtag. Erstmalig vegetarisch essen, das war nix. Dann ins Kino. Das ganze Geld wurde „sinnlos“ verprasst.

Giselheid B., Heidi

Auf einer Vertretertour in Eberbach im Gasthof „Goldener Baum“ (?) erstmalig gesehen. Sie kam immer mit einigen Lehrmädchen dahin zum Mittagessen. Die liefen hinter der her wie kleine Entlein der Entenmutter. Nach Wochen fasste er sich ein Herz und sprach sie an. Man traf sich in Mannheim. Jazzkeller. Sie kam von Eberbach, eine Stunde Fahrzeit mit ihrem blau-weißen Opel. Ein schönes Auto damals, amerikanische Form, wenn auch Opel.

Blond war sie, lange Haare, schlank, achtzehn Jahre und bildhübsch. In Kultur war sie ihm über. Er gibt es zu. Sie war sein Kultusminister. Erziehungsminister und brachte ihm Benehmen bei. Sie hatte das drauf. Nie lehrmeisterhaft, immer mit Klasse. Er vergab sich nichts, ihr zuzuhören und das Gehörte umzusetzen. Mit achtzehn Jahren schon war die topfit. Später fragte er sie einmal, als was sie ihn damals eingeschätzt hätte, beruflich. Sie sagte Puddingvertreter. Das baute ihn nicht gerade auf – sie hätte wenigstens charmant lügen können.

Am nächsten Tag fuhren sie zu ihrem damaligen Freund nach Hirschhorn. Warum? - „Ich muss erst mit dem Schluss machen“. So geschah es. Hut ab, das imponierte ihm.

Er wurde den Eltern vorgestellt, beide in Ordnung. Besonders Wilhelm, der Vater. Das war mit Heidi die Zeit in Mannheim. Neckartal-Time. Es sollte in München weitergehen.

Post von der Legion

Als er nach Hause kam, Brief von de Broucker, seinem letzten Kompaniechef in der Legion. Die Vergangenheit klopfte an die Türe. Laut und voller Schmerz. De Broucker machte sich Sorgen um ihn – warum er nicht zurückkäme? Er würde in Kürze nach Paris versetzt und würde ihn gerne mitnehmen. Höherer Rang, garantiert.

Das war eine weitere große Versuchung, zurückzukehren.

Person/Funktion: Überlebenstraining

Der Brief war der Anlass, eine erste Bilanz zu ziehen „Zeit in Deutschland". Privat hatte er Glück gehabt, überhaupt was das Weibliche betraf. Beruflich lief es auch gut. Man mochte ihn. Er hatte Erfolg. Aber es war eben eine andere Welt - andere Regeln, andere Wertmaßstäbe. Er selbst schätzte sich – ehrlich – immer noch als graue Maus ein.

Um Erfolg zu haben und weiterzukommen, hatte er sich anzupassen. Mitzuspielen und die tausend ungeschriebenen Regeln zu lernen, die es zu beherrschen und anzuwenden galt.

Das war der Preis und der musste bezahlt werden. Kompromisslos. Er entwarf für sich eine Art Überlebensstrategie. Um den Mann in ihm zu bewahren und ihm seine Selbstachtung zu lassen.

Er trennte sein Ich in zwei Hälften.

Die eine Hälfte: Funktion (geschäftlich)

Die andere Hälfte: Person (Privates)

Denn, er erkannte schnell, dass er als Mensch und mit seinen Charaktereigenschaften im Berufsleben nicht zählte. Diese Eigenschaften sind eher hinderlich und machen verletzbar.

Ego - Kämpfe und Krämpfe. Die Welt ist voller Ego-Krüppel. Er sah und sieht noch heute gute Leute scheitern an diesem Widerspruch (eigenes Ego und die Reflektion durch die Umwelt).

Die Persönlichkeit. Ohne Trennung in Person und Funktion fressen die sich gegenseitig auf. Den „Gesamt"-Menschen inklusive.

Das Ego – Die Damen im Job

Die Damen und die Herren. Die fühlen sich schlecht behandelt, nicht akzeptiert, nicht gewürdigt seitens des Chefs – die kapierten und kapieren nicht, dass im Beruf „nur“ die Funktion zählt. Die gewinnorientierte.

Besonders die Damen sind dann sehr erfindungsreich, ihr eigenes Scheitern zu begründen. „Das Berufsleben ist von Männern beherrscht. Industrie, Politik und was auch immer“. Mädels, das stimmt. Aber ihr gebt die Vorlagen (Fußballsprache) und wundert euch noch, dass ihr nicht hochkommt. Oft geht es übers Bett, erlaubt. Life is short – play hard. Aber dann, wenn ihr oben seid, erfolgt das Erwachen. Ihr haltet nicht durch – wie auch? Es fehlt an Härte, Disziplin, Dominanz, Selbsterkenntnis und um das Wissen, „wie funktioniert was? Wie? Warum?“ Alles wird gesteuert durch Intuition und dem Denken mit der anderen Hälfte des Gehirns. Männer denken und handeln anders. Das wisst ihr doch, seit die Welt besteht. Ihr seid nicht bereit, umzudenken und so in die Männerdominanz einzubrechen. Ihr passt euch nicht den Umständen an. Weil ihr nicht wollt. Dies mit Unterwürfigkeit gleichsetzt. Denn:“Das haben wir Frauen nicht nötig“. Dieses Denken lässt euch scheitern.

Man sollte mal ein Buch darüber schreiben. Aber ob das ein Verlag druckt? Er hatte in seinem Leben, später, mit vielen Frauen in Führungspositionen zu tun. Zu 99 % ein Desaster. Doch, er mag Frauen. Sehr. Was wäre die Welt ohne sie? Kommt eine Frau in einen Konferenzraum, glitzern die Augen der Männer. Das hat nichts mit Schwanzbestimmtheit zu tun. Mädels. Wir mögen euch doch. Aber bei Entscheidungen in der Führungsebene geht es um die Vernichtung des anderen Konkurrenten. Immer. Und ohne Wenn und Aber. Da könnt ihr noch so viel Moral ins Spiel bringen. Moral, wie viel Schindluder wird mit diesem Wort getrieben.

Das Haupthindernis, übt mal, ist immer das gleiche Grundhindernis. Ihr hört nicht zu, was euch der andere Gesprächspartner sagen will. Noch bevor der zu Ende geredet hat, schaltet ihr ab und formuliert schon euere Gegenargumente, anstatt zuzuhören und euch mit dem Gesagten kritisch auseinander zusetzen. Es geht nicht ums Rechthaben des Einzelnen. Es geht nur um das Erreichen der Firmenziele.

Deswegen war er immer ein Feind der Teamarbeit. Reine Teamarbeit ist nur der Beweis, dass eine Spitzenführungskraft fehlt. Ist eine da, wird er euch zuhören – Motivation. Aber gemacht wird, was der will. Er lässt euch so lange reden, bis ihr seine Argumente annehmt und übernehmt ohne es zu merken. Verlorene Zeit. Zuarbeiten, ja. Eigene Wege entwickeln, aber ja. Aber nur einer bestimmt. Er hält ja dann auch den Kopf hin – für Erfolg und Misserfolg. Er als Chef kann nicht sagen, wenn es schief geht, „der Chef war schuld“.

Er war im Beruf nur noch Funktion. Die einzige Möglichkeit, personenbezogene Eigenschaften zu bewahren. In sich drinnen, versteckt für die anderen. Das hat nichts mit dem Spielen einer Rolle zu tun. Gar nichts. Das ist etwas ganz anderes.

Dadurch hatte er mehr Kraft für den Beruf, keine personenbezogenen Ego-Probleme, wurde belastbarer und bekam mehr Verständnis und Geduld für die anderen, ihre beruflichen Fragen und geforderten Problemlösungen. Unglaublich, dass selbst in der heutigen Zeit noch so viele junge, kompetente, aufstrebende Menschen scheitern. An dieser Trennung: Person und Funktion. Und selbst die, die in höheren Positionen sind, diesen Ego-Mist so hoch ansiedeln. Man könnte das „geplante Selbstzerstörung" nennen. Offen reden können die ja mit niemandem. Keiner ist mehr verschwiegen. Jeder plappert alles aus. Der Imageschaden ist beträchtlich und kaum mehr reparierbar. Man wird erpressbar, dadurch nervös und schwach. Die Leistung, Kreativität, Innovativität schwinden rapid.

Privater GAU – Beziehungskisten und Ehetortur – Niemand ändert sich.

Der größte Fehler ist jedoch, mit der eigenen Frau oder Freundin oder Familie über seine Probleme und Schwächen zu sprechen. Unglaublich, dass das keiner erkennt, vorher. Vorher. Zu kitten ist im Nachhinein nichts mehr. Der ursprüngliche Glanz und Respekt der Beziehungsanfangszeit ist dahin. Der Alltag hat alles platt gemacht. Der Anfangszauber erloschen. Weit, weit weg. Tot. Unwiederbringlich dahin.

Die Frau, wie immer, will ja den Mann ändern, nach ihren Wertvorstellungen. Koste es was es wolle.

Der Mann will, wenn er vom Arbeitsalltag heimkehrt, Ruhe, Harmonie, Frieden. Um das zu erhalten, hält er den Mund, nur kein Streit. Die Frau nutzt das aus. Salamitaktik.

Nur, mit der Zeit wird der (scheinbar) geänderte Mann nicht mehr als der Mann, der er einmal früher war, respektiert. Nicht zuletzt deswegen, weil er versuchte, sich zu ändern. Um seine Ruhe zu haben. Ein Mann ist in seinen Charaktereigenschaften nicht zu ändern. Und wenn das auch so scheint, ist das nur eine dünne Tünche. Das einzige, was sich ändert, langsam, und zerstört wird, ist sein Selbstwertgefühl.

Und eine langsame, in ihm wachsende Unzufriedenheit. Mit der Zeit umschlagend in Wut und Hass. Aber der Mann ist an sich feige in solchen Dingen – er ist unfähig und will oft auch gar nicht, aus Bequemlichkeitsgründen, diesen Gordischen Beziehungsknoten zerschlagen.

Schaut sie euch an in Restaurants oder im öffentlichen Leben, wie sie von der Frau fertiggemacht werden. Zusätzlich noch abgezockt. Sie bezahlen also noch dafür. Gut so.

Nun wird auch als Waffe, wieder und immer wieder das Wissen über dessen Schwachstellen verwendet. Was er selbst ihr vortrug an Problemen und Schwächen. „Du machst den gleichen Mist wie damals. Erinnerst du dich? Das war am 18. Februar vergangenen Jahres. Abends um 20:00 Uhr haben wir darüber gesprochen. Aber du lernst ja nie. Schau dir den x an, der hat's drauf". Vorhaltungen in unendlichen Variationen. Würde man die Energie dieser Gespräche, voller Emotionen, umwandeln und nur ein wenig eingehen auf den Mann, wäre das oft die Rettung einer verkorksten Beziehung. Wenn er das endlich erkennt – rien ne va plus – erkennt er, dass er in der Tretmühle steckt. Nur noch Versorger. Sex? Bitte nicht, ich habe Migräne.

Aber anstatt der Frau das Haus oder was auch immer zu überlassen – zu gehen und neu anzufangen – dazu sind die Männer zu feige. Zu abhängig geworden. Zu fremdbestimmt. Degenerierte Pantoffelhelden. Was hört man dann? Ach, alles ist ja gar nicht so schlimm. Kastrierte Versorger – unglücklich, beide. Zwei Leben verhunzt – verspielt – Dauerstress. Dieser Ablauf gilt auch für Homosexuelle und Lesben. Welch Verschwendung.

Die Kinder kriegen alles mit. Verlieren den Respekt vor beiden. Insbesondere die Jungs vor dem Vater. Auflehnung. So, wie der, will ich nicht werden. Geht was schief, sind die Lehrer und das gewalttätige Fernsehen schuld. Dass die Familie durch und durch verrottet ist, darf ja nicht sein. Keiner sagt es ja auch. Auch das ist weltweit so. Nur lügt der eine besser und überzeugender als der andere. Das Kernproblem ist dasselbe. Hauptsache, keiner von den Außenstehenden merkt es. Nur schön auf glückliche Familie machen. Dabei führen die anderen die gleichen Ehen. Versteckspiel unmöglich. Jeder durchschaut es. Aber selbst das wird nicht erkannt – zuletzt von den ach so cleveren Ehefrauen. So läuft's bei 98% aller Familien, positiv bewertet. Besonders in den Macho-Ländern wie Italien, den stolzen Spaniern, in den USA besonders widerlich. Selbst bei den Indianern, mit denen er später vier Monate im Amazonasgebiet lebte, Brasilien, selbst da, die gleichen Schemata.

Mit Freud, ohne Freud – Männer und Frauen, erkennt es. Tut was. Bevor ihr mental kastriert werdet. Beide!

Auch er fiel in eine dieser Fallen in späteren Lebensjahren. Er lebte mit einer Brasilianerin zusammen. Man kannte sich fünf Jahre. Nely Pamela Ventura hieß sie. Vollblut-Brasilianerin. Dieses Mal umgekehrte Vorzeichen. „Er" wollte eine Frau ändern. Nach einiger Zeit machte er eine Analyse. Nach „REFA". Keine Emotionen, rein analytisch. Was stellte er fest? Die hat sich in keinster Weise geändert (was er fest geglaubt hatte). Im Gegenteil, er hatte sich geändert. Und ohne es zu merken, seine Vorstellungen reduziert und dadurch geglaubt, die hätte sich seine Vorstellungen, seine preußischen, zu Eigen gemacht. Er konnte es nicht fassen – aber dadurch gelernt. Schnell. Niemals mehr versucht er das noch mal. Haut es hin, gut, Haut es nicht hin, auch gut.

Besuch bei Ex-Sergent Werling und Leutnant Profizi – Die späte Rache

Nach dem Erhalt des Briefes von Capitaine de Broucker beschloss er, die beiden genannten zu besuchen. Auslöser war die Information durch den Capitaine, dass Leutnant Profizi nach Landau versetzt worden wäre. Adresse lag bei. Das Kaff von Werling in der Pfalz, gesucht, gefunden und unangemeldet rein. Alter Bauernhof mit Stil. Gepflegt. Werling war da – man freute sich, die Konversation schleppte sich dahin. Nach fünfzehn Minuten war der Gesprächsstoff ausgegangen und es war fast eine Erleichterung, sich zu verabschieden. Es war der erste und letzte Besuch.

Dann weiter zu Profizi. Der hatte eine Wohnung in der französischen Kasserne. Der bekam einen gehörigen Schrecken, als der ihn sah. Der war ja sein besonderer Freund in der Legion gewesen. Der, der seine verliehene Medaille Militaire – die höchste Auszeichnung, die Frankreich an einen Soldaten verleihen kann – ihm nicht aushändigte sondern im Bataillonstresor deponierte. Aus Neid, Missgunst und einer Art Rache.

Grund: Teilnahme bei Einsatzgesprächen im Regimentsstab

In seiner späteren, aktiven Zeit in der Legion wurde er als einziger Nicht-Offizier zu Lagebesprechung, Angriffsbefehlen etc. hinzugezogen. Dies resultierte aus einem Zufallsgespräch über dieses Thema, als er mal wieder beim Colonel vorgeladen war. Da war ein Gespräch im Gange über den Einsatz am folgenden Tag. Er durfte bleiben und zuhören. Es nahmen teil, zwei Bataillonskommandeure, sechs Kompaniechefs und weitere Offiziere. Nach dem Ende dieses dienstlichen Gesprächs wurde er gefragt, aus Spaß, wie er die Einsatzbefehle beurteile. Niemand von den Offizieren erwartete eine Antwort. Aber er sah dies als Chance, sich für weitere, höhere Aufgaben zu empfehlen. Sein Kompaniechef, Profizi, war darüber gar nicht erbaut. War ihm egal. Er dozierte an der Karte über den Einsatz und insbesondere den seiner Kompanie. Er wusste, das gab Verluste und nannte auch den Grund und zeigte einen neuen Weg auf. Sein Wissen resultierte aus der Erfahrung, der Praxis und dem Kurs zum Sergent.

Keiner nahm ihn ernst, jeder lächelte spöttisch, jedoch wohlwollend. Seine Theorie war eine von vielen. Wie das immer ist. Nur der Colonel, sein Russe, schaute nachdenklich, schweigend.

Am nächsten Tag beim Einsatz spielte sich punktgenau das ab, was er am Tag vorher vorgetragen hatte.

Seit der Zeit war er ein „Maskottchen – Guru". Er wurde dann oft dazugeladen. Gehört, man berücksichtigte oft seine Einwände. Das stank dem Kompaniechef – der befürchtete Autoritätsverlust und nahm diese Einladungen missbilligend zur Kenntnis. Auch dem ging es nur ums Image – nicht um die Sache. Aber diese Regung konnte er nachvollziehen. Er hätte an dessen Stelle auch nicht gemocht, dass ihm ein Sergent die Show stiehlt. Der verletzten Eitelkeit kann man auch anders vorbeugen – akzeptieren, neue Wege auf ihren Gehalt überprüfen, zusammenarbeiten zum Wohle des Ganzen So gibt es keinen Imageverlust. Im Gegenteil, schaut her, ein Sergent aus meiner Kompanie. – Soweit dachte der nicht.

Nun stand er also vor ihm. Dem Leutnant in der Pfalz. Als Zivilist. Er, der Italiener, immer noch Leutnant. Man sprach zusammen, ca. zwei Stunden lang. Der war an allem interessiert, was in seinem Zivilleben bisher so geschehen und abgelaufen war. Kommentar: Er hätte gedacht, er sei weiter gekommen und hätte eine andere, höhere Position. Das hätte er selbst auch gerne. Seine Schwierigkeiten, als ehemaliger Fremdenlegionär Arbeit zu finden, waren für den Leutnant nicht nachvollziehbar. Man trennte sich dann nach einem guten Gespräch. Und sah sich nie mehr wieder.

Der Auslöser, bei Leiser in Mannheim zu kündigen – Angebot aus München

Die Mannheimer Welt wurde ihm zu klein. Frau Brenk, die Sekretärin von den Herren Leiser und Korn empfahl ihn in München; der dortige Chef und Inhaber war ein guter Freund von ihr.

Rückruf von dem – Bedingungen, Gehalt, wann Beginn, etc. Er verlangte 2.000 DM monatlich netto. Fünfjahresvertrag, nur von ihm vorzeitig kündbar, Auto frei und den Satz im Vertrag, „zu geringer Umsatz ist kein Kündigungsgrund". Ein Schwabe, der wollte feilschen. Er rückte von seinen Forderungen nicht ab. Er wolle zurückrufen – er müsse erst mit einigen seiner Leute sprechen. Er selbst spielte den Desinteressierten, er war es auch irgendwie. Die Forderungen waren weit überzogen. Er hatte Zeit. Bei „FORTSCHRITT" war sein Name bekannt. Aus Verkaufswettbewerben, die er oft gewonnen hatte. Er wusste, nimmt er dieses Angebot an – ist es mit der Legion endgültig vorbei. Der Brief von seinem Capitaine spukte ihm noch immer im Kopf herum. Deswegen spielte er mit diesem Angebot. Fast wäre es ihm lieber gewesen, die Münchner hätten abgelehnt. So hätte er seine gesteckten Ziele für das zivile Leben, die 2.000 DM monatlich netto, nicht erreicht und hätte dann in die Legion zurückkehren können, ohne sich später Vorwürfe machen zu müssen. Durch das nachfolgende Ereignis wurde er in seinem Ehrgeiz gepackt – voller Wut nahm er die Herausforderung in München an.

Aufzeigung seiner Grenzen – Die unerschwingliche Wohnung

Zufällig, am Tag danach – da wird geplant und geplant, erwogen und verworfen und ein eher zufälliges Ereignis macht alle Pläne zur Makulatur – wurde in seinem Beisein ein Gespräch geführt zwischen Korn und dessen Architekten. Einem engen Freund von dem. Das Haus, das Leiser gehörte und in dem er seine Büros, zwei Stockwerke hatte, wurde umgebaut. Neue Wohnungen. Sehr gute Lage am Wasserturm.

Beiläufig bat er um eine Wohnung, sollten diese fertig gestellt sein, zur Miete. 600 DM damals, teuer. Die lachten sich halb tot – und wie willst du das bezahlen. Er war stocksauer. Fühlte sich verarscht, gedemütigt. In seine Schranken verwiesen. Man zeigte ihm seine damaligen gesellschaftlichen Grenzen auf.

Da half nicht mehr sein Trick, die Person von der Funktion zu trennen. Jetzt ging es ans Eingemachte, nur um die Person. Er bekam die Wohnung nicht – das war der letzte Auslöser, Mannheim zu verlassen.

Neubeginn in München bei der FORTSCHRITT Büro-Organisation

München sollte der Wendepunkt seines Lebens sein, was er damals nicht wusste und nicht ahnte.

Am nächsten Tag kamen die Verträge aus München. Er unterschrieb und kündigte bei Leiser in Mannheim. Seine Gehaltsvorstellungen, abgesprochen mit Werling in Algerien, waren erreicht. Eine gesellschaftliche Position, was er auch damals darunter verstehen mochte, nicht. Aber mehr war nicht drin. Das Gehalt entsprach damals der Bezahlung eines Mannes mit akademischem Grad. Aber dessen soziales Umfeld war ein anderes. Weitermachen, weiterbilden, in andere Kreise hineinkommen, das waren seine neuen Zielvorgaben.

Er war alleinstehend. Das musste zu schaffen sein. Träume wurden ersponnen, was er sich wünschte und vorstellte, als täglicher Ansporn. Eine Traumwelt auf realistischem Boden. Das half, beflügelte und gab Schwung.

Er war nun sechsundzwanzig Jahre alt.

Aus der Legion wurde er sechs Monate früher entlassen; der nie genommene Urlaub wurde angerechnet. Anstatt erst mit vierundzwanzig Jahren galt der geschlossene Vertrag mit dreiundzwanzigeinhalb Jahren als erfüllt.

Erster Tag in München – Erster Tag am neuen Arbeitsplatz

Wohnung in der Voss Straße. Nähe Agnes-Bernauer-Platz – im Dachgeschoss. Tagsüber Steuerberatungsbüro – ab 17:00 Uhr gehörte das Haus – zwei Stockwerke – ihm. Er fühlte sich wohl dort.

Erster Stadtbesuch. Spritztour noch von Mannheim aus, um München zu beschnuppern. Er suchte das hochgelobte, vielbeschriebene „Schwabing". Er war mittendrin, da war nix. Er fragte einen Fußgänger: „Wo ist das Herz von Schwabing?" Der sagte, „Sie sind mitten drin". Das war eine Enttäuschung. Da war ja mehr Leben in Sidi Bel Abbes. Schwabing kam ihm wie schaumgebremst vor. Man wollte, konnte aber nicht. Die echten, alteingesessenen Münchner gingen da eh' nicht hin. Nun, es gab Schlimmeres.

Aber auch Besseres.

Die Isar, viel Grün, die Umgebung. Starnberger See, die Berge – Bayern war und ist schön. Nur, brachte man nicht von sich aus Motivation mit, die Stadt puschte einen nicht. Es ist ein Unterschied, ob man zum Wochenende mit der Familie nach München kommt oder aber dort lebt – dazu aber später.

Vorstellen und bekannt machen mit den Mitarbeitern. Guter Laden. Prokurist Herr Piper. Superintelligent, souverän bis zu einem gewissen Punkt. Dann knöchern, rechthaberisch, auf Autorität bedacht. Er hatte mit dem kaum etwas zu tun, direkte Zusammenarbeit mit Herrn Braun, dem Inhaber. Weltoffen, mit dem Geist der Zeit gehend oder was er dafür hielt, aber oft zu zögerlich. Der riss keine Bäume raus – und als Mitarbeiter war durch den Chef der Handlungsspielraum vorgegeben.

Er akzeptierte das anfänglich – später erkämpfte er sich mehr Spielraum. Man ließ ihn gewähren – die Erfolge sprachen dafür. Er hatte das Gebiet Münchner Süden und Westen. Sein Kollege war Herr Koffmahn. Gute Zusammenarbeit, keine Eifersüchteleien. Dieser Mann war drei Jahre später derjenige, der sein

Leben verändern sollte. Als der in Urlaub ging, musste er ihn vertreten und lernte so seinen zukünftigen Chef kennen. Seinen letzten. Wieder so ein Zufall.

Sessel für Peter Dussmann, „pedus" – PEDUS International

Hinweis von Herrn Braun, dass er einen Kundenbesuch machen müsse im Gebiet von seinem Kollegen, der ja in Urlaub war. Der Kunde, also Herr Dussmann, wolle einen Sessel per Katalog kaufen. Marke vorgegeben. Er wurde gewarnt vor dem. Anspruchsvoll, schwer zufrieden zu stellen. Aber kein Geld.

Er schnappte sich einige Kataloge und fuhr hin in die Klenzestraße. Büro im letzten Stockwerk. Kein Fahrstuhl. Ein Einpersonenbüro. Sekretärin seine Freundin, die Werres. Man begrüßte sich. Für die Folge nennt er Herrn Peter Dussmann nur noch „pedus". Kürzer und treffender. Der äußerte seine Vorstellungen. Er zeigte im Katalog das in etwa von ihm beschriebene Modell. Nein, er meine etwas anderes. So ging das für in etwa die nächsten, mindestens zehn Besuche. Bereits nach dem zweiten Besuch waren die Kosten für FORTSCHRITT in keinem Verhältnis mehr im Bezug auf den Umsatz bzw. Gewinn eines eventuell verkauften Sessels.

Da er seinen Kollegen vertreten sollte, fühlte er sich dem verpflichtet und strengte sich besonders an. Außerdem sollte pedus bei der FORTSCHRITT Büro-Organisation kaufen und nicht etwa bei der Konkurrenz. Er schleppte Sessel an. Trug diese hoch bis in den letzten Stock und kämpfte um diesen Auftrag. Endlich war pedus zufrieden. Er selbst gab Herrn Koffmahn, als der vom Urlaub zurückkehrte, mit Freuden seinen Kunden zurück. Er wusste nicht , dass pedus drei Jahre später auf ihn zukommen würde – aber weiter in seinem Außendienst-Job bei FORTSCHRITT.

Er fragte den Inhaber nach der, ihm in Mannheim versprochenen Kundenkartei. Gab es nicht – nur inaktuelle, überholte Karteien. Nicht verwendbar, außer Name und Anschrift Münchner Firmen - wenigstens etwas. Er war ja fremd in der Stadt.

Abklappern aller Anschriften und Werben von potentiellen (Neu-)Kunden. Aktivierung der Altkunden. Sich selbst vorstellen, das Programm vorstellen, Sympathie wecken, Kompetenz ausstrahlen, Vertrauen aufbauen. Links die Straße hoch – rechts die Straße runter. Rein. Ohne Termine. Von außen sah man ja nie, was sich hinter so einem Firmenschild verbergen kann. Was große Firmen sind, erkennt man ja. Ohne Türschild. Das war ein hartes Brot. Das war reine Klinkenputzerei. Egal. Er hatte sich selbst Umsatzziele gesteckt und wollte sein Geld wert sein.

Außendienst – Telepool und Herr Pöhlein

Beim Abklappern der Sonnenstraße, links hoch, rechts runter, stieß er auf „Telepool“. Nie vorher gehört. Was ist ein Fernsehkontor? Filmeinkauf für den Bayerischen Rundfunk/Fernsehen. Das war eine Firmentochter von denen. Prokurist Herr Pöhlein. Den gibt es heute noch – leider keine Kontakte mehr. Einer der ganz wenigen Männer, die er schätzte. Für seine Fairness, dessen Wissen, Korrektheit und Wohlwollen ihm gegenüber, als Person. Stimmte der Preis nicht, kaufte der knallhart bei der Konkurrenz – er verstand's – was blieb ihm auch anderes übrig?

Pöhlein war ein Urbayer. Hellwach und Schmäh sofort durchschauend. Erst später lernte er eine Eigenschaft der Bayern kennen, die diese weit über alle Bundesländer hinweg hervorhob. Ein Wort, ein Handschlag war wie ein schriftlich geschlossener Vertrag. Auch wenn ohne Zeugen erfolgt, nie hat er erlebt, dass ein Bayer ein einmal gegebenes Wort brach. Er liebte und respektierte sie dafür. Heute im Jahr 2002 ist eine andere Generation am Drücker. Keine Bessere, aber dafür sind das „Zug'reiste“, wie die Bayern sagen. Uni-Absolventen, kaum Ahnung aber gut schwadronierend. Wie überall eben. Die Ausnahme ist äußerst selten. Das gegebene Wort zählt von den neuen, nun am Drücker Sitzenden, nur, so lange es denen selbst – nicht dem Betrieb – nutzt. Die Umstände könnten sich ja ändern – wie steht er dann da? Also Rückversichern, Verantwortung delegieren – sich nur keine Blöße geben. Nun, er schreibt von damals. Da war es anders – wenigstens was ein gegebenes Wort betraf. Leute, die wussten, von was sie sprachen und dafür standen.

Es kam ein neues Fotokopiergerät von den Japanern auf den Markt. Revolutionär. Sein Chef sicherte sich das Alleinvertretungsrecht. Das kopierte von der Rolle und schnitt, nach dem Kopierarbeitsgang, DIN-gerecht ab. Alles in einem Arbeitsgang. Sehr teuer aber rationell, wirtschaftlich. Schnell amortisiert. Pöhlein war der erste, der das kaufte.

Konkurrenz war Kodak. Unter dem Gerät war ein Säurebad, in dem die Kopie entwickelt wurde. Das Säurebad musste mit dem Thermometer kontrolliert werden. Stimmte die Betriebstemperatur nicht, war die Kopie Makulatur. Welch ein Aufwand – aber das war bis zu diesem Zeitpunkt das beste, mit hoher Qualität arbeitende Gerät auf dem Markt.

Trennwände aus Frankreich und ad hoc Verkauf

Die waren schon in der Mannheimer Niederlassung bekannt. Aber in München waren die Firmen diesen Wänden gegenüber aufgeschlossener. Jedes Angebot, von FORTSCHRITT erstellt, wurde erst in Frankreich eingereicht, wo es überprüft oder gegebenenfalls neu erstellt wurde. Diese Wände wurden als freistehender Raumteiler verkauft. Keine Befestigungen im Boden, keine Befestigungen an der Decke. Klang gut – war aber in der Praxis kaum machbar. Je länger die Trennwand, je größer das Problem. Schlug jemand die Türe, als Teil der Trennwand – innerhalb der Trennwand integriert zu – gab das richtige Wellen. Das wackelte und vibrierte mehr als ein Kuhschwanz. Die normale Schwingungsdifferenz lag dann bei zwanzig Zentimetern. Je Seite. Er verkaufte dann diese Wände nur noch verankert, was den Franzosen überhaupt nicht passte. War doch die freistehende Wand das Hauptverkaufsargument.

Ein sehr großer Erfolg damals für ihn wäre fast zum Fiasko geworden. Der Inhaber der FORTSCHRITT Büro-Organisation flippte aus, Vorwürfe, Anschuldigungen – da lernte er ihn erstmalig richtig kennen. Fehlendes Format. Erst schreien – dann die Fakten prüfend. Das kam so:

Routinebesuch in einer damals ihm unbekannten Firma. Karlsfeld, Industriegelände. Die wollten gerade den Auftrag für G + H (Grünzweig und Hartmann)-Trennwände unterschreiben, da präsentierte er die französische Spezialität. Die waren begeistert, trotz der von ihm genannten Nachteile. Nur, die wollten „sofort" den Endpreis. Sofort. Er überschlug, maß aus – Länge – Höhen – Türen – Stützfüße und, und, und; plus 25% Imponderabilien. 100.000 DM. Er unterschrieb den Vertrag – dann der Kunde. Rein in die Firma. Vertrag vorgelegt. Die flippten aus. Negativ. Und rechneten erst mal tagelang. Ergebnis: Nicht machbar. Die übersahen: Für diese Trennwände, verglast, gab es verschiedene Glassorten. Durchsichtig, undurchsichtig, Riffelglas, etc. Das Glas wurde auch aus Frankreich bezogen. Er holte ein Angebot – bevor er in die Firma mit dem Auftrag fuhr – von einer Münchner Firma ein. 50% Ersparnis.

Die Franzosen waren über den Auftrag happy – zwei Mann kamen extra aus Frankreich. Als die erfuhren, alles ohne Glas, waren die nicht gerade amüsiert. Egal – als Gewinn blieben 15%. Nach Steuern, das rechnete Piper aus. Also war es noch mehr. Er hatte eine Referenz – Gold wert.

Till Burger, der Rechtsanwalt

In München sehr bekannt damals, Staranwalt. Der wurde zu einem seiner Lieblinge. Der kam mit seiner ganzen Mannschaft in die Ausstellungsräume. Der hatte sein Büro in der Bayerstraße am Karlsplatz. Fünf Minuten entfernt hatte der seine Kanzlei. Er suchte eine ganz neue Kartei – er hatte diese – „Synoptik" hieß die. Ein Produkt von der FORTSCHRITT Büro-Organisation. Alle Fakten waren auf einer Kopfleiste, die über die Karteikarte gestülpt wurde, mit einem Blick zu erkennen. Hilfsmittel, optische, farbige Plastikreiter. Teuerst, aber das Feinste, Modernste, praktisch und schnell zu finden. Dazu Schreibtische, Schränke,

Stühle, Maschinen – ein Riesenauftrag. Er war oft bei Till Burger. Sie quatschten über alles und jedes. Ein hochinteressanter Mann, klasse Anwalt. Später schoss ihn ein Kollege ab, der selbst einen Münchner Nachtclub managte, die „Eve". Die deckten auf, als seine Kollegen, dass Till Burger eine kriminelle Bande verteidigt hatte und sich vom Beutegeld hatte bezahlen lassen. In einer Autobahnraststätte vor München.

Das war schlecht. Auf jeden Fall schlecht ‚getimet'.

Das Ende von Till Burger; das tat ihm leid. Er selbst hatte zu diesem Mann keine Kontakte mehr, aus beruflichen Gründen – andere Branche, später. Till Burger – bis heute hat er ihn in seinem Kopf.

Münchner Großkunden: AEG – Hacker Pschorr – Müller Brot – Dornier – Siemens – Politikwissenschaftliches Institut bei Starnberg

Gern erinnert er sich bis heute an einige seiner weiteren Kunden.

Der Big Boss der AEG. Er ging hin – rein – zur Chefsekretärin und bat um ein Gespräch bei deren Chef. Die fragte, der gab sein o.k.

Das war leichter, als heute einen Termin beim Hautarzt innerhalb von zwei Wochen zu kriegen. Wenigstens für ihn.

Die Chefs – kernige Männer – knallhart – aber man bekam eine Chance. Sie hörten einen wenigstens an. Alles aus der Wehrmacht zurückgekehrte Offiziere, betraut nun mit der Aufgabe - als Führungskraft – den Konzern weltweit zu prosperieren. Also sich zu etablieren und zu wachsen. Umsatz und Gewinn in ein gesundes Verhältnis zu bringen. Das waren noch nicht abgehobene Chefs, sondern Führungskräfte aus echtem Schrot und Korn. „Wo seid ihr geblieben"?

Hacker-Pschorr. Verwaltungsgebäude Nähe Theresienwiese. Neuer Chef. Badenser. Man verstand sich sofort. Der stellte klar, was er wollte. Wie er es wollte, warum er das so wollte. Man arbeitete zusammen. Da gab es keine Distanz vom Chef zum Vertreter. Es ging um die Sache. Er richtete das ganze Bürogebäude ein.

Müller Brot. Der Inhaber, Urbayer. Praktisch. Klare Vorstellungen. Bodenständig. Der geborene Chef.

Dornier. Organisation der gesamten Hängeregistratur. Alles Sonderanfertigung. Mit den dazu passenden Schränken. Das machte Spaß, mit denen zu arbeiten und Informationen auszutauschen.

Politikwissenschaftliches Institut. Die waren in einem kleinen Schloss untergebracht. Intellektuelle, trotzdem sehr pragmatisch. Damals kein Widerspruch. Viele gute Gespräche, man gab ihm Nachhilfe über Politik – er Nachhilfe über das Militärische, der Fremdenlegion. Das schloss sich ja nicht aus. Jeder Bereich hat ja seine unumstößlichen Gesetze und Abläufe. Ebenen, die sich kaum berühren und doch harmonisieren. Wenn man das nicht emotionalisiert sondern relativiert.

Siemens. Ein besonderer Fall. Nie auch nur eine Chance. Die informierten sich noch nicht einmal. Die Siemensfamilie. Genau so wie heute auch. Verkrustet, rückständig und ohne Pep. Seine Schlaftablette.

Ausbildung zum REFA-Kaufmann

Um sich weiterzubilden - es fehlte noch viel in Fragen der Organisation, Erkennung von Betriebsabläufen, Besonderheiten der jeweiligen Branche, Schwachstellen im Ablauf, Früherkennung, Verbesserung etc. – beschloss er, einen einjährigen Kurs zu besuchen. Täglich von 18:00 bis 22:00 Uhr. Das war Stress.

REFA – noch heute unverzichtbar für viele Berufe. REFA steht für "Reichsarbeitsverband für Arbeitsstudien". Etabliert im Dritten Reich.

Arbeitsvorbereitung. Die Zeiten - Vorbereitungszeiten, Rüstzeiten, Wegzeiten, Produktivzeiten, Rückversetzung in den ursprünglichen Zustand, Lohnberechnungen, Zeitvorgaben, Taktzeiten des Produktionsbandes - berechnen, Springer einplanen, Qualitätskontrolle, Zeitpläne erstellen, die verschiedenen Formen des menschlichen Leistungsgrades errechnen, differenzieren und umsetzen.

Ein gelernter „REFA-Mann" organisiert eine Großgärtnerei genauso, wie eine Strumpffabrik. Die Tablettenabfüllung in einer Pharma-Fabrik wie die Organisation der Arbeitsabläufe innerhalb einer Großbank. Jeder Arbeitsablauf – egal wo – ist vollkommen vom anderen verschieden. Auf den ersten Blick! Aber per Analyse, im Ablauf, gleich. Das sind Gesetze, deckungsgleiche Gesetze.

Man lernt denken, alles logisch einordnen, sieht die Arbeitsabläufe vor sich, auftretende Schwierigkeiten schon im Voraus erkennend. Jedes Produkt, von der gezüchteten Orchidee bis zum Motorblock erfordert Rüstzeiten, Wegzeiten, Arbeitsvorbereitung. Vorgabe der jeweiligen Produktivzeiten. Leistungsgrad-Errechnung. Basis 100%, bei der menschlichen Arbeitskraft. Bei Wachstum und Züchtung der Orchidee langsamer als bei der zum Beispiel maschinellen Bearbeitung eines Motorblocks. Aber rechnerisch zu erfassen. Ohne REFA geht nichts. Und wenn ohne, wird's teuer – sowohl in der Fabrikation wie auch im Ausschuss, Fehlerquote.

Aufnahmeprüfung: Knallhart. Die verlangten Algebra. Viele Ingenieure fielen durch. Die hatten das längst vergessen. Er machte ja damals in Mannheim seine Volkshochschulkurse. Algebra 1 und 2. Sein Glück.

Schwerer wurde es beim Berechnen eines Zahnrades. Wie schnell und mit wie viel Grad ist ein Fräser einzustellen, wenn das Ritzel ... usw. usw. Benutzt werden durfte Friedrichs Tabellenbuch. Er verstand Bahnhof. Neben ihm saß ein Ingenieur. Dem ging es so mit Algebra. Info-Austausch. Beide bestanden die Aufnahmeprüfung. Nach dem einen Jahr Kurs bekam er ein ‚sehr gut'. Ohne REFA hätte er später im neuen Job nicht bestanden. Er brauchte es ja heute schon im Außendienst bei den verschiedensten Organisations-Aufgaben, Problemen und deren Lösung.

REFA auch heute noch die Nummer 1 in Organisation, Ablauf und Fertigstellung. Und für junge Leute ohne Abitur und ohne Berufsabschluss eine Chance, einen zweiten Bildungsweg einzuschlagen und Arbeit zu finden. Bedeutend leichter als ohne REFA-Kurs.

Nur, ihr müsst euch quälen, Jungs und Mädels. Büffeln, Zusatzkurse besuchen, Zusatzliteratur. Die Mühe lohnt, fangt an. Besser als bei Karstadt später mit Abitur Strümpfe zu verkaufen, oder bei C&A oder sonst wo.

Heidi in München und der Mercedes geklaut – Suche mit dem Polizeipräsidenten

Noch war sie in Eberbach – er in München. Man fehlte sich – man brauchte sich. Ihre positive Lebenseinstellung, Realitätsbezogenheit, ihr Lachen, keine Belastung für ihn, kein Quengeln, keine Ansprüche stellend. Im Gegenteil, sie reduzierte ihre Eigenen. Alles war so natürlich – er erkannte das damals nicht.

Nach den vielen, vielen Frauen, die nach ihr kamen, fiel ihm dazu eine Aussage eines Schriftstellers (Name vergessen) ein, die da lautete: „Hätte ich nur in meine damalige erste Freundin, als ich noch jung war, einen Bruchteil von dem investiert, was ich in die nachfolgenden investierte, ich hätte das große Los gezogen". Der meinte nicht das Finanzielle.

Man schrieb sich täglich. Jeden Mittag fuhr er nach Hause, um ihren Brief schnellstens zu lesen. Telefonierte. Ein Heidengeld ging da drauf. Egal. Man verstand sich immer besser. Dann, bei einem Besuch in Eberbach schlug der Vater vor, zu heiraten. Ob sie wollte, wusste er nicht. Ob er wollte, wusste er auch nicht. Untereinander hatte man darüber noch nicht gesprochen. Aber zusammen sein wollten sie schnellstmöglich, in München. Das war gar nicht im Sinne der Eltern. Der Mutter schon gar nicht.

Heidi setzte sich durch und kam. Sie fing an, sich eine Stelle zu suchen. Sie war inzwischen Bilanzbuchhalterin. Sondergenehmigung vom Ministerium, die Prüfung vorher machen zu dürfen. Viele Interessenten – keiner wollte leistungsgerecht bezahlen. Mit am interessiertesten war Rohde & Schwarz. Gute Firma, fortschrittlich, modern. Es scheiterte an den Gehaltsvorstellungen – keine überzogenen, marktgerecht. Sie fand eine andere Stelle, und das verdiente Geld von beiden kam in einen gemeinsamen Topf. Finanzminister: sie. Nicht kleinlich, aber strenger Sparkurs.

Welcher junge Mann träumte nicht von einem Mercedes, damals? Das waren noch keine Imagegründe, sondern das war purer Spaß. Zugegeben, ein bisschen Angeberei war schon dabei. Er sah sich um nach einem gebrauchten und fand einen 190D bei „Omer". Jetzt ging es darum, Heidi zu überzeugen und weich zu klopfen. Das war nicht besonders schwer. Sie warnte nur vehement vor den Unterhaltskosten. Für ihn war das nur der Sprit – besser er hätte auf das Mädel gehört. Der Mercedes wurde gekauft – und von nun an ging's bergab. Er lernte kennen, wie viele Einzelteile ein Mercedes hat – unzählige. Laufend und in immer kürzeren Zeitabständen war etwas anderes kaputt. Schon damals teuer.

Um die Rücklagen zu erhalten, hatte er darauf gedrängt, den Wagen auf Wechsel zu kaufen. Sie waren am Rande des Ruins.

Er lernte damals zwei Dinge:

Niemals mehr Mercedes.

Nie mehr Wechselfinanzierungen bzw. Schulden machen.

Und: Hat man nicht das Geld für zum Beispiel seinen Traumwagen, dann keine Kompromisse, kein Auto dazwischen. Das ist kein Fisch und kein Fleisch. Dann nur das billigste. Das fährt man dann so lange, bis man das Geld für seinen Traumwagen hat.

Und: Hat man das Geld für seinen Traumwagen, dann kaufe man den auch. Jetzt geht das Denken in die andere Richtung. Was, so viel Geld dafür ausgeben? Bleibe besser eine Stufe darunter. Man bereut's. Immer. Nicht knickerig sein. Du wolltest den Karrren, du hast das Geld, also erfülle dir deinen Wunsch und kaufe dir den Schlitten. Quintessenz: keine Kompromisse.

Champagner oder Mineralwasser. Egal. Nur dazu stehen. Beides ist gut zu trinken. Nur dazu stehen – Spaß muss es machen. Niemals vermeidbare Kompromisse.

Inzwischen nahmen sie eine Wohnung am Agnes-Bernauer-Platz 6. Viel Grün – große Bäume – beste Lage – Topadresse.

Eines schönen Tages, früh morgens zur Garage. Tor auf – die Garage war leer. Er dachte, das was er sieht – nämlich die leere Garage – sei eine Sinnestäuschung. Ein optischer Fehler oder so etwas. Garagentür zu – Garagentor auf – die Garage blieb leer.

Anzeige bei der Polizei in der Ettstraße. Vorladung erneut beim Polizeipräsidenten. Persönlich. Der wollte alles genauestens wissen. Er sagte, dass er den Wagen mit ihm gemeinsam wiederbeschaffen wolle und ob er mitziehe. Klar, das ja. Wo gab es das, dass ein leibhaftiger Polizeipräsident anbot, bei der Suche des Wagens zu helfen? Abends Termin in Schwabing. „Babalu". Ein top In-Lokal, damals. Man klapperte dann, der Polizeipräsident und er, verschiedene Lokale ab. Der führte diverse Gespräche mit verschiedenen Leuten. Kein Ohrenzeuge. Er selbst bekam nicht mit, um was es ging. Das war ja nicht normal, das Ganze. Später, als er einmal mehr darüber nachdachte, kam er zu dem Schluss, dass er eine Art Köder für den war. Da lief irgend etwas, alles mysteriös. Auf jeden Fall bekam er seinen Mercedes zurück, unbeschädigt. Der damalige Präsident war ein Mann in mittleren Jahren. Sympathisch, kompetent und ein Profi. Toller Typ, als Polizist. Der hatte keine Ego-Probleme, der wusste, wer er war. Als Funktion wie auch Person.

Der Mercedes hauchte unrühmlich „sein Leben" aus. Er verkaufte den Karren noch für 3.000 DM. Zwei Wochen später brach dem neuen Besitzer der Mercedes auf der Landstraße in der Nähe von Mannheim in zwei Teile. Den Namen von dem Besitzer kennt er heute noch. Herr Belz. Probleme unter den beiden gab es deswegen nicht. Es war, wie es war. Vorher war der Wagen noch bei Mercedes in der Inspektion. Die Ära Mercedes war für ihn vorbei. Bis heute.

Neubeginn bei PEDUS – Wie begann alles – Ein Firmenwerdegang

Im Laufe der Beschreibung seiner Tätigkeit bei der FORTSCHRITT Büro-Organisation FFF Fortschritt Fabriken Freiburg als Außendienstmann wurde das erste Treffen mit Peter Dussmann (Sesselkauf) erwähnt.

Wer/was ist PEDUS International heute? Im Jahre 2001 soll PEDUS

1,4 Milliarden DM Umsatz gemacht haben.

Bereiche: Gebäudereinigung, Krankenhausreinigung, Vollverpflegung in Krankenhäusern, Altenheimen etc., Zukauf von Altenheimen und Betreuung derselben, Sicherheitsdienste.

Weltweit tätig. Schwerpunkte: Deutschland, USA, ferner Osten, Russland, China und andere.

30.000 Mitarbeiter weltweit.

Es war ein langer und steiniger Weg siebzehn Jahre lang, für ihn. Noch als er bei FORTSCHRITT tätig war, bekam er eines schönen Tages einen Anruf. Von pedus. Ob man sich mal treffen könne? Warum nicht? Sie vereinbarten einen Termin. Während des dann stattfindenden Gespräches erfuhr er, dass pedus selbst eine Zeit lang bei FORTSCHRITT Außendienstmann war. Auch in der Münchner Niederlassung.

Danach beschloss er, sich selbstständig zu machen. Appartement-Reinigung bei Junggesellen. München, Stadtgebiet. Zum Zeitpunkt des Treffens beschäftigte der fünfundzwanzig Leute. Das lief so o, la, la . Mit viel Ärger verbunden und wenig Profit. Begonnen und gegründet wurde die Firma von pedus und drei seiner Bekannten. Die gaben alle auf. Schnell. Pedus führte die Firma alleine weiter.

Angebot als Geschäftsführer

Großer Titel ohne Mittel.

Er wolle ihn als Geschäftsführer, hätte aber nicht das Geld, ihn zu bezahlen in dem Rahmen, in dem er jetzt verdiente. 2.000 DM netto, Auto frei.

Er bot 600 DM plus 6% Umsatzbeteiligung. Das war nicht das Gelbe vom Ei.

Und, wenn die Erfolge ausblieben? Er, mangels Umsatz bzw. Gewinn entlassen werden musste? Das konnte ja sein. War sogar wahrscheinlich. Wer würde dann, danach das jetzige Gehalt von 2.000 DM zahlen? Netto. Das war ja zu der Zeit sehr viel. Tausend Gedanken schwirrten durch seinen Kopf. Eine positive Entscheidung – aufgrund der vorliegenden Fakten – konnte nur als bescheuert eingestuft werden.

Andererseits, sollte man Erfolg haben, war er der Mann der ersten Stunde. Von Anfang an dabei. War er sehr gut bei der Aufbauarbeit aus dem Nichts, stieg er mit der Firma automatisch mit auf. Auch finanziell. Jede weitere Überlegung war für die Katz'. For nothing. Alles Hypothesen, keine Fakten. Nur, wenn, wenn, wenn ...

Pedus hatte kein Geld, sagte der, nur Visionen. Von Beruf Buchhandelskaufmann. Sie beide hatten in etwa das gleiche kaufmännische Berufswissen. Sehr bescheiden, um eine eigene Firma zu leiten – und er als Geschäftsführer, diese aufzubauen. Er fragte niemanden um Rat. Fragt man zwanzig Leute, kriegt man zwanzig Antworten. Er hatte nur einen Fakt – die Person, die ihm da gegenüber saß, pedus. Sie verstanden sich sofort. Eine Wellenlänge. Was der sagte, klang verrückt, aber machbar.

Zwei junge Männer, die vorwärts wollten, sich selbst beweisen wollten, einen Traum ,welchen auch immer, realisieren wollten. Die Welt war ja schon immer voller gescheiterter Genies – Klugscheißer, Dummbabbler, Traumtänzer. Ein Grund mehr, die Unerfahrenheit mit dem Willen zum Erfolg als Firmenkapital einzubringen.

„Unerfahrenheit" ist ja nur negativ im Bezug auf Personen, die festgefahren in ihren eigenen Denkschemata sind. Nicht dazulernen wollen, alles besser wissen und für ihr Scheitern tausend Gründe parat haben. Nur nicht den einen, wirklichen Grund erkennen, der sie selbst charakterisiert. Nämlich: Borniertheit. Hauptsache, das selbstgezimmerte Ego wird nicht in Frage gestellt.

Andererseits ist Unerfahrenheit ein sehr großer Ansporn und eine starke Waffe. Man geht alles anders an. Wo andere den Wald vor lauter Bäumen nicht sehen, sehen die Unerfahrenen, Lernwilligen, den einzelnen Baum und fügen die einzelnen Bäume zum Wald zusammen. Die Herangehensweise, die Wege sind anders, man sieht klarer und schränkt sich nicht selbst ein durch festgefahrene Gedankengänge und von der sozialen Umwelt vorgegeben Normen und Vorstellungen. Man ist frei für Neues, wenn man selbst innerlich frei ist und bleibt.

Auch das Vorgenannte verkörperten pedus wie auch er. Das war der Hauptgrund, dass er zusagte. Er bekam seinen Vertrag, den er zerrissen an den zurückschickte. Es fehlte ein wichtiger, im Vorgespräch fixierter Punkt. Er schrieb zurück, noch heute kennt er diesen Satz: „Fairness gilt für beide Teile". Fast hätte er alles annulliert und bei FORTSCHRITT weitergemacht. Er deckte dieses negative Gefühl zu mit der Erklärung vor sich selbst, das sei ein Missverständnis gewesen. Der zweite Vertragsentwurf entsprach dem Vorgespräch, er unterschrieb und kündigte bei FORTSCHRITT.

"Lehrzeit" in München, Zwanzig Kilometer Limit Umkreis für Kundenwerbung. Fensterputzen zusammen mit der Fensterputzkolonne, im Winter. Kunden werben. Aber nur im Stadtgebiet. Das ging so drei Monate.

Allererster Auftrag von der Uni „Gell, das machen Sie noch nicht lange?"

Er war einer von mehr als zehn anderen Firmenvertretern. Schon damals gab es in München, allein in München, über siebzig Gebäudereinigerfirmen. Davon fünf große, alteingesessene mit gutem Ruf, Referenzen und Erfahrung. Er hatte nichts von dem. Nur sich als Person, die er als Referenz einbrachte.

Er kam an die Reihe. Erstes und letztes Gespräch beim Einkauf. Die Abteilung Einkauf vergab normalerweise solche Aufträge. Der Einkäufer stellte als erstes eine fachliche Frage über die Glasreinigung. Er hatte davon noch nie etwas gehört und dachte, das ist das Aus. Sollte er antworten, umschreiben – so dass der Einkäufer sein Nichtwissen eventuell nicht mitbekam? Er entschloss sich zur Wahrheit und gab zu, diese Frage nicht beantworten zu können. Bat um zwei Stunden Aufschub, um sich zu informieren und um einen neuen Termin dann. Er bekam den Auftrag auf der Stelle, sofort. Begründung: Alle anderen Vertreter hätten das auch nicht gewusst, nur herum schwadroniert. Ihr Nichtwissen schönredend.

Das passte dem Beamten nicht. Diese Zitterpartie ging zu seinen Gunsten aus.

Anschließend musste er diese Fenster mitputzen. Welche Probleme, die schon beim Tragen der Ausstattung, ohne Putzen, losgingen:

Eine kleine Leiter aus Holz. Ein Eimer. Ein Wischer. Ein Jutetuch zum Polieren. Ein Fensterleder. Reinigungsmittel.

Dann hinein in die Büros. Zwei jüngere Damen, Fensterbretter voller Blumentöpfe. Die schauten interessiert – dann amüsiert – dann lachten die herzlich. Problem: Wo die Leiter wie anstellen? Was, mit dem vollen Wassereimer auf der Leiter anfangen? Wischer eintauchen. Wohin mit den verschiedenen Lappen? Erst fiel der Wischer runter. Eine Dame reichte den hoch. Dann fiel das Jutetuch runter, er stieg von der Leiter und mit dem einen Bein voll in den Papierkorb – brachte den Fuß nicht raus – legte alle Gerätschaften auf den Boden – mit zwei Händen Fuß befreit – alles wieder einsammeln – hoch auf die Leiter – weiterputzen. Beim Rausgehen sagte die eine, aber lieb: „Gell, das machen Sie noch nicht lange?" Er wollte im Boden versinken.

Krach mit der Fensterputzkolonne. Die wollten ihn nicht mehr, er versaue ihnen den ganzen Akkord. (Es wurde per Pauschalpreis bezahlt, nicht per gereinigter Quadratmeterzahl). Er bestach die mit einem Kasten Bier für die nächsten Tage, nur damit die schwiegen. Pedus, pedus, das war hartes Brot für ihn, den Anfänger.

Erster Auftrag „Unterhaltsreinigung" und das Negativ-Image

Abends dann ein Gespräch zwischen pedus und ihm. Die Firma hätte den ersten Auftrag „Unterhaltsreinigung" bekommen. Ob man das wirklich machen solle? Oder nicht? Zu klein oder zu groß für den Anfang? Er glaubt sich zu erinnern, dass das unter 2.000 Quadratmeter waren. Als er dieses Objekt zum ersten Mal sah, glaubte er, einen Fußballplatz vor sich zu haben. Unendlich groß – man einigte sich darauf, einzusteigen. Was denn sonst?

Arbeitsgänge: Papierkörbe leeren, Abstauben, Boden nebelfeucht ausmoppen, maschinell polieren, Staubsaugen, Toiletten, Treppenaufgänge nass wischen, Handläufe desinfizieren, und, und, und.

Langsam, ganz langsam, kamen kleinere Büroreinigungsaufträge. „Gebäudereinigung", angesiedelt vom Image her, gleich hinter dem Fliesenleger. Da war kein Staat zu machen, mit dieser Berufsangabe. Das war und ist auch heute noch negativ. Dass eine Großfirma, wie sie es im Laufe der Jahre wurden, auf dem letzten technischen Stand ist, Verwaltung, Organisation im Arbeitsablauf, Vertrieb, Kalkulation, Werbung, modernste technische Geräte usw., dahinter schaut niemand.

Nun, die Eingeweihten wissen es und auch die potentiellen Kunden und Großkunden. Ohne Besichtigung der Zentrale gaben die keinen Auftrag. Später belief sich sein erster Großauftrag auf 700.000 DM Monatsumsatz. Fünfhundert Putzkräfte. Rund um die Uhr. Da ist alles durchgeplant bis zum kleinsten Arbeitsgang. Per Minute, nach Rhythmus der Reinigung. Täglich, zwei Mal wöchentlich, etc. Jeder Fußbodenbelag erfordert ja eine spezielle Reinigung – alle Arbeitsgänge müssen Hand in Hand gehen.

Und das Allerwichtigste, dem Putzpersonal das zu vermitteln, anzulernen und in der Praxis umzusetzen. Die Vorarbeiter, der Objektleiter müssen gesucht und angelernt werden. Stundenlisten sind zu führen. Täglich. Speziell in Krankenhäusern erfordert dies genaueste Planung und muss mit der hauseigenen Verwaltung abgestimmt und koordiniert werden. Und da gibt es auch noch die Oberin, die prüft ...

„Wer nicht auf den Knien liegt und schrubbt, kann nicht sauber putzen." - Aber es gibt auch andere Oberinnen. Clever, top ausgebildet und fair.

Sand im Getriebe beim Kunden: Schnell drinn – langsam raus

Das Wichtigste, der Kundenkontakt. Eine Frau, die Toiletten reinigt, unfreundlich ist, nicht die Firmenangestellten grüßt, schüttet Sand ins Getriebe, schürt Emotionen, negative, und sei sie noch so gut in ihrer erbrachten Arbeitsleistung. Dann heißt das für den Vorarbeiter (bei kleineren Objekten) oder den Objektleiter (bei größeren Objekten, zum Beispiel Krankenhäusern), das frühzeitigst zu erkennen. Und Abzustellen. Gespräche führen, vermitteln, keinem die Schuld zuweisen, keinem wehtun.

Das Auswahlkriterium für Vorarbeiter und Objektleiter ist entscheidenst. Intensive Schulung, fachlich, menschlich. Eine täglich zu verrichtende Aufgabe, immer wieder und immer wieder. Das Einhämmern, dass der Kunde erst mal recht hat. Gerade auch, wenn er nicht recht hat. Die Ego-Probleme. Immer wieder die Ego-Probleme. Viele der PEDUS-Leute kapierten und kapieren einfach nicht, dass sie vom Kunden bezahlt werden. Die PEDUS-Chefs buckelten, die Putzfrauen waren auf ihre Würde bedacht. Kapierten nicht, dass Benehmen nach den allgemeinen Regeln und korrekte Arbeit die Würde erst bringt.

Andererseits aber die Firmenangestellten, wo geputzt wurde, die die PEDUS-Frauen behandelten wie das letzte Glied in der Arbeitskette. Da gibt es ein Kastendenken und Hierarchien, fein ausgeklügelt. Das muss man erst erleben, um zu begreifen, wenn überhaupt. Aber es ist da. Selbst hatten die meisten Firmenangestellten ja kaum etwas zu sagen, da sie selbst in der Firmenhierarchie ganz unten angesiedelt waren. Dieses Wissen darum ließen die dann an den PEDUS-Frauen aus. Endlich mal selbst etwas „anschaffen" zu können – die können sich ja nicht wehren.

Man roch das, wie es in der jeweiligen Firma zuging, schon wenn man zum ersten Mal drinnen war. Man roch das – sah das und fühlte das. Ob die Firma Klasse hatte oder nicht. Man wusste also oft schon vorher, was da abgehen würde und schaffte erste Abhilfe durch einen entsprechenden Vorarbeiter. Der erste Puffer – wenn der Vorarbeiter gut war, lief es. Wenn nicht, gingen die Probleme los.

Vorzitierung der PEDUS-Chefs – Schuldzuweisung, Kündigungsandrohung, etc. Enormer Zeitverlust – Zeit, die für produktives Arbeiten fehlte. Referenzverlust. Auftragsverlust. Firmen-Image-Verlust. Der ewig neue, alte, tägliche Kampf – er sollte diesen Kampf siebzehn Jahre lang in vorderster Front führen. Es ging um viel – die Konkurrenz wartete nur darauf. Die führten „schwarze Listen" mit gekündigten PEDUS-Objekten und legten diese Listen ihren Angeboten bei.

Die Angriffsfläche war groß – sollte doch PEDUS zum größten Gebäudereiniger und Krankenhausreiniger in Europa werden. Aber dazu später.

Die Werres – Vertrauensverhältnis zwischen Mann und Frau – Die Rolle des Freundes

Erste ernste Probe zwischen ihm und pedus. Die Werres, die damalige Freundin von pedus wollte mit ihm ins Bett. Aber er nicht mit ihr. Er sagte das der. Diplomatischst, dass sie die Freundin vom Chef sei und er gegenüber pedus sein Vertrauensverhältnis nicht wegen einer Bettgeschichte aufs Spiel setzten wolle.

Wie edel gedacht und wie blöde.

Die Frauen, weise sie zurück und du lernst kennen, was das Wort „Hass" bedeutet. Zwischen den Geschlechtern.

Die sagte pedus glatt, dass er mit ihr ins Bett gehen wollte, aber dass sie das natürlich abgelehnt hätte. Pedus stellte ihn zur Rede – er sagte, wie es war. Pedus sagte kein Wort. Ob er ihm glaubte, weiß er bis heute nicht.

Normalerweise ist es ja so, dass die Männer den Frauen glauben. Besonders in Fragen der Treue, Seitensprung und so. Die müssen denen das ja glauben und wollen das auch. Sonst ginge ja ihr eigener Selbstwert flöten.

In seinem langen Leben hat er noch nie erlebt, dass ein Mann in einer Beziehung die Schuld der Frau oder Freundin gab. Die opferten lieber ihren besten, langjährigen Freund – aber behielten ihre bessere Hälfte. Sagt man den Männern, als deren Freund, die Fakten – weil der einem leid tut und sich zum Deppen macht – was kriegt man dann zu hören? „Das sagst du nur, damit ich Schluss mache – und du dann mit der etwas anfangen kannst."

Oder aber, der spricht mit der und sagt, der und der habe ihn informiert, dass sie fremdgehe. Was sagt dann die Dame seines Herzens? - „Das wundert mich nicht, dass der mich schlecht macht. Erst vor kurzem wollte der mit mir ins Bett.

Der sagt das nur, weil er sauer ist, dass ich dich mit ihm nicht betrog. Ich habe dir das nur nicht gesagt, weil das dein bester Freund ist und ich kein Misstrauen zwischen euch sähen wollte." Die Männer glauben das alles blind.

Da kennen sich die Männer jahrelang, sind Freunde, vertrauen sich. Männerfreundschaften sind den Frauen ja sowieso ein Dorn im Auge. Eine Angelegenheit, die den Frauen nicht passt und nie gepasst hat.

Jetzt haben sie es endlich geschafft – die Freundschaft ist aus – und jetzt haben sie ihren Typ voll unter der Kuratel. Abends, beim Prosecco mit der Freundin (sie behält ja ihre), lachen die sich tot, über die Männer, die blöden Hammel.

Recht haben sie.

Die Frauen in so vielem den Männern überlegen – Raffinesse, Intrigen, Geschichten erfinden und glaubhaft den Männern verkaufend. Das glauben die nur, die Männer, weil sie felsenfest davon überzeugt sind, selbst cleverer als die Frauen zu sein. Die Frauen nähren diesen Glauben, kommt der doch ihnen sehr entgegen und wird zu ihrer stärksten Waffe.

Männer, glaubt es: In diesem Spiel haben wir keine Chance. Nur eine: Erkennen und den Spieß umdrehen.

Heidi – Beginn bei PEDUS in München

Finanziell ging es der Firma noch nicht gut. Kredite gab es keine – keine Sicherheiten. Neuaufträge mussten ja vorfinanziert werden. Es galt die Regel, dass drei Monatsumsätze beim jeweiligen Neukunden zu investieren waren, um das Objekt (den Auftrag) auszurichten. Maschinen, Staubsauger, Putzgeräte, Reinigungsmittel. Steuern. Löhne. Es war schon eine Zitterpartie, die monatlichen Löhne auszuzahlen. Von Rücklagen, auch den kleinsten, keine Chance.

An irgendeinem Abend sagte pedus zu ihm, dass er eine Lohnbuchhalterin brauche, die Werres, seine Sekretärin und Freundin könne das nicht. Er brachte Heidi ins Spiel, er stellte sie ihm vor und der stellte sie ein.

Berlin, die erste Niederlassung – Ray Charles Time

Man ging essen – alles wurde beim Essen besprochen. Überhaupt war pedus auf das Essen fixiert. Nicht aufs Essen an sich, am Hineinstopfen, nein – am Genießen. Schon damals fuhr er Hunderte von Kilometern, nur um ein drei-Sterne-Lokal vom „Michelin" zu besuchen. Manches Mal – noch fehlte es ja an den Fahrtkosten – am Geld.

Also, man ging essen. Und besprach dabei die erste Gründung einer Niederlassung. Berlin, der Steuervorteile wegen. 600 DM Gehalt, jetzt, Und Auto. Firmenauto. BMW 2000. Ein wunderschönes Coupé. Dieses Auto fuhr pedus. Geld für ein neues Auto für ihn als künftigen Niederlassungsleiter, war nicht da. Also opferte pedus sein Auto – mit einer Träne im Auge. Wohnungssuche in Berlin. Sein Traum, das Eden-Haus. Zu teuer. Allein die Kaltmiete war höher als sein Gesamtverdienst.

Wohnung über dem Cafe Keese – Büro im Mielehaus – „KADEWE" um die Ecke

Er fand etwas anderes. Bismarckstraße 108, das Wendtlandhaus. Im Erdgeschoss das Cafe Keese. Das gab dem ganzen einen exotischen Touch. Nicht unsolide – kultivierter Treff für Ältere – und Jüngere. Suchende. Er war zwei Mal drin – null Chance. Scheinbar war er nicht der Typ, der da hin passte. Auch gut.

Das Appartement im sechsten Stock. Nach hinten raus. Großer Baum vor dem Fenster. Die Rückwand des Appartements war ein großes Fenster. Hell, schick eingerichtet. Es sollte seine Bleibe für drei Jahre sein.

Das Büro im Mielehaus war im vierten Stock. Sechs Räume, ein schönes Büro. Sekretärinnensuche: Schwer. Erste Garnitur war nicht zu kriegen, das scheiterte an den Gehaltsansprüchen. Also zweite Garnitur, bildhübsch aber mäßig als Sekretärin. Wenigstens war sie fit in Grammatik.

Die Wahrsagerin – Heide und er

Heidi war die erste Woche oben in Berlin, mit ihm; man lernte ein wenig die Stadt kennen und stieß aus Zufall auf eine Wahrsagerin. Also, aus Jux wahrsagen lassen. Das hätten sie besser bleiben lassen.

Beruflich: Bestens
finanziell: Es wird überdurchschnittlich
privat: Es geht auseinander.

Man einigte sich darauf, dass die Wahrsagerin nichts tauge. Wenigstens was die private Vorhersage betraf.

Eine Woche später fuhr Heidi zurück nach München und er fing an, zu arbeiten. Besuche, Angebote, Nachfassen, Besuche, Nachfassen – in seinem ganzen bisherigen beruflichen Leben hatte er noch nie so viel gearbeitet wie in der Berlin-Zeit.

Schluss mit Heidi – Der Hunger war schuld

Als Heidi zurückfuhr sagte sie ihm noch, wenn Frauengeschichten – ich will es nicht wissen. Aber wenn, nie mit der Sekretärin. Er nickte mit dem Kopf. Eines Abends war er noch mit der Sekretärin im Büro bis kurz vor Mitternacht. Pläne auswerten, Leistungsverzeichnis erstellen, Kalkulieren, Angebot diktieren und sofort schreiben. Er wollte dieses am nächsten Tag abgeben und mit dem potentiellen Kunden besprechen. Todmüde und hungrig. Er fuhr sie nach Hause, die Sekretärin. Das Mindeste, was er für sie tun konnte nach dem langen Arbeitstag. Sie lud ihn ein auf ein Steak, Rotwein und es passierte. Man landete im Bett. Keiner von beiden hatte das gewollt.

Am nächsten Tag, Anruf von Heidi. Die wusste bereits alles. Die beschrieb sogar, wie das Auto geparkt war. Vorderreifen auf dem Gehweg. Die machte sofort Schluss – und er hatte seinen ersten Liebeskummer ...

Er fuhr durch die DDR nach München. Vollgas. 100 km/h waren erlaubt. Er hatte wenigstens darin Glück – keine Vopos. Vorsprache im Münchner Büro. Heidi war da. Keine Chance mehr. Gespräch mit pedus, der wollte wissen, ob eine weitere, spannungsfreie Zusammenarbeit zwischen ihm und Heidi möglich sei. Er bejahte, keine Probleme. Sie ebenfalls, sah darin keine Probleme.

So war es dann ja auch – siebzehn Jahre lang. Man sah sich, respektierte sich, lachte zusammen, bangte um neue Aufträge zusammen, es war eine tolle Freundschaft. Keimfrei. Ohne weiteren Sex. Bruder und Schwester. Sehr, sehr selten, dass das funktioniert. Aber es funktionierte. Das einzige Mal, dass er das hinbrachte in seinem Leben.

Er fuhr zurück nach Berlin und suchte sich eine neue Sekretärin. Die alte ging freiwillig, als sie hörte, dass Heidi alles wisse.

Die neue Sekretärin, die Frau Adermann

Er fand die Frau Adermann. Drei Jahre lang war man zusammen. Eine echte Berlinerin. Nie um eine Antwort verlegen. Fleißig. Zuverlässig. Loyal. Verschwiegen und immer ein Lächeln auf den Lippen. Aber knallhart anderen gegenüber, wenn es um die Einhaltung der Firmenrichtlinien ging. Noch heute, auch dieses Jahr, ruft sie noch zu seinem Geburtstag an und singt „Happy Birthday to you“. Als Sekretärin war sie gut, als Sängerin miserabel. Aber er möchte das Ständchen von ihr nicht missen. Er konnte sich auf sie verlassen – das größte Kompliment, das ein Chef seiner Sekretärin machen kann. Später lernte sie Heidi kennen, die brachte ihr Lohnbuchhaltung bei. Die zwei verstanden sich sofort und es gab auch nie Knatsch zwischen den beiden. Er erlebte das erste Mal Heidi beruflich und in Aktion. Er verließ fluchtartig sein Büro.

Aufgabe der Niederlassung? – Keine Aufträge

Weiter auf Kundenfang. Einen Monat, zwei, drei vier Monate. Kein Auftrag. Er verzweifelte an sich und an der Welt. Pedus kam nach Berlin, er müsse das Berliner Büro schließen. Kein Geld mehr. In dreißig Tagen ist Ende. Er bot ihm die Geschäftsführerstelle in München an. Er lehnte sofort ab. Einmal versagen, beim Einsatz all seiner Mittel, beruflich und persönlich, würde reichen.

Nächtelang quälte er sich über sein Scheitern, lag im Bett und heulte aus Wut. Selbstzweifel, „was hast du falsch gemacht? Was würdest du heute anders machen?“ – Nichts, nichts. Sein Weg wurde von ihm als richtig erkannt. Im Nachhinein.

Es sollte also nicht sein. Alles gewagt und alles verloren. Nachdem er dies alles durchdacht hatte, wurde er ruhiger. Und arbeitete weiter wie bisher auch. Wenn schon pleite, dann koste es aus bis zum letzten Tag. Galgenhumor. Du wirst bezahlt – also bringe wenigstens deine Leistung voll und noch mehr ein. Spätere Vorwürfe, „hättest du mehr getan – hättest du auch Erfolg gehabt“ – wollte er sich nicht machen müssen und wollen.

Wo stünden wohl PEDUS und er heute, wäre damals die erste Niederlassung geschlossen worden?

Manchesmal dachte er an diese Zeit auf des Messer's Schneide zurück, was wäre aus PEDUS und auch ihm selbst geworden, wäre damals die Berliner Niederlassung geschlossen worden?

Alles wäre anders geworden. So schnell hätte wohl pedus keine weitere Niederlassung eröffnet. Ob der dann wohl auch da stünde, wo er heute steht, bei 1,4 Milliarden DM Umsatz?

Und der Schreiber, wo stünde er wohl heute? Würde er auch dann im Arabella-Sheraton Bogenhausen wohnen? Oder noch besser? Oder schlechter?

Interessante Reflektionen über Pläne, über genauestens ausgearbeitete Pläne. Papier, Makulatur und doch – eine Wundertüte.

Auftragsflut, zwei Wochen vor der Schließung

Eine seiner alten Regeln hielt im Nachhinein: Sieht auch alles so aus, als ob du dein Ziel nicht erreichen wirst oder kannst, setze auf den „Glücksfaktor“. Fortune. So war es schon in der Fremdenlegion. Er siedelte diesen Glücksfaktor immer bei 30% an. Der Überlebensquote der Legion. Yin und Yang. Er erkannte schon mit achtzehn Jahren, dass die allergenaueste Planung, Einbeziehung aller nur möglichen negativen Vorfälle, schon am Anfang, meist Makulatur ist. Eine winzigste Kleinigkeit und alles läuft aus dem Ruder. Scheitert.

Da nun aber mal ein Plan essentiell ist – macht man einen – einen Roten Faden. Direkt vom Planenden zur Zielvorgabe. Wie ein Schuss: Über die Kimme durchs Korn ins Ziel. Wenn auch die direkte Linie nie eingehalten werden kann – es gibt Ausschläge nach rechts, nach links, nach unten – wichtig, man bleibt so nahe wie möglich an der Ideallinie. Korrigiert, bessert nach, sucht und geht neue Wege.

Vorgabe: Der imaginäre Faden, der Rote, vom Planenden zur Zielvorgabe. (Tausend Mal geübt bei REFA.) Nur keine Emotionen. Es klappt schon, denn:

Es gibt ja auch positive Veränderungen, die genauso so wie die negativen nicht vorhersehbar sind. Das ist das, was er den Glücksfaktor nennt. Fortune. Vage, vage. Ein Placebo – nur fest daran glauben und nie aufgeben. Das fällt oft schwer, ist aber der einzige Weg, sich durchzukämpfen. Innerhalb des letzten Monats, des letzten bevor die Niederlassung geschlossen werden sollte – mangels Aufträgen, ging eine Auftragsflug ein. Und ein neues Problem – keine Leute – größte Schwierigkeiten. Keine Putzkräfte. Es war zum Verzweifeln. Das war drei Jahre lang ein ewiger Kampf. Auch nicht neu: Jeder wollte und brauchte Geld – keiner wollte aber dafür arbeiten.

Die Beschaffung von Arbeitskräften lag bei seiner Sekretärin – auch diese Aufgabe löste sie, im Rahmen des Arbeitsmarktes, optimal.

Berliner Werbefunk. Kleinstauftrag, eine Etage. Dieser Auftrag lief schon, als er nach Berlin kam. Vermittelt durch einen pedus-Freund, Frieser hieß der. Dort war ein Vorarbeiter eingesetzt, Herr Karge. Erfahren, Berliner, flexibel. Der einzige, der in der Zeit in Berlin ein wenig Erfahrung hatte im Putzen. Und eine geschickte Hand, mit dem Putzpersonal umzugehen.

Deutsche Museen – Preussischer Kulturbesitz – Staatsanwalt a. D. Fürste

Abends um 17:00 Uhr Anruf durch den dortigen Einkäufer, Verwaltung, Herrn Groth. Ob man den Auftrag noch wolle, und wenn ja, per sofort. Vorsprache: Sofort. Vertragsunterzeichnung: Sofort. Reinigungsbeginn am nächsten Tag, 5:00 Uhr früh. Keine Verkehrsmittel, öffentlich, um diese Zeit zur Dahlemstraße. Ein top Viertel im Grünen. In diesem Viertel waren keine Putzkräfte zu kriegen. Also die Leute hinfahren. Nächste Frage durch den Einkäufer: „Haben Sie Putzkräfte?“ Er, ohne zu zögern: „Ja.“ Es ging los mit 5.000 Quadratmetern Parkettboden. Adermann putzte mit. Er putzte mit. Karge und noch drei Leute vom Werbefunk. Langsam spielte sich das ein und im Laufe einer kurzen Zeit konnte man das Objekt mit eigenen Leuten Besetzen. Nach und nach wurde das zu seinem größten Berliner Auftrag. Die ganzen Museen.

Anruf, Adermann stellte durch. Am Apparat der Chef der Museen, Staatsanwalt Fürste. Er wolle ihn kennen lernen.

Dieses erste Treffen stand unter keinem guten Stern. Eine der Putzfrauen hatte „Nofretete" die Nase mit dem Moppstiel abgehauen. Er wurde nach seiner Versicherung gefragt. PEDUS hatte keine. Er fragte ihn nach seiner. Die hatten auch keine. Die Prämien waren horrend. Beide hatten kein Geld. Man schloss eine Versicherung ab. Jeder trug die Hälfte der Kosten.

Seit der Zeit beäugt er Kunstwerke skeptisch. Was ist daran unecht? Ein Schaden der Versicherung gegenüber wurde nicht geltend gemacht. Das Museum hatte Restaurateure – Künstler waren das. Nofretete bekam eine neue Nase aus Knete, schön poliert und bemalt.

Dann fragte der Staatsanwalt, was er über Kunst wisse. Er sagte darauf, er sei Kunstbanause. Keine Ahnung. Dem gefiel die Antwort. Wer gab das schon zu? Sie hatten ab dem ersten Moment ein sehr gutes Verhältnis. Offen, fair und superkorrekt. Fürste nahm noch nicht einmal einen Weihnachtskalender an. Dann wollte der Staatsanwalt seinen Chef, pedus, kennen lernen. Pedus kam, und ging mit Hausverbot. Auch dem wurde die Frage nach dem Kunstverständnis gestellt und nicht zufriedenstellend beantwortet. Ab dem Moment herrschte Funkstille zwischen den beiden. Pedus wollte das Hausverbot nicht akzeptieren und er zitterte um seinen Auftrag. Nach viel Überredung akzeptierte pedus das Hausverbot.

Für die folgenden siebzehn Jahre, während er bei PEDUS war, muss gesagt werden, dass sich pedus dann intensivst mit Kunst (Bildern) befasste und als sehr beschlagen bezeichnet werden konnte. Damals jedoch nicht.

Klöckner Neubau – Der badische Slang – Und der Damen-WC

Prokurist Herr Nebelung. Sekretärin Frau Tietze.

Welch Superleute. Hoffentlich leben sie noch, gut und gesund. Großes Bürogebäude mitten im Herzen Berlins (West). Zwischen der Gedächtniskirche und dem KaDeWe. Neubau. Als er von der Ausschreibung erfuhr, war diese schon erfolgt. Die Angebote der Konkurrenz lagen vor, ungeöffnet noch, als er das Büro von Prokurist Nebelung betrat. Er machte einen Routinebesuch, zufällig. Da lagen alle Angebote vor ihm.

Er bat Nebelung um die Chance, innerhalb von drei Stunden ein Angebot nachreichen zu dürfen.

Er wusste ja von der Ausschreibung – nur, ein Mitarbeiter von Klöckner hatte ihn über das Ausschreibungsdatum falsch informiert. Es ist müßig, darüber zu spekulieren warum wohl. Er sagte das Nebelung nicht. Denn: Erstens hätte er dessen Mitarbeiter in die Pfanne hauen müssen. Das wäre wiederum schlecht bei Nebelung angekommen . Zweitens hätte das als Alibi geklungen für ihn selbst, auch schlecht. Keine Fakten. Nachreichen des Angebots, seitens Nebelung, abgelehnt. Also: Kämpfen, um Verständnis bitten und um eine Chance. Der hörte zu und fragte plötzlich: „Wo kommen Sie eigentlich her?" Er: „Aus Mannheim." Darauf Nebelung: „Meine Schwiegertochter ist aus Heidelberg und die mag ich wahnsinnig gern. Die redet den gleichen Dialekt wie Sie, ich könnte der stundenlang zuhören. Ich mag euren badischen Slang." Darauf er: „Geben Sie mir eine Chance und Sie können den Dialekt noch oft hören, besonders wenn ich eventuell den Auftrag bekomme." Der lachte und gab ihm zwei Stunden Zeit.

Rundgang, Pläne auswerten. Leistungsverzeichnis, Kalkulation, Angebot tippen und abgeben. Nebelung sagt, er riefe gegen 17:00 Uhr an und gebe Bescheid, ob PEDUS den Auftrag bekomme.

Er stand am Fenster seines Büros, schaute auf den Wittenbergplatz, rauchte, trank Kaffee und wartete. Der Anruf kam. Es war sein Auftrag.

Die Berliner Konkurrenz kochte – schon wieder einer aus Westdeutschland. Diesen Satz sollte er noch oft hören. Aber egal. Die hatten ganz vergessen, dass die von westdeutschen Steuergeldern lebten. Wie ja noch heute ...

Das Objekt, der Auftrag lief gut.

Noch ein paar Worte zum Dialekt. Als ihn damals pedus informierte, dass er nach Berlin müsse, sprach er als erstes bei der Uni vor. Sprechkurse. Er dachte, badisch in Berlin ist keine direkte Empfehlung. Er sprach mit dem Professor. Einzelunterreicht. 2.000 DM. O.k. – darauf der Professor, dass er abrate, den Dialekt wegzuschleifen. Das sei doch ein Erkennungsmerkmal. Darauf er – er wolle auch wie die Berliner reden. Man lachte zusammen, danach, gab sich die Hand, und ging. Er hat noch immer seinen „monnemer Slang".

Ab und zu kam Nebelungs Chef aus der Zentrale nach Berlin. Ein miesepetriger Meckertopf. Dessen Steckenpferd waren die Damentoiletten. Ja! Wahrscheinlich hatte eine der Damen zum Chef einen besonders guten Draht und beschwerte sich bei dem über den Sauberkeitsgrad der Toiletten. Der Damen. Wie romantisch. Das vorgenannte musste sich wohl so abgespielt haben, da er nicht annahm, dass der Chef die Damentoiletten benutzte.

Ein Wort an die Damen allgemein. Nach siebzehnjähriger Erfahrung in dieser Branche. Egal, wo auch immer – ob Krankenhaus oder Ministerium, ob Fertigungsbetrieb oder Modebranche – es gibt nichts schmutzigeres als eine Damentoilette. Die war als so arbeitsintensiv wie ein steriler OP in der Kalkulation zu erfassen.

Er jedenfalls wurde regelmäßig zum Chef der Zentrale vorzitiert und bekam seinen Anschiss. Regelmäßig, alle vierzehn Tage. Zwei Jahre lang. Es gibt ja verschiedene Rüffel – aber der zeterte und schrie ihn an mit Worten aus der untersten Schublade.

Eines Tages war ihm alles egal. Er stand auf, ging in die Damentoilette, holte den extra Behälter für Damenbinden und schüttete den Inhalt vor dessen Schreibtisch auf einen hellen, flauschigen Teppichboden. Die Damen benutzten ja nicht die bereitgelegten, verschließbaren Beutel – alles rein in den Eimer wie die Natur es „bescherte“.

Der Chef stand auf und verließ den Raum. Später sagte man ihm, der hätte sich übergeben. Er bekam nie wieder einen Anschiss. Vor dieser Demonstration verabschiedete er sich bei Nebelung und dessen Sekretärin, er war sicher, er fliegt raus.

Nein, keine Kündigung – wenn man sich in der Folge sah, grüßte man sich freundlich, auf dem Gang.

Die US Boys und “RIAS“, der Radiosender

Ausschreibung. Ein sehr großes Objekt. Büros, Tonstudios, kompliziert, amerikanisch. Pragmatisch, arbeitsintensivst und alles sollte nichts kosten. Nur deutsche Putzkräfte, polizeiliches Führungszeugnis, Personen-Check etc.

Der Rundgang. Wie immer das Wichtigste neben dem Leistungsverzeichnis. Je nach Etage. Was ist da angesiedelt? Bodenbelag, Nassräume – klingt besser als Toilette – Treppen, Büroausstattung, Kaffe-Automaten – all die Dinge, die vom Kunden als weniger wichtig eingestuft und angegeben werden – und böse die Kalkulation verhageln können.

Ein ganz genaues, ausgeklügeltes Leistungsverzeichnis – die wollten fast jeden Arbeitsgang mit Minuten-Angabe wissen. Heidenarbeit. Aber RIAS war in Berlin eine Institution und wer diesen Auftrag hatte, zählte etwas bei den anderen, potentiellen Kunden. Besonders, wenn es um Sicherheitsfragen ging – Gerichte, US-Firmen, Industriefirmen mit Entwicklungsbüros,etc.

Er gab sein Angebot ab – am nächsten Tag kam die Adermann ganz aufgelöst in sein Büro. Bei ihr säße der Chefeinkäufer vom RIAS und wolle die Kalkulation sehen. Was sie machen solle? Er bat, den Mann in sein Büro zu bringen. Gesehen hatte man sich vorher noch nicht. Jetzt half nur noch gesundes Selbstvertrauen mit einer Prise Frechheit. Jetzt bat er den um dessen Ausweis, rief zurück und stellte zwei, drei Fangfragen. Damit war klar für den RIAS-Mann – gleiche Partner. Keiner ist oben - keiner unten. Partner, die sich gegenseitig brauchen und respektieren. In diesem Objekt ging es auch nicht anders – das war nicht nur ein Putzauftrag , das war ein Sicherheitsvorschriftenkatalog, der umfangreicher war, als das Putzprogramm.

Der RIAS-Mann wollte alles sehen. Personalkartei, Kundenkartei, Unbedenklichkeitsbescheinigung vom Finanzamt, Lohnabrechnung allgemein. Und die Kalkulation. Er legte diese ja niemals vor – aber es ging um alles – Fragen, Fragen,

Fragen. Das ging so drei Stunden, dann ging der. Ohne Kommentar – Am nächsten Tag der Auftrag.

Mit all diesen Aufträgen hatte er München, als Zentrale, fast überholt. Auch die machten nun Aufträge. Zu der Zeit hatten München und Berlin ca. tausend Leute.

Finanzamt – Steuerfahndung – Berlin Tiergarten

Die waren gefürchtet als besonders scharf. Kompetent. Jeden Trick kennend. Für jede unangemeldete, nicht versteuerte Putzkraft je Fall 30.000 DM. Bei seinen mindestens fünfhundert Leuten waren bestimmt einige schwarze Schafe dabei, er wusste das. So was kam vor, da konnte man noch so aufpassen. Kein Personal, der Arbeitsmarkt der Arbeitswilligen war leergefegt. Die Aufträge mussten laufen, aber wie? Wenn täglich Leute fehlen. Länger arbeiten als zwei Stunden durften die ja auch nicht – obwohl die wollten. Gesetze – Gesetze.

Betriebsprüfung, überraschend. Die baten um einen Raum und machten die Schreibtische leer. Von ihm, der Adermann, der neuen Lohnbuchhalterin kam alles in diesen Raum. Dann, nach Stunden, Endbesprechung – Fragen über Fragen. Er setzte alles auf eine Karte. Bloß nicht lügen. – Die einzige Chance, da halbwegs gut rauszukommen. Klar, die Beamten hätten ihn über die Klinge springen lassen können – nur fünf Unregelmäßigkeiten = 150.000 DM Strafe. Das hätte Insolvenz bedeutet. Aber die waren fair, halfen und stellten Bedingungen für die nächste Prüfung. Nur: Die Steuergesetze in Berlin und die in München waren anders. Kompliziert waren beide, aber in München hatten sie Fachleute. Sie in Berlin nur den guten Willen. Und der reichte nicht.

Er bat die Prüfer um Überstellung eines Beamten für ein, zwei Tage, der ausarbeiten und darlegen solle, was die Prüfer genau wissen möchten und wie das bürokratisch zu erfassen sein. Die schauten ihn an mit einem Blick, „hat der sie noch alle?“ Man hatte Erbarmen. Die Prüfungen, die nachfolgenden, dauerten nur noch maximal eine Stunde – nie Beanstandungen.

Meine Herren, Respekt. Und heute noch Danke für die damalige Hilfestellung.

Schule Märkisches Viertel – Ferien, wieso Ferien?

Laufend fanden Ausschreibungen für Schulreinigungen statt – einen Auftrag bekam er nie. Nun war die neue Ausschreibung ein ganz dicker Brocken. Er rief pedus an – machen wir das zusammen. Er selbst hatte ja in München auch noch keine Schule. Zimmerreservierung im AROSA-Hotel. Den Rundgang machten sie zusammen – die Kalkulation auch. Im Hotel. Auf dem Bettrand. Keine Ahnung warum. Es war halt so.

Abends essen in der Käsekiste im „I"-Punkt. Damals sehr gutes Lokal. Am nächsten Tag, Abgabe. Wieder zu teuer. Viel zu teuer. Bei dem Einkäufer war er ja schon x Mal. Man kannte sich inzwischen ein wenig. Aus Verzweiflung bat er den um Nachhilfe bei Schulkalkulationen. Der flippte aus, der Mann. Das sei verboten und wie er dazu käme? Wer führte denn die Firma PEDUS? Er vielleicht? Er bat und bat, bis der sagte – zeigen Sie mir die Kalkulation und erklären Sie mir diese. Er tat's. Der lachte sich tot und er schämte sich in Grund und Boden. Noch heute verflucht er seine damalige Blödheit. Die Lösung war einfach. Das Schuljahr hatte er angesetzt mit 365 Tagen. Ferien vergessen. Unglaublich. Auch REFA kann nicht helfen, wenn der Anwender einen Sprung in der Schüssel hat.

Jetzt bekam er Aufträge, die Ferien wurden nun berücksichtigt.

Die Werres haut ab mit einem Studenten. Pedus am Boden. Später kam die wieder gekrochen – jetzt hatte die keine Chance mehr. Auch darüber hatte man im AROSA gesprochen.

Verschiedene Kunden.

IBM, Finanzamt Wedding, Deutsche Eisenbahn, Osram, Garski – Architekten, Deutscher Wetterdienst, Verschiedene Modehäuser, Britische Streitkräfte, und, und, und.

Neckermann. Alle Filialen. Herr Neckermann machte immer persönliche Inspektion mit ihm zusammen. Der respektierte nur Leistung.

Berliner Kammergericht – Der Präsident und die Tochter

Er hatte den Glasreinigungsauftrag. Riesending. Danach lernte er ein Mädchen kennen, deren Vater war der Herr Kammergerichtspräsident. Er wurde nach Hause eingeladen. Welche Klasse, Flair und freundlichste Aufnahme. Beim Essen stellte der Präsident eine Frage und die Antwort von ihm, darauf, vergaß er nie. „Was würden Sie tun, wenn nun irgendjemand ins Esszimmer käme, den Lüster über dem Tisch abhinge und wegginge." Die Antwort, die er darauf gab war wohl die, die jeder gegeben hätte. „Aufhalten, Polizei rufen und anzeigen." Der Mann sagte: „Lasse den gehen, mit Lüster." Er hätte in seiner langen Berufspraxis genug Leute kennen gelernt, die sich durch Prozesse ruiniert hätten. Selbst wenn sie irgendwann Recht bekommen haben sollten. Finanziell am Ende und gesundheitlich auch. Diesen Rat hat er beherzigt. Bis heute.

Die Gefahr ist eben, dass man Ratschläge beherzigt und auch einsieht, so lange es einen nicht selbst betrifft. Er selbst glaubt ja kaum, dass er jemanden gehen ließe, der ihm im Esszimmer den Lüster klaut und damit geht. Oder mit etwas anderem. Wie oft handelt man aus dem Augenblick heraus – emotional und bereut später bitter. Dieses Thema braucht nicht weiter vertieft zu werden. Ein jeder weiß und kennt das – wie schwer es ist, wieder gutzumachen. Und allzu oft ist es dafür zu spät.

Selbstbeherrschung – das Schwerste, was es zu perfektionieren gilt.

Negativ-Kredit – Der erste Schritt zur Million

Die allererste Treppenstufe zur Unabhängigkeit. Obwohl er nun, nach zwei Jahren, sein ursprüngliches Einkommen aus der Zeit vor PEDUS wieder erreicht hatte, war immer noch null Pfennig auf dem Privatkonto.

Wie das Geld reinkam, ging es raus. Klamotten, Pucci, Armani, teu're Schuhe, 6.000 DM Uhr, etc. (nicht für Frauen).

Er überlegte, wie die Ausgaben zu kürzen wären und kam zu folgendem Schluss: Zur Bank gehen, Konto eröffnen, 30.000 DM Kredit aufnehmen und gleich wieder auf ein Sperrkonto einzahlen. Rückzahlung per monatlicher Raten. So hatte die Bank wie auch er seine Sicherheit für den Kredit. Im Laufe der monatlichen Kreditzahlungsraten ärgerte er sich so über diese überflüssigen Zinsen – verursacht durch mangelnde geldliche Disziplin, dass er solch einen Kredit nie mehr aufnahm. Nun, erst mal waren die 30.000 DM auf dem Konto.

Ab der Zeit beschloss er, und hielt das auch fünfzehn Jahre lang durch, 56% seines Nettoverdienstes auf die Bank zu bringen. Für das große Ziel. Definiert war das noch nicht – nur vage – Unabhängigkeit. Zur Unabhängigkeit ist Geld das Blut.

Warum gerade 56% des Nettoeinkommens auf die Bank – das war das Ergebnis einer damaligen Überschlagsrechnung (Wie viel Geld monatlich in wie viel Jahren ergibt die angestrebte Summe).

Auch da kann man den Roten Faden zur Anwendung bringen. Und es klappte.

Die DDR-Fahrten und die Verhaftung

Drei, vier Mal war er drüben. Mit pedus. Im Brecht Theater. Felsenstein der Intendant. Mann, war das eine vermiefte Stadt im Ostteil. Er riecht noch heute den Gestank. Die hatten überall, aber wirklich überall, das gleiche Reinigungsmittel. So stank dieses Staatsgebilde vor sich hin.

Während seiner vielen Autofahrten von Berlin nach München, durch DDR - Gebiet – war nicht eine Fahrt ohne Probleme (Zum Fliegen hatte die Firma zu der Zeit nicht das Geld). Die Schikanen der Grenzposten, besonders der Frauen – lächerlich, aber sie hatten nun mal das Sagen.

Einmal war es der Autogurt, nie benutzt – er hatte den sauber aufgerollt. „Aufmachen“, er weigerte sich. Rein, unter Bewachung zum Obergrenzer. „Was, sie behindern die Bürger der DDR in ihren Aufgaben“, so ging das los. Aber komisch – richtig sauer war keiner auf den anderen.

Das andere Mal war es das Autotelefon. Er hatte vergessen, die Antenne abzuschrauben. War damals Vorschrift. Innerhalb der DDR keine Antenne. Das Autotelefon hieß damals „öffentlich beweglicher Landfunkdienst“. Nun, im Laufe der drei Jahre lernte er jeden Obergrenzer kennen. Man redete über so vieles. Und das im Klartext.

Nachts fuhr er zurück nach Berlin. Winter. Saukalt. Am Autobahnrand winkte eine Gestalt. Er hielt. Das war ein sowjetischer Besatzungssoldat. Blutjung und fror wie ein junger Hund. Kein Wort Deutsch. Der deutete mit dem Finger Richtung Berlin und er nahm den mit. Bis zum heutigen Tag hat er dessen Geruch in der Nase. „Frisches Heu“. Im Winter, auf der Autobahn, roch der nach Heu. Kein Aramis – aber der Heugeruch war auch nicht unübel. Zwei Kilometer vor dem DDR-Kontrollposten hielt er – der Russe verstand, stieg aus. Wie aus dem Nichts standen drei DDR-Soldaten vor ihm – er hätte ein schweres Verbrechen begangen. Mitkommen zum Posten. Verhör. Woher er den kenne? Seit wann? Wo getroffen? Welche Informationen der ihm gegeben hätte – und er ihm? So ging das, stundenlang. Die glaubten einfach nicht, dass er den nur mitgenommen hatte, weil es so kalt war. Haarscharf hätten die ihn nach Leipzig überstellt zum Weiterverhör. Haarscharf. Nun, die machten halt ihren Job.

Die Mädchen aus Berlin – in Berlin – und um Berlin herum

Langsam kam Geld in die Firmenkasse, er konnte fliegen. Seine Lieblingsfluglinie „PANAM“. Die PANAM begleitete ihn noch oft auf seinen Flügen zu seinen beruflichen Terminen. Da war etwas mysteriöses an dieser Fluglinie. Dagegen war die Lufthansa ein kastrierter Mann. Er flog, wann es auch immer ging, nur mit der PANAM! Er bedauerte sehr, dass die später Pleite ging.

Da war die Ingrid und das Hilton und der Vater, der Rektor war. Essen ging er täglich ins „Drei Bären“ am Kudamm. An die Bar. Mittags. Zu der Zeit war das das Lieblingsrestaurant der Models. Berlin war voll davon. Allerdings waren das noch junge Frauen aus Fleisch und Blut. Lebendig, voller Fröhlichkeit und ungezwungener Natürlichkeit. Keine degenerierten Blaustrümpfe ohne Klasse und

Fröhlichkeit. Keine verklemmten degenerierten Zombies wie heute. In seinem ganzen späteren Leben – egal wo auch immer – wurde er nie mehr so oft „aufgerissen“ wie in Berlin. An der Ampel. Im Drei Bären. Im Kino – das war mal etwas anderes und sehr Schönes.

Nur, das Einzige, was ihm später auf den Docht ging, war – die hatten alle, im Ablauf punktgenau, die gleiche Entkleidungszeremonie. Erst kam das, dann das, dann das. Da war auch nie eine Änderung – waren die alle im gleichen Kurs?

Eine war dabei, die sprach er im Kino an. Zoo. Dr. Schiwago lief. Pause. Er brachte ihr einen Champagner – sie nahm an – er bat, nach dem Film am Ausgang zu warten. Sie wartete. Er wohnte ja nur drei Minuten weg und in fünf Minuten lagen sie zusammen im Bett. Er wollte sie wiedersehen und was sagte sie? „Ich bin verheiratet und liebe meinen Mann. Dich musste ich einfach haben.“ Er musste drei Eide schwören, sie nicht ausfindig zu machen. Und sollte man sich einmal zufällig treffen, Diskretion zu wahren. Er versprach es, hielt es. Wenn man sich auch nicht mehr sah. Leider. So viele Gesichter hat er vergessen – ihres nicht. „Wie geht's dir?“ Ihr Stewardessen von der PANAM – ihr bildhübschen Models – und Berlinerinnen – wir hatten viel Spaß und Freude zusammen. Nie wollte auch nur eine auch nur eine DM. Essen gehen ja, finanzielle Interessen, nein. Alles war gründlich aber unverbindlich. Keine Forderungen. Keine Besitzansprüche. (Männer, das war das Paradies) Habt Dank. Mein Respekt gehört euch noch heute ...

Das zweite Lieblingslokal war das „Ricci“. Kudamm. Ganz oben. Die Knef war dort, der Maler Timm – es war ein uriges Restaurant. Zwei Etagen. Und, gegenüber von Klöckner, sein Italiener. Marbachstraße. Sehr gute Küche, viel Flair – man kannte ihn und er kannte die alle. Die Ober, den Geschäftsführer, er bekam immer seinen Tisch, war auch noch so voll. Jedes Mal eine neue Begleiterin – die nannten ihn alle „James Bond“. Was ihn natürlich immer in Erklärungsnotstand brachte – Wieso nennen die dich so? Bist du oft hier? Allein? Die Fragen, die alle Frauen der ganzen Welt einem Mann eben so stellen ... Egal wie man auch antwortet, die Frauen „riechen“ das Ungesagte.

Der Betrug seines Betriebsleiters

Die negativste Erfahrung für ihn in Berlin war nach drei Jahren eine Betriebsprüfung. Dieses Mal von Heidi und pedus. Als er in Urlaub war. Man bezahlte damals die Leute per Scheck. Karge brachte den Arbeitskräften direkt im jeweiligen Objekt die Schecks. Er wusste, dass er betrogen wurde – ab und zu mit Strohleuten. Aber wie aufdecken? - „Strohleute“, wie läuft's? Ein Objekt x hat zum Beispiel vierzig Arbeitsstunden, täglich, verteilt auf zum Beispiel achtzehn Leute.

Wer pro Tag wie lange arbeitet, ersieht man aus der Stundenliste, die täglich geführt wird und im Objektbüro ausgehängt ist. So kontrollieren die Arbeitskräfte mit. Verhindert auch Schummeln.

Nun ist ein Trick zum Betrügen – seitens des Vorarbeiters, Objektleiters oder Betriebsleiters, dass auf der Stundenliste Namen aufgeführt sind, die es gar nicht gibt. Das heißt, eine Person kassiert für vier weitere mit und erhält also anstatt eines Schecks fünf Schecks. Die Schecks werden von der Lohnbuchhalterin anhand der Stundenlisten erstellt. Die Eingeweihten verstehen's. Er will das nicht weiter ausführen. Auf jeden Fall, kommt die Steuer dahinter, ist man als Chef dran. Und die Firma. Und es gibt kein Mittel, das 100% abzustellen. Keines. Wie oft hat er kontrolliert, bei abendlichen Kontrollen, oder während des Tages die Stundenlisten. Persönliche Schecküberreichung, Namenkontrolle, Stundenkontrolle und, und, und. Unlösbar. Was natürlich die Steuerbehörde nicht gelten lässt – und auch nicht kann.

Entdeckte er eine Unregelmäßigkeit, waren das Schlampigkeiten in der Listenführung. Die gereichten keinem zum finanziellen Vorteil. Nun deckten Heidi und pedus gewisse Unregelmäßigkeiten auf, aber keine direkten Fakten, es roch nur danach – und stank schon manchmal. Die beiden hatten doch wahrhaftig ihn im Verdacht, die Schecks kassiert zu haben. Er war stinksauer und tödlich beleidigt. Er verstand es ja, vom Geschäftlichen her – aber trotzdem! That's life.

Er kündigt in Berlin! Beginn und Startschuss der Krankenhausreinigung

Nach drei Jahren kündigte er in Berlin. Grund: Er könne nicht mehr Tag für Tag die Reklamationen ertragen. Toiletten dreckig. Das und das läuft nicht. Kündigungsandrohungen wegen Kleinigkeiten, usw., usw. Er hatte von der Gebäudereinigung die Nase gestrichen voll. Er dachte zu verblöden, degenerieren – selbst im Dreck aufzugehen.

Pedus kam nach Berlin. Er blieb bei der Kündigung. Außerdem war da noch immer der Stachel der unangekündigten Betriebsprüfung von Heidi und pedus. Pedus bot ihm an, die Krankenhausreinigung aufzubauen. Deutschlandweit. Krankenhausreinigung? Keine Ahnung. Wie soll das gehen, die haben doch alle eigene Leute. Betriebsrat, Gewerkschaften, etc., etc. Pedus hatte mal wieder seine Visionen. Auch wie immer, ohne Netz und ohne Fakten.

Nun, ihm gefiel es. Endlich was Neues, anderes – Aufträge in größeren Summen und Volumen.

Arabellahaus in Bogenhausen in München, sein Nest

Er verabschiedete sich von Berlin und zog nach München. Arabellahaus. Pedus sagte, die vermieteten komplett eingerichtete Wohnungen. Als er dort vorsprach, gab es das dann nicht mehr. Um damals ins Arabellahaus einziehen zu können, brauchte man Verdienstbescheinigung, polizeiliches Führungszeugnis, und, und, und. Er liebte das Arabellahaus vom ersten Moment an. Bis heute. Man ist zusammengewachsen wie ein altes Ehepaar. Man kennt sich. Zweiundzwanzig Stockwerke. Oben das herrliche Schwimmbad. Kliniken, Ärzte, Room-Service. Die Hälfte des Hauses ist vermietet, die andere Hälfte Hotelgäste. Wenn er spät in der Nacht heimkam – die Hotelhalle hell erleuchtet. An der Bar vorbei – viele Hotelgäste, international. In Jeans, im Abendkleid – das motivierte und gab ein gutes Gefühl. War man auch selbst todmüde.

Unten, im Tiefgeschoss war und ist noch ein Tonstudio. Ganz bekannte Bands kamen da und machten ihre Aufnahmen. Und: Gute Wohnadresse. Stadtteil Bogenhausen. Irgendwie war und ist das Arabellahaus ein wenig verrufen. Positiv. Macht nichts. Macht das Ganze interessant mit dem gewissen Touch. Und: Die Damen sind interessiert, das Haus kennen zu lernen ...

Appartement mit Blick auf die Stadt. Riesenfenster. Tagsüber, schön. Nachts jedes Jahr dunkler. Die Weltstadt mit Herz – dunkler als der Nordfriedhof. Das schlägt aufs Gemüt, also Jalousie runter. Sinatra auflegen. New York – New York. Und Ray Charles. In the Heat of the Night.

Beschaffung von Krankenhausadressen. Los ging's. Die Zentrale war nun am Perlacher Forst. Kurz vor Harlaching.. Er residierte im Rückgebäude. Auf dem Fensterbrett liefen die Eichhörnchen rum. Das gab es am Wittenbergplatz in Berlin nicht. Problem: Wo die Adressen von Krankenhäusern herkriegen? Den städtischen, den kreiseigenen, den konfessionellen, besonders katholischen? Namen der Verwaltungsleiter, Telefonnummer, Ort, wie viele Betten, auf was spezialisiert? Durch Zufall stieß er auf einen Verlag in Kulmbach, der Krankenhaus-Adressbücher herausgab. Wo anfangen? Wie? Pedus gab keine Umsatzvorgabe, keine Zeitvorgabe und ließ ihn allein machen.

Peter Dussmann als Chef

Seine Stärke war, die richtigen Leute zum richtigen Zeitpunkt für die jeweils spezifische Aufgabe zu finden. So, wie pedus ihn damals als ersten Niederlassungsleiter für Berlin einsetzte, plante er ihn nun als Auftragsbeschaffer von Krankenhäusern ein.

Alle Vollmachten, keine Rechenschaftsberichte, keine Kontrollen, pedus – als Chef wussten Sie, wie man seine Chefs motiviert. Nun, er war ja damals der einzige.

Andererseits war auch pedus mit ihm nicht schlecht dran. Oder, pedus? Flexibel, ungebunden, für alles Neue zu haben, loyal, mit einem unbändigen Willen zum Erfolg, alter Soldat – leben aus dem Koffer, und die Erfolge waren ja auch da. Sie hatten beide miteinander Glück. Aber das Größte, pedus, war: du gabst ihm die Chance, sich vor sich selbst zu beweisen. Alle Freiheiten. Das hat er Ihnen nie vergessen.

Der Anlauf – Der Weg – Kampf mit den Gewerkschaften bis zum Auftrag

Allein darüber könnte er ein Buch schreiben. Kauf einer großen Deutschlandkarte.

Roter Stecknadelkopf: Objekt,
blauer: Angebot,
grüner: Auftrag

Beim Stecken der Nadeln stellte sich heraus, dass das Gros der Krankenhäuser in nächster Nähe – plus/minus zehn Kilometer an Autobahnen angesiedelt waren. Auf der Karte sah das aus, wie eine aufgereihte Perlenkette. Es gab ca. viertausend potentielle Kunden. Er kannte sie alle.

Erster Besuch. Er stellte sich vor, sagte was er wollte und ließ dann den Verwaltungsleiter reden. Nur reden. Nach hundert Besuchen kannte er all deren Probleme. Immer die gleichen Probleme. Und das waren Probleme. Für ihn zu lösende Probleme. Warum sollten die ihm sonst einen Auftrag geben? Zu der Zeit war eine Reinigung durch eine Firma im Krankenhaus etwas ganz Neues. Mit eigenen Leuten (wenn auch 100% teurer) war der Verwaltungsleiter doch sicher in der delegierten Verantwortung eingebettet. Warum was ändern? Alles läuft doch gut.

Dann die Schwestern. Die hatten alle Kompetenzen, „ihre“ Putzkräfte einzusetzen, wie sie wollten. Um Kaffee zu holen, Wäsche aus der Reinigung, etc. etc. so etwas nennt man artfremder Einsatz. Das hörte ja alles auf bei einer Fremdfirma. Warum sollten die also mit einem Wechsel einverstanden sein? Nur Nachteile für sie.

Dann die Gewerkschaften. Die Putzfrauen waren deren Stimmvieh. Für die Gewerkschaften, den Betriebsrat. Den späteren Hygienebeauftragten. Kurs, drei Wochen. Von Tuten und Blasen keine Ahnung. Aber der machte Riesenprobleme. Allein durch seine Inkompetenz. Dann hieß es, die Fremdfirma entlässt die eigenen Leute, versichert und versteuert nicht, beutet euch aus und ihr werdet unterbezahlt. Die hatten und haben noch heute Argumente drauf, dass sich einem der Magen umdreht, vor solcher (gewollten?) Inkompetenz und Kastendenken. Erst kommen die gewerkschaftseigenen Interessen, dann die Interessen der Putzfrauen. Alles unter einem sozialen Mantel – Da sind die Löcher größer als der Mantel, der ja Schutz geben soll/sollte.

Nach den Krankenschwestern musste die Gewerkschaft „überwunden" werden. Der Verwaltungsleiter konnte diese Hindernisse kaum überwinden und den Auftrag selbst ausschreiben und vergeben. Da war ja noch der Oberbürgermeister, der Herr Pfarrer (auch das sind ja Gotteskinder, die eigenen Putzfrauen), und niemand wollte anecken. Und die Heimatzeitung. Die stellten einen auch an den Pranger. Ungeprüft und voller Emotionen. Einfach war es nicht, einen Auftrag zu bekommen. Hilfestellung, wenigstens beim Aufbrechen alter, mit hohen Kosten verbundener, überholter Strukturen gab der Landrat. Finanzsenatoren. Innenministerium.

Nicht mehr finanzierbar, das Ganze. Das Gebot: Neue Wege. Preisgünstiger und ohne Abfall der Leistung und mindestens gleicher Bezahlung der Reinigungskräfte.

Hundert Krankenhäuser – 250 Millionen DM Umsatz jährlich

Hundert und mehr Krankenhäuser kamen in den nächsten zehn Jahren zusammen. An Aufträgen und über ganz Deutschland verteilt. Als er mit fünfundvierzig Jahren bei PEDUS ging und seine Unabhängigkeit lebte, hatte PEDUS in Deutschland ca. 250 Millionen Umsatz. Aber bis dahin war noch ein langer Weg und er sollte noch viel Blut und Wasser schwitzen.

Gebt dem Fremdenlegionär keinen Auftrag

Er brach nun in die Gebiete der alteingesessenen Firmen ein. In deren Hoheitsgebiete. Wie ein Fuchs im Hühnerstall. Die Konkurrenz bekam mit, dass PEDUS einen Prokuristen (inzwischen war er einer) hatte, der in der Fremdenlegion war. Durch seine Erfolge im Krankenhaussektor wurden die hellhörig und wurden zum Trittbrettfahrer. Auch die wollten nun Krankenhäuser reinigen. Bei Vorsprachen bei den Verwaltungsleitern erzählten die, dass er in der Legion gewesen sei. Zu der Zeit waren viele der Verwaltungsleiter in der ehemaligen Wehrmacht gewesen, also selbst ehemalige Soldaten. Jeder hatte ja irgendwann, irgendwas über die Legion gehört. Neugierig waren die alle. Ein Exot unter grauen Mäusen.

Nun baten die von sich aus, um seinen Besuch – und schafften so Kontakte, die er selbst vielleicht von sich aus nie bekommen hätte.

Es gibt ein unsichtbares Band zwischen allen Soldaten der ganzen Welt, die jemals im Einsatz gewesen waren und ihre toten Kameraden begraben hatten. Man erkennt sich untereinander. Selbst in späterer Zeit noch war und ist das von Vorteil. Besonders in Rio de Janeiro.

Die Militärpolizei. Gehasst und gefürchtet. Er hatte nie Probleme mit denen, wie die anderen Gringos. Im Gegenteil. Die halfen ihm immer. Uneigennützig – die erkannten, dass das einer von ihnen war.

Bei Gesprächen über den Krieg- Wie war das bei euch? – Wo warst du im Einsatz? – Was für Waffen hattet ihr? – Erzähl von Indochina – schaffte das ein Vorab-Vertrauensverhältnis. Man wusste, es geht ehrlich zu, kein Blabla.

Bei solchen Erzählungen wird ja manchmal ein bisschen übertrieben. Ein alter Hase erkennt das. Sofort. Und man ist abgemeldet. Also: Karten auf den Tisch. Was kann die Firma, zu welchem Preis und was nicht? Selbst wenn die anderen billiger waren, sogenannte Kampfpreise, billiger ist ja nicht wirtschaftlicher, bekam er oft noch seine Chance zum Endgespräch. Und oft konnte er das Blatt noch wenden. Durch Fakten, Hinweise, Erklärung der Kalkulation. Es gab in Deutschland ca. fünf Firmen, kompetente Firmen. Der Rest waren Krauterer, die die Fremdreinigung in Verruf brachten. Bekamen die einen Billigauftrag und das ging schief, allzu oft, lieferten die die Munition für die Gewerkschaften nach dem Motto: Seht ihr, wir haben's ja schon vorher gewusst. So sind die alle.

Gewerkschaften und die Personalübernahme. Bekam man einen Auftrag, so mussten die hauseigenen Leute übernommen werden. Waren es zu viele und mussten einige freigestellt werden, wurden Sozialpläne erstellt und angewendet.

Das war jedoch weniger häufig der Fall, dank der Gewerkschaften selbst. Die machten vorher im jeweiligen Objekt die Fremdreinigung so schlecht – mehr Leistung, weniger Bezahlung, die schmeißen euch alle raus – dass die hauseigenen Frauen von sich aus kündigten, wenn sie hörten, PEDUS übernimmt. Den Reinigungsfrauen wurde so viel Angst gemacht, resultierend aus dem Gewerkschafts-Negativgerede, dass die anschließend nun wirklich auf der Straße standen. Ohne Sozialplan.

Er selbst war in der FORTSCHRITT-Zeit selbst einmal Gewerkschaftsmitglied gewesen und brauchte deren juristische Hilfe. Der Fall war glasklar – wie reagierte die Gewerkschaft? „Da haben wir keine Chance, zu gewinnen. Daher vertreten wir Sie nicht!" Er trat danach aus und nie mehr ein.

Erinnerungen an das Krankenhaus Fürstenfeldbruck

Da war pedus von sich aus dran und versuchte, den Auftrag an Land zu ziehen. Allerdings ohne Erfolg. Der war sauer und gab „den Befehl“: „Ich will den Auftrag. Holen Sie den.“

Nun, Befehle waren für ihn so eine Sache von einem Zivilisten. Negativ. Und zweitens, wenn ein Krankenhaus-Verwaltungsleiter nicht will – oder der Landrat – wollen die eben nicht. Einige waren nun wirklich keine PEDUS-Freunde. Neidfaktor. Die sind zu groß, die sind zu klein. Und was es da noch so gab.

Fürstenfeldbruck war einer der ersten Interessenten für die Krankenhausreinigung. Wie lange ist das her? Also ging er ran an Fürstenfeldbruck, mindestens fünf Mal war er dort, es ging ihm wie seinem Chef. Die wollten PEDUS ums Verrecken nicht. Der selbst wollte jedoch nicht begreifen und jetzt wurde der Schreiber sauer und wollte dem Ganzen ein für alle Mal ein Ende setzen. Zur Sekretärin mal wieder, die sagte: „Der Herr Landrat hat Termine und keine Zeit.“ Darauf er: „Geben Sie mir das schriftlich, dass der Landrat keine Zeit hat“. Das machte die nicht. Darauf er: „Dann bleibe ich hier sitzen, bis der Landrat Zeit hat. Und wenn das Tage dauert.“ Scheinbar hatte die in ihrer Praxis solch einen Fall noch nicht erlebt und wusste nicht, was tun. Nach drei Stunden bekam er seinen Termin. Der Landrat: „Den Auftrag bekommen Sie nie“. Er darauf: „Geben Sie mir das schriftlich, ohne diese Bestätigung gehe ich nicht“. Er bekam die Bestätigung, die da lautete, dass PEDUS den Auftrag bekäme. Das war mit das Kurioseste, was zu einem seiner ersten Aufträge führte.

Beginn in sieben Tagen. Keine Leute. Er stellte sein Auto auf den Marktplatz und beklebte die Autofenster mit Texten wie: „Reinigungskräfte gesucht. Stundenlohn x, von ... bis ..., etc.“

Er fand die Leute und es ging los. Selbst das tat er noch mit Wut im Bauch, des „Befehls“ wegen. Normalerweise war das nicht seine Aufgabe. Ganz ehrlich muss gesagt werden, dass er im Grunde diesen Auftrag gar nicht mehr wollte. Der Befehl von pedus war zuviel. Er wollte dem Ganzen nur ein endgültiges Ende setzen. Schriftlich bestätigt. Hätte er den Auftrag wirklich gewollt, hätte er das vorgenannte Spiel hundert prozentig nicht abgezogen. Solche Strategie konnte ja gar nicht gut gehen. Das war höchstens eine Strategie mit eingebauter Misserfolgsgarantie. Nun, so läuft's manchmal ...

Anfangsschwierigkeiten bei der Beschaffung von Aufträgen

Wie soll er vorgehen? Er und ca. 4.000 Krankenhäuser. Und allein. Noch war er ja solo. Keine Niederlassungen. Nur die in Berlin. Keine Vertreter. Keine Unterstützung. Keine Referenzen – nichts. Aufbau aus dem nichts. Keine Werbung irgendwelcher Art. Er überlegte: Und wenn nun ein Verwaltungsleiter ein Angebot will, wie präsentieren? Wie das Leistungsverzeichnis erstellen, so, dass es nach Möglichkeit für sehr viele Krankenhäuser gelten konnte? Die Verwaltungsleiter hatten ja selbst wenig Ahnung. Die vielen verschiedenen Reinigungsrhythmen, Methodik der Reinigung, das Ganze hatte ja mit der normalen Gebäudereinigung nichts zu tun. Außer, dass immer mit Wasser geputzt wurde. Was aber auch nicht stimmt, denn im Krankenhaus wurden oft je nach Sektor verschiedene Desinfektionsmittel zugegeben.

Also zuerst die Präsentation. Er hatte nun in München, der Zentrale, eine Sekretärin. Stellung halten, präsent sein, und informiert. Fahrtrouten koordinieren, falls möglich, geknüpfte Kontakte nach Vorgabe halten, Karteien führen, wer ist wann zu besuchen? Prioritäten setzen. Auf seine verschiedenen Sekretärinnen war er immer sehr angewiesen. Und er hatte auch immer mit ihnen das große Los gezogen. Noch heute. Danke, Mädels. Er hofft, dass sie das Gleiche über ihn sagen.

Kämpfe um die Kosten mit Heidi, der Expansionsbremse

Innerbetriebliche Kämpfe mit der Finanzabteilung. Das ist in jedem Unternehmen der ganzen Welt gleich. Finanzen gegen Vertrieb. Das ewig geltende Gesetz. Nur, wer das Geld hat, schafft an. Und Heidi war nun die graue Eminenz. Die Firma wurde im Dreigestirn geleitet. Mehrheit zählte. Da galt es, Mehrheiten zu schaffen, je nach Interessenlage. Nun muss gesagt werden, dass es wirklich immer um die Interessen der Firma ging. Keine Ego-Fürze. Jeder hatte eine Stimme. Pedus, Heide und er. Nur, seine Interessen deckten sich mit denen von pedus. Umsatz – Erweiterung – Expansion. Er hatte es also relativ leicht. Andererseits wusste man, dass man ohne Heidi Pleite macht. Wer sollte die ganze Expansion vorfinanzieren, etc. etc.? Heidi, die Expansionsbremse. Das kostet zuviel, nicht machbar, ich brauche Rücklagen für die Steuer, usw. usw.

Der ging es zum Beispiel bis zum letzten Tag seiner Arbeit bei PEDUS nicht in den Kopf, dass da eine Planung von ihm zum Beispiel so lautete:

8:00 Uhr Hamburg – 12:00 Uhr Düsseldorf – 17:00 Uhr Hannover. So war das laufend. Für die war das „Missmanagement".

Potentielle Kunden sollten in den jeweiligen Städten von A – Z besucht werden; dann die nächste Stadt, usw. Keine langen Fahrzeiten, unproduktiv, Geld rausgeschmissen und Zeit nicht genutzt. Keine Planung. Von der Logik her hatte sie Recht, Von der Praxis keine Ahnung. Die verstand das auch nie. Heidi war der Bewahrer, er jedoch der Beschaffer. Was willst du bewahren, wenn nichts da ist?

Wie läuft im Vorfeld so ein Endtermin ab?

Normalerweise brauchte es drei Jahre und mindestens fünfundzwanzig Besuche je Krankenhaus bis zu einem Endgespräche. Zur Entscheidung. Ging dieses Endgespräch schief, so brauchte man die nächsten zehn Jahre in diesem Krankenhaus nicht mehr zu erscheinen. Wenn die Konkurrenz dort halbwegs gut arbeitete.

Zu diesem Gespräch lag das Angebot und das Leistungsverzeichnis vor. Das Verhältnis Angebot zum Auftrag lag bei 3%. Von hundert Angeboten führten maximal drei zum Auftrag. Worauf er darauf achtete, nur an wirklich Interessierte Angebote abzugeben. Viele Verwaltungsleiter sagten ja, um einen abzuwimmeln. „Nun machen Sie mal ein Angebot“. Diese Arbeit und Kosten. Ein Angebot kostete damals die Firma ca. 300 DM. Und der warf das dann in den Papierkorb. Zwei Überlegungen. Erstens: Ist der wirklich interessiert und wenn doch nicht, wie erreicht man es, dass der das Angebot nicht wegwirft und trotzdem in den Schrank stellt. Eventuell für später. Zweitens: Wie attraktiv muss das Angebot sein, um das zu erreichen?

Die PEDUS-Angebote – Wer nimmt am Endtermin teil?

Es wurden Fotoalben gekauft. Blauer Stoffbezug. Zwanzig Seiten. Ein Profi für die Aufnahmen engagiert. Geknipst wurde im Krankenhaus Rosenheim. Auch einer seiner Kunden. Die verschiedenen Stadien des Reinigungsablaufs. Dann wurden die Bilder „per Hand“ eingeklebt. Bild für Bild. Text darunter mit Schreibmaschine. Das war Fronarbeit. Aber, Kein Verwaltungsleiter warf diese Alben weg. Noch lange nach seiner PEDUS-Zeit, wenn zufällig ein Verwaltungsleiter getroffen wurde, sprach man ihn auf diese Fotoalben an.

Die Alben; er wollte damit die „Liebe zum Detail“ demonstrieren. Umzulegen auf die spätere, zu verrichtende Arbeit. Das hatte keiner von der Konkurrenz. Die hatten Hochglanzdrucke, anonyme. Jahre später hatten sie das dann auch, aber anders. Trotz neuer Techniken. Immer wurde Wert gelegt auf Individualität und Liebe zum Detail. Sich seriös aus der Masse hervorheben.

Zu der Zeit wurde ein Film gedreht für die Demonstration beim Kunden bzw. potentiellen Kunden. Sehr laienhaft, aber trotzdem sehr aussagefähig. Auch der Film kam sehr gut an.

Bekam er dann einen Termin, zum Beispiel in Hamburg, nahmen an diesem Gespräch teil: Der Verwaltungsleiter, der Betriebsrat, die Oberin, zwei, drei leitende Schwestern von den kritischen Bereichen, zum Beispiel OP. Lief das gut ab, weiter zum Landrat oder Finanzsenator. Oder ins Innenministerium.

Erst mussten ja einmal alle diese Leute unter einen Hut gebracht werden. Zeitlich – das dauerte Wochen. Manchmal noch länger, bis alle Terminkalender zum PEDUS-Termin übereinstimmten.

Dann kam Düsseldorf dran. Er hatte sich ja nach seinen eventuellen künftigen Auftraggebern zu richten – nicht nach Heidis Vorstellungen. Wenn eine Frau etwas nicht versteht, versteht die nicht. Die nickt wohl mit dem Kopf, aber nachvollziehen kann sie das nicht. Sie mischte sich dann nicht mehr ein, hatte wohl den jeweiligen Ärger satt. Aber er ist felsenfest davon überzeugt, dass sie noch heute denkt, „der hat keine Ahnung, wie man Termine macht".

Was noch dazu kam: Waren das regionale Prestige-/Vorzeigeobjekte, wurden drei Repräsentanten von drei verschiedenen Reinigungsfirmen geladen. Jeder hatte dann dreißig Minuten Zeit, die Firma zu präsentieren, Fragen zu beantworten und sich „zu verkaufen". Das war ein Eiertanz. Die Fragen waren manchmal so weltfremd, dass die nicht offen beantwortet werden konnten. Sonst hätte man den Fragesteller bloßgestellt. Also, ernst nehmen. Das war ein guter Einwand – und so. Andererseits wollten sich die Fragesteller vor ihren Chefs profilieren. Provokativ. Nun legen wir den mal aufs Kreuz, den Bayer – dabei war er Badenser. „Wir haben genug regionale Firmen, wir brauchen die Bayern nicht". Jetzt hieß es lavieren. Den mit Klasse widerlegen. Cool bleiben. Bloß keine Emotionen. Zum Glück merkten die, dass die ausgepunktet wurden und wurden dadurch immer wilder. Das kann man ja steuern. Jetzt half man denen. Die Chefs merkten das natürlich. Aber das gab Pluspunkte. Er mochte diese Präsentationen. Er gewann die alle zu 97%.Die heißesten waren: Krankenhaus Lichtenfels, Krankenhaus Ludwigsburg. Auch das wurden PEDUS-Aufträge.

Niederlassungsgründung. Kam es zum Auftrag, wurde in der jeweiligen Stadt/ am jeweiligen Ort eine eigene Niederlassung gegründet. Steuern wurden vor Ort abgeführt. Das Gewerbe vor Ort angemeldet. Ein Niederlassungsleiter wurde eingestellt, 1 bis 3 Vertreter für Auftragsbeschaffung, ein Objektleiter oder mehrere für das Krankenhaus, ein technischer Betriebsleiter, eine Sekretärin, eine Lohnbuchhalterin, etc.

Überregionale Verkaufsorganisation – sein Kind

Verkauf (Neuaufträge), Vertreterschulung, Niederlassungsleiter-Schulungen, Werbung, Kalkulation unterstand ihm. Allein. Alle Angebote über 15.000 DM Monatsumsatz gingen über seinen Münchner Schreibtisch. Alles zentral gesteuert. Er war verantwortlich für den Erfolg. Und den Misserfolg. Wenn er schon den Kopf hinhielt, war es für beides. Das war der Grund für das Zentralisieren.

Die Niederlassungsleiter bekamen ihre Umsatzvorgaben. Er veranlasste die Herausgabe einer Firmenbroschüre. Was gibt es an Interna? Seine Seiten: Neuerungen, neue Kalkulationsvorgaben, Praxistipps, Referenzen, etc.

Er führte eine Tabelle ein, wie bei der Bundesliga. Grund: Um zu prüfen, ob die Herren auch seine Seiten lasen, veröffentlichte er einmal Tipps fern jeder Realität. Niemand fragte zurück. Niemand interessierte das. Für die Folge lasen die Herren die Mitteilungen von seinem Verkauf.

Diese Tabelle umfasste:
Umsatz % Soll
Umsatz % Ist
Per Monat in % kumuliert
Plus %, Minus % per Monat kumuliert,
Kündigungen
Gestaffelt nach Niederlassungen.
Für die Folge war das das Erste, was die Herren aufschlugen. Das ging ans Ego!

Ein anderes Problem war, dass die Herren bei Erreichen eines gewissen Umsatzes keine Lust mehr auf Neuaufträge hatten. Zuviel Arbeit Das Gehalt war ja überdurchschnittlich, also warum sich quälen? Er ging neue Wege. Setzte Niederlassungsleiter-Tagungen an. Sonntags.

Niederlassung vor Frankfurt/Main, nach Süden –Tagung in München,
Niederlassung nach Frankfurt/Main, nach Norden –Tagung in Hannover

Anschiss von pedus. Die Ehefrauen hätten sich beschwert. Das könne man doch nicht machen.

Doch, man konnte. Es wurde ja auch überdurchschnittlich bezahlt, wo blieb die Leistung? Weiter an Sonntagen.

Wo die Leistungen nicht erreicht wurden, Verbleib in der jeweiligen Niederlassung für eine Woche. Niederlassungsleiter-Schulung, Vertreterschulung. Zusammen raus zu potentiellen Kunden, er hörte zu. Danach Besprechung. Was war gut – was war schlecht? Und warum?

Standorte der Niederlassungen

Welches waren damals die Niederlassungen? München (Zentrale) – Berlin – Freiburg – Friedrichshafen – Würzburg – Stuttgart – Frankfurt – Essen – Hannover – Hamburg – Bremen – Düsseldorf – Dortmund – Kiel – Mannheim – Nürnberg – Köln – Linz – Wien – Graz – Luxemburg – Innsbruck. Jetzt waren auch überregionale Verkaufsleiter, ihm direkt unterstellt, im Einsatz. Mit Weisungsrecht in Verkauf und Kalkulation.

Der PEDUS Satellit Verkauf

Das war sein Kind. Außerhalb der Firma laufend, quasi. Seine Verkaufsleiter, die Herren Erny, Trebjiella, Ebertowski, Röder, Ritzerfeld, Weber, Lummer, eine verschworene Gemeinschaft. Loyal, ehrlich und mit hundert Prozent im Einsatz. Ging etwas schief – traf man sich am Wochenende und suchte Lösungen. Keine Schuldzuweisungen – das und das läuft nicht in der Kalkulation. Wie kriegen wir das hin?

Verantwortlich für die Einhaltung der von ihnen vorgegebenen täglichen Arbeitsstunden war die Technik. Also die, die das Objekt am Laufen hielten. Anfänglich war der Technik alles falsch kalkuliert. Viel zu wenig Zeit. Er stellte das ab. Nach REFA. Fing ein Objekt zum Beispiel um 8:00 Uhr früh an, standen er oder seine Leute im Objekt. Endete die Arbeitszeit, standen er oder seine Leute im Objekt. Und notierten die Zeiten. Morgens kamen viele zu spät und am Ende des Arbeitstages gingen viele zu früh. Das waren täglich bis zu 25% Fehlzeiten. Man veröffentlichte das in der Firmenbroschüre mit Angabe der Namen des Objektes. Dann war Ruhe und die Zeiten waren korrekt kalkuliert.

Schmutzige Wäsche wurde immer im Verkaufsteam gewaschen, nie außerhalb. Jeder kämpfte für den anderen mit. So wurde das Erreichen des gewinnorientierten Umsatzzieles erreicht.

Das einzige Mal in seinem Leben, wo er sich dem Team einordnete. Und wenn ein anderer einen besseren Weg aufzeigte, unterordnete. Er liebte sein Team. Respektierte es – Jungs, so etwas gibt es nie mehr wieder. Meinen Dank an euch.

Kaum hatte er die Firma verlassen, wurde das Team aufgelöst. Die Zentralisierung – alle Angebote über 15.000 DM über seinen Tisch – aufgehoben und den Niederlassungsleitern übertragen. Alles dezentralisiert. Eigene Center. Jeder für sich. Alles anonym. Den Herren Niederlassungsleitern passte das. Endlich Ruhe vor dem Druck des Verkaufs. Schön buckeln vor der Zentrale, welch angenehmes Arbeiten. Dann. Nun denn. Vorbei.

Übrigens, die Verkaufsleiter kündigten alle außer einem. Jeder von ihnen fand einen Top-Job. Klar.

Krankenhaus Kulmbach. PEDUS hatte das so ca. Siebzehn Jahre als Kunden. Herr Kunz, Verwaltungsleiter. Kompetent, knallhart – fair. Er bemühte sich, ganz am Anfang, um diesen Auftrag. Frage von Kunz: „Und wenn was schief geht? Ihr seid so weit weg." Er antwortete: „In vier Stunden stehen wir auf der Matte." Damals war das eine Fahrzeit von vier Stunden – die Autobahnen noch nicht so ausgebaut. Vieles ging über Landstraßen.

Sonntag früh im Arabellahaus ein Anruf. Kunz. „Ich habe dringende Fragen zum Angebot. Eilt. Wann können Sie hier sein?" Er: „In vier Stunden." Er war dort und was sagte Kunz? „Ich wollte nur prüfen, ob Ihre Versprechungen der Realität standhalten." Einen Tag später wurde der Auftrag erteilt.

Thyssen-Klinik Priensee. 25.000 DM je Glas Orangensaft

Herr Thyssen residierte in München. Endgespräch. Um seiner Sekretärin ein wenig Praxis zu vermitteln, nahm er die mit. Es nahmen teil: Herr Thyssen, der Architekt, sein Finanzmensch, der Verwaltungsleiter, Rechtsanwalt und seine Sekretärin. Für's Protokoll. Seitens PEDUS: Er und seine Sekretärin.

Das Gespräch wurde eröffnet, indem Orangensaft gereicht wurde. Aber nur für die Thyssen-Leute. Ihm und seiner Sekretärin bot man nichts an. Das war ein gezielter Affront. Nun wurde gefeilscht. Preis runter oder kein Auftrag. Er sagte, er könne nicht vom Preis runter. Er hätte sich verrechnet und müsse um drei Pfennig je Quadratmeter erhöhen. Im Laufe der Jahre ergab das eine Summe von mindestens 50.000 DM! Er bekam den Auftrag. Plus Erhöhung. Draußen fragte ihn die Sekretärin, warum er erhöht hätte. Er sagte, seine Retourkutsche. Nicht angebotener Orangensaft. Ja, das waren 25.000 DM je Glas Orangensaft.

Die Verhandlung seitens der Thyssen-Leute lief so von oben herab – nach dem Motto: „Den blöden Putzern zeigen wir es mal." Grund genug, den Spieß umzudrehen. Life is short - play hard.

Firmenflugzeug Cessna Turbo

Die Termine wurden immer mehr. Angeforderte Hilfestellungen seitens der Niederlassungsleiter auch. Mit dem Auto dauerte alles viel zu lange. Mit Linienflugzeugen war er zu sehr an deren Flugpläne gebunden. Anreise am Tag vorher, mit der letzten Verbindung. So war man bereits am nächsten Tag früh einsatzbereit. Das war nichts. Alternative: Eigenes Flugzeug?

Das Flugzeug wurde gekauft nach einem Probeflug. Der Geschäftsführer versprach ihm 30.000 DM, falls er pedus zum Kauf überreden würde. Pedus wurde davon informiert, das gab einen saftigen Preisnachlass. Die Benutzer der Cessna: pedus, Heidi und er. Nach Absprache. Priorität hatte die Wichtigkeit des Termins.

Nun war alles viel einfacher. Pilot, Herr Matz. Kurzfristiger Anruf bei dem und der machte den Flugplan. Eine Stunde später traf man sich bei der „General Aviation“. Privatflugzeugabfertigung. Angekommen am Bestimmungsort stand da schon der Niederlassungsleiter und holte ihn ab. Weiter zum Termin.

Die Konkurrenz heulte auf und auch vielen Kunden wie auch potentiellen Neukunden passte das nicht. Zu großkotzig. Das mag wohl so ausgesehen haben – aber es war die einzige Möglichkeit, die Produktivzeiten beträchtlich zu erhöhen.

Die anfänglichen Vorbehalte der Kunden und Interessenten schwanden schnell. Bei den meisten. Es kam ein Faktor ins Spiel, den man nicht kannte. Vorher. Die Kunden suchten ja Sicherheit bei der Firma. Denn, ging etwas schief beim Auftrag, fiel das auch auf die Auftraggeber zurück. Ein Flugzeug heißt Schnelligkeit, schneller vor Ort sein. Schnell eingreifen zu können, dem Kunden Sicherheit geben.

Wir haben PEDUS, Europas größten Krankenhausreiniger. „PEDUS, die mit der Cessna“. Das machte etwas her – und motivierte auch, unbewusst, die Reinigungskräfte.

Und, allerdings bewusst, auch ihn. Ein schönes Gefühl, allein in der Cessna zu sitzen, die Armanihose glatt zu ziehen, und bei der Ankunft stand der Niederlassungsleiter mit seinem Mercedes da und holte ihn ab.

Aber, das verpflichtete auch zum Erfolg. Nicht zum „versuchten“ Erfolg – sondern zum „erreichten“ Erfolg. Ein Teufelskreis, aber ein schöner. Der Adrenalinspiegel hält jung. Aber nicht auf gleichem Niveau. Hoch und runter, ewiges Zickzack.

Dann wurden immer mehr Besichtigungen mit Kunden und Interessenten absolviert. Das Flugzeug hatte zwei Pilotenplätze + sechs Passagierplätze + eine Toilette. Die wurde allerdings nie benutzt. Vor Abflug sagte er das schon vorher: „Die Toilette ist kaputt. Bitte vorher sich erleichtern.“ Da saß er meistens darauf, das Flugzeug war ja voll.

Mario Kasslatter, der Chef für Italien

Vorwiegend gingen die Besichtigungsreisen nach Italien. Nicht, weil Italien so schön war – mehr, weil die Italiener die Krankenhausreinigung eleganter angingen.

Treffen in einem italienischen Krankenhaus. Die Verwaltung bestand aus einem Dreigestirn. Ärztlich – Verwaltung – Finanzen. Da war ein Buffet aufgebaut. Alles mit Klasse. Da kamen die Deutschen nicht mit. Die Führung in vielen italienischen Krankenhäusern war vorwiegend in der Kommunistischen Partei. Die waren kapitalistischer als die CDU. Dann das Fachliche. Die Probleme in Deutschland. Die Probleme in Italien. Da war ein Wissen und eine Kompetenz, die die Deutschen immer wieder verblüffte. Im Norden Italiens. Als Nebeneffekt wurden viele Partnerschaften zwischen deutschen und italienischen Krankenhäusern gegründet. Nicht nur auf dem Papier stehend – die standen sich untereinander mit Rat und Tat zur Seite.

Die Leitung der Termine, Ablauf etc. hatte Mario Kasslatter. Ein charismatischer Mann, BMW-Ingenieur, Geborener Italiener. Sterzing. Noch heute ist man befreundet – auch mit seiner Frau. Frau Doktor. Umgekehrt kam Mario mit seinen Italienern nach Deutschland. Objektbesichtigungen.

Wie oft traf man sich an Samstagen oder Sonntagen in der Zentrale in München um zu kalkulieren. Erfahrungen auszutauschen. Der hatte Klasse und es machte Spaß, mit dem zu arbeiten. Übrigens: Italien war die Niederlassung von pedus, in der das meiste Geld verdient wurde. Jedes Jahr. In Italien herrschten eben andere Regeln.

Nach seinem Weggang von PEDUS hat sich Mario selbstständig gemacht. Das Eine hatte aber mit dem Anderen nichts zu tun.

Intercontinental Hotels „Interconti“

Genau wie die PANAM eine Institution. Sein Zuhause jetzt. Vorher schlief er allzu oft in 30 DM Absteigen – die Firma hatte ja kein Geld. Jetzt war diese Zeit vorbei.

Sein Lieblingshotel: Interconti in Hannover. Man kam zusammen durch einen Riesenkrach beim ersten Besuch. Daraus entstand dann ein besonderes Verhältnis. Jedes Jahr im April fand und findet die Krankenhaus-Messe in Hannover statt. Die größte Krankenhaus-Messe weltweit. Die Zimmerreservierung ein Jahr früher. Gemacht per Telex. Als er dort einchecken wollte, hatte das Interconti die Reservierung nicht vorliegen. – seine Kopie war unvollständig. Es fehlte das Abschlusskürzel auf der Kopie. Man wies ihn ab – er bestand auf der Reservierung. Keine Chance. Nachdem er klargestellt hatte, dass er das Interconti nicht verlassen würde, legte er sich in der Empfangshalle auf eine der Sitzecken. Das sah toll aus bei internationalem Publikum in einem ausgebuchten Top-Hotel. Dann bot man ihm ein Fahrerzimmer (Chauffeurzimmer) an. Keine Dusche, nur Waschbecken im Zimmer. Er lehnte ab. Nach Stunden, während er auf der Sitzecke lag (ohne Schuhe!) bekam er ein Zimmer. Die wollten es wohl nicht auf einen Eklat ankommen lassen – Polizei und so.

Seit der Zeit nur noch Interconti-Hotels. Er kannte alle in Deutschland, aber das beste war in Hannover. Diskretion, Service und Klasse. Danke für Alles, Herr Falk.

Im Laufe der Zeit bekam er den roten Punkt - V.I.P. Für alle Interconti-Hotels weltweit, Das hieß: Egal wann er ankam, Hotel ausgebucht oder nicht, das Hotel war verpflichtet, ihm ein Zimmer zu geben. Und so war es auch für die Folge.

Chemische Reinigung. Wie oft kam er früh um 3:00 Uhr ins Hotel zurück, nachdem er Kunden ausgeführt hatte, uns ließ dann noch seinen Anzug chemisch reinigen. Nach verschiedenen Kontakten in diversen Bars war dies unumgänglich.

Früh um 6:00 Uhr war der Anzug gereinigt. Der nächste Kundentermin war oft schon um 8:00 Uhr früh. Kurze Nächte. Lange Tage.

Nachtausgang und die große Illusion

Seine Begleiter waren jedes Mal verschieden. Kunden und Interessenten. Je nachdem. Männer in höchsten Positionen. Industrie wie aus Regierungskreisen.

Unglaublich, wie weltfremd die Herren gegenüber den Damen waren. Die täglichen Erfordernisse des Berufs lösten die glänzend, knallhart und mit Bravour. Was Fragen des täglichen Lebens betraf, unbedarft wie ein Primaner. Hintenherum bezahlte er die Mädchen, um die Herren im Glauben zu lassen, nur deren männlicher Charme hätte die bewogen, mit denen „zu kommen". Es waren schöne Zeiten – ohne Probleme , die männlichen Runden. Oft blieb man ja auch unter sich.

Oder, wenn Mario mit seinen Italienern kam. Das Gleiche in grün. Nationalität spielt da keine Rolle. Im Gegenteil. Je mehr Macholand – je weniger Frauen-Erfahrung/Praxis.

In München ging man immer ins gleiche Etablissement, gediegen – trotzdem luxuriös – und viel Klasse. Man kannte sich und kannte die Chefin. Ob Sidi Bel Abbes, Saigon oder Hannover oder München. Gleicher Ablauf, gleiche Konversation. Wie die Models in Berlin, die Stück für Stück ihre Kleider auszogen ohne jemals die kleinste Reihenfolge zu differieren. Immer kam der linke Strumpf, dann der rechte.

Der Bankier und das Penicillin

Eine besondere Verbindung hatte er mit einem Bankier, der eines schönen Tages am Autotelefon war – „Ich habe einen Tripper" (Den hatte der sich allerdings in Eigenregie eingefangen.) Er könne in seiner Heimatstadt zu keinem Arzt. „Die kennen mich alle. Machen Sie in München einen Termin. Ich komme mit dem Flugzeug und bin dann und dann da. Rückflug gleich anschließend.“ Also Termin machen beim Hautarzt. Spritze, Überdosis Penicillin und zurück. Alles ging gut aus. Diskretion Ehrensache. Was ist schon ein sofort behandelter Tripper – eine Grippe ist schlimmer.

"MHH“, Medizinische Hochschule Hannover, sein größter Kunde.

700.000 DM monatlich Umsatz über mehr als zehn Jahre hinweg. Der Leser kann hochrechnen. Die Summe ist jedoch höher, weil jährlich erhöht wurde im Rahmen der Lohnpreisgleitklausel. Diese Klausel legt fest, wie viel Prozent der Lohnerhöhung an den Kunden seitens der Firma weitergegeben werden dürfen. Weniger also, als die Lohnerhöhung beträgt – Schande, dass pedus den Tipp gab – er hätte das Objekt verpennt. Nun also ran. Das war ein Kampf. Das Härteste war, die Aversion gegen eine bayerische Firma auszuräumen. Das Schwierigste war, den für ihn zuständigen, kompetenten Gesprächspartner zu finden. Alles war ja noch eine Baustelle. Schließlich fand er Herrn Amtmann Steiner. Einen integren, harten aber fairen Gesprächspartner. Die Ausschreibung war auf einige Firmen begrenzt. Jetzt hieß es, in diesen Kreis aufgenommen zu werden. Fachlicher Ausdruck, beschränkte Ausschreibung. Mit viel Mühe, Termin beim Kurator bekommen – weiterdelegiert an den zweiten Mann der MHH-Führungsriege.

Eröffnungsgespräch. Erster Satz: „Wir brauchen keine bayerische Firma. Wir machen das mit Firmen, die hier ansässig sind.“ Usw. usw. Er wusste, Argumente sind da zwecklos und haben nur noch weitere Aversionen zur Folge.

Alles oder nichts, sein Wahlspruch für ausweglose Situationen. Nachdem er sich fünf Minuten den Monolog dieses Herrn angehört hatte, stand er auf – nahm sein Aktenköfferchen und ging wortlos zur Tür. Legte eine Hand auf die Klinke, drückte diese nach unten und in dem Moment, wo er die Tür öffnen wollte, schrie der: „Was bilden Sie sich ein? Ich beende hier in meinem Büro ein Gespräch und nicht der Besucher.“ Dazu sagte er nur: „Sie wollen keinen freien Wettbewerb, Sie wollen keine bayerischen Firmen, geben noch nicht mal die Chance, die Firma vorzustellen – Sparen wir unsere Zeit. Auf Wiedersehen.“ Der flippte aus – „Kommen Sie sofort zurück.“ Er ging zu seinem Besucherstuhl zurück und jetzt redete man miteinander wie zwei Partner. Er kam in den Kreis der Firmen, die ein Angebot machen durften. Angebot innerhalb zwei Wochen – Besichtigung unmöglich, da Rohbaustelle. Pläne auswerten, aus denen nur die Masse hervorgingen. Keine Bodenbeläge – da half nur Hochrechnung aus Erfahrung.

Allein das Bettenhaus (Patienten) hatte 1.200 Betten, Kinderklinik, Röntgen, OP, medizinische Fachbereiche, Tierklinik, Forschungsgebäude, Lehrinstitute – ein Riesenkomplex.

Dieses Angebot war reines Harakiri. Noch dazu, wo die OP (septisch und aseptisch), Tag und Nacht, dazukamen. Ein dicker Brocken im Angebot. Er gab das Angebot ab und erflehte dazu den Segen all seiner guten (und bösen) Geister.

Termin im Ministerium. Die wollten alles über die Firma wissen. Mitarbeiter? Wo? Umsatz? Gewinn? Referenzen? Wer und wie wird die Firma geführt (er war in der GmbH stiller Gesellschafter)? Auslandsobjekte?

Die hatten keine Aversion gegen die Bayern – endlich einmal eine pragmatische Behörde. Es ging nur ums Kaufmännische. Er gab offen und ehrlich Auskunft, auch über Krankenhäuser, die man verloren hatte und warum.

Er musste auf einem Formular unterschreiben – in Gegenwart eines Rechtsanwalts – dass mehr als 5% Gewinn nicht statthaft seien. Das erste Mal, dass er an diesem Tag lachen musste – 5% Gewinn? Leider nie erreicht, nirgendwo. Nicht in der Krankenhausreinigung. Er konnte also unterschreiben.

Ein positives Gespräch, geprägt durch Nüchternheit und Fakten. So etwas war selten. Danke, Hannover.

Eine Woche später stand Herr Steiner in seinem Büro in München. Inzwischen war man in der Augustenstraße in Schwabing.

Besichtigung von Referenz-Krankenhäusern. Kennen lernen von pedus und Heidi. Fragen, Fragen, Fragen. Dann ging der wieder. Hoffnung machte der ihnen nicht.

Die PEDUS-Spitze, pedus, Heidi und er – in dem Fall eher pessimistische Optimisten, schrieben dieses Traumobjekt, innerlich, gefühlsmäßig, ab. Er auch. Eine Woche später bekam er seine Firmenpost. Dabei, der Vertrag der MHH! Pedus war im Hause – „was gibt's?" Er antwortete, „der Vertrag von der MHH ist hier". – „Machen Sie keinen blöden Witze". – So war das.

Restaurant Humplmayer und das Kilogramm Kaviar

Pedus fragte „Gehen wir essen – was wünschen Sie sich? Wohin?" Er sagte: „Zum Humpelmayer": Das damalige Top-Restaurant in München. „O.k. Und, was wollen Sie essen?" – „Ein Kilogramm Kaviar mit Champagner". So wurde es gemacht. Rückkehr in die Firma – (Aber vorher bekam er noch einen Anschiss von pedus – „Wenigstens Ihre Garderobe hätten Sie bezahlen können". Pedus hatte recht, er war ja auch halb blau, hatte das vergessen.)

Heidi erwartete sie bereits. Wo wart Ihr? Wir waren auf einer Objektbesichtigung. Die glaubte kein Wort. Als die Rechnung von Humpelmayer kam, flippte sie aus. Man wurde in ihr Büro zitiert und fertiggemacht. Pedus und er ergriffen die Flucht.

Man konnte diese Frau – egal, wie man es auch anstellte, nicht hinter das Licht führen. Aber, es gab einen Trick – der funktionierte ein Mal in hundert Fällen. Gezielt eingesetzt — Nein, er wird nicht verraten.

Das Segelbot – die Yacht – Antibes, der Heimathafen

Pedus und er nahmen an vier Wochenenden Segelunterricht. Am Priensee. Chef war ein früherer U-Boot-Kommandant. Gebracht hatte dieser Kurs ihnen nichts.

Nun kaufte pedus ein Segelboot. Holz. Hundertvierzig Quadratmeter Segelfläche. Ein wunderschönes Schiff, rund ums Deck mit gedrechselten Holzpfosten. Mit Motor, der machte so fünf Knoten.

Kapitän, Herr Matz, der gleichzeitig Pilot der Cessna ist. Nach seinem Wissen kann ein ausgebildeter Segler dreißig Quadratmeter Segelfläche bedienen. Sie waren meistens zu dritt.

Nach einigen Fahrten im Mittelmeer sagte er zu pedus: „Dieses Boot haben Sie nicht lange. Viel zu viel Arbeit."

Heimathafen für das Schiff war Antibes, französische Mittelmeerküste. Eine Stunde vor Cannes. Wenn man da runter flog, war erst einmal Arbeit fällig. Holz abschleifen, streichen – Nein. Das war nichts für ihn. War das Schiff dann endlich zum Auslaufen bereit, war das Wochenende quasi herum. Dann war noch der Kiel voller Muscheln, die Werft ausgebucht – reiner Stress.

Es kam, wie er es vorhergesehen hatte. Das wunderschöne Holzsegelboot wurde verkauft und eine Yacht angeschafft. „Cheyenne". Das war es. Geräumig. Einige Kabinen. Alles in Silber, Wohnraum weißes Leder, praktische Küche. Italienisches Schiff. Elegant. Mit Stil und Pep. Der Liegeplatz in Antibes wurde beibehalten. Ein schönes Städtchen. Flair, sehr gute Restaurants. Markt. Wunderschöner Rundumblick vom Hafen aus.

Die verschiedenen Fahrten mit der Cheyenne waren immer ein Erlebnis. Nachts an einsamen Plätzen geankert. Es gab dort ja verschiedene kleinc idyllische Inseln. Heidi war auch oft dabei, sie war die seetauglichste. Einmal war wieder ein Sturm, jeder hing über der Reling – Heidi nicht. Klammheimlich mischte sie ins Trinkwasser Schlafmittel. Das war ein Segen, nur schlafen.

Matratzentrocknen in St. Tropez – Der Kapitän will keine Uniform

Während des Sturms löste sich die Bullaugenabdeckung des offenen Bullauges in seiner Kabine. Die Kabine schwappte voller Meerwasser. Einlauf in St. Tropez. Jetzt wurden zuerst die Matratzen getrocknet – hoch auf Deck – das sah aus wie bei Hempels. Der Kai in St. Tropez ist ja zu jeder Jahreszeit voller Gaffer. Pedus war am Ruder um einzuparken. Der Horror. Heidi lachte, Matz fluchte, er kümmerte sich um seine Matratzen und pedus schrie mit Matz herum. Das war Action – Bruce Willis wäre da vor Neid erblasst.

Der Kapitän bekam auf Heidis Befehl eine Kapitänsuniform verpasst. Mit Grund. Der war immer angezogen – wo der bloß diese Klamotten her hatte, diese unausstehlichen. Der wollte aber auf gar keinen Fall eine Uniform – es war seine Aufgabe, den davon zu überzeugen. Als Pilot und Kapitän – erste Klasse. Der Rest war Schweigen.

Niederlassung in Brasilien, Rio de Janeiro

Im Ausland wurden nur in solchen Orten Niederlassungen eröffnet, die auch von der Optik her interessant waren. Was wäre dazu besser geeignet gewesen, als Rio. Um die Gesetze Brasiliens zu respektieren und das Ganze abzukürzen, wurde eine brasilianische Reinigungsfirma gekauft. Zu deren Aufträgen gehörte auch das Maracana Stadion. Und jetzt also zu ihnen. Drei Krankenhäuser, ein Heim für Blinde, ein Heim für Taube. Es wäre nicht fair, die Witze wiederzugeben, die über die beiden zuletzt genannten Objekte gemacht wurden. Man beteiligte sich an Ausschreibungen und trat in Verhandlungen ein.

Der Gouverneur und er

Die Regierung Brasiliens hatte zu der Zeit noch ihren Sitz in Rio de Janeiro. PEDUS hatte einen Geschäftsführer in São Paolo – in Brasilien geboren, Vater deutsch. Herr Schäffer. Der Einzige, der portugiesisch sprach. Die Vertragsverhandlungen bei der Regierung machte trotzdem er. (Schäffer hatte Schiss.) In französisch mit dem Gouverneur. Noch heute ist Französisch in Brasilien die Sprache der führenden Klasse. Weit vor Englisch und Spanisch.

Man lernte sich kennen und vertrauen. Er unterschrieb die Verträge, die natürlich in Portugiesisch abgefasst waren, blind. Man legte ihn nicht einmal aufs Kreuz. Superkorrekte Regierungsbeamte. Auch da kann man sagen, „wo seid ihr geblieben?"

Einmal lud der Gouverneur ihn ein und holte ihn im Hotel Meridien, an der Copacabana ab. Auto mit Standarte. Das ganze Hotel war außer Rand und Band. Er fragte den Gouverneur, ob er den Vormittag bestimmen dürfe – ohne Regierungsfahrzeug, Chauffeur und Standarte. Der sagte ja. Darauf fragte er ihn, wann er zuletzt Omnibus gefahren sei. Dazu ist zu sagen, dass die Omnibusse in Rio Legende sind. Zur Zeit fahren allein in Rio 70.000 Busse. Privatisiert. Hundert Linien.

Die fahren volle Pulle durch die belebtesten Straßen auf den Zentimeter genau. Da passiert weniger als in Deutschland, wo die mit 30 km dahinzuckeln. Nur: Fußgänger leben da gefährlich und man muss topfit sein. Ampeln werden nicht immer respektiert ...

Der Gouverneur war zuletzt vor fünfzehn Jahren Omnibus gefahren. Also, Omnibus bis Urca. Das ist der Stadtteil, wo der Zuckerhut ist. Dann mit der Seilbahn hoch. Da war der auch die letzen zehn Jahre nicht gewesen.

Ein belegtes Brot und ein Coca Cola. Das war dem alles neu. Nach vier Stunden Abschied von einander. Und der Gouverneur bedankte sich für den wunderschönen Tag. Während des Zusammenseins wurde kein Blatt vor den Mund genommen. Dem gefiel das. Der stellte viele Fragen über Europa – Politik, Wirtschaft. Die Brasilianer allgemein sind ja sehr obrigkeitshörig und unterwürfig wenn's Ernst wird. Wie zum Beispiel ein Gespräch mit der herrschenden Klasse. Am Stammtisch natürlich nicht, da wird schwadroniert, dass es kracht. An was erinnert ihn das?

Die Spesen für den Ausgang mit dem Gouverneur betrugen 10 US $. Dafür gab es einen Auftrag. Und jederzeit freien Zutritt zum Gouverneur ohne vorherige Anmeldung. Das war ein Ritterschlag. Ein toller Mann. Ein Brasilianer mit Klasse.

Vollverpflegung im brasilianischen Krankenhaus – Erster Auftrag, und das in Rio

Krankenhausreinigung mit Vollverpflegung. Sechshundert Betten. Keine Ahnung hatte man. Aber Interesse und den Willen, schnellstens zu lernen.

Kaum etwas klappte. Am Anfang kamen die Patienten aus dem 14. Stock runter in die Küche im Keller, mit Teller, und holten sich ihr Essen ab. Keine Motzerei. Keine Proteste. Auch nicht seitens der Verwaltung. Warum? Weil das Essen immer besser wurde. Das Fleisch war erste Qualität. Das hatten die Patienten dort noch nie bekommen. Die hatten nur das Billigste bekommen, vorher. Dort lernte die Firma kochen und was dazugehört. Und da gehört viel dazu.

In Deutschland hätte man sie gekreuzigt. Nicht der Qualität wegen. Welcher deutsche Patient würde sein Essen im Keller holen, einzeln? Wer von den brasilianischen Patienten nicht gehen konnte, hatte einen Amigo. Der machte das dann für den. Hilfsbereit untereinander sind sie ja, die Brasilianer, „untereinander".

Schulung der brasilianischen Chefs in München – Drei, vier Worte über die Brasilianer

Die Führungskräfte der Niederlassungen wie Rio und São Paolo wurden in München geschult. Die immensen Kosten waren für die Katz.

Die hatten null Bock. Genau wie auch noch heute in allen anderen Dingen. Die haben ein Selbstbewusstsein, das aus dem luftleeren Raum kommt. Dazulernen, egal was immer? Keine Chance und in Rio schon gar nicht. Da ist der Strand die Nummer Eins. Gab es Lohn, fehlten von der Besatzung 50%. War das Geld alle, kamen die wieder. Und das im Krankenhaus-Leistungsbereich. Pflichtbewusstsein? - Was ist das? Pünktlichkeit? - Ihr Gringos seid ja alle blöde. Manchmal konnte man sich fragen, ob die vielleicht doch Recht haben. Die brasilianische Mentalität zu verstehen ist für einen dort arbeitenden Ausländer unmöglich. Auch nach dreißig Jahren versteht er die nicht. Nun, man kann's ja in 97 von 100 Fällen ignorieren. Aber dann kommt die Explosion.

Die Frauen halten alles zusammen. Das sind die Chefs in den Familien. Aber, was früher noch Frauen waren, sind heute wie in den Industrienationen fordernde Monster geworden. Heute hauen die ab. Familie, Kinder – Tschau. Die Oma und der Opa werden abgeschoben. In Heime. Dreißig Leute in einem Zimmer. Keine Schränke, nicht lustig, solch eine Unterkunft.

Jeder gibt die Schuld der Regierung. Die tut aber was sie kann. Und das ist nicht wenig. Steuern werden ja kaum bezahlt. Schulen und Unterkünfte für die Straßenkinder werden von denen nicht angenommen. Lieber auf der Straße leben. Betteln. Dealen. Ab und zu ein Überfall.

Da die Weißen vor den Schwarzen Angst haben, kaufen sich die Weißen frei und zahlen. Rassismus da drüben geht nicht von weiß auf schwarz sondern von schwarz auf weiß. Ihr seid schuld, ihr gebt uns keine Chance. Klar, gutes Alibi. Man suche mal einen Schwarzen, der in Rio arbeitet. Und die Gutmenschen unterstützen die noch und die lachen sich über die blöden Gringos tot.

Anderes Thema.

Grüne Woche in Berlin – Präsentation des neuen Unternehmensbereiches „Vollverpflegung im Krankenhaus“ vor der Presse

Nun hatte pedus eine neue Vision – Vollverpflegung im Krankenhaus. (Brasilien erwähnte man besser nicht.) Motto: Alles aus einer Hand. Von der Gartenpflege, Vollverpflegung, bis zur Reinigung.

Er hatte die Aufgabe, sich allein der Presse zu stellen und alle waren da. Die Presse kann ja grausam sein. Häme – Spott – Verarschung. Man hat da nur eine Chance. Knallhart und ehrlich sein. Zerrissen wird man sowieso – aber man wird ja auch zitiert. Das war ja auch eine Chance. Wenn die Journalisten merken, das ist eine junge Firma, die was probiert – neue Wege geht, ehrlich ist, Unerfahrenheit zugibt, kleine Brötchen backt – kann man das Blatt wenden. Später wurde jedes Jahr eine Pressekonferenz abgehalten, vorwiegend im Münchner Hotel Vier Jahreszeiten, und alle kamen. Nichts wurde geschönt, das wurde honoriert.

Manager Magazin. Später wurde er oft zitiert – und durfte eigene Artikel im Manager Magazin veröffentlichen. Was haben die Redakteure ihm geholfen. Selbstlos und ohne Eigeninteressen. Meine Herren, voller Respekt und Hochachtung, Danke dafür.

Pressekonferenz

Nun, bei der ersten Präsentation zur „Grünen Woche“ in Berlin, vor den ganzen Journalisten, brauchte er seine ganze Erfahrung aus den Kampfeinsätzen in Indochina, um da halbwegs heil herauszukommen. Manchmal sind Worte gefährlicher als Kugeln.

Alles, was er sagte, konnte ja zur Katastrophe werden. Die erste Frage: Heißt das, eine Putzfrau reinigt bis 11:00 Uhr früh Toiletten, und steht dann am Band in der Küche und teilt Essen aus? Bis heute hat er seine Antwort auf diese Frage nicht vergessen. „Bei uns läuft das im Großen genau so ab, wie bei Ihnen zu Hause im Kleinen“. Der fragte nichts mehr, die anderen lachten. Das Eis war gebrochen. Jetzt konnte man mit Fakten argumentieren und die Pressekonferenz lief sachlich ab. Diese Konferenz war eine der härtesten Stunden seiner PEDUS-Laufbahn. Ende gut – alles gut.

Eine Sache nimmt er den Journalisten noch heute übel. Er war so fertig, dass er ein Rendezvous am Abend mit einem „wunderhübschen“ Mädchen absagen musste. Er war „alle“. Die Journalisten waren alles ausgebuffte Profis, es wäre für die leicht gewesen, ihn fertig zu machen und damit die ganze Firma. Sie taten es nicht. Waren fair und ihre Artikel „Pro PEDUS", Er betrachtete die Presse immer als Freund, riskierte mit der Wahrheit alles – man hat es nie ausgenutzt. Merci, Messieurs. Besonders: Süddeutsche Zeitung – Manager Magazin, FAZ, Handelsblatt und Spiegel. Das waren die härtesten Knochen.

Erster Vollverpflegungsauftrag und seine Kündigung seitens der Firma

Krankenhaus Wesel, Kinderklinik, Altenheim, Essen auf Rädern. Verwaltungsdirektor Herr Küppers. Verwaltungsleiter Herr Lummer.

Routinebesuch bei Herrn Küppers. Der Mann wusste wirklich über alles Bescheid. Mit Ach und Krach konnte er vor dem bestehen. Das war eine echte Herausforderung. Das Krankenhaus Wesel. Und Herr Küppers. Der nahm ihn auseinander in alle Einzelteile. Dann wurde er für würdig befunden, ein Angebot abgeben zu dürfen.

Ein Mal die Reinigung – jedes Objekt getrennt.

Ein Mal für die Vollverpflegung. Alles zusammen.

Der ideale Kunde wäre das gewesen. Aber noch lange war es noch nicht so weit. Dieser Auftrag wäre die ideale Referenz gewesen und der Einstieg in den internationalen Markt.

Er kalkulierte alles selbst. Keine Info an die Zentrale. Herr Lummer steuerte die krankenhauseigenen Fakten bei. Ist-Zustand. Was gibt's zum Frühstück? Was zum Mittagessen? Was zum Nachmittagskaffee? Was zum Abendessen? Wie viele Menüs zur Auswahl? Drei! Vollkost, Vegetarisch, Astronautennahrung für Frischoperierte (so hieß das wirklich in der Krankenhaus-Umgangssprache), usw., usw., usw. Welche Besonderheiten sind zu beachten im Kinderkrankenhaus? Davor hatte er Schiss. Wenn da was schief geht ...

Im Altenheim? Essen auf Rädern?

Jeder durfte auf seiner persönlichen Lochkarte alles ankreuzen, auf was der Lust hatte und was ihm ärztlich erlaubt war zu essen. Zu jedem Kaffee – zu jeder Mahlzeit. Dagegen ist das beste Restaurant mickrig bestückt und beschränkt in der Auswahl.

Wie bereits geschrieben, erfolgte die Kalkulation und die Abgabe des Angebots, ohne dass PEDUS informiert wurde. Weil: Da waren zwei Auflagen, die pedus und Heidi schon gar nicht akzeptiert hätten. (Heidi hätte spätestens dann seine Entmündigung beantragt.) Da er das wusste, machte er alles allein. Wohl wissend, dass das Ganze bei Auftragserteilung mit einer fristlosen Kündigung für ihn enden könnte. Rechtlich gesehen konnte er das Angebot abgeben. Als Prokurist stand dem nichts entgegen. Egal – anfangen muss man. Visionen, in die Realität umgesetzt, sind oft sehr schmerzlich. Siehe Französische Revolution. Oder näher, die Grünen in der Regierung. Klappt's, ist man für eine Woche der König. Klappt's nicht, ist man für Jahre hinaus der Versager oder fliegt gleich.

Erstes dickes Ei: Küche, neu, 500.000 DM auf Firmenkosten. Diese Vorgabe bereitete ihm schlaflose Nächte. Doch pedus fragen? Der lehnt ab. Also, nicht fragen.

Zweites dickes Ei: Recht auf Essenbeziehung über Hotels, falls nichts klappt. Klappt die Essenzubereitung nicht zum vorgegebenen Zeitpunkt, ist der Kunde berechtigt, beim nächstgelegenen Hotel das Essen für das Krankenhaus zu beziehen. Das sind bei ca. tausend Patienten zweitausend Essen am Tag. Sind die Hotels in Wesel dafür nicht gerüstet, von außerhalb. Das war Vertragsbestandteil und dem Angebot beizulegen. Wäre es zur Anwendung in der Praxis dieses Vertragsbestandteils gekommen, wäre PEDUS Pleite gewesen. Unwiderruflich.

Andererseits, klappt's – ist PEDUS der Größte und in der Vollverpflegung seitens der Konkurrenz nicht mehr einholbar. Rat konnte er sich nirgendwo holen. Schon aus dem Grund nicht, dass ihn alle für verrückt erklärt hätten. Hatte er überhaupt das Recht, die Firma Pleite gehen zu lassen? Und das noch vorsätzlich? Das sind so die Fragen. Lösung? - Keine. Champagner oder Leitungswasser und das ein Leben lang? No, Sir. So ein Angebot gab er sein Leben lang nicht mehr ab. Nervlich hätte er das ein zweites Mal nicht verkraftet. Also, raus damit. – Der Auftrag kam. Jetzt wurde pedus informiert – der strahlte vor Freude und rief Heidi.

Erst jetzt lasen die. Küchenrenovierung, 500.000 DM, auf Firmenkosten. Essenbeschaffung, vertraglich garantiert, über Hotels. Seine Kündigung erfolgte auf dem Fuße. Nun, das wusste er ja und hatte das in seine Überlegungen aufgenommen. Er vereinbarte, ohne dass der Verwaltungsdirektor das wollte, eine Konventionalstrafe, falls die Firma den Auftrag zum Tag x nicht annimmt. Er wollte pedus zwingen, den Auftrag anzunehmen.

Als die beiden das lasen, rief man ihn wieder herein. Kalkulation im Detail. Überschlagskalkulation auf ein Jahr, drei Jahre, fünf Jahre. Gewinn/Verlust-Erwartung. Einbeziehung der 500.000 DM Küchenrenovierung. Nun, das hatte er ja alles gemacht. An die garantierte Essensbeziehung für tausend Leute über Hotels dachte man erst gar nicht. Sonst hätte man besser gleich die Konventionalstrafe bezahlt und den Auftrag zurückgegeben.

Weitere Details will er nicht nennen. Die Konkurrenz soll ihre eigenen Erfahrungen machen (und dafür Lehrgeld bezahlen). Alles ging sehr gut aus. Die Kalkulation war realistisch und der Auftrag für die Firma hochinteressant. Und für den Kunden erst recht. Die Hotels, zwecks Essenbeschaffung, kamen nicht zum Zuge. Jetzt war man im Markt fest etabliert.

Herr Küppers war Vorreiter bei der Fremdvergabe der Vollverpflegung und hielt darüber Vorträge. (Wäre das schief gegangen, wäre der Mann böse dringehangen. Auch der hatte Mut.)

Und PEDUS war Marktführer. 6,5% Umsatzbeteiligung. Diese Umsatzbeteiligung hatte man schon lange gestrichen. Eines Tages war Heidi gekommen und sagte, die Firma könne das nicht bezahlen. Sie schlug Streichung vor, dafür Erhöhung des Gehalts um 2.000 DM. Geldgeil war er noch nie. Er akzeptierte. Genauso, wie er über zwölf Jahre dann ohne Vertrag arbeitete. War er gut, bemühte sich pedus um ihn. War er schlecht, nützte auch ein Vertrag nur wenig. Das war sowieso immer ein Zores. Pedus und Heidi wollten, dass er endlich seinen Anstellungsvertrag unterschrieb. Was er nicht tat. Meistens ist es ja umgekehrt.

Das Verkaufsinnenteam

Einige Worte zu seinem Innenteam.

Die Frau Adermann – Berlin-Zeit. Aufs „Adermännchen“, wie er sie oft nannte, wurde schon hingewiesen. Alles im grünen Bereich. Die wollte nach München nicht mitkommen. Der Mutter wegen.

Frau Dirrmeier, Christine – Bayerin. Jung. Blond. Zierlich. Mit Hund, Dackel. Immer ein Lächeln im Gesicht. Verhalten, scheu und offen. Verletzlich. Sehr gut im Job.

Frau Nufer, Gisela. Sportlich. Teakwondo. Gut in der Arbeit. Sehr empfindlich und schnell beleidigt.

Frau Kardowsky. Im Job gut. Links. Keine Bindung zu der Frau.

Eines Tages schickte er die mit seinem Scheck zum Einlösen in die Bank. Sie kam zurück um mitzuteilen, dass sie den Scheck verloren hätte. Er bat, dies schriftlich niederzulegen. Er brauche dies, um der Firma gegenüber Ersatzansprüche geltend machen zu können. Die Firma wiederum brauche dies schriftlich, um dem Finanzamt gegenüber nachzuweisen, warum zwei Mal Gehalt im gleichen Monat für den gleichen Mann bezahlt wurde. Die lehnte ab. Entlassung und Anzeige. Gerichtsverhandlung. Das Opfer war schon damals der Täter. Fast wäre er vom Richter bestraft worden wegen Aufforderung zu einer Straftat. Er hätte die Sekretärin in Versuchung geführt.

Die Firma zahlte unaufgefordert das zweite Mal.

Herr Schöffmann. Sein erster Assistent. Inniges Verhältnis mit der vorgenannten, Seelenverwandtschaft. Beide fühlten sich ausgebeutet bei einem Spitzengehalt. Ob sie das wert waren? Schöffmann machte sich später selbstständig. Mit dessen Ideen und Einstellung zur freien Wirtschaft, interessante Perspektive. Man trennte sich.

Frau Becker. Gute Sekretärin. Das Arbeitsverhältnis dauerte nicht lange. Er weiß auch nicht mehr, warum Frau Becker ging. Was Negatives war der Grund jedenfalls nicht.

Assistent Herr Jung. Der Mann war ein Lotteriegewinn für ihn. Bankkaufmann. Jung. Porsche-Fahrer. Altes Modell, gelb. Seine Frau sehr charmant und mit Klasse. Wie oft traf man sich an Samstagen und Sonntagen in der Firma zum Arbeiten. Der fragte nie um Erstattung. Oft nahm er den mit auf Tour. Er war mit den Niederlassungsleitern an der Verkaufsfront, und Jung machte die Vertreter fit. Pläne auswerten. Verkaufs-Vor-Kalkulation. Ausfüllen der Arbeitsaufnahmebögen beim Interessenten.

Kurz vor seinem Ausscheiden informierte er noch pedus, dass er Herrn Jung als seine Sekretärin beschäftigen werde. Reaktion normal. Da glaubten alle, „Sekretärin“ Herr Jung? Sie sind schwul. Er sagte, dass die Chefs ihn hundert Prozent verstünden. Er hatte die Nase manchmal gestrichen voll von seinen Madams. Die Oma war krank. Der Hund hatte Durchfall. Menstruationsprobleme. Liebeskummer. Unausgeglichen in der Arbeit. Vermittlungsgespräche mit anderen Abteilungen, wenn die intern irgendwelchen Knatsch hatten. Gleich beleidigt. Nicht belastbar. Überstunden, wie bitte? Fehlerhafte Briefe. Tippfehler schlecht korrigiert. Adressen falsch. Mit Jung hatte er nie solchen Scheiß am Hals.

Herr Jung, mit dem er vorher gesprochen hatte, wäre einverstanden gewesen. Sie hatten beide damit kein Problem – erst kam der Job – und der optimale Weg zur Erfüllung der täglichen Aufgaben. Ende.

Schwul. Das war nicht gut so. Waren sie vielleicht der Bürgermeister aus Berlin? Bei PEDUS liebte man Frauen. Wenigstens sie beide. Die rochen auch besser und auch sonst war da ein kleiner Unterschied. Anatomisch.

Nun, durch sein Ausscheiden erübrigte sich alles Weitere. Auch Herr Jung ging. Der „Satellit“-Verkauf wurde zerschlagen. Zu selbstständig. Kam pedus, als Chef, und fragte einen seiner Leute irgend etwas, Verkaufsleiter oder Jung, sagten die, da muss ich erst „ihn“ fragen. Ihm passte das auch nicht und er bat, den Chef „im Rahmen“ zu informieren. Taten die nicht. Im Geheimen machte ihn das aber sehr stolz. Man verzeihe seine kleine menschliche Schwäche!

Dann kam die Stunde der Ja-Sager. Die Vertreter und Niederlassungsleiter wurden beurteilt nach Anzahl der Abgabe von Angeboten. Man stelle sich das einmal vor. Bei ihm war es umgekehrt. Je weniger Angebote zum Auftrag führten, diese Niederlassungsleiter waren die besten.

Lilly Schönecker. Das war eine Extraausgabe. Die und Herr Jung waren das beste Team, das er je hatte. Superloyal. Ausgekocht war die – aber Vollfrau. Im

Umgang mit Kunden am Rande der Unverschämtheit, aber immer mit Charme und einer Offenheit, dass er sich wunderte, dass das die Kunden tolerierten. Das ging auch nur, weil die Klartext redete und den Kunden gefiel diese „Frische“. Die kam mit allen zureicht. Auf alles eine Antwort. Schlagfertig und blitzgescheit.

Sie war die einzige, mit der er am intimsten war. Platonisch. Und das kam so:

Lilly und seine Nieren. Bei PEDUS hatte er dreizehn Jahre lang Nierenkoliken. Aber so, dass es mit dem Krankenwagen ins Krankenhaus ging. Es war die Hölle. Besonders unterwegs, manchmal auf der Pampa, bis da ein Arzt kam. Nach der PEDUS-Zeit waren auch die Koliken weg. Von einem Tag auf den anderen. Einige Male, besonders wenn man zusammen bis Nachts arbeitete, kam die Kolik. Lilly fuhr ihn ins Arabellahaus. Zog ihn aus. Legte ihn ins Bett. Kochte Tee. Wischte ihm den Schweiß ab. Das waren höllische Schmerzen. Das verband natürlich. Es war ein Bruder/Schwester-Verhältnis. Danke dafür, Lilly. Was machst du wohl heute? Freundinnen, damals nur sporadisch. Er war ja nie da. Wie sagte einmal eine zu ihm? „Ich will dich auch am Mittwoch. Und nicht nur an Wochenenden, wenn überhaupt“. Also keine festen. Deswegen also musste Lilly herhalten, wenn ihn ein Zipperlein plagte.

Frau Regul. Die Chefsekretärin. Strahlte Distanz aus ohne abweisend zu wirken. Seriös, unauffällig aber immer präsent. Die Einzige, bei der seine Haudegen keine Witze machten. Ein Blick genügte, und die waren still. Kündigung. Ihr Freund ginge nach Hannover und sie wolle mit. Schade, schade. Eine Woche später Anruf von „Continental“ in Hannover, dem dortigen Chef. Man kannte sich, beruflich. Die Welt ist klein. Frau Regul hätte sich beworben und ihn als Referenz genannt. Ob er die wohl für sich einstellen könne? – Er verbürgte sich für diese Frau. Der stellte sie auch ein.

Helmut Ritzerfeld und Marty. Einer seiner überregionalen Verkaufsleiter. Springer. Einsatz wo es brannte. Allroundmann. Kam aus einer Versicherung, Sitz Paris. Verschiedene Sprachen sprechend. Intelligent. Superloyal. Das Nichtgesagte schon vorher wissend. Sehr gute Akzeptanz beim Kunden. Der Einzige, der es mit Heidi konnte. Die hatte eine Schwäche für den. Der bekam 100% Spesenersatz ohne Rückfragen. Oft traf man sich privat. Zu der Zeit wohnte der in München, Nymphenburg. Auch der war jederzeit abrufbar, wenn man ihn brauchte.

Die Einarbeitung war allerdings mit kleineren Schwierigkeiten verbunden, anfänglich. Der fuhr einen Alpha. Man musste mit zwei Wagen fahren, weil nur der erste Termin zusammen gemacht wurde. Dann trennten sich ihre Wege. Termin 7:00 Uhr früh vor dem Arabellahaus. Wer nicht da war, war Ritzerfeld. Er wartete keine Minute. In Würzburg rief er seine Sekretärin an und fragte nach dem. Ja, der sitzt vor mir. – Schicken Sie den nach Würzburg. Da und da. Da es bereits 9:00 Uhr war, bestellte er den für 10:00 Uhr dahin. Das konnte der unmöglich schaffen. So hetzte der ihn durch ganz Deutschland, bis man sich in Hamburg traf, dann. Herr Ritzerfeld war dann, danach, pünktlichst. Jahre Lang.

Marty, die charmante, mit Klasse und Niveau, welch eine Frau.

Herr Ohrner, der Vater vom TV-Moderator.

Den stellte pedus ein als Niederlassungsleiter München. Eines Tages rief ein Kunde an in München und er war zufällig im Münchner Büro. „Ich erwarte ihr Angebot und habe bereits zwei Mal gemahnt." Der Umsatz in München stimmte sowie so nicht und er informierte pedus. Kurz entschlossen brach er dessen Schreibtisch auf. Der war eh' der Einzige, der seinen Schreibtisch verschloss. Aus gutem Grund. Der Schreibtisch war voller unbearbeiteter Angebote. Ein Intrigant dazu. Der wollte dessen Stelle und arbeitete darauf hin, mit dem damaligen Chef einer Werbeagentur. Ohm hieß der. Irgend etwas war da auch im Busch. Der hatte pedus ganz schön eingewickelt. Auf jeden Fall hörte pedus Ritzerfeld als Zeugen gegen ihn. Hintenrum. Schwäbische Hinterfotzigkeiten. Ritzerfeld informierte ihn. Ohrner flog fristlos. So eine linke Bazille. Nichts arbeiten. Hintenherum falsche Anschuldigen aufstellen. Und pedus glaubt das auch noch. Nun, Ritzerfeld gab dem den k.o. Klassisch. Auch Ritzerfeld ging damals, als er ging.

Einer der wenigen, außer Trebjilla, mit dem er noch in Kontakt ist. Meine Herren – Ein schönes Leben sollt ihr haben und immer einen Euro mehr, als ihr braucht.

Die blonde Telefonistin und die sexuelle Belästigung

Ein Fall zum Überdenken für die Richter und Richterinnen.

Ein Fallbeispiel für alle Männer im Beruf.

Ein Hinweis für alle Chefs – wenn es um solche Anschuldigungen geht. Keine Gerüchte – Fakten.

Es wurde eine neue Telefonistin eingestellt in der Zentrale in München, Augustenstraße. Blond, bildhübsch, stinkfaul, rotzfrech. Die Kunden beschwerten sich mehrmals bei ihm über die Telefonzentrale. Kein Weiterverbinden. Unfreundlich bis zur Arbeitsverweigerung. Er stellte die Telefonistin zur Rede. Namen und Fakten wurden genannt. Er stellte ihr anheim, den Beruf zu wechseln oder besser, die Firma.

Einen Tag später, Termin bei pedus im Beisein von Heidi. Es lag ein Brief von der vor, in dem sie ihn sexueller Belästigung bezichtigte. Mehrmals hätte er sie belästigt und begrapscht. In der Zentrale. Das alles war erstunken und erlogen. Heidi bestand darauf, die anzuzeigen. Er lehnte ab. Darauf Heidi, „dann muss doch etwas dran sein". Pedus schwieg. Er legte seine Gründe dar, warum er die nicht anzeigen könne.

Erstens. Er hatte keine Gegenfakten. Aussage stand gegen Aussage. Im Arbeitsrecht hatte die ja den Status einer „Abhängigen". Also Vorteile. Erfahrungsgemäß glaubten schon damals die Richter und Richterinnen mehr der Frau als dem Mann in solchen Fragen.

Zweitens. Er wäre dann aktenkundig gewesen. Einschlägig bekannt. Dann wäre er erst recht in der Zukunft, bei einer weiteren Anschuldigung, von vornherein schuldig gewesen.

Drittens. Die Telefonistin hätte sich ja mit der Nachfolgerin verbünden können und die dazu bewegen können, falsch gegen ihn, in einer gleicher Angelegenheit, vorzugehen.

Viertens. Wer hätte ihm dann noch geglaubt?

Pedus konnte das nachvollziehen, als Mann, und gab ihm Recht. Keine Anzeige. Heidi gab ihm unrecht und war davon überzeugt, dass an der Sache etwas dran sein müsse – von Nichts käme ja nichts.

Wenn schon die eigenen Leute nicht glauben oder auch nur den geringsten Zweifel haben, was glauben dann erst Unbeteiligte, die darüber zu entscheiden haben? Gerüchte sind so eine Sache und der Mann ist dann ruiniert. Beruflich und familiär sowieso.

Abhilfe für solche Fälle? Nur ein Videoband, das 24 Stunden am Tag läuft und das der Mann mit sich tragen muss, egal wo er hingeht. Oder laufend zwei Rechtsanwälte dabei haben, die ihn auf Schritt und Tritt begleiten. Toilette. Zusammen schlafen. Sonst ist das ja auch nichts, 100%. No chance. Also, keine Abhilfe, Keine Prävention. Schutzlos der Rache einer beleidigten Frau ausgesetzt.

Oder, eine Frau offenbart sich dem Mann. Sie liebt ihn. Der Mann ist nicht interessiert. Aus welchen Gründen auch immer. Das gleiche Spielchen kann auch dann angewendet werden.

Meine Herren und Damen Richter und Richterinnen und alle, die in einem solchen Fall zu entscheiden haben: „bitte denkt daran, es ist nicht immer so, wie es aussieht oder dargestellt wird." Ich wünsche ihnen allen eine besondere Gabe, das Wahre vom Unwahren zu erkennen und das dann auch in die Praxis umzusetzen. Verleumdungen, wenn überhaupt nachweisbar, sollten höher geahndet werden. Als Abschreckung. Sein geheimster Wunsch: Richter sollten einmal in die gleiche Situation kommen – dann würden die wirklich verstehen, um was es geht. Das Gleiche gilt auch für Richterinnen.

Die Amerikaner kommen

Meeting. Pedus informiert, dass die Amerikaner nach Deutschland expandieren wollen. Was tun? Er: „Kommen die zu uns – gehen wir zu denen." – Wer macht das? – Er. Also, zuerst Sprachkurse. Einzelunterricht. In England. Oxford und Lancaster. Zwei Monate, acht Stunden täglich. Jede Stunde ein anderer Lehrer. Jede Stunde ein anderes Thema.

Erst hieß es jedoch für ihn, deutsche Grammatik wieder zu erlernen. Und umzusetzen in Englisch. Welche Definition in Deutsch – heißt auf Englisch – wie?

Zum Beispiel: Ist das indirekte Objekt unbetont, so steht es ohne „to" vor dem direkten Objekt. Das betonte indirekte Objekt steht mit „to" hinter dem direkten Objekt.

Oder: Das Akkusativobjekt des Aktivsatzes wird zum Subjekt des Passivsatzes. Enthält ein Aktivsatz ein Dativ- und ein Akkusativobjekt, so können beide zum Subjekt des Passivsatzes werden.

Das ist was für Masochisten – Papierkorb.

Zum Kurs gab es täglich eine Kassette, worauf jeder der acht Lehrer nach der Unterrichtsstunde auf Fehler hinwies. Viele Teilnehmer reisten nach einer Woche entnervt ab.

Vier Wochen kosteten 10.000 DM Logis und Essen extra. Das waren Crash-Kurse. Aber gut organisiert und sehr gute Lehrer und Lehrerinnen.

England war nicht sein Land. Er ging auch nie wieder da hin.

Doch, außer einem Mal. Samstags früh, eines schönen Tages rief pedus an. „Was machen Sie gerade? Haben Sie etwas vor?" – Er, „nein" – „O.k., Treffen in einer Stunde auf dem Flughafen, General Aviation." Er fragte nicht, warum, wo geht es hin, wie lange bleiben wir?

Pedus hatte es sich in den Kopf gesetzt, nach London zu fliegen und dort Tee zu trinken. Dabei wollte keiner von ihnen Tee. Aber das war einmal eine echte Abwechslung. Nach dem Tee flog man zurück.

USA, Atlanta und die deutschen Auslandsvertretungen

Welt-Gebäudereinigerausstellung. Er reiste mit der Gruppe hin und ging sofort eigene Wege. Für drei Monate. Solo. Das erste Mal in USA. So, wie die in Oxford sprachen, redete von den Amerikanern niemand. Er lernte die deutschen Vertretungen kennen. Ein Desaster. Eine Pleite.

Das Konsulat. Die Handelskammer. Und was es da noch so alles gab, deutschen Unternehmern den Weg ein wenig zu ebnen. Die wussten gar nichts –

nothing. Bürokraten, siehe EU. Die wissen alles über den Krümmungswinkel einer europäischen Gurke und machen darüber fünfzehnseitige Verordnungen. Die Realität wird ausgespart, weil fremd.

In Atlanta logierte er im „Hyatt-Reagency". Spitzenhotel. Im Hotelinnenhof fuhren Glasaufzüge in Form einer Perle auf und ab. Die Hotelzimmer alle zum Hotelinnenhof – lange Pflanzengirlanden, die sich über Stockwerke nach unten wanden.

Das Restaurant, ganz oben, drehte sich und er musste erfahren, dass sein Englisch für die unverständlich war. In Atlanta war es zu der Zeit saukalt und er bat eine Hotelangestellte, Negerin, um eine Decke, zusätzlich. Die brachte ihm ein Bügeleisen. Da wurde ihm spätestens klar, Dativ oder Akkusativ – vergiss alles und fang neu an.

Chef dieses Hotels war ein Schweizer. Dem trug er seine Probleme vor. Eröffnung einer deutschen Firma in den USA, Fakten über Löhne, Steuern, Gewerbeanmeldung, welche Formulare, wo muss man hingehen? Wo sind die Anlaufstellen.

Ja, ja – Visionen sind das Eine – Umsetzen in die Praxis das Andere.

Der Schweizer vermittelte ein Gespräch mit dem deutschen Generalkonsul. Der kam sogar ins Hotel. Der bemühte sich und wollte helfen. Aber er konnte nicht. Er sagte das auch. Ein honoriger Mann. Man führte dann noch ein längeres Gespräch, in dem er den Generalkonsul bat, ihn ein wenig über die amerikanische Mentalität aufzuklären. Im Job, wie sind die im Gegensatz zu den Deutschen? Wie kriegt man die dazu, zu helfen? Welche Argumente muss man bringen und wie sind die Fragen zu formulieren? Das Gespräch war sehr nützlich. Im Job gibt es ja meist nur eine Chance. Die wollte er sich nicht verbauen durch unamerikanische Fragen und Verhaltensweisen.

Auf jeden Fall erkannte er schnell, dass mal wieder alles an ihm allein hängt. Helfen kann niemand – er muss, einmal mehr, seinen Weg allein gehen. Ihm brachte das immer mehr Vorteile als Nachteile. „Let's go ..."

Der Nationalpark und die Polizei – Atlanta, Altstadt – Boston – Washington – Arlington

Vor der Abreise wollte er den dortigen Nationalpark besuchen. Ca. zwanzig Kilometer weg. Sehr bekannt. Er fuhr mit dem Bus hin und als er am späten Nachmittag zur Bushaltestelle im Park zurückkehrte um nach Atlanta zurückzukehren, stellte er fest, da fährt kein Bus mehr. Taxi? – Fehlanzeige.

Da fuhr ein Polizeiwagen vor. Hände aufs Autodach, Beine auseinander. Was machst du um diese Zeit hier, das ist verboten. Nun hatte er für diese Fälle seinen

Standardsatz parat. Den benutzt er noch heute bei kniffligen Situationen. „I come from Germany". Darauf nickten und nicken die jedes Mal mit dem Kopf – als wollten sie sagen „schon wieder einer aus der Dritten Welt". Sie fuhren ihn ins Hotel. Zwanzig Kilometer – Er lud die ein auf einen Drink. Zwei Baumlange Kerle. Er in der Mitte. Hotelbar. Eine Amerikanerin sang romantische Lieder – Der Schweizer Manager kam im Laufschritt, „hast du Probleme?" Er: „nein": Man unterhielt sich, fand sich o.k. und zum Abschied schlug ihm jeder freundschaftlich auf die Schulter, so, dass er in die Knie ging.

Rundgang durch die Altstadt. Er hörte Musik. Blues, den von ihm heißgeliebten Blues. Rein ins Lokal. Nur Schwarze. Die schauten, als käme er von einem anderen Stern. Aber man ließ ihn in Ruhe. Auch später ging er sehr oft noch in Negerlokale. Nur dort ist die Musik noch wahr und echt.

Später sagten ihm die weißen Amerikaner, das sei zu gefährlich. Er hatte nie irgendwelche Probleme.

Wie sah so eine schwarze Bar aus? Erst mal viel Zigarettenqualm. Erhöht im Raum, eine Art Bühne. Ca. vier mal vier Quadratmeter. Darauf ein Klavier, eine Klarinette, Trommel, E-Gitarre standen da. Hauseigen. Dann ging da einer von denen hoch und setzte sich ans Klavier und spielte. Dann kam ein anderer und nahm die Klarinette und spielte mit. Untereinander kannten die sich nicht. Hatte einer der Spielenden keine Lust mehr, ging der runter von der Bühne und ein anderer nahm seinen Platz ein. Sang einen Blues, die anderen begleiteten ihn auf ihren jeweiligen Instrumenten.

Der Boden war vier Zentimeter hoch mit Sägespänen bedeckt. Riesiger Bartresen. Später suchte er sich immer solche Lokale aus – er fühlte sich dort sauwohl. Obwohl er die Neger bis heute nicht besonders mag. Aber sehr die Negerinnen. Welch eine Logik!

Dann die Fragen, die in den USA jeder stellt: „Wo kommst du her? Was machst du? Was verdienst du?" Das sind da drüben Standardfragen, vollkommen üblich und normal. Da würden die Deutschen ausflippen, würde man die das fragen, hier in Deutschland. Überhaupt Punkt drei „was verdienst du?"

Boston. Drei Tage. Das war genug, Nix wie weg.

Washington. Das Weiße Haus besichtigt. Wie eine kleine Privatvilla. Gemütlich, voller Mief und doch die Schaltzentrale einer Weltmacht.

Arlington, der Soldatenfriedhof. Dieser riesige Friedhof – als alter Soldat war er bewegt und tieftraurig. So viele Schicksale – soviel Schmerz, Blut und Leid. Er dachte an Indochina. An die drei Jahre, die er dort im Einsatz war. „Vietnam" – das amerikanische Trauma. Bis heute unverarbeitet und unüberwunden. Weil weggedrückt, da unpassend. Wie unwürdig die amerikanische zivile Nation ihre heimgekehrten Soldaten behandelte. Diese blutjungen Jungs. Das war wohl nix, USA. Eine Milliarde US-Dollar war der Preis für die amerikanischen Soldaten, die Vietnam wollte, um die Gefangenen freizulassen. Das war den Amerikanern zuviel – 60.000 Soldaten fielen in diesem Krieg für amerikanische, politische Interessen. Die überlebenden und zurückgekehrten Soldaten behandelte man wie Dreck.

Er logierte im Hilton in Washington. Ein Riesenhotel. Nach drei Tagen Abreise. Früh an der Kasse eine große Warteschlange. Er konnte nicht so lange warten und bat um sofortige Rechnungsstellung. Abgelehnt. Er reiste ab, ohne zu zahlen. Geschäftlich war in Washington für ihn nichts drin. Das war ein Beziehungsnetzwerk.

New York und das Empire State Buildung

New York. Genauso wenig Amerika wie Paris Frankreich ist. Aber eine tolle, verrückte Stadt. Vielleicht liebte er diese Stadt gerade deswegen vom ersten Augenblick an.

Er brauchte nun endlich Fakten. Nur wie? Er ging ins Empire State Building. Abends, bei einem Trip, sah er darin Reinigungsfrauen in Firmen-Uniform. Also: Fremdreinigung. Ohne Termin hin, den „Manager Verwaltung" aufgesucht. Er vertrete eine deutsche Firma. Man wolle in den USA arbeiten und eine Firma gründen. Wie läuft das hier? Lohne, Steuer, Gewerbeanmeldung, Arbeitserlaubnis, Besonderheiten für ausländische Firmen, usw. usw.?

Was in Deutschland undenkbar wäre, war oft in den USA vollkommen normal. Der telefonierte, recherchierte und nahm sich Zeit für ihn. Obwohl der diese Zeit nun wirklich nicht hatte. Danach ging der hauseigene Manager mit ihm zum Chef der Reinigungsfirma und befahl dem – der bat nicht, der befahl – dem Mann aus Germany alle Fakten zu geben, die der haben wolle. Man stelle sich das einmal vor in Deutschland.

Also stellte er seine Fragen, der andere, der zukünftige Konkurrent, legte alle Zahlen offen. Die Kalkulation. Also nutzte er zuerst diese einmalige Gelegenheit und notierte sich die amerikanischen Stundenvorgaben in Quadratmetern für die jeweilige Arbeitskraft nach den verschiedenen Arbeitsbereichen. Die beschäftigten fünfhundert Reinigungskräfte rund um die Uhr nur im Empire State Building.

Diese Organisation – Führungsaufgaben je Objektleiter, ihm wurde schwindlig. Da waren die den Deutschen eindeutig über. Aber, bei den Putzkräften verlief das alles im Sand. Mit einem Wischmopp, dreißig Zentimeter breit, wischten die tausend Quadratmeter große Flächen. Da wusste er, man hat eine Chance, gegen die anzugehen. Das war sehr beruhigend für ihn, das festgestellt zu haben. Das konnte PEDUS auch und besser.

Er fragte den, „wie kommt man an Aufträge ran?" – „Nur über Referenzen". Also Anmieten einer Etage und als Referenz angeben. War die Etage auch erst einmal leer. Wer wusste das schon?

USA – er liebt euch für eure Hilfsbereitschaft und fair play, besonders in geschäftlichen Dingen. Auch später stellte er fest, jeder bekam einmal seine Chance. Nutzt er die – o.k. Wenn nicht, bist weg vom Fenster.

Los Angeles. Er fand keine Bindung zu der Stadt.

Zurück in Germany – Berichterstattung an pedus. Auf geht's nach USA – die sind zu knacken. Und so wurde das auch gemacht.

Schon 1980 waren dort fünfzehntausend Leute beschäftigt.

Nun war PEDUS in den USA, aber die Amerikaner kamen nicht auf den deutschen Markt. Um so besser. Man weiß ja nie ...

PEDUS wird durch einen Universitäts-Wirtschaftsprofessor bewertet

Man wollte wissen, pedus und er, wie ein „Mann der Wirtschaft“, also ein Experte, die Firma bewertet. Im Aufbau, nach dem Aufbau, zum jetzigen Stand. Nicht nach dem Wert in DM sondern rein „wissenschaftlich“. Ihr Werdegang – verglichen mit dem vom Professor gelehrten Aufbau einer Firma. An der Münchner Uni.

„Resümee“, ihre Firma dürfte es nach wissenschaftlichen Gesichtspunkten überhaupt nicht geben. Es gab sie aber. Zehntausend Beschäftigte zu der Zeit mit hundert Millionen DM Umsatz jährlich. Gewinnorientiert. Die Bilanz mit schwarzen Zahlen.

Nach der Bewertung ging man wissenschaftlichen Methoden und Lehrsätzen noch mehr aus dem Weg, als schon vorher. Das ging so weit, dass man selbst Betriebswirte, Uni-Abgänger, wohl einstellte aber keine DM mehr Gehalt an die zahlte als an Nicht-Betriebswirte. Noch heute denkt er, wenn einer sagt, er sei Betriebswirt – schon wieder einer, der keine Ahnung von der Praxis hat. Das Bewertungskriterium hierzu – zu dieser, seiner Meinung, war immer der Wirtschaftsprofessor von der Uni mit seinem Lehrprogramm, wie eine Firma aufzubauen sei.

Also, junge Unternehmer: „Haltet euch fern von der Wissenschaft (und von den Banken).

Graphologische Gutachten – Heidi schwört darauf

Die Personal-(Beschaffungs-)Abteilung war mit eine der Aufgaben von ihr. Er selbst suchte sich seine Leute schon lange in Eigeninitiative. Nicht erlaubt nach den Firmenrichtlinien – aber von der Personalabteilung kam ja nichts. So war es auch in allen anderen Unternehmensbereichen. Also, Vorauswahl bereits vor dem Einstellungsgespräch. Für mittlere Führungskräfte.

Jetzt suchte Heidi persönlich nach einem Graphologen. Und fand einen. Aber jetzt musste zuerst mal der Graphologe geprüft werden. Taugte der etwas in seinem Gutachten oder nicht? Nun hatte Heidi in der Verwandtschaft ein „hohes Tier" in der BASF. Der erklärte sich bereit, den Graphologen zu checken. Dazu musste eine Bewerbung her. Die musste der Graphologe bewerten. Dann ging die Bewerbung zusammen mit dem Gutachten an die BASF zwecks Gegencheck. Eigentlich war das ein guter Test.

Wer machte das Versuchskaninchen? – Heidi – laute Proteste. Pedus – laute Proteste. Also wieder einmal er. Er schrieb eine fingierte Bewerbung zu Testzwecken an PEDUS. Heidi schickte diese Bewerbung an den Graphologen. Der schickte die Bewerbung mit seinem Gutachten über den Bewerber an Heidi zurück. Nun ging alles an die BASF.

Was der Graphologe über ihn schrieb interessierte ihn erst gar nicht. Wohl aber die Bewertung über ihn seitens der BASF. Heidi und pedus fanden die BASF-Bewertung über ihn vernichtend. Er fand die Bewertung spitze.

Die BASF-Bewertung über ihn

Die schrieben, er zitiert aus dem Gedächtnis aber ziemlich genau: „Zur Teamarbeit vollkommen ungeeignet. Sprengt jedes Team. Ordnet sich nicht unter. Akzeptiert keine Führungsstrukturen. Sehr gut einsetzbar als Mann der ersten Stunde bei der Einführung neuer Verfahren, Maschinen und Produkte in einem neuen Markt, besonders im Ausland". Heidi und pedus fanden das schlecht. Eigentlich schlossen die sich unbewusst dem Wirtschaftsprofessor in dessen Bewertung über die Firma PEDUS an. Was sagte der über PEDUS? „Nach wissenschaftlichen Gesichtspunkten dürfte es PEDUS gar nicht geben." Umkehrschluss: Gäbe es ihn nicht, gäbe es PEDUS nicht. Wenigstens nicht dort, wo PEDUS heute steht. Was tat er denn anderes, als das, was die BASF über ihn schrieb?

Meeting in Rio

Nun fand jedes Jahr ein Meeting statt. Alle Niederlassungsleiter weltweit mit Ehefrauen. Alle überregionalen Verkaufsleiter, alle Auslandschefs. Und die vier besten, die ausgezeichnet wurden. Der beste Auslandschef, der beste Niederlassungsleiter, der beste Betriebsleiter, der beste Verkäufer.

Nur, was als Preis überreichen? Er schlug sofort eine ROLEX-Uhr vor. 10.000 DM damals. Ausführung Gold mit Datumsanzeige. (Also ohne Wochentage. Das hätte die Uhr um 100% verteuert.)

Heidi und pedus zerrissen ihn. Zuhälteruhr. Kein Geschmack. Gut, eure Vorschläge? – Keine Vorschlage. Also ROLEX-Uhr. So blieb es auch für alle weiteren Jahre. Alle wollten diese Uhr, alle.

Er allerdings kaufte sich damals die seine auf eigene Kosten. In New York. Bei Tiffany. Er hat die Uhr noch heute. Wenn schon Zuhälter, dann bitte mit Klasse. (Übrigens: Jeder der einen Mann berechtigt oder unberechtigt einen Zuhälter nennt, weiß gar nicht, wie übel der Mann dran ist. Das ist kein Zuckerlecken. Die Zuhälter, die er kennen lernte, waren immer schwer in Ordnung.

Abgehalten wurde das Meeting im Sheraton, an der Stadtgrenze. Am Ende des Ipanema Strandes. Gleich neben der Favella. Viel zu weit von der Stadt weg. Er nahm die Stadtwohnung. Copacabana. Mit drei weiteren Männern. Zwei überregionalen Verkaufsleitern, Erny und Röder und dem Niederlassungsleiter Bodensee. Die Wohnung hatte verschiedene Zimmer und es wurde ausgelost, wer welches bekommt. Alles ging schon gut an. Er und Röder hatten Grippe. Die Klimaanlagen im Hotel. Apotheke. Bevor sie sich versahen, bekamen sie die Spritze „durch den Stoff des Hemdes“ hindurch verpasst. Nix wie raus. Draußen stillte man die Blutung.

Am nächsten Tag an den Strand. Er warnte vor der Sonne. Keiner hörte. Nachts der Erny mit Riesenschmerzen, Bettruhe. Am Abend wurde er von Barbara, der Schwester von pedus, betreut. Die Barbara, die „Bärwel“. Mit der verstand er sich immer gut. Auch die Mutter von pedus, wenn man gerade bei der Familie ist, war eine warmherzige, liebe Frau. Als die Mutter dann später starb, trauerte er – nur für sich – mit.

Nachtleben in Rio – Nach dem Meeting ist vor dem Meeting.

Der ganze PEDUS-Clan war ja im Sheraton. Mit Ehefrauen. Sie selbst in der Innenstadtwohnung, für sich. (Mal wieder.) Erny war verheiratet, er blieb sauber. Soviel er weiß. Aber die restlichen drei ließen nichts aus. Schön war's – harmonisch war's. Am nächsten Tag musste an die anderen berichtet werden.

Die Wohnung war jede Nacht die Drehscheibe. Nach dem dritten Tag riss man das Kabel zur Klingel heraus. Den ganzen Tag und die ganze Nacht hatten sie Besuch.

Die Negerin im Astronautenlook.

Nun lag ja Erny im Bett, krank. Meistens schlief der. Eines Nachts kam eine Schwarze mit ihm. Hochgewachsen, schlank – eine Schönheit. – Die hatte silberne Klamotten an, Astronautenlook. Er bat die, mitzukommen und ging ins Zimmer von Erny. Weckte den – als der die Schwarze in Silber vor sich stehen sah, machte der einen Satz im Bett hoch. Zu Tode erschrocken. Der dachte wohl, der sei im Himmel, Abteilung Neger-Raumfahrer. Er glaubt, sich noch heute zu erinnern, was der damals schrie: „Oh, verreck'!". Man verließ dann das Zimmer wieder, nachdem man dem versichert hatte, alles sei o.k. Man musste gehen, schließlich war Erny krank.

Bodyguard für Marios Frau.

Übrigens: In den Meetings wurde hart gearbeitet – es war keine getürkte Geschäftsreise. Mario Kasslatter, der Italienchef, musste früher zurück. Der übergab ihm zu treuen Händen seine Frau. Zum Aufpassen, dass der nichts passiert, tagsüber. Bei einem Italiener hat das eine andere Bedeutung als in Deutschland. Das hieß, hundert Prozent Vertrauensbeweis für ihn, als Mann. Er bemutterte sie, beschützte sie und alles ging gut zu Ende. Das Ganze machte Spaß bei solch einer intelligenten Italienerin.

Private Änderungen in der Führungsetage.

Hochzeit von Heidi und pedus.

Hochzeit in Schwabing. Er war Trauzeuge.

Heidi ist schwanger.

Neben ihrem Büro wurde ein Wickelraum eingerichtet. Ein Sohn, Philipp Sebastian Lukas. Sein Patenkind.

Scheidung.

Sie trennten sich. Aber Heidi arbeitete in der gleichen Firma noch ein Zeit lang weiter.

Deutsche Klinik für Diagnostik in Wiesbaden – Familienbesichtigungsbesuche – Er, der Putzfürst

Das war die deutsche Kopie der US Mayo Klinik in Rochester. In Deutschland damals wegweisend. Fachlich. Diagnostisch. „Die Referenz". Alles vom Feinsten. Hundert Fachärzte, jeder mit eigener Praxis. Behandlungstrakt, Bettentrakt, usw. Nach sehr hartem Kampf bekam er den Auftrag. Schwierigkeiten schon vor Beginn der täglichen Unterhaltsreinigung. Während der Bauschlussreinigung schon größere Probleme. Nun stand auch noch die Einweihung bevor. Fernsehen. Rede vom Ministerpräsident. Festakt.

Es regnete tagelang wie aus Kübeln. Jeder schleppte den Dreck von draußen, alles war noch unbefestigt, in die Marmor-Eingangshalle, weiß, herein. Die Eröffnung war um Wochen zu früh angesetzt.

Es sollte der Tag kommen, wo er sein Autotelefon verfluchte. Kurz vor der italienischen Grenze, Anruf. Er nahm ab. Pedus war dran. Einsatz in Wiesbaden, ca. zwei Monate am Stück. Nur, er war gerade auf dem Weg nach Cannes in den Urlaub. Also, Urlaub gestrichen. Wenden und direkt weiter nach Wiesbaden. Einlogiert im Schwarzen Bock. In Wiesbaden gab es kein Interconti. Nur in Frankfurt und das war zu weit weg vom Schuss.

In die Klinik. Wo ist der Objektleiter? Er fand den und was sagte der wörtlich? „Ich kann den Laden hier nur noch besoffen ertragen. Ich kündige!" Da stand er nun. Er hatte das Objekt wohl kalkuliert – aber er kannte dort niemanden. Also bekannt machen.

Wo sind die Probleme? Warum? Wieso stellt ihr die nicht ab, wo ihr doch wisst, wo und warum es im Getriebe knirscht? Als erstes stellte er eine tüchtige Reinigungskraft ab für die Eingangshalle. Putzen, zwölf Stunden Einsatz in Abwechslung. Was in der Eingangshalle schon weggeputzt wird, wird nicht mehr ins Haus hineingetragen.

Es gab eigentlich nur ein Problem, aus dem alle weiteren Probleme resultierten. Die hundert Fachärzte und ihre hundert Einzelpraxen. Natürlich, dass die sich vor der Familie und den Bekannten produzieren wollten. Die luden alle ein zur Besichtigung. Das waren je Tag und Arzt mindestens fünf Leute. Plus Kinder. 100 Ärzte mal fünf Besucher = täglich 500 Besucher. Zu jeder Zeit. Und jeder schleppte den Dreck von draußen rein.

Zweites Problem, die Ehefrauen. Die Frau Doktor. Die Ärzte durften damals den Bodenbelag ihrer Praxen selbst bestimmen. Da war eine Fantasie am Werke – so viel verschiedene Bodenbeläge – er wusste gar nicht, was es da so alles gab. Trotz seiner jahrelangen Berufspraxis. Jede Praxis hatte einen anderen Boden. Nun ordneten die Ehefrauen gegenüber den Reinigungskräften an, wie was zu putzen sei. Die kontrollierten dann auch noch. Vor seinem Eintreffen lief das so. Jeder und jede hatte vor den „Frau Doktoren" Angst. Als erstes stellte er die Besucherei ab. Sofort. Sah er welche, bat er die, das Haus sofort zu verlassen. Kurz und bestimmt. Da er täglich 18 bis 19 Stunden im Objekt war, bekam er ja alles mit. „Oder, sie stellen eine private Reinigungskraft auf ihre Kosten ein. Weitere Besuche werden für die Reinigung in Rechnung gestellt, privat."

Dann wurden alle Böden, egal welcher Bodenbelag, mit dem gleichen Reinigungsmittel geputzt. Alle. Er musste nun endlich und schnellstens den Laden auf Vordermann bringen. Das gute alte „SOFIX". Basta, und es funktionierte.

Heidi und pedus standen jedes Mal Kopf. Und beschimpften ihn. War er – wenn es mal wieder lichterloh brannte – im Einsatz, dann gab es nur SOFIX! Auch damals in der Berliner Zeit, in den Museen. Es war ihm einfach zu blöde, hundert verschiedene Reinigungsmittel zu verwenden. Noch dazu, wo die weniger brachten als sein SOFIX. Außerdem war es ökonomischer, sauberer, und es verblieben keine Rückstände auf dem Bodenbelag.

Oder bei Neckermann in Berlin. Bei Besichtigungen durch Herrn Neckermann waren die Vorderkanten der schwarzen Treppenstufen dessen Tick. Immer reklamierte der. Er stellte das ab. Erkundigte sich, „wann kommt der Chef?" Dann wurde mit schwarzer Schuhcreme die Vorderkante der Treppe – nicht die Trittfläche – poliert. Ab dem Tag bekam er immer ein dickes Lob. Heidi wollte wissen, „wieso die Rechnungen über schwarze Schuhcreme?" – „Für die Neckermann Treppen." – Die legte ohne Kommentar auf. Wahrscheinlich dachte die, dass sie veräppelt wird. Es war aber die Wahrheit ...

Das Ärzteteam gab auf. Schnell, dann. Und er hatte von denen seinen Namen weg. Putzfürst. Die wollten keine Zurechtweisungen mehr vor der Ehefrau. Einfach war das nicht mit denen, aber mit ihm auch nicht. Er ging keiner Konfrontation aus dem Weg. Die Verwaltung hielt sich raus. Das Objekt lief – die Einweihung klappte, der Ministerpräsident hielt seine Rede und er blendete aus nach sechs Wochen, nachdem er einen neuen Objektleiter gefunden und eingearbeitet hatte.

Endlich ab nach Cannes.

Ganz langsam, mit Genuss und ausgeschaltetem Autotelefon. Eines morgens, wer saß auf der Terrasse des Hotels an der „Croisette"? Der pedus. Der hatte ihn wahrhaftig besucht da unten. Er blieb zwei, drei Stunden – dann flog er zurück. Eine angenehme Überraschung und es freute ihn.

Franz-Josef Strauß – Fasching im Bayerischen Hof und der Rock von Marianne

Einige Male besuchte man einen Faschingsball. Heidi ordnete das an. Pedus und er folgten unter Protest. Dafür hatte sie sich aber auch um alles zu kümmern. Eintrittskarten, gut platzierter Tisch, usw.

An diesem Abend saßen der Ministerpräsident, Herr Strauß, und seine Frau Marianne am Nebentisch. Er war ein Fan von Franz-Josef Strauß. Später traf man sich dann noch des öfteren auf Grund dieses Balles. Jeder Besuch bei dem Mann vertiefte seine Sympathie zu dem.

Überhaupt, im Vieraugengespräch war es ein Genuss, mit dem Mann zu sprechen, zu argumentieren – eine Offenheit – und wie wurde der Mann verkannt, außerhalb Bayerns. Er war ein Mann – kein Höfling, der dem Volk Staubzucker in den Allerwertesten bläst. So, wie das besonders heutzutage im Jahre 2002 üblich und die Norm ist. „Bloß nicht anecken!"

Marianne saß also am Nebentisch. Jetzt stichelten natürlich pedus und Heidi – „tanze mit der Marianne". „Du traust dich nicht." Und so weiter. Das wurde ihm zu bunt, ging zu Strauß und bat um Erlaubnis. Erlaubnis erteilt. Jetzt zu Marianne: „Darf ich bitten?" Es traute sich wirklich kein anderer, fremder, die aufzufordern. Jeder glotzte nur – er bereute jetzt schon, sich darauf eingelassen zu haben. Nun saß die Marianne am Tisch auf einem Stuhl. Eng. Seite an Seite mit Franz-Josef Strauß-Ministern, Führungskräften aus der Großindustrie. Jeder schlug sich ja darum, an dessen Tisch sitzen zu dürfen.

Sie stand auf und er hob den Stuhl ein wenig hoch, damit sie den Tisch leichter verlassen könne. Nur, deren Kleid war so über den Stuhl drapiert, dass sich das Kleid in dem Maße hob, wie er den Stuhl anhob. Ein Blick zu Heidi. Die lachte Tränen. Runter mit dem Stuhl. Das Kleid ging wieder auf Normallänge. Das ging so drei, vier Mal. Marianne schaute ihn an. Was ist los? Er sagte ihr, ihr Kleid hebe sich in dem Maße, wie er den Stuhl anheben würde. „Können Sie das Kleid herunterziehen, weg vom Stuhl?" Während dieser Zeremonie wurde er ja nicht nur von Heidi beobachtet, sondern auch von Franz-Josef Strauß und den anderen am Tisch Platzierten. Marianne lachte herzlich, zog ihr Kleid runter, er den Stuhl unter ihr weg, nun wurde getanzt. Diese kleine Episode hatte das Eis gebrochen und man redete, lachte und jeder fand den anderen o.k.

Drei Tänze, das kann lang sein – mit der Frau verflog die Zeit nur so. Eine ganz tiefe Stimme hatte sie.

Im Laufe der Nacht, bei Rundgängen durch die verschiedenen Ballsäle traf er noch oft Franz-Josef Strauß. Jedes Mal lachte der ihn an und klopfte ihm auf die Schulter. Verschiedene Bekannte, die er dort traf, fragten ihn: „Kennst den Franz-Josef Strauß so gut?" Er bejahte. Später ja, damals nicht. Aber, ab und zu muss man auch mal angeben können – schließlich war es eine private Veranstaltung.

Bei einem seiner späteren Besuche bei Franz-Josef Strauß fragt er ihn, ob der ihm eventuell beruflich behilflich sein könne. – Und wie? – Er sagte, Fürsprache bei seinen Landräten für „Service im Krankenhaus". Darauf sagte Franz-Josef Strauß, das könne er leider nicht. Er sei schon froh, wenn die das täten, was er wollte. Wörtlich.

Finanzminister / Innenminister und das Drehen von Zigaretten beim Käfer

Franz-Josef Strauß vermittelte ein Gespräch mit dem Finanzminister und dem Innenminister. Treffpunkt, Restaurant Käfer. Im Nebenzimmer. Heidi wollte unbedingt mit. Ihm passte das gar nicht. Ist eine Frau dabei, noch dazu gut aussehend und mit Klasse, ist das Geschäftliche nicht mehr geschäftlich.

Männer, alle, wollen vor so einer Frau glänzen. Die geschäftliche Linie geht flöten. Die reden dann „Suaheli". Nun denn, wenigstens Kontakte. Doch auch die konnten nicht helfen. Keine Vermittlung oder Fürspräche für ihn. Auch gut. Wenigstens war es ein schöner, unterhaltsamer und interessanter Abend.

Er drehte schon damals seine Zigaretten selbst. Bison-Tabak und OCB-Zigarettenblättchen aus Frankreich.

Erstens schmecken die besser. Naturtabak ohne Chemie. Dafür stärker. Zweitens brach das das Eis bei Besuchen und Verhandlungen.

Zu der Zeit war die Nichtrauchermanie noch nicht ausgebrochen.

„Was, Sie drehen? Das habe ich zuletzt im Krieg gemacht. Drehen Sie mir eine?" Nun muss ja, wenn die Zigarette fertig gedreht ist, mit Speichel das gummierte (Klebeseite) Blättchen leicht angefeuchtet werden. Dann wird die eine Seite des Blättchens mit der anderen Sete verklebt. Innerhalb ist der Tabak.

War eine Zigarette gedreht, hielt er dem Gesprächspartner das Blättchen hin, damit der das mit seinem Speichel anfeuchtete. Dann sagten die, „ach, machen Sie das mal." Das gab so eine gewisse Vertrautheit, wie eine Art Friedenspfeifenzeremonie.

Frage an die beiden Minister: „Ist das nun negativ oder positiv, das Zigarettendrehen, in Regierungskreisen?" Die Antwort weiß er noch heute: „Wir in der CSU finden Eigen-Kreativität, egal bei was auch immer, nur positiv." Die Antwort gefällt ihm noch heute.

Job im Bayerischen Rundfunk?

Angebot, in München einen Job im Bayerischen Rundfunk anzunehmen. Werbeabteilung, mit allem was dazu gehört. Sehr gutes Gehalt – sehr viele Kompetenzen. Sein eigener Chef. Nur der Spitze unterstellt.

Das einzige Mal, wo er schwankte – soll er – soll er nicht? Selbst Heidi, mit der er darüber sprach, riet ihm zu. Er lehnte ab. In seinem Inneren jedoch, zweifelt er noch heute ab und zu, ob das wohl eine noch bessere Erfüllung seines Lebens zur Folge hätte haben können.

Die Chance war da. Vertan? Auf jeden Fall vorbei.

Flughafen Frankfurt – Ausschreibung – 100 Millionen in den Wind geschossen

Damals und wohl auch noch heute, 2002, der größte Serviceauftrag, der in Deutschland zu vergeben ist. Die Reinigung aller Flughafengebäude. Innen und außen. Regiearbeiten. Zubringerdienste etc. der Flugzeuge, außen und innen. Catering (Verpflegung). Ein Millionenauftrag, monatlich.

Dieses Großobjekt zu kalkulieren entsprach im mindesten einer Doktorarbeit. Nur ruinöser. Oder dicken Gewinn bringend. Meterhohe Stapel von Plänen, Reinigungszeitenvorgaben rund um die Uhr, Reinigungsrhythmus. Was wird wann – wie gereinigt. Sonderarbeiten jeder Art, Flugzeugreinigungen durch die mobile Truppe. Und alles zum Festpreis.

Das war eine Herausforderung und er freute sich darauf. Zum Beispiel: Wie wird die Flugzeugreinigung kalkuliert – in Minuten und im Angebot an den Kunden als verbindlich genannt – wenn schon die Zubringer- und Abholdienste der Reinigungskräfte bei den langen Wegzeiten ein vielfaches an Zeit von dem ausmachen, was sich in der Kalkulation als reine Reinigungszeit niederschlägt?

Wie viele Flugzeuge landen zu welcher Zeit?

Ist Frankfurt/Main für das Flugzeug der Heimathafen oder Transit? Das heißt, startet der schon wieder nach einer halben Stunde? Und was ist mit Verspätungen und somit Sondereinsätzen? Eine Springerkolonne (plus Fahrzeug) oder drei bis vier? Oder zehn? Da war das Auto zu kalkulieren. Die Betriebskosten. Der Fahrer. Sonderzuschläge für Feiertage, Nachtarbeiten, usw. Allein das Vorgenannte zu kalkulieren und die daraus resultierende Summe zu hoch anzusetzen konnte den Auftrag kosten.

Deutsche Arbeitskräfte kaum zu bekommen. Auf jeden Fall nicht zu dem im Tarifvertrag genannten Lohn. Und Zuschläge. Und Fahrkosten. Und Essenzuschuss. Ausländer, Verständigungsschwierigkeiten. Weniger Leistung usw. Sicherheitsvorschriften. Arbeitskleidung. Die Religion kam ins Spiel. Tausend Dinge zu beachten, die Geld kosten aber zu hundert Prozent auf den Preis nicht umgelegt werden konnten.

Kosten zu hoch – noch dazu, wo die eine Fremdreinigung, eingespielt, schon Jahre lang unter Vertrag hatten.

Er war nicht so blauäugig anzunehmen, sich eine Chance ausrechnen zu können, wenn er das im stillen Kämmerlein vor sich hin kalkulierte. Was tun?

Er nahm Kontakt auf mit einer Führungkraft der Konkurrenz. Einer Frau. Supertüchtig. Knallhart. Kompetent. Besuchte die zu Hause, nachdem er sich deren Anschrift beschafft hatte, unangemeldet. Er bot einen Vertrag, hundert Prozent mehr Gehalt als jetzt – egal was sie auch verdient, wenn er den Auftrag bekäme. Weiterbeschäftigungsgarantie, so lange der Vertrag läuft.

Jetzt wurde kalkuliert nach der Praxis. Die Fakten hatte er auf Minuten genau. Pikant: Die bereits tätige Firma war bei der Erstellung des Leistungsverzeichnisses federführend. Die blähten natürlich alles so auf, dass ein Anbieter viel zu hoch kalkulierte. Kalkulieren musste.

Vorlage der Kalkulation bei pedus. Der sollte sein o.k. geben. Einen Alleingang wie beim Krankenhaus Wesel schloss er dieses Mal für sich aus. Was machte pedus? Der setzte eine Kommission ein, um neu zu kalkulieren. Unter der Oberaufsicht eines kleinkarierten Mannes. 110% Sicherheitsdenken. Keine Visionen. Kein Erkennen der einmaligen Chance. Nur Schiss – wenn das schief geht, fliege ich raus. Also lieber draufpacken und den Auftrag besser nicht kriegen.

Er verweigerte die Zusammenarbeit mit denen und ließ die machen; er wusste, so wird das nichts und es wurde auch nichts. Die dabei herausgekommene Kalkulation hätte einen Preis verdient gehabt. An Weltfremdheit. Praxisfremdheit. Und kaufmännischer Bescheuertheit. Astronomisch hoch. Aus war's.

Pedus, das hast du vergeigt. Und er weiß, das stinkt dir noch heute. Ohne Insiderwissen ist eine solche Kalkulation, mit so vielen Imponderabilien (Unwägbarkeiten) und wo es um Millionen geht, mehr als ein Lottospiel – Ausgang ungewiss. Die bereits tätige Firma behielt – natürlich – den Auftrag. Solch eine Chance bekommt man nur alle zehn Jahre einmal. Und für solch ein Großobjekt nur ein Mal im Leben. Er ist noch heute sauer, dass solch ein Großauftrag „vorsätzlich" in die Pfanne gehauen wurde. Von anderen.

Er besuchte dann noch einmal diese Chefin von der Konkurrenz und verabschiedete sich von der. Sie bedauerte, dass alles so in die Binsen ging – noch dazu, wo sie schon mit der Flughafenleitung gesprochen hätte – pro PEDUS.

Der „Spiegel", die Anzeigen und die saudi-arabischen Prinzen

Die Prinzen in der Augustenstraße in München.

Anruf von der Telefonistin. „Hier stehen drei saudi-arabische Prinzen – zu wem soll ich die schicken?" Er fragte zurück, „nur drei Prinzen – wo ist der Rest?" Er verbat sich solche blöden Scherze. Sie schwor, kein Scherz. Er also runter in die Telefonzentrale und holte die ab. Erstes Kurzgespräch mit denen in seinem Büro.

Sie kämen aufgrund der Anzeige im „Spiegel“. Seiner Anzeigte. Hätten die Anzeige in London, wo sie gerade gewesen wären, gelesen. Und wären direkt von London nach München geflogen. Es ginge um die Reinigung des Flughafens in Riad, Saudi-Arabien.

Er rief pedus an. Hier vor mir sitzen drei saudi-arabische Prinzen. Wir sollen den Flughafen in Riad putzen. Auch der reagierte so, wie er kurz vorher. „Lassen Sie diesen Scheiß.“ Er brachte die drei ins Büro von pedus. Palaverte. Dann ging man ins Hotel Vier Jahreszeiten essen. Der Auftrag kam – und PEDUS war in Saudi-Arabien vertreten.

Der Prinz im Hofbräuhaus

Im Laufe der Jahre, mal wieder Ausgang mit dem Prinzen. Hofbräuhaus. Museen konnte er keine mehr ertragen. Alternative Hofbräuhaus. Kein Alkohol, kein Schweinefleisch, klar. Nun wollte der Prinz eine Maß Bier. Und essen? Deutsche Spezialität. Also Schweinsbraten mit Klößen. Der war wild darauf. Auf beides. Der trank nur noch Bier und Schweinebraten aß der auch noch oft. Er berichtete pedus davon und der war stinksauer. Aber, geht der Kunde nicht vor?

Die Prinzen logierten nur im Hilton, Englischer Garten. Eines Tages Riesenaufstand. Einbruch und über eine Million US Dollar geklaut. Cash. Nun wurden mehrere Männer abgestellt. Die saßen abwechslungsweise auf einem Stuhl vor deren Hotelzimmer. Tag und Nacht. Zu spät. Das Geld war weg. Die Reisepässe von den Prinzen wurden in irgend einen Briefkasten geworfen. Die Polizei gab sie dann denen zurück.

Übrigens, mit den Prinzen kam er prima zurecht. Und die scheinbar auch mit ihm. Er bekam einen echt saudi-arabischen Dolch und ein Gewand geschenkt. Das Geheimnis mit denen zurechtzukommen? Kein (Trink-)Geld annehmen. Respekt und männlicher Umgangston. Kein Schmäh. Keine Unterwürfigkeit. Die harte Linie.

Das war denen fremd – aber irgendwie gefiel das denen sogar. Laufend höflichst behandelt zu werden – von Leuten, wo jeder von denen etwas will – und das wissen die ja auch – ist sehr ermüdend auf Dauer und widerlich mit der Zeit.

Holzmann in Saudi-Arabien und die Kündigung aller Aufträge

Holzmann als Generalunternehmer suchte Subunternehmer für die Krankenhausreinigung in Saudi-Arabien. Einige größere Aufträge, mit vielen (orientalischen) Problemen. Die Saudis gaben keine Verträge, zahlten mit sehr großem Verzug. Nur Männer durften beschäftigt werden, die jedoch das Arbeiten nicht gerade erfunden hatten. Also, Ausländer einstellen. Wenn von Saudi-Arabien die Ausländer abgezogen würden, gäbe es Saudi-Arabien über Nacht nicht mehr. Die Nation würde zusammenbrechen. Alles wurde und wird gemanagt durch Ausländer. (FBI und CIA, schon mal daran gedacht?) Vorwiegend Amerikaner. Und das sehr gut. Auch der Chef des dortigen Flughafens war ein Amerikaner.

Holzmann kündigt PEDUS alle Aufträge in Saudi-Arabien. Wer flog hin und musste zu Holzmann in Frankfurt/Main? Natürlich er. Nun waren da nur noch vier Stunden Zeit als er in München Bescheid bekam. Freitags, 14:00 Uhr. Ab Montag darauf war die Kündigung wirksam.

Wer war kompetent in Frankfurt für Saudi-Arabien? Das war einfach. Aber wer war zuständig für PEDUS? Wer konnte die Kündigung zurücknehmen? Er suchte den Postverteiler im Holzmann-Verwaltungsgebäude. Wenn einer was wusste, auf die Schnelle, dann der. Die bekamen ja alles mit, was in so einer Firma abging. (Wie die „Concierge", Hausmeisterin) in Paris, in „ihrem Haus" – legendär, die Concierge.)

Der wusste wahrhaftig Bescheid. Er dürfe aber nur zu Herrn x und nicht zu Herrn y, außerdem könnten sich die beiden nicht leiden. Zur Sekretärin. „Was, unangemeldet zum Chef? Und das am Freitag? Dreißig Minuten vor Büroschluss?" Außerdem hätte der gewünschte Gesprächspartner noch Termine und müsse anschließend gleich zum Flughafen.

Er mobilisierte seinen ganzen Charme und die Sekretärin erreichte, dass ihr Chef sich für ihn fünfzehn Minuten Zeit nahm. (Will die Sekretärin nicht - will sie nicht. Man unterschätze auf gar keinen Fall den Einfluss einer Chefsekretärin!)

Er konnte das Blatt wenden. PEDUS behielt die Verträge.

Die Mercedes in Blau – Der BMW in Weiß

In der Kellergarage der Augustenstraße standen:
Ein Jaguar, der nichts taugte.
Der Porsche, den er zusammen mit pedus für Heidi als Hochzeitsgeschenk gekauft hatte. Ein wunderschönes Auto.
Ein Mercedes in Blau. Die Ego-Schlaftablette.
Und ein BMW, seiner.

Die Niederlassungsleiter bekamen durch die Bank und ohne Ausnahme einen Mercedes. Höhere Preisklasse. Als Dienstwagen. Alles in der Firmenfarbe Dunkelblau. (Das hatte er sich von IBM abgeschaut. Auch die Klamotten, die die Manager dort trugen. Das Outfit. Jungs, ihr wart gut.)

Nach härtesten Kämpfen setzte er sich durch – einen BMW. Alle zwei Jahre neu. Letztes und teuerstes Modell. Weiß. Wenn schon seine Umsatzbeteiligung von 6,5% gestrichen war, eine kleine Ambivalenz (doppelwertig und deshalb oft in sich widersprüchlich).

Firmenwagen für Nicht-Niederlassungsleiter. In seiner Berlinzeit ließ er ohne Rücksprache mit der Zentrale seine Firmenautos (für Betriebsleiter Technik – Objektleiter – Lieferwagen etc. nach seinen Vorstellungen lackieren.

Rot–Weiß. Firmenfarbe. Über die Seitentüren und über das Dach eine Art Bauchbinde. Motorhaube, dito.

Firmenlogo. Name. Dienstleistungsbereiche. Das wurde stillschweigend dann übernommen. Die fahren noch heute so herum.

Formulare. Alles noch aus Berlin und dort selbst entworfen. Es war ja nichts da. Berichtswesen, Arbeitsaufnahmebögen, Fensterputzer-Akkordarbeitsnachweise, noch viel geistert in der Firma, von ihm damals entworfen, noch heute herum.

Besuch beim Bundespräsidenten in Bonn, Walter Scheel

Termin bei dem. Nach Bonn mit der Cessna. Dabei, der Chef von Siemens, der Chef der AEG, Führungskraft von Dornier.

Eingerichtet war der, wie in etwa das Weiße Haus in Washington. (die Architekten sollten sich mal Anregungen aus Frankreich holen.) Nun, viele wollen und können ja auch, dürfen aber nicht. Die Konversation in Bonn von den Vorgenannten war so inhaltslos wie ein leerer Wassereimer.

Er setzte sich ab und nahm Platz vor einem kleinen Sekretär (Schreibtisch). Drehte sich eine Zigarette und schaute gelangweilt um sich her.

Plötzlich stand Herr Scheel, der Bundespräsident, vor ihm und setzte sich zu ihm. Welche Ausstrahlung hatte dieser Mann. – Was er so mache und so? Man redete und er sagte dem, dass er dessen Job nicht haben wollte. Jeder lässt sein Gesülze ab, jeder will was, jeder streicht seine eigene Wichtigkeit heraus – so, als hätten die alle keine Hoden mehr. Ein eitler Pfauenstall. Der Präsident lachte, gab ihm die Hand, schlug ihm auf die Schulter, entschuldigte sich und ging.

Man sprach so fünfzehn Minuten zusammen. Anschließend wollten alle wissen, über was er so lange mit Herrn Scheel gesprochen hätte. Er sagte, der Herr Bundespräsident hätte alles über die Krankenhausreinigung wissen wollen ...

“Wenn Sie so weitermachen, katapultieren Sie sich selbst aus der Firma“, sagte pedus

Nun, nachdem immer mehr Führungskräfte eingestellt wurden – von pedus, Heidi und ihm, nahm er nur die besten und fähigsten. Bevorzugt die Leute, die im Zweiten Bildungsweg den Aufstieg geschafft hatten. Die wussten, um was es ging und bewiesen durch ihren Aufstieg (den nicht der Papi finanzierte) schon in anderen Firmen ihre Disziplin, Härte und Begabung. Die schwebten nicht auf Wolke Sieben, wie die Uni-Leute. Der Titel allein bringt's nicht. Die Welt ist voll von gescheiterten Genies.

Das erinnert ihn an einen Ausspruch von Napoleon. Als der einen General brauchte und von seinem Stab Vorschläge wollte. Er bekam jede Menge Namen von Männern, die alle als General fähig waren. Was sagte Napoleon? Gut, die mögen wohl alle sehr fähig sein, „aber haben die auch fortune?“ (Fortune hat ja nichts mit Glück zu tun – Fortune ist mehr. Wer darüber nachdenken muss, hat schon mal kein Fortune. Wer es hat, der weiß es.)

Das ist der Knackpunkt. Ums rein Fachliche geht es ja erst an dritter Stelle. Vorher wird der Mann gecheckt. Bei diesen Einstellungsgesprächen hatte er die Rolle des Schockers. Die Kandidaten also aus der Reserve locken. Zum Beispiel: Der Bewerber ist verheiratet, das Gespräch lief gut, der sah sich schon als Führungskraft bei PEDUS. Dann seine Frage: „Wann gingen Sie zuletzt fremd?“ – „Ich, nie.“ – „Heißt das, Sie mögen keine Frauen?“ Und weitere solche unfairen Schüsse.

Wäre nur einer einmal aufgestanden und hätte gesagt, er verbiete sich solche, unter die Gürtellinie gehende Fragen. Den hätte er sofort genommen. Aber es stand keiner auf, jeder ließ sich das gefallen.

War er am zweifeln, wen nehmen, fuhr er mit denen dreißig Minuten Auto. Die am Steuer, durch die Stadt. Bei so einer Fahrt ist der durchanalysiert. Und weiß das gar nicht. Besser als jeder Test oder graphologisches Gutachten. Die besten Leute nahm er für sich.

Die letzten Jahre bei PEDUS hatte er keine Akten mehr auf seinem Schreibtisch. Nur Verträge oder letztes Prüfen von Kalkulationen. Alles delegiert. Er kontrollierte nur noch.

Dadurch, dass er die besten Leute hatte, hatte er noch mehr Freiräume und Zeit als vorher.

Pedus kam in sein Büro – die Sekretärin drückte vorher zwei mal die Signaltaste – Schreibtisch leer. „Keine Arbeit?“ – Nein, er denke. Darauf meinte der, so katapultieren Sie sich selbst aus der Firma. Er machte dem klar, dass er dadurch auch die ihm unterstellten Führungskräfte viel besser in der Hand hatte. Die legten ihre Angebote, Kalkulationen vor – und er verbesserte. Verwarf. Oder motivierte durch Lob. Die bekamen seine Erfahrung ja nur stückchenweise und fallweise mit. Je nach dem Einzelsegment der Gesamt-Groß-Aufgabe.

Trotzdem gab er all sein Wissen weiter, nichts zurückhaltend. So wie viele Führungskräfte das tun aus Angst, „weiß der andere zu viel, werde ich abgesägt". Je besser seine Leute – je besser für ihn und die Firma. Und je weniger Arbeit für ihn. Der ganze Alltagskram, der nur die Produktivzeit reduziert und den Kopf, den Geist und neue Gedanken fernhält.

„Was kann ich noch mehr verbessern? Welcher meiner Kunden kann mich da und dort einführen? Den Weg ebnen? Referenzen nennen?

Bekannt war er ja inzwischen.

Ministerpräsidenten, Minister, Ländräte, Finanzsenatoren, Herr Nixdorf, Karstadt-Spitze in Essen, die Chefs von Peugeot in Paris, der Handelsminister in Luxembourg, die Unilever-Leute in Wien, die Chefs vom ORF – stop it. Und jeder dieser Kontakte mit diesen Spitzenleuten entwickelte ja auch ihn weiter. Persönlich.

Wer sollte dagegen anstinken!

Ausflug ins Filmgeschäft?

Michael Pfleghaar, der Fast-Schwiegersohn von Frank Sinatra.

Durch ein Filmsternchen bekam er Zugang zu den Filmgrößen in München.

Nancy Sinatra, Isaac Hayes, Johny Cash, Sean Connery. In Pontresina, Nähe St. Moritz, drehte der einen Film in den Bergen. 3200 Meter hoch. Im Frühling. Noch alles voller Schnee. Er sollte die Organisation übernehmen. Hubschrauber, Schneepflüge, Essenzubereitung, Interims-Wohnen, alles in der Berglandschaft. Neben dem Firmenauto hatte er noch den „Willis-Jeep". Privatauto. Braun/Grau metallic lackiert. Über der Stoßstange eine knallrote Winde. Ein sehr schönes Auto. Optisch. Aber nichts dahinter.

Also hin und den Laden mal anschauen. Das Filmsternchen fuhr mit. Er schaute sich das an – und lehnte ab. Dagegen ist ein ausverkauftes, 60.000 Leute fassendes Fußballstadion in Action, eine Klosterzelle.

Obwohl, für Sean Connery hätte er schon gerne gearbeitet. Ein guter Typ. Pfleghaar war zu der Zeit eine Größe im deutschen Filmgeschäft als Regisseur. Der wollte, dass er bei PEDUS kündigt und mit ihm arbeitet. Er bot 20.000 DM Gehalt, zu wenig. Und er sagte das Pfleghaar. O.k., ich verschaffe dir monatlich zwei, drei Werbeaufträge im Fernsehen, ohne Text. Dein Dialekt ist da zu hinderlich. Das wäre finanziell sehr interessant gewesen, als Zusatzeinkommen. Aber nicht garantiert.

Er blieb bei PEDUS – denn er ahnte, die Filmbranche ist ein heißes Eisen. Sein Leben wäre ein vollkommen anderes geworden – und er wäre nur eingestiegen, wenn anschließend in den USA Fuß gefasst werden konnte. Da Pfleghaar kurz vor der Heirat mit Sinatras Tochter stand, wäre jedoch auch das möglich gewesen.

In Deutschland, nein. Zu klein, zu neidisch und auch finanziell nicht der große Coup.

Wie oft stand die Pfleghaar-Crew morgens um 4:00 Uhr, am Wochenende mit drei Jaguars vor dem Arabellahaus und hupte. Komm, wir fahren nach Italien für einige Tage, wir haben in Rom eine Villa gemietet. Er wäre ja gerne mit – aber wer macht seinen Job ab Montag früh für ihn? Also absetzen. Zu gefährlich für sein Innenleben. Und zu verführerisch. Wehret der Versuchung – aber es war eine Spitzenzeit.

Auch das wäre ein Sprungbrett in ein anderes, neues und bestimmt aufregendes Leben geworden.

400.000 DM weg – Der Vorstandsvorsitzende in Rio macht Warentermingeschäfte

Forbes war, brasilianischen Gesetzen gemäß, Vorstandsvorsitzender von PEDUS in Brasilien. Ein Rechtsanwalt mit besten Verbindungen zur Regierung und sehr bekannt in den Fachkreisen Brasiliens. Ein fähiger Mann, sympathisch und durch und durch Nazi. Nicht selten, da drüben.

Bei einer Party in Rio lernte man sich kennen und hatte sofort einen besonderen Draht zueinander. Bei seinen laufenden Geschäftsbesuchen in Rio traf man sich sehr oft und lernte sich immer besser kennen und auch schätzen.

Pedus bat ihn in sein Büro. Forbes ist ja ihr ganz spezieller Freund. Jetzt fahren Sie nach Rio und verlangen von dem 400.000 DM zurück, um die der die Firma betrogen hatte. – „Was?“ – „Ja, der hat Firmengelder unterschlagen.“

Nun kannte er ja damals schon ein wenig die Brasilianer, auf jeden Fall so gut, dass er wusste, alles was man an die an Geld verlieh, war unwiederbringlich verloren. Noch dazu ein Betrug – keine Chance je eine DM wiederzusehen.

Also, auf nach Rio. Zu Forbes.

Der einzige Weg, die weich zu klopfen war, sie an ihrer Ehre als Mann zu packen.

Abends Einladung in dessen Wohnung an der Copa. Dabei, ein argentinischer Bankier, der Forbes mit Warentermingeschäften in die Pleite trieb. Dann drei bildhübsche Brasilianerinnen. Essen und Trinken, alles französische Produkte. Importado. Was da drüben nicht importiert ist, kann nichts taugen. Noch heute ist das so. Also: The show musts go on.

Nun machte der Bankier einen taktischen Fehler. Um vor den Mädchen anzugeben, kam der aufs Geschäftliche zu sprechen. Da hakte er ein. Und er fragte Forbes, wann er die „geliehenen“ 400.000 DM zurückzahlen werde. Tödliche

Stille. Wie würde sich Forbes da herausziehen, noch dazu vor den Mädchen? Ignorieren konnte er diese Frage, diese direkte, ja nicht – noch dazu wo er sagte, ihre Freundschaft sei verpflichtend. Für Forbes, wie auch für ihn. Forbes versprach, zu zahlen. Versprach.

Zurück in Deutschland sagte er pedus, dass der zahle. Pedus glaubte das nicht. Er, in seinem Innersten, auch nicht. Aber: Forbes zahlte innerhalb von sechs Monaten alles zurück. So kann man sich irren. Aber, sich positiv irren kann auch sehr angenehm sein. Wenigstens in diesem Fall.

Und was sagte pedus dazu? Zwei Sätze. Nämlich: „Forbes hat bezahlt. Aber ohne Zinsen.“ Schwäbisch.

Er versuchte später noch oft, Forbes zu besuchen. Sein Bruder sagte ihm, das sei nicht möglich. Der sei im Gefängnis mit Besuchsverbot.

Forbes, du hast die bestehende Freundschaft respektiert und im wahrsten Sinne des Wortes honoriert. Danke dir, und komme aus deinem Schlamassel halbwegs gut raus.

Até já? (Auf bald!)

Ende und Tschau bei PEDUS International

Er kündigt bei PEDUS International. Er war nun fünfundvierzig Jahre alt. Auf dem Zenith seiner beruflichen Laufbahn. Zu der Zeit, 1980, bekam er 30.000 DM Gehalt. Monatlich. Und freie Spesen. Ein Traumjob mit viel Macht als Einzelprokurist. Als er ging, war nur noch Heidi Prokuristin. Und das bei ca. 20.000 Mitarbeitern. Zwei Prokuristen, die für die Unternehmensbereiche der Firma gerade standen. Siebzehn Jahre lang.

Es war Zeit, zu gehen. Er kündigte und er ging.

Und hat das bis heute nicht bereut.

Die Routine – und alles ist ja nach einer gewissen Zeit Routine, gibt keine Impulse mehr. Die Augen blitzen nicht mehr. Alles „déjà vu“. Alles bekannt. Alles schon einmal gesehen habend.

Es war eine knallharte Zeit, Misserfolge verarbeiten, menschliche Enttäuschungen wegstecken, Wortbrüche akzeptieren zu müssen, Undankbarkeit hinnehmen – all das wurde kompensiert durch die Erfolge. Die herausragenden.

Ein Cocktail, gemixt vom Leben selbst – Alle Höhen und Tiefen. Alles war gut wie es war. Alles war gut, wie es kam.

Tschau PEDUS. Tschau an alle seine Kunden. Ihr wart alle o.k. Danke. Er hofft, er war auch o.k . für euch.

Uschi ruft aus den USA an – Besuch und Rausschmiss

Seine platonische Liebe aus der Legion und Ex-Verlobte aus Deutschland. Er wäre der Geist aus der Flasche. Sie, verheiratet gewesen und geschieden. Eine Tochter. In Santa Monica lebend. Einladung. Why not?

Sie stand da im Flughafen von Los Angeles, um ihn abzuholen. Immer noch attraktiv, schlank und blond, mit dem gleichen Lächeln. Sie fuhr einen grünen Buick. Kein Fremdeln, alles so vertraut, als wären inzwischen keine zwanzig Jahre vergangen.

Ausflug nach Las Vegas. Hotel Tropicana. Zimmer 445. Den Schlüssel hat er noch heute.

Drei Wochen lebten sie zusammen – dann warf sie ihn hinaus. Sie wollte wieder heiraten. Ihn. Er lehne ab und draußen war er. Da er schon einmal in Santa Monica war, zog er ins Hotel am Strand und blieb noch vier Wochen. Schaute sich noch alles an, am Strand eine Negerbar. Musik und Ausstattung wie in Atlanta, gleiche Atmosphäre. Der Strand so o lala, gute Restaurants. Einige Partys – „Wo kommst du her, was machst du, was verdienst du?“

Auf einer der Partys ein Riesenkrach, es ging um FORD! Die lehnten es ja am Anfang ab, die nach Deutschland zu exportierenden Autos mit dem blauen Firmenemblem zu versehen. Grund: Das wären die Deutschen nicht wert. Sagte der US Party-Gast. Er meinte darauf, die US Schlitten wolle man in Deutschland sowieso nicht und brauche die auch nicht. Nun regte der sich auf und es mischte sich ein anderer Gast ein. Später stellte sich heraus, dass das der jüngste und oberste Staatsanwalt des Staates Kalifornien war. Er sagte zu dem, er ginge, da er das Party-Geschwätz über habe. Der ging mit und man ging in ein In-Lokal in Los Angeles.

Jeder kannte den und der Vorstellerei war kein Ende. Der Staatsanwalt wollte wissen, ob er ihm behilflich sein könne, „Greencard“ und so? Die Greencard ist ja heiß begehrt und sehr schwer zu bekommen. (Arbeitserlaubnis – Aufenthaltserlaubnis)

Er sagte dem, dass er im Moment in den USA nichts vorhabe und nach Deutschland zurück wolle. Man trennte sich im besten Einvernehmen.

Reiturlaub in Andalusien und die Sabine aus Mannheim

Zurück in Deutschland. Was tun? Er belegte einen Reitkurs. War das alles kompliziert. Aber auch abwechslungsreich und mal etwas ganz anderes. Dann bekam er Reklame von „Pegasus“ Reiturlaub in Andalusien zugesandt. Durch die Berge, die flache Landschaft und am Meer.

Er buchte, flog nach Spanien und traf dort seine Gruppe. Und die Sabine. Schlank und rank, 22 Jahre. Lieb und nett und sehr sympathisch. Sie gefiel ihm sofort und er wohl auch ihr. Ab dem dritten Tag war man Tag und Nacht zusammen. Die wusste alles über Pferde, sattelte jeden Morgen sein Pferd und gab tätige Hilfestellung. Ohne die hätte er seinen Gaul jeden Morgen erst gar nicht wiedererkannt. Der Urlaub war sehr schön und man beschloss, zusammenzubleiben. Erst in Mannheim in ihrer Wohnung, dann in München, wo sie zuzog. Gegen härtesten Widerspruch der Mutter. Der ist zu alt, nehme lieber dessen Sohn. Obwohl Sabine ihre Mutter sehr mochte, setzte sie sich über deren Willen hinweg.

In Andalusien hatte er Bekannte, die hatten eine Finca. Herrlich gelegen. Schwimmbad. Alte Bäume und Blick auf die Sierra. Die Besitzer waren nie da. Man nahm das Angebot, dort zu wohnen, an und zog hin.

Zwischenzeitlich fuhr er einen Toyota Landcruiser und ein Motorrad. Sabi auch. Also an den Landcruiser einen Anhänger dran, die zwei Motorräder drauf. Plus einen jungen Hund. Sharpei. Chinesisch, der mit den vielen Falten im Gesicht. Die „Lo.“

Und ab nach Spanien. Vorher schon nahm er Kurse in Spanisch und sprach auch diese Sprache ganz gut. Nur mit dem Verstehen haperte es. Die Andalusier verschluckten ja die Hälfte der Silben und sprachen dazu noch so schnell, da hatte man kaum eine Chance.

Man kaufte zwei Pferde. Sabi ein englisches. Er ein andalusisches. Es wurde ein Stall gebaut. Vorwiegend durch Sabi, und es war keine schlechte Zeit. Ausflüge mit dem Motorrad – Ausritte mit dem Pferd. Dabei hätte er fast sein Leben ausgehaucht.

Sabi und er machten ein Wettrennen. Volle Pulle im Galopp. Sein Pferd trat in ein Loch und überschlug sich. Er im hohen Bogen erst mal runter und blieb liegen. Da kam sein Pferd, schubste ihn mit dem Kopf und schnaubte ihn an, als wollte es sagen, komm' steh' auf, es tut mir leid.

Später, nach einem Urlaub in Rio, das Aus. Er hat's verhunzt. Versaut. Sabi, du warst eine tolle Frau und eine sehr gute Freundin. Er dankt dir für all die schönen Stunden, die du ihnen beiden geschenkt hast. Have a nice life.

Taekwondo von Ko Eui Min – Training in Korea

Zurück in Deutschland, München, natürlich Arabellahaus, belegte er einen Taekwondo-Kurs. Trainer: Herr Ko Eui Min, Koreaner. Dort trainiert er noch heute. Bereits siebzehn Jahre lang. Ko Eui Min, ein Mann, wie man ihn selten trifft. Charismatisch und in all den Jahren zum Freund geworden.

Vier Wochen Korea mit einer Gruppe von sieben Männern und drei jungen Frauen. Ko, in Korea eine Institution. Und auch weltweit. Der Mann kennt alle. Vom Konzernchef zum Polizeipräsidenten, Minister. Fast jeder da drüben war ja dessen Schüler. Als ehemaliger koreanischer Nationaltrainer gewann der x Weltmeisterschaften.

Seine Schüler in die ganze Welt verstreut – laufend Besuch von denen in München. Jeder verehrt den Mann und auch jeder macht schön seine Verbeugung.

Ohne Ko wäre er wohl kaum so fit wie er noch immer ist, und die Bekanntschaft mit diesem Mann war und ist eine Bereicherung.

Auch dessen Frau eine Schönheit. Charmant, voller asiatischem Liebreiz und hoch intelligent.

Der Sohn Nummero Eins, Young-Kyu. Designer und Grafiker. Sehr begabt. Mit Taekwondo nichts am Hut.

Sohn Nummer Zwei – Young-Jae. Schon als Vierzehnjähriger hat der ihn trainiert. Ein Talent mit der seltenen Gabe, sein Wissen verständlich weiterzugeben. Heute macht er in Anlageberatung, und das sehr erfolgreich.

Auch die beiden waren damals in Korea bei dem vierwöchigen Training dabei. Dort lernte man sich noch besser kennen, achten und schätzen.

Steffen Michael, sein Sohn

Inzwischen in Mannheim als Rechtsanwalt praktizierend. Und Fachanwalt für Strafrecht.

Noch nie hat er ihm gesagt, dass er immer stolz auf ihn war. Jetzt hat er es wenigstens einmal niedergeschrieben. Wie oft hat er ihn früher jedes Jahr für vier Wochen in Mannheim besucht. Und seine Frau, die Gisi. Eine superpatente Frau und ein roter Teufel aus der Pfalz.

Die beiden Töchter hat er einmal gesehen. Cosima und Octavia. Bildhübsch. Steffen, das hat du gut hingekriegt. Du, Gisi, natürlich auch!

Die Kontakte sind auf Sparflamme, leider.

Bei den damaligen Besuchen, durchgequatschte Nächte mit mehr oder weniger Alkohol, aber immer produktiv, fast.

Du hast ja vor dem Jurastudium Musik studiert – und es wurde auch sehr oft damals über deine jeweiligen Bands gesprochen. Doch, es war eine sehr schöne

Zeit und Gisi war auch immer für ihn da. Ihn betreuend und bekochend. Man hat viel zusammen gelacht und geflucht. Überhaupt, wenn Steffen Post aus Heidelberg bekam ... von der Uni.

Danke euch beiden. Mal sehen, wie es weitergeht. Aber egal, wie auch immer, „keep on swinging“, ihr Vier.

Scheidung, leider. Mai 2003.

Steffen ist ausgezogen – er würde einen neuen Weg suchen, sagte er.

Steffen, Steffen!

Philipp Dussmann, sein Patenkind

Wie oft haben wir um dich gebangt, wenn du mal wieder mit dem Krankenwagen abgeholt wurdest – wegen deines Asthmas. Da war ein Landhaus. Vierzig Kilometer nördlich von München. Sabi war oft dabei und zeitweise wohnte man auch dort, mit Hund.

Und, immer präsent, Philipp.

Ein Buch könnte er schreiben „Philipp und ich“. Wie sie in Spanien zusammen ausritten, auf dem gleichen Pferd mit Spezial-Kindersattel. Auf das Gelände der angrenzenden Finca kamen und die Tochter des Besitzers, eines Holländers geritten kam im Badeanzug. Und mit langen wehenden blonden Haaren – wie aus einem Märchen. Das hatte dich damals schon sehr beeindruckt. (Ihn auch.)

Oder der Ausritt, wo sie nicht mehr wussten, wie vom Berg herunterkommen, als der Pfad so eng war, dass er den Sattel abnehmen und tragen musste. Und sie sechs Stunden später als avisiert zurückkamen. Die Mutter, die Polizei, Hubschrauber und Hundestaffel alarmiert und sie trotzdem niemand fand. Das war auch das Ende der Ausritte. Die Mutter legte ihr Veto ein.

Heute, im Jahr 2002, studierst du in New York. Im vierten Jahr Medizin und bist zweiundzwanzig Jahre alt. Wo blieb die Zeit?

Philipp, er wünscht dir das Allerbeste und sich, dass man noch recht lange zusammenbleibt. Als Freunde, „de todo o coraçao“.

Er widmet dir ein Lied von Roberto Carlos. „Amigo“. Você, meu amigo de fé. Meu irmão camarada …

Robinsonclub in Kenia – Der Fruchtbarkeitstanz und der Negerkral – Die deutschen Frauen und ihre einheimischen Liebhaber.

Die Wohnung musste renoviert werden. Von der „Einrichtung". In der Brienner Straße. Zu der Zeit die Besten. Die brauchten aber zwei Monate. Also ab nach Kenia – für drei Monate. Robinson Club. Herrlich gelegen, am Meer. Schönes Zimmer. Vorzügliches Essenangebot und sehr guter Service. Was jedoch viele Deutsche nicht hinderte, auch dort sich zu beschweren, über das Essen, zum Beispiel. Er ist sich sicher, dass keiner von denen sich solch eine Auswahl zu Hause, selbst nur ein Mal die Woche, leisten konnte.

„Surf-Schein" gemacht. Bei einem Aussteiger aus Würzburg und seiner blonden, sehr attraktiven Frau. Der musste allerdings aus Kenia dann weg. Malaria. Seine Frau blieb drüben. Einige Male holte die ihn zum Tanz. Ihm zitterten die Knie. Hätte er vorher gewusst, dass die alleine in Kenia blieb, er hätte sofort gebucht.

Nein, als Surfer hatte er wirklich kein Talent. Raus aufs Meer ging es ja – aber zurück? Irgendwie kam er immer an den Strand zurück – dann hieß es, das Brett bis zum Hotel zurückziehen. Und alle schauten von der Terrasse aus zu. Es ließ das dann bleiben, das Surfen.

Abends die Show. Die weiblichen Gäste waren ganz wild darauf, mitzumachen. Play-back. Die öffneten nur den Mund – der Song kam vom Band. Aber es war lustig, und oft auch sehr schön anzusehen. Überhaupt die Proben. Zwei Freundinnen aus Ludwigshafen und Mannheim. Eine blond, eine dunkelhaarig. Man unternahm viel zusammen.

Dann die Sylvia, die leider gescheiterte Steuerberaterin. Der Kontakt bestand zehn Jahre. Dann das junge Mädchen aus Frankfurt/Main. Vollkommen verhascht und jeden Tag zugedröhnt. Wie schade um die.

Die Disco, die Bar. Bezahlt wurde mit Perlen. Umständlicher als gleich mit Geld zu bezahlen. Aber dafür romantischer ... Die außerhalb liegenden Nachtklubs waren auch nicht ohne, sehr schöne Negerinnen.

Einmal tanzte dort eine den Fruchtbarkeitstanz. So etwas natürlich Erotisches, selten vorher gesehen. Alles voller Harmonie und kaschiertem Sex. Man ging zusammen nach Hause.

Das Hotel lag am Strand, dann kam die Straße und zwanzig Meter dahinter, reinster Dschungel. Kein Weg, kein Steg. Kein Mensch und Weiße schon gar nicht. Die hockten mal wieder an der Bar. Motto: „Bloß nicht weg nach Einbruch der Dunkelheit. Alles ist ja soo gefährlich." Aber dann, wenn die zurück nach Deutschland kamen, erzählten die über Kenia, als wären die anstatt drei Wochen dreißig Jahre lang dort gewesen. Und selbst wenn, hätten die über Kenia nichts gewusst und nichts kapiert. Genau wie die „Brasilien-Urlauber“. Das Einzige, was sie von Kenia kannten, waren die ein oder zwei Tagesausflüge. In Gruppen. Vom Hotel voll und ganz durchorganisiert.

Also ging er mit der Tänzerin nach Hause. Ohne zu wissen, wo das war, und das war ihm auch vollkommen egal. Zu Fuß. Rein in den Dschungel – eine Art Pfad, dunkel, kein Licht weit und breit. Ab und zu erhellte das Scheinwerferlicht eines Autos kurz den Nachthimmel. Nach ca. fünf Kilometer Fußmarsch, eine Art Negerkral – Gestrüpp außen herum. Er dachte, das gäbe es nur noch im Kino. Runde, kleine, aus geflochtenen Lianen bestehende Hütten in größerem Abstand stehend.

Strom, fließendes Wasser? Nix war's. Geduscht wurde mit einer großen Schöpfkelle aus Holz aus einem alten, jetzt voller Wasser stehenden Benzinfass. Gut, dass er die Bettwäsche nicht sah – aber sie roch gut! Der Sex war sehr schön, man ließ sich Zeit. Geld wollte sie nicht, er hinterlegte doch eine Summe auf einer Kiste, die als Nachttisch diente. Nein, er spottet darüber nicht – alles musste so sein wie es war – und er fand es gut. Exotisch, passend – ein Stück natürliches Kenia.

Morgens um 4:00 Uhr bat sie ihn, zu gehen – die anderen sollten ihn nicht sehen. Orientierung – Richtung Straße und weiter zum Meer. Kein Geräusch von Autos, kein Scheinwerferlicht am Himmel. Dazu kamen die vielen wilden Viecher dort. Davon hatte Kenia ja einiges zu bieten. Allein die veranlassten ihn, hellwach zu sein und zu bleiben. Einen langen Stock, für alle Fälle, suchte er sich doch.

Fünf Kilometer Fußmarsch durch den Dschungel, vollkommen anders als in Indochina, plus drei Kilometer zurück zum Hotel. Im Morgengrauen kam er an, als die Ersten Kaffee trinken gingen. Dreckig und stehend k.o. Aber ein tolles Erlebnis.

Abends an der Bar lernte er einen Deutschen kennen, der war Manager von zwei Hotels, ca. einen Kilometer vom Robinson Club entfernt. Ein Hotel für Weiße, ein Hotel für Schwarze. Ganz offiziell. Er fragte den, „Apartheid, Rassismus oder was?“ Der darauf: „Ganz im Gegenteil. Die Schwarzen haben alle eine feste deutsche Freundin, die zwei Mal jährlich die besuchen kommt, Und aushält, das ganze Jahr über.“ Sehr gepflegte, gut aussehende deutsche Frauen aus allen sozialen Schichten. Von der AOK-Angestellten Schalter A – E bis zur Chefsekretärin und Arztgattin.

Außerhalb der Zimmer ließen die sich mit ihren schwarzen Liebhabern nicht sehen und ohne Insiderwissen wäre man auch kaum dahintergekommen, was da so abging. Bis heute.

Der Freund von diesem Manager war der deutsche Generalkonsul in Mombassa. Ab und zu traf man sich zu dritt – ein honoriger Herr.

An einem Tag lud der sie beide ein zu einem kleinen Rundflug über Kenia. In seinem Flugzeug. Zwei Fragen: „Wer wartet das Flugzeug und wer fliegt es?“ Ein Einheimischer. Er sagte sofort unter einem Vorwand ab. Der Manager dann auch.

Das Flugzeug stürzte ab. Keine Überlebenden. So läuft's.

Interessante Antworten, die er bekam von dem Manager über dessen Job. Im Hof zehn Suzukis, Jeeps, seit Monaten außer Betrieb. Keine Ersatzteile. Je Zimmer, „je Zimmer“, musste auf Erlass der Regierung ein Schwarzer eingestellt werden. Die kamen direkt von der Pampa und das Anlernen von denen war hochinteressant.

400 Zimmer = 400 Festangestellte. Acht-Stunden-Kräfte. In Deutschland sind dafür zwanzig Minuten je Zimmer kalkuliert. Köche, vorwiegend Deutsche und Schweizer. Musste irgend etwas, eine ein wenig außer der Reihe liegende Arbeit gemacht werden, nur mit dem o.k. des schwarzen Oberbosses. Nicht ausgebildet, vom Geschäftlichen null verstehend. Wollte der nicht, lief nichts.

Er lernte noch andere Schweizer und deutsche Manager dort kennen – länger als zwei Jahre hielt das keiner nervlich durch.

Job in Kenia? – Der englische Bankier und das Frühstück bei „Käfer“

Nach der Rückkehr aus Kenia pflegte er ein neues Hobby, Wasserski. Hödenauer See. Kufstein.

Im Sommer war er dort jeden Tag, mehrere Jahre hinweg. Vorher zum „Käfer“ frühstücken. Unten in der Keller-Bar. Das war immer hoch interessant, da er immer der Erste war. Die hielten dort ihre täglichen Besprechungen ab. Herr Käfer, Gerd, kam oft dazu und schiss die jedes Mal zusammen. Mit Grund. Der Käfer kam x mal an seinem Tisch vorbei – nie aber auch gar nie sagte der einmal „Guten Morgen“. Der war es gewohnt, dass seine Kunden ihn grüßten und um seine Gunst buhlten. Er pfiff darauf und ließ den auch links liegen.

Oft saß er mit der Mutter von Käfer an „seinem“ reservierten Ecktisch und unterhielt sich mit der. Sympathisch, tüchtig und Muttertyp. Eine liebe Frau war das. Die erzählte ihm auch, wie ihr Mann das Käfer-Imperium aufbaute. Wahrscheinlich schämte sich der Gerd dafür, dass der Vater nicht standesgemäß war. Aber er, als Sohn schon ...

Pedus wollte damals mit „Käfer“ zusammenarbeiten, bis man erfuhr, dass der schon irgendwelche Geldgeber hatte – der also auch nicht das alleinige Sagen hatte – daran scheiterte das dann auch.

An einem Morgen setzte sich ein Mann zu ihm. Spitze Klamotten und Benehmen. Man unterhielt sich und kam beiläufig auf das Berufliche zu sprechen. Nach zwei Stunden machte der ihm ein Angebot (Er selbst wollte schon lange beim Wasser-Ski sein).

Er sei Regierungsbeauftragter der englischen Regierung. Bankier. Und arbeite auch mit der deutschen Regierung zusammen. Entwicklungshilfe. Er suche jemand für Kenia, um dort Plantagen zu leiten. Null Ahnung - Sorry, Sir. Das hielt den nicht ab – er könne hier und jetzt mit ihm einen verbindlichen Arbeitsvertrag abschließen.

Er stellte nur eine Frage: Welche Kompetenzen hat er, da drüben, in Kenia? – Ja, das sei Entwicklungshilfe und alles werde entschieden durch die Einheimischen, mit denen jeweils eine Übereinstimmung zu erzielen sei. Das letzte Wort hätten die.

Er dachte an die ihm bekannten Manager in Kenia und lehnte ab. Worauf der Bankier wissen wollte, ob ihn das Gehalt denn nicht interessiere? - Er, nein! Ohne Kalkulation, Kosten/Nutzen, sei das nichts für ihn. In Bonn liefen bestimmt jede Menge Sandalentypen herum, die dafür besser geeignet seien. - Nein, die wolle man nicht. Zu nett, zu freundlich, zu anbiederisch. Der Bankier meinte noch, man müsse die Schwarzen langsam an produktive Arbeit heranführen. Ganz langsam und mit viel Geduld und Einfühlungsvermögen.

Das klingt gut für die Gut-Menschen. Und soo sozial und soo moralisch. Aber zum Scheitern verdammt. Ein bisschen Erfolgsdruck muss schon sein. Und, lieber Leser, ob es dir passt oder nicht: Die Entwicklungsländer wollen alle so leben wie die Weißen. Nur: Quälen wollen sie sich dafür nicht. – Um im Schatten eines Baumes sitzen zu können, muss man erst einen pflanzen.

Er ist sich sicher, er hätte auch die Plantage hingekriegt, aber mit gebundenen Händen tatenlos zusehen, wie alles mal wieder den Bach runtergeht. Nein.

Der Bankier rief noch zwei, drei Mal an und bat um einen Besuch in Bonn. Die Deutschen wollten ihn kennen lernen. Für was? Zum Quatschen, wo eh' nichts rauskommt? Er stellte endgültig klar – kein Interesse.

Fernziel Südamerika – also Spanisch lernen.

Über Malaga nach Südamerika - S ü d a m e r i k a

Gebucht, drei Monate Einzelunterricht. Spanisch. Eine einfache Sprache ist das gerade nicht. Die Grammatik, sehr kompliziert. Na ja, wenn man nicht muss, ist alles leichter.

Ein schönes Abschlusserlebnis, dann. Er wohnte und hatte Vollverpflegung gebucht, in der Schule. Ein wenig außerhalb Malagas gelegen, auf einem kleinen Berg. Die Lehrerinnen, vorwiegend alles Uni-Abgängerinnen. Rechtsanwalts-/Ärztefrauen. Aus Langeweile unterrichteten die Einzelunterricht. Aber gut. Als er sich dann verabschiedete, luden ihn drei dieser jungen Frauen zum Essen ein. Sie boten an, dass er weiter auf der Schule bleiben könne, gratis. Die dachten, er müsse weg aus Geldmangel.

So eine Einladung hatte und hat er auch noch nie erlebt. Er war richtig gerührt. Danke euch dreien, lieb war das.

Einen Jugendtraum wollte er sich erfüllen – in verschiedenen Ländern die Wege von „Cortez“ nachreisen. Bus, Bahn gab es nicht – Flugzeug wollte er nicht. Und allein. Keine Gruppen, nichts.

Jedes Land in Südamerika, keine Schwerpunkte. Entscheiden, wo er bleiben wolle, anschließend. Sollte erst am Ende der Reise entschieden werden. Er wollte da drüben bleiben, ade Deutschland. Er meldete sich ab, neue Wohnadresse: „Sheraton in Buenos Aires“. Eben so.

Jedes Land - in Chile der Beginn - oder gleich in Chile bleiben? Erst mal anschauen. Von der Zeit her war er ja unabhängig. Finanziell im gewissen Rahmen auch.

Auf ins Generalkonsulat von Chile in München. Paradoxerweise lag das hundert Meter von PEDUS weg, wo er damals anfing. Der Kreis schließt sich, dachte er. Die Aufenthaltsgenehmigung, unbegrenzt, bekam er für Chile. Erster Pluspunkt für Chile, der deutsche Generalkonsul und die Bediensteten dort, sehr hilfsbereit.

Nach Chile geflogen, an der Seite des Generalkonsuls. Wenn schon ein Neuanfang, dann richtig. Also, erste Klasse gebucht. Nein, von Chile wusste er rein gar nichts. Außer den drei Büchern über Chile, die er lesen sollte, vom Generalkonsul vorgegeben. Vernünftig, nachvollziehbar, also gelesen.

Santiago de Chile. Kleines Hotel. Die erste Station. Mitten in der Stadt, ruhig gelegen. Interessante Stadt. Drei Monate Verbleib aber nichts für ihn. Zu wenig Flair aber interessante Leute kennen gelernt, wie zum Beispiel den verantwortlichen Tierarzt des Hypodroms. Der war für viertausend Turnierpferde verantwortlich – untergebracht an einem Platz, dem Hypodrom. Gigantisch. Oft war man zusammen, auch privat.

In Chile sind ja viele Deutsche, genau wie dieser Veterinär. Er erfuhr von diesem Mann und dessen Frau viel über dieses Land und wie es dort wirklich zuging.

Chile und der deutsche Auslandsjournalismus

Speziell in Chile. Auch in Argentinien und Brasilien. Miserabel und getürkt und verlogen, meine Herren. Die Wirklichkeit wurde und wird nach der politischen Einstellung des jeweiligen Journalisten in Deutschland publiziert. Fast alles Linke – unglaublich, wie die wahren Geschehnisse so verbogen wurden, bis diese in die linke Schublade passten. Jeder bedauerte die Kommunisten und verdammte die Regierung, die nicht rot angehaucht war. Bis heute immer wieder verblüffend, wie leicht die Leser diese Publikationen und auch die Fernsehberichte über fremde Länder, vorwiegend über Politik, blind übernehmen und glauben. Den Redaktionen in Deutschland will er direkt keinen Vorwurf machen, die müssen denen ja glauben. Aber zum Vorwurf macht er denen, dass die nicht mal ab und zu überprüfen, ob ihr Repräsentant wirklich objektiv ist.

Herr Matussek vom „Spiegel"

Ausnahme, der „Spiegel". Wenigstens was Brasilien betrifft. Er las gerade -Jahr 2002 - von dem Rio-Redakteur. Der Globo, das größte Fernseh- und Zeitungsimperium dort, beschwerte sich über Herrn Matussek, dass der nur negativ über Brasilien schreibe. Darauf sagte der, sorry, aber etwas Positives habe ich noch nicht erlebt hier. Oder so ähnlich. Da musste er doch herzlich lachen. Gut gebrüllt, Löwe. Aber was der schreibt, hat Hand und Fuß und ist immer wasserdicht recherchiert. Den Mann möchte er über jeden Verdacht ausnehmen aus der anderen Schar.

Auch die sogenannten Intellektuellen sind da Brandstifter. Die Meinungsmacher für das „gewöhnliche" Volk. Besonders bedauerlich, selbst wenn man durch Fakten, absolute Fakten, denen beweist, „ihr seid wahrheitswidrig informiert", halten die an ihrer zurechtgebogenen Meinung unbeirrbar fest. So kann man auch besser schwadronieren in Familie – im Radio und besonders im Fernsehen.

Besonders gern werden ja die Rechten fertiggemacht. Jungs und Mädels, schämt euch. Schämt ihr euch nicht, solch einen Schwachsinn zu verzapfen und dafür noch Geld anzunehmen?

Ab per Bus – Richtung Puerto Montt. Da endeten alle Straßen. Kein Weiterkommen mehr auf dem Landweg. Zwischen Santiago und Puerto Montt tausend Kilometer Luftlinie. Alles per Bus. Wo es ihm instinktmäßig gefiel, stieg er aus und blieb eine Zeit lang.

Der Wegweiser durch Südamerika – Zwölf Millimeter auf der Karte, hundert Kilometer Landweg

Eine Karte hatte er. 1 : 8.000.000. Das hieß, 12 Millimeter auf der Karte = 100 Kilometer auf dem Land. Wie viele Zentimeter wären das für ganz Deutschland?

Nach sechs Monaten Chile wusste er, Chile – nein. Also stellte er sich bereits jetzt darauf ein, weiter zu reisen. Informationen über den Weg? Seine Karte. Die hat er noch heute. Nun gibt es ja Leute, die kaufen, bevor sie zum Beispiel nach Mallorca für drei Wochen in Urlaub fahren, Bücher über Wissenswertes, unbedingt Anzuschauendes. Die fahren zur Kirche x und wen treffen sie dort? Horden von Touristen, die natürlich alle die gleichen Bücher gelesen hatten und sich dort wieder an der Kirche x trafen. Der Mensch ist ein Herdenvieh.

So war es auch später, besonders in Peru. Also, so nicht. Außer über Chile las er nichts mehr vorher über Länder des südamerikanischen Kontinents.

Er engagierte sich lieber eine Studentin oder einen Studenten des jeweiligen Landes, die Geschichte studierten. Oder einen anderen Bescheid Wissenden Einheimischen aus dem jeweiligen Gebiet, wo er gerade war. In Asien waren das buddhistische Mönche, hier Indianer, die haben geistig mehr drauf, als man glaubt. Wohlgemerkt, am Amazonas Indianer. Buddhistische Mönche sind dort eher selten. Aber, noch war er ja in Chile.

Feuerland, das Ende der Welt und der Tiger aus Puerto Montt

Ankunft in **Puerto Montt**. Sehr interessant. Urig und von einem besonders unzivilisierten Charme. War es doch das letzte Städtchen Chiles, das auf dem Landweg zu erreichen war. Dort, als weiteren Ausgangspunkt, traf sich naturgemäß alles.

Er buchte auf einem Kutter. Touristen gab es dort keine, also auch keine Gruppen und so. Mit diesem Kutter fuhr er den **Archipel De los Chonos** ab. Runter bis zum **Magallanes-Gebiet**. Ein zerklüftetes, nicht zusammenhängendes Landgebiet, Inseln. Getrennt durch Meerengen, Flüsse, Seen. Und immer wieder kleinere bis kleinste Siedlungen. Wie ein Fleckenteppich. Ab Puerto Montt 1.500 Kilometer lang, 300 Kilometer breit. Hochinteressant, viel Wasser und saukalt.

Feuerland – Amazonas. Yin und Yang.

Beide einmalig. Dort das Eis – da die Tropen. Man sollte beides gesehen haben, um feststellen zu können, wie verschwenderisch und wunderschön die Natur sein kann. Allerdings, es braucht dazu Zeit und auf jeden Fall Unerreichbarkeit und dadurch Anonymität. Das heißt, nur der einzelne Mann zählt durch seine eigenen

Werte und schafft sich dadurch Respekt bei Mensch und Tier. Oder umgekehrt. Viele lassen es besser nicht darauf ankommen ... Gerade Tiere „riechen“, wer ihnen da gegenübersteht. Geh’ ich dem an die Kehle oder haue ich lieber ab. Steht so ein Tier vor einem Menschen, sondert dieser – unbewusst und nicht steuerbar von der Eigenkontrolle – ein Sekret ab. Entweder Angstschweiß oder Stärke. Beides nimmt das Tier sofort war – und handelt danach.

So traf er bei einem seiner Streifzüge, natürlich allein, um Puerto Montt einen Tiger. Ein, von kleineren Bergen umschlossenes Tal mit einzigartigem Baumbestand. Nicht besiedelt. – Da standen der Tiger, ca. fünfzehn Meter weg, und er sich gegenüber. Beide dachten wohl das Gleiche – was macht der denn hier? Wegrennen? Wohin? Auf einen Baum klettern? Drohgebärden? Schreien, „hau’ ab“? Er setzte sich hin und drehte mit zittrigen Fingern eine Zigarette. Steckte die an, inhalierte und schaute den an. Der schaute zurück, mit schläfrigen, etwas gelblichen Augen. Großen Augen. Er versuchte, seine Gedanken so zu manipulieren, dass per Telepathie dem Tier sein Denken vermittelt werden konnte. – „Du bist schön. Das ist dein Zuhause. Du bist der Boss hier. Ich will dich nur anschauen, dir Respekt zollen. Dann gehe ich. Ich will dein Freund sein, wenigstens für ein paar Minuten.“

Wie lange kann eine Minute doch sein. Nach ca. drei Minuten oder sechs drehte sich der Tiger einfach um und lief langsam und majestätisch in die entgegengesetzte Richtung. Er blieb noch lange sitzen und genoss und verarbeitete dieses Erlebnis. Abends dann ging er in sein bevorzugtes Restaurant dort. Fünfzig Meter im Meer, per Holzsteg zugänglich. Dem Tiger zu Ehren, Austern und Champagner – diesen Abend widmete er ihm.

Normalerweise trank er Wein und es muss einfach gesagt werden, dass Chile den besten Wein von allen anderen südamerikanischen Ländern hat. Den weitaus besten.

Der Bankraub – Das Dynamit und die Wüste

Das hat er gelesen und gehört. Aus Polizeikreisen. Nicht miterlebt.

Das war ein Bankraub der besonderen Art. Ein Verwandter von Pinochet, dem damaligen Regierungschef, hatte ein hohes Amt innerhalb der Polizei inne. Der ging zu dem Bankchef der größten Bank in der Hauptstadt Santiago und avisierte dem einen Sicherheits-Check. Niemand in der Bank dürfe das wissen. Besonders der Tresorraum müsse überprüft werden. Das wurde so durchgezogen und dabei die ganzen Bargeldbestände, Millionen von US-Dollar, geklaut. Geisel, der Bankier. Davon war vorher nicht die Rede gewesen.

Der Polizeichef plus ein Kumpan nahmen ein Taxi und fuhren Richtung Arica durch die Wüste. Geld im Kofferraum. Der Taxifahrer war nicht informiert zu diesem Zeitpunkt. Dann suchten die sich einen stillen, nicht einsehbaren Platz. Gruben ein Loch, packten den Bankier in Dynamitstangen ein, schütteten das Loch zu und sprengten den in die Luft. Keine Spuren. Nur ein Unterarm lag da, den die Ermittlungsbehörden dann fanden.

Offiziell wurden die zwei zum Tode verurteilt. Der Taxifahrer, der die Sprengung ja mit bekommen hatte, wurde abgeschmiert mit einer sehr hohen Summe und zurück ging's nach Santiago. Der Taxifahrer fiel um und sagte als Kronzeuge aus. Von so einem Bankraub hat er bis heute noch nicht gehört, auch nicht, dass der imitiert, wiederholt worden wäre.

Arica, die Stadt im Dreiländereck – Chile-Bolivien-Peru

Dann zurück über Santiago nach **Arica**. Viertausend Kilometer Luftlinie, alles per Bus. Durch Weinanbaugebiete und Fruchtplantagen – durch die Wüste – von der Natur in Chile und der Vielfältigkeit war er immer wieder beeindruckt. Aber: Da war keine Herausforderung in Chile für ihn. Im Nachhinein kommt ihm das alles vor wie eine „Matinee“ (am Vormittag stattfindende Kinovorstellung zum Beispiel über ein Land). Abgesehen von zwei Ausnahmen. Feuerland – abgeklappert mit dem Kutter – und dem Treff mit dem Tiger.

Arica. Eine Grenzstadt. Schön gelegen, interessante Stadt. Er nahm ein Hotel direkt am Meer auf einer Landzunge gelegen. Schön und romantisch war's. Die ganze Nacht rauschte das Meer, trotzdem Moskitos. Schlimmer als Läuse – impertinente Viecher. Das einzige Tier, das er in Südamerika hasste, aus ganzem Herzen, Moskitos. In ganz Arica gab es nur ein einziges Hotel am Meer. Einstöckig ins Meer hineingebaut – sehr gut und gleichzeitig Prominententreff – auch für Polizeikreise, die höheren. Arica, die Grenzstadt war voller Polizei, Fahndern, V-Männern. Und die waren gut. Mussten es auch sein. Vorwiegend Medikamentenschmuggel. Rauschgifte aller Art waren in Chile eher zweitrangig.

Und endlich mal wieder junge Frauen. Hübsch, schlank und voller Temperament. Und die Männer, die eifersüchtig darüber wachten, dass denen kein Gringo in den Weg kam. In ganz Südamerika hatten die ein Faible für Gringos und die Deutschen hatten nicht den schlechtesten Ruf. (Ausgenommen Rucksack-Touristen. Die wurden belächelt, nicht für voll genommen. Die konnten sich da drüben nicht vorstellen, dass es sehr reizvoll sein kann – auch so ein Land kennen zu lernen.)

Wer die Frauen ein wenig kennt weiß, dass das verlorene Mühe ist. Eine Frau kontrollieren zu wollen. Wollen schon, aber können, nein.

Der Barmann – Alles ist, wie es ist

Abends, nachts – die Hotelbar. Die Frauen kamen solo, die ließen sich nichts vorschreiben. Man war dort ja sowieso unter sich, jeder kannte den anderen. Alle aus der besseren Gesellschaft – Hinterwäldler waren das keine. Die fuhren zwei Mal je Jahr nach Italien und kauften sich den letzten Schrei an Klamotten. Viele deutschstämmig, die ihre Familien in Deutschland besuchten.

Er freundete sich mit dem Barmann an. Sein Lieblingsspruch: „Alles ist, wie es ist". Das brachte der an einem Abend dreißig Mal. Er holte sich von dem seine Informationen. Ist diese Lady mit der Polizei liiert? Wenn ja, ging er denen aus dem Weg. Was auch nicht immer klappte. Aber alles ging immer mehr oder weniger gut aus. Von der Bar zu seinem Zimmer war alles unbeleuchtet.

Auch die Leute von der Stadt selbst waren sehr aufgeschlossen und gar nicht prüde, wie das im restlichen Chile der Fall war. Die Bekanntschaften vertieften sich und es wurde gefährlich für seine Unabhängigkeit. Man gewöhnt sich schnell an jemanden und er hatte noch so viel vor. Dazu musste er allein sein und bleiben. Allein, als Mann, kommt man leichter in die gehobenen Kreise rein, die Neugier schafft das Entrée. Mit Frau als Begleitung werden die anderen Frauen eifersüchtig und gleich gibt's Rivalitäten. Oft erlebt – besser solo.

Ausreiseverbot – Landesverweis – Was bleibt von Chile?

Also weiter, nächstes Land. Auf die Polizei, zwecks Ausreisestempel. In Arica war das so. Die sagten, er dürfe aber nur für drei Monate Chile verlassen, sonst würde die Aufenthaltserlaubnis ungültig. Er darauf, er käme sowieso kaum mehr nach Chile zurück. – Warum? – Zu still, zu ruhig. – Jetzt waren die sauer, und wie. Zur Aufenthaltserlaubnis hatte er ein Zusatzdokument bekommen, das hat er verschlampt. Später fand er es wieder, aber damals war es weg. Vier Tage schikanierten die ihn, ließen ihn nicht raus. Er sagte denen, bekommt er nicht heute seinen Ausreisestempel, verlässt er illegal das Land und beschwert sich beim Generalkonsulat. Er bekam seinen Stempel und gleichzeitig weiteres Einreiseverbot nach Chile. Das war o.k.

Übrigens, er hatte schon einen Fischer an der Hand, der ihn für 200 US Dollar nach Peru gebracht hätte (besorgt von einer Polizistenfrau). Das lag ja nur ein paar hundert Meter weg. Das Visum hatte er sich schon vorher besorgt. In Peru kümmerte sich sowieso niemand darum – Ausreisestempel oder nicht.

Was bleibt unvergesslich in Chile?

Feuerland – der Tiger – die Wüste – Arica, die Stadt. Die Menschen, er hatte nie Probleme. Er kann über dieses Land, im Rückblick, nicht das Geringste an Negativem sagen. Etwas über die medizinische Versorgung, vielleicht. Zwei, drei mal war er übel dran mit Fischvergiftungen. Komisch, nur in Chile. Und wie wurde er behandelt? – Nur mit Aspirin. Die jeweiligen Hotelleute kümmerten sich rührend um ihn. Fütterten ihn mit Hühnersuppe, betreuten ihn. So eine Fischvergiftung hat es in sich – das gute alte Aspirin auch.

Peru – Lago Titicaca

7.000 Quadratkilometer, 270 Meter tief. Der größte See Südamerikas und größter Hochlandsee der Welt. **Die Sonneninsel** – vor-inkaische Kulturzeugnisse. Die geflochtenen Binsenboote fahren heute noch. Schon damals, alles auf Tourismus getrimmt.

Mit einem Binsenboot, drei Meter lang, sechzig Zentimeter breit, rüber zur Sonneninsel mit einem Peruaner. Teuer, da verboten. Dann zur **Mondinsel** – der Insel des Mondes. Alles Inka-Namen in der Ursprache. Da drüben.

Abfahrt 15:00 Uhr und einen großen Teil der Nacht dort verbracht. Der Peruaner blieb bei seinem Boot. Alles gehörte ihm allein. (Der Tourismus muss gegen 18:00 Uhr zurück.)

Da braucht es keine großen Erklärungen von Fremdenführern, gespickt mit Jahreszahlen – wenn man des Nachts auf einem Stein sitzt, über sich den Sternenhimmel. Und den Mond, der über dem See steht und den Wasserspiegel in Silber taucht. Kein Ton, kein Laut, nur Stille – Zeit zu träumen, die Fantasie sprechen lassen. Welche Zeremonien mögen damals praktiziert worden sein? Niemand weiß es. Was blieb, sind Legenden, von Generation zu Generation mehr ausgeschmückt. Jedoch, ganz allein des Nachts auf der Mondinsel lässt alte Mythen wach werden – je nach Spiritualität des Betrachters und dessen Fantasie und: des Loslassens der Gegenwart.

Dabei schoss ihm ein verrückter Gedanke durch den Kopf – er hätte in dieser Nacht gerne einen Begleiter an seiner Seite gehabt – den Tiger aus Puerto Montt, Chile. Der hätte dahin gepasst, quasi als Wächter der untergegangenen Kultur, über die Toten wachend, Dämonen vertreibend und zu ihm sprechend, was damals wirklich war.

Aber da war kein Tiger, keine Stimmen – der ursprüngliche Zauber und Mythos dahin. Aber immer noch vorstellbar und erahnbar, nach solch langer Zeit noch. Wie mag das erst gewesen sein, „damals"?

Ein leiser Ruf des Indianers, man musste weg. Es war ja verboten, dort zu sein und langsam wurde es hell, also zurück. Er streichelte den Stein, auf dem er gesessen war und sagte dem „Lebwohl". Wie lange würde der wohl schon dort liegen was mag der alles erlebt und gesehen haben? Aber auch der war verschwiegen, kein Wort.

Der **Titicaca-See**, das war für ihn **Peru**, allein schon den Besuch des Landes wert.

Cuzco – Machu Picchu

Cuzco, 3.350 Meter hoch. Anlauf- und Ausgangspunkt zum Machu Piccu. Eine interessante Stadt. Straßen ohne Steigung und Gefälle gab es dort nicht. Alles ging rauf und runter bei einer Bullenhitze. So schlecht war es ihm noch selten, nur Übelkeit. Da half auch kein Aspirin. Er fand in einer Seitenstraße eine Art Apotheke, die ein Wurzel- und Kräuterladen war. Ein uralter Apotheker bzw. Medizinmann. Koka-Blätter solle er kauen. Spezialtee trinken, alles half nichts. Sterbenselend war ihm. 3.350 Meter Höhe müssen erst mal verkraftet werden. Dazu noch diese Hitze. Stehende Hitze. Aber, eine schöne, alte Stadt. Voller Rucksacktouristen. - So war das nichts.

Unter Cuzco ein Tal, breit und grün, und ein kleiner Fluss lief da durch. Er hatte eine einheimische, spanische Studentin dabei, die dort studierte, Mythen nachging, den Wahrheitsgehalt so weit wie möglich recherchierte.

Man traf sich dort einmal beim Sonnenuntergang und einmal zum Sonnenaufgang. Die wollte das so. Anschließend wollte sie wissen, was ihm – beim Betrachten des Tales – dabei aufgefallen sei. Bei dem Spiel von Licht und Schatten. Er sah immer nur das gleiche Tal, das Grün, den Fluss. Also nochmals hin. Sie hatte einen Jeep, den nur noch Gottes Segen zusammenhielt, aber er fuhr. Er selbst lief keinen Meter mehr als nötig. Die anhaltende, permanente Übelkeit blieb ihm treu.

Jetzt machte die Studentin ihn aufmerksam auf das leicht ansteigende Tal hinter dem Fluss und der Landschaft davor. Da war in die Landschaft eingefügt ein ca. achthundert Meter langer, liegender Frauenkörper.

Nein, keine Fantasie, keine zufällige Laune der Natur. Das sei so gewollt. Die Inka hätten das im Laufe der Jahre geformt durch Abtragungen dort und Aufschüttungen da. Zu Ehren einer Göttin – jetzt sah er das auch ganz klar. Sollte es nicht wahr sein – ist es wenigstens gut erfunden. Aber, ohne Hinweis hätte er das nicht zusammenfügen und erkennen können. So klopft noch heute die Vorvergangenheit an das Tor der Gegenwart. Ob dieses Gebilde in irgend einem Fremdenführer erwähnt ist?

Der zweite Grund, Peru zu besuchen.

Machu Picchu, 2.000 Meter hoch in den Bergen. Ca. drei Stunden Bahnfahrt, uralter Bummelzug dahin. Dieser Zug wurde oft – auch heute noch – überfallen. Nun ja, es ging einmal wieder alles gut aus.

Der Zug voller Touristen, morgens hin – abends zurück, wie das so ist. Gruppen über Gruppen.

Als die alle am Fuße des Berges, worauf Machu Picchu lag, per Bus da hochgekarrt wurden, blieb er unten im Tal und suchte sich eine Bleibe für den Rest des Tages. Um zu schlafen, er hatte etwas anderes vor. Nur Einheimische. Hotel öder Ähnliches? Nichts.

Er fand ein Plätzchen. (Heute gibt es dort bestimmt ein Hilton.) Nachts gegen 22:00 Uhr, schön kühl – wunderschöne helle Mondnacht – folgte er der Straße hoch auf den Berg. Zu Fuß. Zu der sogenannten „**Festung**". So drei Stunden und er war oben.

Kein Mensch - Zwei bis fünf Lamas teilten sich die Festung mit ihm. Exotische Tiere, die gefielen ihm.

Soweit er sich erinnert, wurde die Festung erst um 1920 von einem Engländer neu entdeckt. Berge – unten miteinander verbunden, dann einzeln in die Höhe strebend – keine Bergkette. Bewachsen mit undurchdringlichem Dschungel, die Festung überwuchert durch die Jahrhunderte hindurch. Von unten nicht zu erkennen.

Noch heute wird herumgerätselt, was der Zweck dieser „Festung" war. Nur Theorien. Die eine, die ihm am Besten gefällt – auch vertreten durch die Studentin in Cuzco – dass diese Ansammlung von kleineren Gebäuden eine reine Frauendomäne war. Mit Küchengebäuden, Gefängnis (für Männer?), Tempel und palastartigen Restruinen. Gut erhalten. (Schade, dass die Studentin nicht mitging – die hatte Angst.) Ein Opferstein, eine Rinne zum Abfließen des Blutes. Menschenopfer. Bewiesen. Je tapferer und bedeutsamer im Rang das Opfer war, je mehr ging auf die Priesterinnen und deren Stamm davon über. Die „guten" Tugenden des Opfers lebten in denen, die opferten, fort. Sagt man.

Hinter dem Opferstein war ein kleines Mäuerchen, vor ihm die Berge, dunkel, unergründlich im Mondlicht. Drohend? Auch so ein Platz zum Träumen und herumspinnen. Die absolute Stille wurde ab und zu unterbrochen durch ein Lama, das auf einen trockenen Ast oder gegen einen Stein trat. Wann schlafen die?

Heute ist da bestimmt ein Zaun drum herum mit Wärterhäuschen und ein Zutritt des Nachts unmöglich. Damals nicht. Alles frei zugänglich und er ging die ganze Festung ab, allein. Alles gehörte ihm, inklusive seiner Gänsehaut. Unberührt bleiben da nur die sogenannten Hartgesottenen. In Wirklichkeit stumpfe, empfindungslose Leute ohne Fantasie, klinisch Tote. Jetzt schon – aber egal.

Am nächsten Morgen gegen 7:00 Uhr, nach dem Sonnenaufgang – einer der schönsten, den er je sah – Abmarsch zurück ins Tal. Auf dem Weg nach unten kamen ihm die ersten Busse entgegen. Die schauten ihn an, die Touristen, die Fahrer und Fremdenführer, als sei er einer anderen Welt entsprungen.

Vielleicht war es ja auch so ...

Lima – Abreise nach Bolivien – Alleinreisen mit Tücken - Und die Rolex immer dabei

Lima. Besuch der guten Ordnung halber.

Warum schon das Land verlassen? Er fand den Grund damals nicht heraus – zwanzig Jahre später schon.

Es war eine Art Flucht, nur weg und das schnell. Heute glaubt er zu verstehen, es war die Diskrepanz zwischen der Vergangenheit und der Gegenwart. Analyse: Da sitzt man auf einem Berg in einer ca. fünfhundert Jahre oder noch älteren Festung, oder was auch immer und lässt sich gefangen nehmen durch alte Mythen und Legenden. Man spürt den Hauch und taucht ein. Wird eingetaucht.

Ein Zauberland – „kein déjà vu" – eher, um im Französischen zu bleiben ein „rien ne va plus", nichts geht mehr. Mehr geht nicht. Nicht zu toppen. Ein Zauberland, ja. Eine längst vergangene Welt ist plötzlich die heutige. Zeitmaschine pur. Man verliert den Bezug zur Realität, gefährlich, wenn auch nur für Stunden. Lange Stunden. Dann, das Aufeinandertreffen am nächsten Morgen mit der Realität. Bierreklame, Pommes, krakelende Touristen aus allen Ländern der Erde. Immer zu laut. Immer zu grobschlächtig. Keine Würde. Keine Klasse.

Das ist, kann, ein Kulturschock sein. Jedes Mal für ihn gewesen. Eine Entweihung, ein Schmerz. Fast körperlich. Mental empfunden unter der Lupe des Erkennens, doppelt stark.

Let's go, Amigo. Geh, es ist besser für dich und nehme den Zauber mit. Vergrabe ihn tief in dir, bewahre ihn und sei dankbar, dass du ihn erleben, und wichtiger, ein ganz klein wenig erkennen durftest.

Neue Karte gekauft im Jahr 2002. Schwerpunkt: Bolivien, Kolumbien. Maßstab 1 : 4.000.000. Die alte Karte 1 : 8.000.000. Er wollte besser seinen Reiseweg rekonstruieren. Denkst du. Auf der neuen Karte, größerer Maßstab um 50%, fehlten die Orte, die er suchte. Auf der alten Karte, trotz des kleineren Maßstabes, von „Kümmerly und Frey" waren die alle eingezeichnet. Kompliment. Denkt daran, wenn ihr Karten kauft ...

Also weiter, mit der alten, besseren Karte. Die fällt sowieso bald auseinander.

Bolivien. Santa Cruz (die Stadt) – **Potosi** – **Cochabamba** – **Sucre** – da hielt er sich vorwiegend auf. Wäre Bolivien am Meer gelegen, vielleicht wäre das sein bevorzugtes Land in Südamerika geworden. Aber auch so knisterte dieses Land vor Spannung. Kultur. Die Menschen und über allem, verdeckt aber spürbar, ein

Hauch – ein starker Hauch – von Kriminalität. Nicht wie in Brasilien, wo die zu oft unkontrolliert ausbricht und wegen einer Uhr, Wert drei US Dollar, schon viele erschossen wurden. Nein. In Bolivien ging es immer um größere Beträge. Mit Stil und Kontrolle. Professionell. Die spielten in einer anderen Liga. Will man da mitspielen, braucht man schon vorher gute Erfahrungen aus den dunkleren Lebensbereichen und die Erkenntnis, es geht um alles. 100.000 Dollar im Monat, o.k. – aber der Einsatz ist dein Leben. Das klingt theatralisch? Wer das so empfindet, ist noch zu nass hinter den Ohren und sollte bei seinen Leisten bleiben. Gruppenreisen sind auch sehr schön ... manchmal.

Er buchte in einem gehobenen Mittelklasse-Hotel. Einen Kilometer vom Zentrum dieser kleineren Stadt. Vor dem Fenster ein Riesenbaum. Schwimmbad, Restaurant – o.k. Und, keine Ausländer – bevorzugtes Hotel für Bolivianer der betuchteren Klasse für Kurzurlaube. (Chef und Sekretärin). Er blieb und buchte fest. Wenn er auch höchstens davon drei Monate dort verbrachte. Auf Streifzügen hindert Gepäck zu sehr. Auspacken – Einpacken – der Stress.

Jeans, Hemd, Adidas. Der Ring von der Legion mit den chinesischen Schriftzeichen "ich bring dir Glück" und, was er noch nicht erwähnt hat bis jetzt, der goldenen Rolex, „day – date“. Idiotisch, aber das musste sein. Die Uhr war auf der gesamten Reise dabei und was sagten die in jedem Land? „Die sieht aus wie eine Rolex, aber man merkt, das ist keine. Die glänzt zu sehr.“ Deren Urteil kam aus deren Erfahrung, wie die dort die Rolex kannten. Falsifikate, nachgemachte, im Umlauf. Ihm war es recht und er bestärkte die in ihrem Glauben.

Übrigens, will man in Südamerika ein bisschen mitmischen, gibt es nur drei Statussymbole. Die Rolex, Dunhill Feuerzeug und importiertes Auto. Und die eigene Person.

Der Zeitungsjunge und das Kloster

Nun war er schon einige Zeit in diesem Hotel. Jeden Morgen kam ein achtjähriger Junge, der nur vor dem Hotel seine Zeitungen verkaufen durfte. Fast jeden Morgen kaufte er sich eine und man kam so ins Gespräch. Wo er herkäme? Aus Deutschland. Nun ratterte der Fakten über Deutschland herunter, die er selbst nicht kannte. Die Quadratkilometer, West und Ost, und so weiter. Der war blitzgescheit und er lud den zum Kaffee ein. Riesenaufstand, obwohl der saubere Klamotten an hatte und Weißer war. Die bedienten den nicht, er rief den Manager. Entweder der kriegt sein Frühstück oder er zieht aus, sofort. Das Frühstück kam. Man traf sich noch des öfteren und er lernte den besser kennen.

Schule – Nein, Kein Geld

Eltern tot. Der war vollkommen allein.

Zukunftsperspektive: keine.

Er dachte an seine PEDUS-Zeit. Jedes Jahr gab er einem seiner Leute, die sonst nie eine Chance gehabt hätten, die Möglichkeit, innerhalb der Firma aufzusteigen. Er hatte oft Hilfe von anderen bekommen, davon wollte er einen Teil an die zurückgeben. Und denen helfen.

Wie oft einer von denen damals die Chance nutzte? Obwohl er denen alle Wege ebnete? Keiner hielt durch. Gewollt hätten sie, mehr Geld vor allem, aber den erforderlichen Zusatzeinsatz plus zu absolvierender Kurse am Abend machten die nicht. Zuviel Stress.

Also machte er an einem Abend sein Resumée über die bisherige Südamerikareise – alles lief sehr gut – schöne Erlebnisse – bisher eine klasse Zeit, also – zahle etwas zurück. Gebe einem von denen eine Chance.

Er nahm den Jungen an der Hand und ging mit dem in eine katholische Institution. Mit Schule, Wohnmöglichkeit und Ausbildung. Vorher eruiert. Erkundigt.

Die Oberin wusste Bescheid. Fünf Jahre – fünftausend Dollar. Die wollte weniger. Er bat die Oberin, dem dafür Englisch beizubringen. Nun, mit Religionen hatte er schon damals nichts mehr am Hut – aber die katholischen Kirchen in Südamerika leisteten eine sehr gute Arbeit und ohne die wäre damals und auch noch heute alles noch viel schlimmer. Sehr gute Schulen und vertrauenswürdig. Das muss man denen schon lassen. Respekt.

Die Oberin fragte nach seiner Adresse, sie wolle ihm berichten über die Fortschritte des Jungen und auch der würde ihm schreiben. Er lehnte ab, kein Dank – keine Gefühle. Trotzdem, was wird wohl aus seinem Zeitungsjungen geworden sein?

Zu dem damaligen Wert eines US Dollars in Bolivien. In überdurchschnittlich guten Restaurants in der Stadt kostete ein Mittagessen: Suppe, Hühnchen, Pommes, Salat, Mineralwasser, Nachtisch = 1 US Dollar. Einen Dollar. Dafür horrende Hotelpreise. Für sein Hotel zahlte er je Tag vierzig Dollar.

Also, die fünftausend Dollar waren schon nicht schlecht. Und für die Oberin war das ein Vermögen, sagte die.

Kontaktaufnahme – Wo läuft was, wie ab? Weltweit

Noch heute geht er so vor. Wie erfährt man alle diese Fakten, schnell, innerhalb zweier Stunden, mit Hintergrundinformation für hundert Dollar? Wie macht ein Gringo so was in einem ihm unbekannten Land? Wie macht ihr das?

Seine Masche hierzu immer die gleiche. Noch heute, überall. Unbedingt zu beachten: Angemessene Kleidung. Achtung: die Schuhe. Gepflegtes Äußeres. Fingernägel, Fußnägel. Glaubt das einfach. Kein Wiener Schmäh, küss' die Hand, und so. Cool. Souverän und keinen Alkohol. Nüchtern bleiben. Der Ort: die beste, gepflegteste und seriöseste Nachtbar. Die Zeit: kurz nach Mitternacht.

Die Geschäftsführerin respektvoll begrüßen, Konversation normal. Rede über dein Herkunftsland, so wenig wie möglich über dich. Deine Kontaktperson. Jede Geschäftsführerin hat eine, der dort tätigen Frauen quasi als rechte Hand, die muss man herausfiltern und erkennen. Das ist leichter für Kenner als für Nichteingeweihte. Aber auch nicht immer! Blickkontakt – der erste Blick entscheidet. Zieht die nicht, wende der den Rücken zu. Biedere dich auf keinen Fall an.

Vielleicht also doch die Geschäftsführerin. Und warum nicht gleich die? Die sind zu clever, abgekocht und zu vorsichtig. Halten zuviel an Info zurück. Die denken nämlich über die Konsequenzen nach, die es hat, wenn die zu viel reden und preisgeben.

Die anderen Mädchen sind offener, weil die weniger überlegen, was aus solchen Infos für die selbst an Konsequenzen entstehen kann.

Jetzt die entsprechende Dame einladen. Wenn die vor deiner Einladung um einen Drink bittet, hast du die falsche am Haken. Hast du ein schlechtes Gefühl bei dem Ganzen, wechsle sofort die Bar. Sofort. Höre auf deinen Bauch, deine Intuition – misstraue deinem Verstand.

Hast du deiner Meinung nach die richtige Kontaktperson, bestelle einen Champagner. Den echten. Spare jetzt nicht, sonst versaust du alles. Stelle beiläufig klar, dass du nur eine Flasche zahlst, heute. Du musst erst zur Bank, am nächsten Tag, Geld abheben. Oder so etwas ähnliches. Nie mit Kreditkarten zahlen.

Diese eine Flasche Champagner wird für dich ein Vielfaches wert sein, als diese Flasche kostete. Heutzutage bist du mit ca. dreihundert Dollar dabei. Jetzt frage gezielt, offen nach dem, was dich interessiert. Das musst du dir vorher überlegen – drei Fragen sind o.k. Sind es mehr, musst du diese in der Konversation verstecken. Lasse die reden. Solch ein Gespräch ist immer ein heißes Eisen, pass auf. Aber es macht Spaß, wenn du das Spiel beherrschst.

Und gehe nie mit deiner Infoquelle schlafen. Nie. Sage der vorher, du achtest sie zu sehr, um ihr Freier sein zu können. Du würdest dich hundert Prozent in sie verlieben und dann, wenn du das Land verlässt, würde sie nur traurig sein. Genau wie du (sie glaubt dir das). Du musst sie neutral stellen, einstellen. Sie mag dich als Gast und freut sich, wenn sie dich sieht – aber keine Intimitäten.

Brichst du diese Regel, weißt du anschließend, was er mit dem Vorbeschriebenen meinte. Diese Bar ist deine permanente Infoquelle – in solch einer Bar darfst du mit keinem Mädchen etwas anfangen. Wenn es auch schwer fällt. Jetzt arbeite mit dem Verstand!

Der Polizeichef – Staatsbürgerschaft – Die Jeeps und 100.000 Dollar

Und, wie das so ist im wirklichen Leben, saß der an diesem Abend in dieser Bar, wo er das erste Mal war. Er wurde dem vorgestellt, dachte auf der gleichen Schiene, fand sich sympathisch und blieb zusammen bis zum Morgengrauen. Ein Polizeichef, egal wo in Südamerika, der Mann über Leben und Tod. Der bestimmt, wie lang er dich am Zügel hält – kurz, lang. Wo deine Freiheiten enden – und ob diese erst anfangen. Ob du geduldet, aufgenommen oder gleich abgewiesen wirst.

Bis du ein Tagesmensch, ein drei-Wochen-Tourist, Familienvater, den seine Lieben zu einem bestimmten Tag zurückerwarten, kann dir das Vorgenannte egal sein. Willst du jedoch für länger in solch einem Land bleiben, die Grauzone kennen lernen, ist die Sympathie eines solchen Mannes das non plus ultra, das Wichtigste – Grauzone heißt ja nicht kriminell, es ist nur das Eintauchen in gewisse Kreise. Der gewisse „goût“ – der „Kick“.

Die so genannte bessere Gesellschaft ist ja auch solch eine Grauzone. Nichts ist – das ist das Gegenteil zur vorgenannten Grauzone – echt. Alles der große Bluff. Man will dazugehören, also muss man mitspielen. Kaum einer geht auf einen großen Gesellschaftsball, zum Beispiel um sich dort zu vergnügen. Kontakte knüpfen, Geschäfte ankurbeln, das ist der Grund. Du willst das, o.k. – ich brauche das.

Besonders in den USA hat er das oft mitgemacht, mitmachen müssen, das ist purer Stress. Spaß macht das nur, wenn man teilnimmt ohne Vorteile zu suchen und von niemandem etwas will. Ungezwungen sein zu können aus der eigenen Unabhängigkeit heraus. Das ist’s.

Man traf sich nun fast jede Nacht und sprach natürlich auch über Finanzen, persönlicher Werdegang – es ging ans Eingemachte. Er verschwieg seine PEDUS-Zeit und sagte, er sei Soldat in der Fremdenlegion gewesen. Erhöhte die sechs Jahre, die er dort gewesen war, einfach um zwanzig auf fünfundzwanzig Jahre. Warum? Jeder weiß, dass man als Soldat keine Reichtümer anhäufen kann, egal welcher Rang. Dafür hatte man andere Spezialitäten drauf. Schon damals waren Entführungen sehr in Mode, er wollte signalisieren, es lohnt nicht bei ihm.

Als er dem Polizeichef sagte, eventuell in Bolivien bleiben zu wollen, bot der ihm die Staatsbürgerschaft an. Fünftausend Dollar. Darauf sagte er, er brauche noch Zeit, sich zu entscheiden. Sein Visum wurde einfach verlängert.

Er bot einen Job an – Jeepfahrer – Medikamentenschmuggel bis nach Chile, Arica. Je Fahrt 100.000 Dollar. Sieben Jeeps fuhren, man zeigte ihm die Route auf einer Militärkarte. Spezialkarten. Fahrten nur nachts in der Regenzeit. Von sieben Jeeps kamen drei durch, oder auch manchmal vier. Die wurden gejagt von Hubschraubern, infrarotgesteuerten Raketen. Für diese Fahrten stand, trotz der Verluste, jede Menge an Fahrern zur Verfügung. Das Geld! Der nahm nur Gringos.

Amerikaner, Engländer, Franzosen und Deutsche. Er dankte für das Vertrauen und lehnte ab. Zu heiß das Ganze. Ab und zu fuhr der Polizist selbst mit. Nicht wegen des Geldes, den reizte der Nervenkitzel.

Früh morgens brachte der ihn jedes Mal ins Hotel, oft holte der ihn ab. Nun wurde er im Hotel wie ein rohes Ei behandelt und man reduzierte seinen Zimmerpreis um die Hälfte. Auch gut.

Noch nie, in ganz Südamerika nicht, sah er - wie das in Bolivien der Fall war - so viele Porsche, Jaguar, Rolls und andere Luxusschlitten. Das Geld war da und er wusste auch, woher. Er beneidete keinen um dessen Reichtum – er kannte ja den zu zahlenden Preis.

Treffpunkt wie immer – Das Cafe im Zentrum

In Südamerika hatte jede kleinere, mittlere Stadt ihren Marktplatz und ein dort gelegenes, bestimmtes Cafe. Dort trafen sich alles und jeder. (Voll mit V-Männern – Jungs, schnallt das endlich.) Eine Kontaktstelle. Dort stellen nur die Landeier, die Unerfahrenen ihre Fragen. Und werden befragt. Am nächsten Tag waren die schon oft beklaut worden.

Die dort sich aufhaltenden Ausländer hatten schon lange ihr Geld verjuxt und waren blank. Geld alle. Die waren krimineller als die Einheimischen. Die denken, mit fünfzehntausend Dollar kann man mit dreißig Jahren aussteigen und ein schönes Leben, dort, leben. Alles ist ja soo billig, denken die – besonders in Brasilien. Dann ist das Geld alle. Was tun? Erstens ist da einmal ein striktes Arbeitsverbot. Und als Jeepfahrer kämen die auch nicht in Frage. Viel zu blauäugig, von nix eine Ahnung. Also, die eigenen Landsleute einwickeln und betrügen. Denen wird ja auch mehr vertraut und das nutzen die aus. Nein, die bekommen auch schwarz keinen Job angeboten. Ein großes Maul reicht da nicht aus – die sind ganz schnell von den Einheimischen durchschaut.

Aber interessant war es in dem Cafe allemal und er hatte dort seinen Stammplatz. Er könnte noch heute den Grundriss des Cafes zeichnen, und die Einrichtung. Den Marmorkuchen sieht er noch heute vor sich. Ab und zu kam auch der Polizeichef auf einen Kaffee.

Der Schweizer – Die Kirchturmuhren – Das Bärenfell und das Gold

In diesem Cafe traf er eines schönen Tages einen Schweizer. Der war in diesem Land hängen geblieben. Er wunderte sich übrigens immer wieder, wo die Schweizer alle herkommen. So ein kleines Land und überall sind die.

Nachdem dessen Geld alle war, verlegte der sich auf die Reparatur von Kirchturmuhren. Kirchen gab es genug, kaputte Uhren auch. Nur: Das Geld, das er an Reparaturen einnahm, war sehr spärlich. Grund, die sagten dem, die Pfarrer, diese Uhren bekamen wir von euch geschenkt, jetzt sind die kaputt – ihr müsst die Reparaturen nun auch bezahlen. Südamerikanische Mentalität. Wie noch heute bei den Negern, „ihr habt uns befreit, nun müsst ihr uns auch ernähren".

Der Schweizer bot also an, dass er sich an seiner, in Kürze anlaufenden Goldschürferei beteiligen könne. Er hätte Bärenfelle aus Kanada – nur die kanadischen Felle seien gut - und auch schon einen Teil eines nahegelegenen Flusses, einen Kilometer plus Ufer, gemietet. Das Fell müsse zu 11 Grad im Fluss, zur Strömung hin, aufgespannt sein – das Gold bliebe darin alleine hängen. Dreitausend Dollar zum Einstieg. Nun, das war natürlich für ihn ein Jux. Der Schweizer aber schwor darauf und das war kein Spinner. Lange Jahre in Goldminen tätig als Ingenieur, der wusste schon wovon er sprach.

Die Schweizer, nochmals zu denen. Er kannte die aus der Legion und aus vielen anderen Stationen seines Lebens. Solide, tüchtig und alle irgend wie in Chefpositionen tätig. Vertrauen konnte man denen immer, was von den Deutschen nur in Ausnahmefällen behauptet werden kann. Er spricht vom Ausland.

Nachts brachte er dieses Thema mit dem Schweizer beim Polizeichef auf den Tisch. Der sagte, das wisse er bereits alles und man warte darauf, dass der endlich anfange. 70% hätte der abzugeben. Je mehr Gold der schürfe, je höher die Abgaben. Zahle der nicht, Landesverweis oder Schlimmeres – er warnte den Schweizer, verklausuliert, und sagte ab. Er sah den Schweizer noch ca. vier Wochen, dann war der weg. Der sprach auch nicht mehr mit ihm über die Goldschürferei. Vielleicht war der abgereist. Der Schweizer hatte noch eine bolivianische Freundin – vielleicht hatte die den Polizeichef informiert.

Wochen vorher wurde ein Gringo enteignet und des Landes verwiesen. Sehr erfolgreich, Straßenbau. Einen Fuhrpark von fünf Millionen Dollar. Der zahlte keine Abgaben (Schmiergeld,); alles wurde konfisziert, beschlagnahmt. Grund: Steuerschulden.

Noch heute hat ein Ausländer in diesen Ländern keine Rechte, was man aber erst feststellt, wenn der Fall der Fälle eintritt. Entweder man hat seine Verbindungen und zahlt, oder legt besser sein Geld für 1% aufs Sparbuch, was oft lukrativer und auch lebenserhaltender ist.

Die Viper und er

Er nahm mal wieder den Bus – jedes Mal ein Erlebnis – und fuhr in die Pampa. Er hatte da bei einem seiner Ausflüge einen Fluss gesehen. Schön bewachsene Ufer, glasklares Wasser – und er wollte dort einen Tag verbringen. Die Busse halten, wo der Fahrgast will (für ein paar Pfennige), Haltestelle hin, Haltestelle her. Der Bus hielt und er stieg aus. Der Bus fuhr weiter und er stand da. Weit und breit kein Mensch.

Runter von der Straße zum Fluss. Eine kleine Insel mittendrin, von der Straße nicht einsehbar. Ca. drei mal drei Quadratmeter groß. Mit kleinen Kieselsteinen bedeckt. Nichts weiter. Er zog sich aus, schwamm und legte sich nackt auf die warmen Kieselsteine. Schlief ein, wachte auf und hatte Besuch. Eine Schlange. Er kannte nur zwei, drei Stück mit Namen, die gefährlichsten nur. Das war eine von denen.

Grün, fünf bis sechs Zentimeter Durchmesser, einen Meter lang. Die lag dreißig Zentimeter neben ihm und schlief. Oder doch nicht? Was tun? Kein Stock, nackt, von der Insel bis zum Ufer zehn Meter – er schwitzte Blut und Wasser. Es war eine schöne Schlange – aber er hätte gern auf diese Schönheit verzichtet.

Nichts Schlimmeres, als absolut hilflos zu sein. Der Polizeichef wollte ihm noch eine Waffe schenken, ein paar Tage vorher, aber er lehnte ab. Und hätte er nicht abgelehnt, glaubt er kaum, dass er die Waffe zum Schwimmen mitgenommen hätte.

Aber „hätte" er – dann „hätte" er diese Schlange jetzt und sofort erschossen. Vorausgesetzt, die hätte so lange still gelegen und ihn machen lassen. Was man in solchen Momenten doch alles denkt. Das ging so stundenlang. Er wagte sich nicht zu rühren und alles tat ihm schon lange weh. Es wurde dunkel und die Schlange lag noch immer da, neben ihm. Langsam schlug die Angst in Wut um und er setzte alles auf eine Karte. Er stand ganz langsam auf, keine unnötige Bewegung, alles in Zeitlupe – und ging langsam die paar Meter zum Fluss. Stieg rein und schwamm, ganz langsam, jeden überflüssigen Laut vermeidend, zum Ufer.

Noch drei Meter, die Schlange lag noch immer da. Dann, plötzlich – wie ein Pfeil – überholte die ihn, machte einen Halbkreis vor ihm und dem Ufer und tauchte ab. Rasend schnell. So, als hätte sie ihm sagen wollen, glaube bloß nicht, dass du mir hättest entkommen können. Wenn ich gewollt hätte, wärst zu jetzt weg vom Fenster. Ein Biss – eine Minute – tot.

Wieder oben auf der Straße wartete er auf eine Mitfahrgelegenheit. Nix wie zurück ins Hotel.

Das war auch so ein Erlebnis, das er nie vergessen wird. Und immer war er in solchen Momenten allein – unvorbereitet, und noch nicht mal mit einem lächerlichen Stock in der Hand. Der erfahrene Gringo – bloß gut, dass da keine Zeugen waren, in solchen Momenten. Wo wäre sein Ruf geblieben?

Kultstätten, der Wasserfall und die Baugenehmigung

Oft war er, tagsüber und auch des Nachts, mit einem Studenten und dessen Auto unterwegs. Durch dieses wunderschöne Land, traumhaft. Der zeigte ihm Kultstätten, geheim gehaltene, man wollte dort keine Touristen haben.

Zu vieles war zu einmalig und nach zuviel Gesehenem dann auch wieder zweitrangig. Man stumpft ab, das Auge ermüdet – zuviel Reiz. Ein Schalter legt sich im Gehirn um – man nimmt nichts mehr im Detail war.

Genau wie in Rio de Janeiro beim Fasching, wenn zu viele schöne und aufregende Frauen zusammenstehen – man bestaunt alle und sieht doch die einzelne kaum. Das Auge selektiert nicht mehr. Auch kein Wunder.

Eine dieser Stätten war jedoch einmalig. Die Dämmerung, diffuses Licht, ein kleiner Wasserfall, eingerahmt durch Granitfelsen und mit Bäumen bewachsen. Drumherum.

Blick zum Mondaufgang. Im Wasserfall, ohne selbst nass zu werden, aus Granit geformte Sitzschalen, manuell bearbeitet. Richtige Sitzschalen, trotz des Steines, innen weich wie Samt. Glatt wie eine Porzellantasse.

Ca. fünfzehn Stück übereinander. Wo der Wasserfall auftraf, ein Opferstein. Sehr oft war er dort und sieht noch heute diesen Ort ganz klar vor sich. Wäre er in Bolivien geblieben, hätte er – und zwar nur dort - sich neben dem Wasserfall eine Art Blockhütte bauen lassen – nur dort – eine Märchenwelt.

Er schwärmte dem Polizeichef von diesem Ort vor, den dieser auch kannte. Baugenehmigung? Neben einem heiligen Ort? Für einen Gringo? „Das muss selbst ich begründen“, sagte der. „Aber mir fällt schon was ein. Ich gebe dich als Wissenschaftler aus Germany aus, fünf Jahre Genehmigung, dann wird verlängert. Ab und zu musst du etwas veröffentlichen, das machen unsere eigenen Leute für dich. An solch einen Stoff kommen sowieso nur die Bolivianer heran.“

Ja, Bolivien hatte es in sich – sie waren Freunde geworden – und es tat weh, Abschied zu nehmen.

La Paz – Flecha Verde – Und die zweitausend Frauen

Eine Stadt wie viele, nur gab es dort das Flecha Verde. Der grüne Pfeil. Vor der Stadt eine kleine Stadt für sich. Zweitausend Frauen, kleine Bungalows mit Garage, alles supersecret. Pool je Haus. Das Ganze umschlossen von einem Zaun, Zufahrt per Schlagbaum. Wärter, alle bewaffnet.

Er erfuhr davon, nahm ein Taxi und fuhr hin. Er dachte während der Fahrt, „wo fährt der bloß hin – da kommst du nie an“. Dunkle Wege, Wellblechhäuser und dann noch durch einen Wald.

Vor dem Einlass in dieses „Paradies", Befragung in einem kleinen Büro. Eine mindestens Zwei Zentner-Frau war der Chef – und die war der Chef. Da lagen meterhoch die Kataloge mit den Bildern der Frauen und Mädchen und deren Charakteristika. Es fehlte nur die jeweilige Schuhgröße. Alles geschmackvoll, nicht billig aufgemacht – das hatte schon Stil.

Die Chefin mochte ihn und wollte, dass er mit der da sitzen blieb und von sich erzähle. Wer da kam und ging, zu jedem gab die eine Erläuterung. Wer der sei, gesellschaftliche Position – das war schon sehr interessant. Er beschloss, keusch zu bleiben und seine Zeit dort mit der Chefin zu verbringen.

Oft war er dort und die bat ihn, zu bleiben. Länger zu bleiben. Sie würde ihn unterstützen als Freund, beste Bezahlung. Wohnung in einem der Pavillons. Die waren wirklich bestens ausgestattet.

Jede Nacht kamen in deren kleines Büro so dreihundert Frauen herein, lieferten das Geld ab, bekamen ihre Prozente und jede schaute ihn neugierig und sehr interessiert an.

Wo all die hübschen Mädchen nur herkamen – fast wäre er geblieben, wo gibt es so etwas noch? Und er die rechte Hand von der Madame! Zweitausend Frauen, in der Legion fast ein Regiment, nur hatten die Frauen (wie fast immer) die besseren Waffen. Wenn auch nicht aus Stahl – Legionäre, da hätte keiner von Euch eine Chance gehabt.

Bolivien – du warst ein Traumland – fast wärest du sein Land geworden. Danke für alles.

Equador

Quito, eine ansprechende Stadt. Auf dem Äquator gestanden, auf einer mit weißer Ölfarbe aufgepinselten Linie.

Er rief in das Land hinein – da kam kein Echo – kein Feedback, ohne Rückantwort.

Nichts für ihn – weg.

Kolumbien

(Die Beteiligten bleiben ohne Namensangabe. Deren Sympathie für ihn soll denen keine nachträglichen Schwierigkeiten einbringen.)

Durchreise mit Zwischenstops bis in die Hafenstadt **Cartagena**, die geschichtsträchtige – und weiter in den nahegelegenen Luxus-Badeort. Ausspannen stand auf dem selbstverordneten Programm. Einlogiert, einen Kilometer vor dem Zentrum.

Jeden Tag am Strand, abends Ausgang. Alles schön gediegen und ruhig und gepflegt.

Die Gastfamilie – „die Bürgerliche“ und die drei Schwestern

Eines Tages mal wieder am Strand und weit und breit kein Mensch. Da kam ein achtjähriger Junge vorbei. Er hätte sich von den Eltern abgesetzt. Man erzählte, spielte zusammen, ließ einen angetriebenen Baumstamm ins Wasser, setzte sich darauf und hatte Spaß. Nach vier Stunden, gegen 17:00 Uhr, wollte er, dass der Junge nach Hause ginge. Bestimmt würden sich seine Eltern Sorgen machen. Der wollte aber nicht – also begleitete er ihn zurück. Nur mit Badehose, keine Schlappen, nichts. Der wohnte im Zentrum, erste Meerzeile. Schöne Einkaufspromenade, viele Appartement-Häuser, einige Hotels. Alles stinkteure Luxusherbergen. Der Junge blieb vor einem Appartement-Haus stehen. Da wohne er und er solle doch bitte mitkommen, sonst bekäme er Probleme mit der Mutter. Das konnte er nachvollziehen. Also, mit Badehose, barfuß, am Portier vorbei – über den weißen Marmorboden in den mit Palisander verkleideten Fahrstuhl. In einem der letzten Stockwerke raus und der klingelte an der Appartement-Türe. Zwei Appartements je Stockwerk. Das waren keine Sozialwohnungen. Die Tür ging auf und die Mutter stand da. Eine gepflegte Frau, der Muttertyp. Man schaute sich an. Sie seine, noch mit Sand betupften Füße, und bat ihn hinein. Er lehnte ab – die bestand jedoch darauf und führte ihn ins Wohnzimmer.

Da traf ihn fast der Schlag. Die hatte drei Töchter da sitzen, achtzehn, zwanzig, zweiundzwanzig Jahre alt. Jede auf ihre Art bildhübsch und schön angemodelt. Weißes Ledersofa, gelber Teppich – und er halbnackt. Jede sprach ihn gleichzeitig an, ein Gringo – und das hier, mit ihrem kleinen, verlorenen Bruder an der Hand.

Nun ist es schon verdammt schwer, fast unmöglich, als Gringo „angezogen“ eingeladen zu werden, privat ins Haus - mit Badehose hatte das noch einen besonderen „touch“. Besonders pikant. Man blieb zwei Stunden zusammen, dann luden ihn die vier Damen zum Essen nach Cartagena ein. Allerdings zog er sich dazu um! Der Sohn hatte Hausarrest und musste mit der Angestellten zu Hause bleiben. Natürlich bekamen die Einheimischen mit, wer da mit den vier Damen hereinschneite. Die waren neugierig wie kleine Kinder, die kurz davor standen, ihre Weihnachtgeschenke auszupacken.

Nun traf man sich jeden Tag, vier Wochen lang – dann kam der Tag, wo die abreisten. Der Vater war nicht dabei. Die Mutter fragte ihn, wo er anschließend hin wolle – Er, nach Medellin. Die schauten sich untereinander an – sie wohnten in Medellin – und sei er dort, solle er doch anrufen.

Nun, solche Einladungen kannte er schon aus USA – leere Sprüche. Nach dem Motto, rufen nicht Sie an – wir rufen Sie an.

Er blieb noch eine Woche und reiste dann auch ab Richtung Medellin.

Medellin, der Viehmarkt und der stillgelegte Bahnhof

Die Stadt **Medellin** wirbt, wie München für Bier, für Orchideen. In Medellin gab es alles, aber Orchideen sah er dort keine.

Eigentlich fuhr er nur nach Medellin, weil in Bolivien, in „seinen" Kreisen, diese Stadt immer wieder erwähnt wurde.

Mafia, Drogen, Organisiertes Verbrechen und das Hotel „Nuttabarra". (Jetzt keine Assoziationen zu dem Namen, bitte. „Daher" kam der Name des Hotels nicht.) Dort logierte er sich auch ein. Ein Top-Laden, Riesenbar und Restaurant. Nachts um 3:00 Uhr Anruf, ob er zur Rezeption kommen könne. Hose, Hemd an. Barfuß und runter.

Drei Polizisten, der Manager, diesmal kein Schweizer, und ein Deutscher mit großen Problemen. Nicht Spanisch verstehend, geschweige denn sprechend. Die schnappten den, als der Drogen kaufen wollte. Das hätte ja geklappt, aber anschließend konnte der nicht bezahlen und nun ging's los.

Er war der Dolmetscher – und er versuchte alles, dem zu helfen, aber keine Chance. Deren Fakten, die er zugab, waren glasklar.

Die bedankten sich für seine Übersetzung, nahmen den mit, der Manager zahlte einen Drink an der Bar, er immer noch barfuß und nun war er in dem Laden eingeführt und bekannt.

Der barfuß-Gringo.

Am nächsten Tag rief er die Familie aus dem Badeort an. Die sagten, man hole ihn am nächsten Morgen gegen 10:00 Uhr ab. Um 9:00 Uhr standen die drei Mädchen im vollen Frühstücksraum vor seinem Tisch. Gekicher, Gegagger, Bussi da, Bussi dort – er genoss es. Und wie. Besonders den Neid der anwesenden Männer.

Die hatten einen Jeep und man fuhr durch die Gegend. Abends Essenseinladung und Vorstellen des Vaters. Sehr sympathisch, solide und Viehzüchter, was er vorher nicht wusste. Der nahm ihn noch oft mit zum Viehmarkt, wo gekauft und verkauft wurde. Der stellte ihn jedem Viehhändler vor und er schnupperte in eine, ihm fremde Welt. Aktion, Dollargeschäfte in bar, viel Lärm durch die Viecher und noch mehr Dreck und Staub.

Man war nun jeden Tag zusammen, und deren Wohnung war nun auch die seine. Das war eine Wohnung – eine Etage komplett in einem Hochhaus, rund ums Haus gehend.

Die luden ihn ein ins Landhaus, bei Cali gelegen, ob er mitkommen wolle? Zwei Wochen mit der ganzen Familie. Der Kleine bleibe in Medellin, zu gefährlich. Zu gefährlich? Und wieso gehen dann vier Frauen mit? Nun, also besser mal abwarten und keine Fragen stellen. Ankunft nach sechs Stunden Jeepfahrt. Durch Kaffee-Plantagen, kleinere Berge voller Kühe, durch kleinere Flüsse und eine bezaubernde Landschaft.

Man fuhr einen leicht ansteigenden Berg hinauf, da stand ein Gebäude. Ein früherer Bahnhof. Gleise ins Nirgendwo. Wunderschön hergerichtet, alles rundherum bepflanzt mit wirklich exotischen Blumen, Pflanzen und Bäumen. Fast verwildert und erst auf den zweiten Blick erkannte man, dass das so gewollt war. Die, die das in Ordnung hielten, hatten eine glückliche Hand, ein natürliches Gleichgewicht zu erhalten.

Der Verwalter kam, der wohnte einen Kilometer weg – Bericht. Was war?– Was ist? – Was liegt an? Jetzt wurde er zum ersten Mal leicht stutzig. Zwei Gewehre gab der ab. Eines für den Vater, eines für ihn. Die Fenster wurden für die Nacht mit dicken, schweren Holzfensterläden von innen abgesichert. Aber alles lief so selbstverständlich ab, niemand regte sich auf – jede hatte ihre Aufgabe. Das war schon professionell bei den vier Frauen. Der Mann ordnete an – die Frauen spurten. Obwohl: Nur, weil die wollten. Oft genug war er Zeuge, wie der Vater ausgetrickst wurde. Es war ein Geben und Nehmen – Das Nehmen überwog.

Interessant, lustig und oft lachte man Tränen, aus der Situation heraus. Der Vater merkte nicht, wie er ausgetrickst wurde, aber immer schwang ein liebevoller Umgangston mit. Vier Frauen gegen einen Mann – über Jahrzehnte – da gibt es keine Sieger und keine Besiegten, nur Überlebende. Das letztere mehr für die männliche Seite ...

Am nächsten Morgen Besichtigung. Ob er reiten könne? Ja. Zwei Mädchen gingen mit, der Vater, der Verwalter und sechs Cowboys. Die Pferde, kleine drahtige Tiere – die stürmten den Berg hinauf – was ja noch o.k. war. Aber runter, das war eine Tortur und gefährlich. Für ihn. Er sah sich mehr als einmal unten am Fuße des Berges liegend, halbtot. Sein Ja zur Frage, ob er reiten könne, war zu vorschnell. Jetzt war es zu spät, auszusteigen. Und er wollte auch nicht.

Sieben kleinere Berge, langsam ansteigende, und voll mit Kühen, gehörten dem Vater. Alles wurde abgeritten – Bericht erstattet – und er immer an der Seite des Besitzers. Da die anderen nicht wussten, welche Rolle er wohl innehatte, richteten die das Wort oft an ihn. Das konnten die auch, ohne befürchten zu müssen, dass sie etwas sagten, was ihn nichts anging. Er verstand kein Wort – alles Dialekt der ganz besonderen Art. Das war so schön dort, die Berge, der Bahnhof, der fast zugewachsene, die Pferdeställe, der Fluss – alles sieht er noch vor sich.

Die Mafia – Die Kuh – Das Kilogramm Gold – Und der Freundschaftsbeweis.

Eines Morgens schnappte er sich eines der kleinen Gebirgspferde und ritt ins Tal, vorbei an einer Tränke, die an einem Feldweg lag, der hoch zum Wohnhaus führte. Da stand eine Kuh, eine braune, die hatte sich den Fuß gebrochen. Er schaute sich das an und wollte gerade zurückreiten, um Hilfe zu holen.

Da kam ein Amischlitten den Feldweg hoch. Hielt an und vier Männer stiegen aus. – Dunkle Anzüge, Krawatten schön farbig, viel Goldschmuck und noch mehr Öl im Haar. Die standen ihm, seinem Pferd und der Kuh gegenüber. Er dachte noch, wenn du jemals später diese Situation beschreibst – klingt das schon bizarr. Wer er sei? Was er mit der Kuh mache? Und wo der Besitzer ist? Dann fuhren die weiter, er ritt hinterher, gab sein Pferd ab und ging zum Haus, aber nicht hinein. Der Besitzer rief ihn und stellte ihn vor. Der Besitz gehörte zu 50% der Mafia, Kosten und Gewinne wurden geteilt. Eigentlich gehörte denen nur ein Drittel – aber auf 50% wurde von denen aufgerundet, für Schutzgeld.

Dann gingen die wieder mit dem Hinweis, sie würden die Kuh – wenn sie an der Tränke vorbeikämen, erschießen. Er solle jemand schicken, der das Tier abholen, schlachten und das Fleisch verkaufen solle. In Cali, am nächsten Tag. Der Besitzer nickte und er protestierte. Das Tier wäre leicht zu retten, Bein schienen usw. Widerspruch waren die nicht gewohnt, auch egal, er kämpfte um das Leben der Kuh.

Erst waren die amüsiert, dann wütend, dann sehr sauer. Er selbst wollte sehen, wie weit er mit denen gehen könne – schon längst ging es nicht mehr um die Kuh an sich.

Die vier sollten sein Entrée in die Welt der Mafia in Medellin sein, das war ein erstes Abklopfen. Setzt er sich durch – als Gringo – oder nicht? Geben die nach und lassen die Kuh leben – oder erschießen die die Kuh doch? Zehn Minuten ging die Diskussion hin und her, dann gingen die.

Das erste Mal, dass die Frauen mucksmäuschenstill waren, auch der Besitzer sagte kein Wort. Anschließend fragten die, ob er wisse, was er da gerade riskiert hätte? Das wusste er schon vor der Diskussion. Alles war so geplant. Auf jeden Fall, die Kuh überlebte und als er wieder im Hotel war, traf er auch die vier Mafiosi wieder, an der Bar. Man sah sich, lachte – die fragten nach der Kuh und er zahlte vier Gin/Tonic.

Dann fuhr man zusammen in deren Stammkneipe – da saßen tausend Jahre Gefängnis zusammen. Die Blicke abschätzend, kalt und abweisend. Einer von den vieren erzählte von der Kuh, die lachten sich tot und das Eis war gebrochen. Dann verarschten die Anwesenden die vier und dass ein Gringo sich durchgesetzt hätte. Ab dem Tag war er aufgenommen, alles wurde besprochen, so, als gehöre er dazu.

Das war nicht Bolivien – das war die Hochburg, das Nest der Mafia. Der harte Kern.

Als er mit verschiedenen der Mafiosi dann im Hotel ab und zu aufkreuzte, bekam er ein anderes Zimmer, besser und gratis.

Jetzt kamen auch die Frauen, wie aus dem Nichts, an deren Tisch, Eine Zeche von Tausenden von Dollars je Abend war nicht außergewöhnlich.

Nach sechs Monaten reiste er ab, die waren echt traurig. Er hätte das vorher nicht geglaubt. Bei der Abschiedsparty schenkten die ihm ein Kilo Gold in Nuggets – er lehnte ab, Grund: zu schwer zum Transportieren. Die kriegten sich nicht ein. Dann kam der Boss, er wäre ein Freund geworden, ob er einen Feind in Deutschland hätte? Er sagte, „wer hat keine"?

Name, Adresse, Bild – und der ist tot. Das sei ihr Abschiedsgeschenk. Jetzt kam er in Erklärungsnotstand. Nein, solche großen Feinde hätte er nun wirklich nicht. Aber die wollten ihm unbedingt ihre Treue beweisen, sagten die. Mit Ach und Krach wand er sich da heraus. Mein lieber Mann, das war ein heißes Eisen.

Es musste versprechen, sofort anzurufen, wenn er Probleme bekäme, besonders in Brasilien. Die Kontakte dahin seien besonders gut. Anrufen im Hotel Nuttabarra – Kennwort „Kuh". Man käme oder schicke jemanden. Man hole ihn überall heraus. Die „Familie", das war eine, wenn auch der besonderen Art.

Abschied von der „bürgerlichen" Familie und den Töchtern. Besonders rührend deren Versprechen, wenn der Kleine so weit sei, würde der in Deutschland studieren. Er hätte als Deutscher solch einen guten Eindruck hinterlassen.

Er dankte für das Vertrauen, glaubte jedoch nie und nimmer daran. Zehn Jahre später ein Anruf aus Pohlheim von dem Kleinen, und man traf sich. Der studierte wahrhaftig in Deutschland Tierarzt. Ja, ja – Geschichten, die das Leben schreibt, kein Roman übertriff die.

Nachtrag zu den drei Schwestern. Natürlich wollte er mit einer der dreien anbandeln. Aber bei genau der, bei der er null Chancen hatte. Gringo, wo blieb dein Gespür? Natürlich erzählte die das brühwarm ihren Schwestern, das war das Ende der Anbandelei.

Kolumbien, ein heißes Pflaster, aber nie fühlte er sich mehr geborgen – nach der Fremdenlegionszeit – als dort. Ohne Zögern setzten die ihr Leben ein, um einem Freund zu helfen. Das galt aber auch umgekehrt. Deren Motto: Besser jung sterben und alles mitgenommen habend, als alt, immer auf die Blutspiegelwerte achtend.

Die Mafia: in Neapel, in Los Angeles, Bolivien oder Kolumbien. Die waren korrekter als Bankiers, das gegebene Wort galt. Wer es bricht, zahlt.

Er macht sich jetzt einen Drink – Gin/Tonic – und trinkt auf euch – Passt auf euch auf – Salut caballeros (y señoras).

Venezuela – Guyana – Surinam

Caracas, kein Fisch – kein Fleisch.

Eine Woche Dschungel, selbst der strahlte nichts aus. Blieb stumpf und matt und farblos.

Zwei Erlebnisse blieben, die allerdings auch in Europa zu erleben gewesen wären. Vielleicht.

Ein kleiner Badeort am Meer. Restaurant mit einer jungen Damenband. Das Restaurant wie ein gestärktes Hemd, das drückt. Er aß etwas. Da stand die Damenband an seinem Tisch. Der Ober sagte später, die hätten noch nie vorher die Bühne für einen Gast verlassen. Die spielten und sangen für ihn drei Lieder. Das war schon etwas, außergewöhnlich, sehr romantisch und spontan, und für sein männliches Ego. Schön war's und rührend, ins Herz gehend, ohne Umwege.

Guyana – Surinam. Da wollte er unbedingt hin – nur, Kriegszustand. Kein Visum – für niemanden.

Also nach Französisch Guyana, die Fremdenlegion besuchen. Die sind dort ebenfalls stationiert.

Flug buchen von Venezuela aus. Morgens, drei Stunden vor dem Abflug rutschte er in der Dusche aus und schlug sich den Schädel blutig. Das hörte nicht auf zu bluten, dann noch dieses Kopfweh. Taxe, Kopf raus in den Fahrtwind, und was sagte der Taxifahrer? „Sei froh, dass du Schmerzen hast, so merkst du, dass du noch lebst." Lachen konnte er darüber nicht.

Fünf Kilometer vor dem Flugplatz war die Brücke unterspült und eingestürzt. Der Fluss, normalerweise ein Bach, tief und reißend. Da war ein Seil gespannt – eine Hand für das Seil, eine Hand für den Koffer. Auf der anderen Seite standen dann wieder Taxen. Weiter zum Flughafen. Auf der Toilette, am Waschbecken, „geduscht", den Dreck abgespült – er sah aus wie ein Waldschrat.

Das was der finale „Kick" zu Venezuela.

Französisch Guyana, Hotel in **Cayenne**. Ein Hauch vergangener Tage hing schwermütig über der kleinen Stadt, einschläfernd aber stimmig zu den alten Kolonialgebäuden passend. Und dem alten Cafe an der Hauptstraße, dem gemütlichen, dem französischem Flair, dem alten Charme.

Kontakte mit der Legion gesucht, gefunden und einiges zusammen erlebt. In Uniform und bewaffnet. Alles wie in alten Zeiten – Militär bleibt Militär. Repetiergewehr oder Laser, am Ende zählt nur, „wer" hinter der Waffe liegt, kniet oder steht. Der einzelne Mann.

Da er „Privatmann" war, riskierten die viel, ihn mitzunehmen. Eine Bedingung: Ehrenwort als Legionär, über alles zu schweigen, was er dort sah und erlebte.

Journalisten waren dort keine – euer Pech Jungs. Hat euch im Dschungel euer Sheraton oder Hilton gefehlt?

Argentinien wirtschaftlich

Anruf in **Argentinien, Buenos Aires**. Bei Michael, inzwischen Führungskraft in der Deutschen Bank dort. Den hatte er in Malaga, beim Spanisch-Unterricht kennen gelernt. Der sagte ihm damals, bist du da drüben, ruf' an. Das tat er. Einladung. Gebucht und ab nach Buenos Aires, wo er ja sowieso polizeilich gemeldet war. Im Sheraton dort. (Als er sich damals bei der deutschen Polizei abmeldete, wusste er gar nicht, ob es dort überhaupt ein Sheraton gab. Es gab.)

Michael und dessen Frau Birgit holten ihn ab. Die wohnten im Stadtteil „La Lucilla". Sehr gute Wohngegend, eigenes Haus. Inzwischen war der Prokurist und sollte die Argentinier besser ins moderne Bankgeschäft einarbeiten. Nach deutschen Vorstellungen und Maßstäben. Ist-Zustand: fünfzig Jahre zurück. Dann deren Ego und der Chef war eine Frau. Nein, beneidet hat er ihn nicht. Da braucht's Nerven dick wie Drahtseile, mindestens. Aber die hatte der – klar, ein Landsmann aus Baden.

Argentinien pfiff schon damals aus dem letzten Loch, wirtschaftlich auf Null. Er lernte dort Ärzte kennen, die schon längere Zeit gratis arbeiteten, nur um den Job zu erhalten – die Frau ging putzen. Ihn wunderte nur, dass die Seifenblase, die sich Argentinien nannte, erst im Jahr 2001 platzte. Die ganzen Kredite „for nothing". Keiner der sogenannten Experten bekam etwas mit, weltweit nicht. Das ist so unglaublich, dass der größte Wortschatz nicht ausreicht, dies zu begründen. Vielleicht reicht auch schon ein Wort – „Ignoranz"?

Auf jeden Fall hatte er dort eine schöne Zeit. Die vielen kleinen Kneipen in dem Stadtteil **La Lucilla**, das schöne Buenos Aires, italienisch angehaucht aber mit Mundgeruch.

Michael hatte Kontakte zum deutschen Generalkonsul durch einen Freund, dessen Frau Chefsekretärin des deutschen Generalkonsuls war. Oft war man eingeladen. Die Deutschen dort waren o.k. Viele Ausflüge in die nähere Umgebung - per Schiff, mit Auto. Nie fühlte er sich in ganz Südamerika mehr als „Pauschaltourist" als dort. In Argentinien. Irgend etwas fehlte, alles kam ihm vor wie eine Kopie von der Kopie. Das Original war unauffindbar, oder hat es das nie gegeben? Wo kam dann die Kopie her? Von den ersten Einwanderern aus Italien?

Der Tango und das alte Hafenviertel, mühsam gepflegt und am Leben erhalten – eine Brauerei ohne Gerste, ein Bäcker ohne Mehl.

Buenos Aires, die Busfahrt und die Staatssekretärin

Reisebüro. Vier Wochen Rundreise, alles Argentinier – ein Puzzle vom Original. Er lernte deren Tee „Mate“ kennen und die Zeremonie dazu. Doch, Argentinien ist schön. Zwei Freundinnen waren im Bus, vierundzwanzig und sechsundzwanzig Jahre. Die waren beruflich unterwegs und für das Trinkwasser in Argentinien zuständig. Oft hielt der Bus extra für die, um Wasserproben entnehmen zu können. Die eine war Staatssekretärin und man lernte sich kennen, näher, und blieb zusammen. Auch nach der Busfahrt noch. In **Cordoba** kaufte er sich eine Pistole, offiziell und ohne Probleme. Tausend Schuss Munition. Der Inhaber des Waffengeschäftes fragte ihn noch, ob er in den Krieg ziehe.

In der Wüste, die man ebenfalls durchquerte, riesige Kakteen – lehrte er die Staatssekretärin schießen, die lernte schnell. Man besuchte Indianerreservate - schöne Häuschen- die saßen herum wie Vögel mit gebrochenen Flügeln. Reservate, nie vorher darüber etwas gehört, dass es so etwas in Argentinien gab.

Der Bus fuhr bis nach **San Salvador de Jujuy,** kurz vor Bolivien. Und auf anderem Weg zurück. Mit dieser Frau im Arm war alles doppelt so schön. Die Argentinier stellten sie wegen ihrer Kontakte zu ihm zur Rede, nur einmal. Da lernte er sie erst richtig kennen und verstand, warum die, so jung noch, schon Staatssekretärin war. In jedem Ort, jeder Stadt, wo der Bus hielt, waren deren Leute und erstatteten Bericht. Professionell und kompetent. Er war immer dabei, die schleppte ihn überall mit – doch, es war angenehm.

Zurück nach Buenos Aires. Drei Wochen herumgegammelt, die Stadt kennen gelernt.

San Carlos de Babiloche – nur Bariloche genannt. Das war laut allen Argentiniern „der“ schönste Ort. Viele Hochzeitspaare reisten dort hin, um dieses einmalige Paradies kennen zu lernen. Nun, wenn das jeder sagte, musste ja etwas dran sein. Also hin.

Ein Kaff. Zehn Straßen vertikal, zehn Straßen horizontal. Wie ein Schachbrett. Zweistöckige Häuser, lieblos hingeknallt. Zwei Pizzerias, drei Cafes, das war’s. Die Umgebung war in etwa ansprechend. Zwei Lifte zum Berg hoch, Schnee. Der Lift blieb hängen, schaukelte im starken Wind und er fror wie ein kleiner Hund. Zwei Stunden blieb er darin hängen, plus Argentiniern mit Frau und Kindern. Die hatten Panik und er Schiss, dass bei deren Herumgehopse der Lift sich aus der Verankerung löst. Drei bis vier Kilometer weg war ein Sumpfgebiet mit einmalig schönen Bäumen drin, das war das Schönste an Bariloche.

Drei Tage, nächster Bus zurück zur Staatssekretärin, die übrigens Bariloche auch einmalig schön fand. Was willst’ da noch sagen?

Ilha Valdes – Der US Generalkonsul und Vietnam – Das Trauma ist überall präsent

Michael organisierte eine Fahrt nach dieser (Halb-)Insel. Voller Pinguine, Seekühe, Wale – wirklich einmalig schön. Noch dazu, wo er so viele verschiedene Meerestiere noch nie zusammen gesehen und so nah erlebt hatte.

Neben ihm im Bus saß der US Generalkonsul. Ein Wort gab das andere und bei welchem Thema landete man? „Vietnam". Das ganze war ein Tagesausflug und man blieb den ganzen Tag zusammen. Da der auch in Vietnam, Saigon, gewesen war, hatte man genügend Gesprächsstoff. Ein knöcherner Beamter war das nicht, der hatte alles voll drauf. Den interessierte besonders die französische Kriegsführung in Vietnam – im Vergleich zu der amerikanischen. Die lösten ja die Franzosen da drüben ab – „Was waren die Unterschiede, militärisch gesehen?"

Die hatten Hubschrauber, mit Maschinengewehren und viertausend Schuss/ min., und die auch die Verwundeten bargen – die Legion nicht. Keines von beiden.

Die US-Soldaten, vorwiegend zu jung, Coca Cola-Rambos und unerfahren. Keine Ahnung vom Dschungelkampf. Noch dazu, wo die Amerikaner nur dort kämpften, wo Straßen hinführten.

Waren keine da, wälzten die Bulldozer welche durch den Dschungel. Die wurden dann später von der Gegenseite schön vermint durch die Blindgänger der amerikanischen Artillerie, Granatwerfer und Bomben.

Die Legionäre waren gedrillt und der Dschungelkampf war kein absolutes Neuland. Wer die ersten sechs Monate überlebt hatte, hatte die Chance, da wieder heil rauszukommen. Körperlich heil, Viele holten sich da einen Knacks weg. Das wurde dann, zurück in Nordafrika, kompensiert durch Alkohol, Desertion oder unehrenhafter Entlassung.

Die US-Soldaten rauchten zu viele „Joints", legal zugeteilt. Im Einsatz schlug sich das nieder, als sei man mit zwei Promille die Monaco Rennstrecke mit Vollgas durchgeprescht. Wie weit kommt man da? Davon war die Legion absolut frei.

Die US-Soldaten bauten sich Stützpunkte in den Dschungel und waren so schön auf dem Tablett präsent. Hohe Verluste garantiert.

Die Legion beweglich, keine Stützpunkte. Immer in Bewegung. Genau wie der Gegner, einmal wurde diese goldene Regel durchbrochen: Dien Bien Phu, was dann ja auch das Ende der Franzosen in Indochina war. Daraus hätten die Amerikaner lernen können und müssen.

Aber der Hauptunterschied:

- Jeder der US-Soldaten – meistens waren das ja achtzehnjährige bis zwanzigjährige Jungs, hatte seine Familie, die um ihn bangte. Als die Verluste immer höher und höher wurden und das Fernsehen die Gräuel des Krieges in die

Wohnzimmer der Amerikaner brachte, war's aus. Der Druck der Straße auf die Regierung wuchs. Am Ende blieb nur der Rückzug. Der Krieg (der unerklärte) in Vietnam für die USA wurde verloren in den Wohnzimmern der durchschnittlichen amerikanischen Familie.

- Die Franzosen waren und sind da heute noch viel cleverer. Erfahrener, diplomatischer was das angeht.

Die Familie der Legionäre ist die Legion. Kaum eine Mutter eines Legionärs weiß, was da abgeht und wenn, was bleibt einer Mutter eines Legionärs dagegen zu tun? Soll sie sich an den Abgeordneten ihres Stadtbezirks wenden?

Die Presse, da geht's nach Auflagenhöhe – nicht nach einem Einzelschicksal, das niemanden interessiert. Die französischen Mütter haben keine Söhne in der Legion – nur bei der „regulären Armee“, wie die das nennen. Bis ins Jahr 2002 kämpft die Legion weltweit für Frankreich, mit Mandat der UNO. Das ist Frankreichs Speerspitze. Gehen da tausend Legionäre drauf, wen juckt's?

"Vive la France“. Aber, alles ist ja freiwillig und niemand muss ja in die Legion.

Er, auf jeden Fall bereut nur zwei Dinge im Leben und eines davon ist, nicht in der Legion geblieben zu sein. – Trotz seiner privaten Erfolge – das war Leben pur - . (Da hatte es keiner nötig, sich beim Auto fahren abzureagieren und sein Ego erst durch die Marke seines Autos aufzubauen.)

Und dem Generalkonsul sagte er als Quintessenz, zum Abschluss, „verloren haben wir beide. Unsere Legion und eure Ledernacken und eure Kindersoldaten. Nur der Sieger hat Recht, kriegt Recht und bekommt's“.

Die Pistole, der Metzgerbesuch und die Polizei

Eines Tages beschloss er, mit Birgit in die Pampa zu fahren. Die Durchschlagskraft der Pistole zu checken. Vorher zum Metzger, drei Kilogramm Rindfleisch, schön durchwachsen, gekauft und los ging's.

Zehn Kilometer weg von jeder Behausung war ein kleiner Fluss, an den Ufern mit Bäumen bewachsen. Da hängten sie das Fleisch auf und schossen darauf aus verschiedener Distanz. Spaß hat's gemacht. Nach ca. einer Stunde stand ein Polizist, ohne Uniform, vor ihnen. Die üblichen ersten Fragen und ab ins Polizeirevier. Im Polizeiauto saß ein Argentinier – später stellte sich heraus, dass der die Polizei alarmiert hatte. Im Revier zum Chef, einem ganz harten – und sie, zwei Gringos mit Pistole, die nun Rede und Antwort zu stehen hatten. Das Problem war nicht das Schießen in der Pampa an sich, sondern das Durchqueren der Stadt Buenos Aires mit Pistole und zweihundert Schuss Munition, sagte der.

Gefängnis, hohe Geldstrafe und eventueller Landesverweis für beide. Und – das Ende der Karriere für Michael bei der Bank. Als erstes bat er Birgit, kein Wort zu sagen, keines. Sie solle sagen, bei Fragen, sie verstünde nicht so gut Spanisch. So wurde es auch gemacht, obwohl die besser das argentinische Spanisch sprach als er selbst.

Er sprach zu dem als Militär, offen und ehrlich, und bat um die Einhaltung des weltweit bestehenden Ehrenkodexes unter sich, als Militär. Die Polizei dort war sowieso militärisch eingegliedert. Er redete über die Legion und der über seine Probleme, und der hatte welche. Das Ende vom Lied war die Beschlagnahme der Waffe, die Munition bekam er zurück. Dann wurde der Argentinier hereingerufen, befragt und gleich darauf in eine Zelle gesteckt. Der wurde angeklagt wegen ungerechtfertigter Denunziation, Auslösung eines Polizeieinsatzes und noch etwas, vergessen. Der gab eine dumme Antwort und dran war der. Man trennte sich, gab sich die Hand und ging, schnell. Nein, Michael sagte man davon erst gar nichts.

Zwei Wochen nach dem Schießen, inzwischen waren sechs Monate vergangen, avisierte Michael ihm, dass seine Familie aus Deutschland ihn besuchen käme – er verstand – Abreise.

Eine schöne Zeit war es, interessant – wenn auch zu „keimfrei“ nach seinem Geschmack. Irgendwie schmeckte Argentinien wie eine Suppe ohne Salz.

Uruguay – Paraguay – Der Fliegenfänger?

Übergesetzt in **Carmelo**, einem reizenden Hafenstädtchen. Weiter am Meer entlang nach **Montevideo**. Nicht schlecht für einige Tage, dann **Ponta del Este**. Sehr bekannt, wenn auch kleinerer Badeort. Lange Strände – Schiffsverbindungen bis nach Rio de Janeiro.

Aber der ganze natürliche Zauber, der mal da war und in Spuren noch sichtbar, wurde systematisch zerstört und ausradiert. Das alte Stadtbild war denen nicht modern genug, westlich – man wollte zeigen, auch wir gehen mit der Zeit. Altes wurde abgerissen, Neues hingebaut – schlimm war's. Das war nicht das Gelbe vom Ei.

Auch über Paraguay deckt er den Mantel des Schweigens.

Das Geschriebene, über die beiden vorgenannten Länder nochmals durchgelesen und es blieb ein schaler Geschmack, so als sei er unfair gewesen beim Schildern seines Eindruckes über diese beiden Länder. So viele Deutsche haben da eine neue Heimat gefunden, musste also nicht doch mehr dran sein?

Nochmals die Landkarte studiert, Erlebnisse nacherlebt, Positives suchend und bereit, alles nochmals neu zu schreiben. – Aber da war nichts.

Vielleicht sind diese beiden Länder nichts anderes als ein Fliegenfänger? Das klebrige Streifending, über dem Esstisch aufgehängt, aus früheren Zeiten?

Die Fliegen, die auf den Leim gehen, hängen fest und können nicht mehr weg. Nicht mehr den Standort wechseln. Vielleicht war es so mit den Einwanderern aus Deutschland? Unwissend und fern jeder Realität schwärmten die von einem Land, das ihnen fremd war und von dem sie nichts kannten als die Parolen von denen, die schon dort waren. Aber: Wer gibt schon gerne zu, dass der Neubeginn dort eine Pleite war? Das Geld war und wurde zu vorschnell investiert und „gutes Geld wurde dann noch, als schon klar war – das wird nichts – dem schlechten nachgeworfen"! Aus, Barschaft weg, dubiose Objekte am Hals, dazu noch die andere Mentalität der Einheimischen. Keine deutsche Logik begreift die südamerikanische. Nie und nimmer.

Also, weitermachen – vielleicht wird's ja doch noch besser. Aber es wurde und wird nicht. Man lässt sich zu leicht blenden und lässt es auch gerne zu. Und – ruck, zuck hängen sie am Fliegenfänger. Drei Wochen Urlaub reichen eben nicht, um einen eingebildeten Traum in der Wirklichkeit zu realisieren, nach dem Urlaub. Für ein neues Leben ...

So sieht er das und die Fakten wurden später nachgeliefert von den Betroffenen.

Also: Keine Änderungen zu den zwei vorbeschriebenen Ländern.

Wie lernt man ein Land – besonders in Südamerika – kennen? Fünfhundert Euro – tausend Mark je Monat zum Leben. Für alles. Sechs Monate in dem betreffenden Land leben und dort bleiben. Durchhalten! Nur mit den Einheimischen zusammen (niemand macht's). Ganz wichtig, null Kontakt mit den Landsleuten (niemand macht's). Alles muss „selbst" erfahren werden (nicht am Stammtisch).

Die sechs Monate sind lang, aber bevor man ein Leben – und eventuell das seiner Familie – in ein anderes Land einbringt, ist das der einzige Weg, Klarheit zu finden und zu schaffen. Durch Fakten. Würden die alles besser Wissenden diesen Weg gehen – wetten, dass neunzig von hundert schon nach drei Monaten davon absehen würden, in ein „exotisches" Land zu wechseln? Und mit Familie, schon nach sechs Wochen wieder zurück wären?

Denkt daran: Man braucht euch nicht in Südamerika und wartet auch nicht auf euch. Will euch auch gar nicht. Wollt ihr trotzdem hin – o.k. Da müsst ihr aber einen heißen Reifen fahren. Alleinstehende haben's leichter, aber auch von denen hängt die Mehrheit am Fliegenfänger. Das Vorgenannte basiert auf dreißig Jahren Südamerika-Erfahrung. Vorwiegend Brasilien. Und er hat sein Geld noch, lebt noch, mag nicht besonders Deutschland und hängt trotzdem im Arabellahaus herum. Wenn das keine Logik ist ... (aber immerhin mit room-service).

PS:Eben hat er für drei Monate Rio gebucht, November, Dezember, Januar mindestens. Es gibt Schlimmeres, als die Copacabana.

Weiter nach Brasilien – Brasilien heißt Frauen – Die „Minus“ Brasilianerinnen – Wie sieht man sich vor und vermeidet, beklaut und geschröpft zu werden.

Von Buenos Aires über Montevideo, Uruguay kommend, per Bus. An der Grenze eine der härtesten Kontrollen, die er bisher in Südamerika erlebte, seitens der Brasilianer. Die Pistole, die er in Argentinien gekauft hatte, legal, wollte er eigentlich mitnehmen. Gut, dass die Waffe konfisziert worden war, die hätten die hundert Prozent gefunden.

Die Sprache jetzt portugiesisch, das er damals nicht sprach und auch nicht verstand. Null Vorkenntnisse. Er wollte vermeiden, diese Sprache zu lernen, denn er wusste, tat er das, war sein Spanisch im Eimer. Also versuchen, mit Spanisch durchzukommen.

Ein Phänomen. Portugiesisch Sprechende verstehen Spanisch zu 70%. Aber Spanisch Sprechende verstehen Portugiesisch zu null Prozent.

In all den Ländern, wo er bisher war, wurde ihm auch nie ein Dollar geklaut. Noch bis heute hat er das gleiche Versteck – niemand kam bisher dahinter. Nein, das verrät er nicht ... Erst kürzlich machte er einen Test an der „Copa“ mit vier Blumen der Nacht. Einzeln. Aufgabe für die: Hier, in dieser Wohnung ist Geld versteckt. Wer es findet, bekommt hundert Dollar. Alle suchten an den gleichen Plätzen:

- Im und unter dem Kühlschrank (Eisfach)
- Unter dem Abflussblech in der Küche (jede Küche in Brasilien hat das)
- In der Schüssel gefüllt mit Reis, oder in anderen Küchengeräten zum Zwecke der Täuschung gefüllt mit Nahrungsmitteln – scheinbar ist das ein bevorzugtes Gringoversteck
- Steckdosenabdeckung gelöst und dahinter geschaut
- Zusammengerollt, dünner als eine Zigarette, im Kulturbeutel
- Unter gelösten Bodenplatten in der Wohnung. Hört man beim Darüberlaufen bzw. beim Abklopfen
- An dünnem Plastikfaden in einem wasserdichten Beutel aus dem Fenster nach außen gehängt
- In Kleidern, Schuhen und Strümpfen
- In Koffern mit Zahlenschloss, dreistellig, die haben das in einer Minute geöffnet.
- In Bettpfosten
- Innerhalb des Lampenschirms (tut ihr das, Birne rausschrauben)
- Unter Schubladen, Schubladenboden – mit Klebeband befestigt.

Jungs, ihr habt keine Chance, höchstens Glück, wenn euer Versteck gut ist. Sein bevorzugtes Versteck, Nummero Zwei, ist der Schrankinnenboden mit Teppich ausgelegt, Mit Rasierklinge an drei Seiten aufschneiden. Vorderseite bleibt wie sie ist – also rechte Seite, linke und hintere Seite aufschneiden fünfzehn mal fünfzehn Zentimeter. Geld darunter und Schuhe darauf stellen. Da haben die nicht nachgeschaut.

Auf jeden Fall, gebt euer Geld keinem Einheimischen und auch keinem Landsmann zum Aufbewahren. Es gibt Ausnahmen, die müsst ihr aber erst mal ausfindig machen. Und die prüfen, ob die Dollar-resistent sind, euer Eigentum achten.

Auf jeden Fall, sein Geld fanden die nicht – nicht dem Platz wo er das immer aufbewahrt. Während der Sucherei trug er es am Körper. Werweiß ... sicher ist sicher.

Beim Ausgehen in Rio tragt es nicht in der hinteren Hosentasche oder in einer anderen Tasche der Hose. Die schmusen mit euch rum und gleichzeitig ist das Geld weg. Die Frau auch.

Er nimmt immer nur zwanzig Dollar mit. Wenn euch der Barmann kennt, kriegt ihr Kredit, das zahlt am nächsten Tag zurück, als Erstes.

Ein sehr guter Platz auch für mehr Geld – man weiß ja nie – ist innerhalb des Hemdes, auf der Haut. Das rutscht wohl um euch herum und juckt ein bisschen – aber das ist supersicher. Das Hemd darf nicht durchsichtig sein, auch nicht in Bars mit UV-Licht. Geht ihr auf die Toilette, denkt daran – lasst ihr die Hosen runter, rutscht das Geld aus dem Hemd. Oft sind die Toiletten wenig beleuchtet und ihr seht es nicht auf dem Boden liegen. Noch dazu, wenn man einen leicht in der Krone hat. Oder man vergisst einfach, dass man Geld unter dem Hemd hat. Auch ihm ist das schon einmal passiert – aber nur einmal. Am meisten werden die beklaut, die meinen, alles zu wissen, cleverer zu sein. Vergesst das. Da drüben ist immer einer oder eine besser als ihr. Denn: Die haben die Praxis und sind auf dem letzten Stand.

Geht ihr mit dem Mädchen nach Hause, zu euch – fragt „vorher" was die an Geld will. Und sagt auch, was ihr wollt. Wichtig. Nicht nachher – vorher! Seid ihr zu Hause, schickt die zum Duschen – holt das Geld, das ihr für das Mädchen braucht, aus eurem Versteck und legt den Rest sofort wieder zurück. (Behaltet die Badezimmertür im Auge – schaut euch dabei jemand zu?)

Geht die, dann zahlt erst. Nicht vorher. Kommt ihr mit der Kleinen in die Wohnung, schließt die Tür ab und legt den Schlüssel an einen Ort, wo die den nicht so leicht findet.

Geht mit keiner „zu schnell" nach Hause. In deren Wohnung auf gar keinen Fall. Vielleicht werdet ihr dort schon erwartet?

Übrigens, müsst ihr einmal eine größere Summe von „A" nach „B" transportieren, nehmt eine landesübliche Plastiktüte. Keine aus Deutschland oder gar Duty-free. Landesüblich. Kauft euch so zehn Orangen, die ihr immer zu Hause habt. Das Geld packt unter die Orangen oder dazwischen. Er hat so schon insgesamt viel Geld transportiert – die Brasilianer können alles brauchen – Orangen wollen die nicht.

Checkt die Mädchen ab. Legt zehn Dollar offen hin. Hat die das geklaut, lasst die damit gehen, vielleicht habt ihr euch beim ersten Mal schon in die verknallt - jetzt hat sie euch beklaut. Das schafft Abstand und hält euch wach bei anderen. Immer schön die Gefühle kontrollieren.

Ein Tipp, jeder hat seine bevorzugte Bar. Gebt dem Barmann ein gutes Trinkgeld. Und beim zweiten Besuch so dreißig Dollar. Sagt dem, bevor ihr mit einem Mädchen die Bar verlasst, er soll euch ein Zeichen geben. Ob die „seriös" ist und nicht klaut. Daumen hoch = o.k.! So macht er das noch heute. Sagt der Barmann, er kennt die nicht – Finger weg von der. In den Bars verkehren fast immer, die gleichen Mädchen und der kennt die alle. Klaut eine, kriegt die Hausverbot. Nein, nicht wegen euch – sondern die wollen keine Probleme mit der Polizei. Ihr seid da zweitrangig.

Kommt ihr in Rio an, stellt nicht euer Gepäck aufs Zimmer, Hotel oder Appartement und lasst es unausgepackt so stehen, bevor ihr auf die Straße geht – trefft erst mal Vorkehrungen. Nehmt euer Geld nicht mit, als erstes verstecken.

Schlüssel: Denkt daran, das Appartement, in dem ihr seid, wurde bereits vorher von anderen bewohnt. Dann gibt es noch die Brasilianer, die sich um die Wohnung kümmern, unter dem Jahr, die Putzfrau, und alle haben Schlüssel. Die können rein wann die wollen. Tag und Nacht. Auch wenn ihr da seid. Der Porteiro gibt Tipps, wann ihr weg seid. Abhilfe bei längerem oder auch kürzerem Aufenthalt: Bereits am ersten Tag das Schloss auswechseln, kostet zehn Dollar. Bei der Abreise gebt den neuen Schlüssel dem Vermieter. So macht er das. Immer.

American Express Schecks sind jetzt sehr sicher, weil, werden die geklaut, die Ganoven nur noch 20 : 1 zahlen. Das heißt, für einen Scheck von zwanzig Dollar zahlt die Unterwelt nur einen Dollar. Früher lag das bei 50%. Er kennt Fälle, viele, wo die Jungs – gerade angekommen – schnell ein Bier trinken gingen – dann zurück kamen und „alles" war weg. Koffer etc., einfach alles.

Warum geht das so schnell?

In Rio sitzen rund um die Uhr sogenannte Porteiros, Portiers. Nach dem Eingang in das betreffende Haus sitzen die, in Ablöse, rund um die Uhr. Die kriegen für acht Stunden je Tag im Monat ca. hundert Dollar. Maximum. Zu deren Aufgaben gehört, sich zu vergewissern, ob der oder die Besucher eingelassen werden. Vorher muss per Haustelefon angefragt werden, ob der Mieter den Besucher oder die Besucherin kennt und sein o.k. geben, dass der oder die reindürfen. Es soll Porteiros geben, die das so machen – von zehntausend ist das einer. Besonders gefährlich bei Nacht. Die Porteiros machen mit denen Halbe/Halbe – macht nie die Türe auf, wenn es klingelt. Nie. Ihr wisst ja schon vorher, ob ihr jemanden erwartet und zu welcher Uhrzeit. Die sollen von unten ihren Besuch – per Haustelefon – avisieren – sonst bleibt die Türe zu. Denkt daran, pünktlich ist da drüben kaum jemand. Zwei Stunden später ist die Norm.

Dann legen es manche Mädchen darauf an, die vereinbarte Summe für euer Liebes-"Abenteuer" einfach zu verdoppeln, wenn es ums Bezahlen geht. Zahlt ihr nicht, schreit die das Haus zusammen. Kommt erst die Polizei, seid ihr dran, wenn ihr euch nicht freikauft. Geht das schief, sagt die Besucherin zu denen, ihr hättet der Rauschgift verkaufen wollen und sie kenne auch euer Versteck. Vorher hat die ein Briefchen, von euch unbemerkt, versteckt, holt das jetzt und zeigt das denen. Euch glaubt kein Mensch. Ihr habt da drüben keine Rechte. Niemand hilft euch. Lest das noch einmal!

Will die Polizei euren Pass, sagt, der sei auf dem Konsulat hinterlegt. Nehmt nie euren Pass mit. Gebt nie euren Pass aus der Hand. Auch nicht der Polizei. Die behalten den einfach ein.

Es gibt Spezialbüros, gesetzlich vorgeschrieben und bindend für die Polizei. Die machen Kopien von eurem Pass (und Einreiseschein) und beglaubigen das anschließend. Kostet fünf Dollar. Tut das unbedingt.

Ein Büro ist ganz unten an der Barata Ribeiro. Das sind drei Blätter DIN A 4. Nehmt die mit, immer. Besonders wenn ihr noch nicht so oft da drüben wart. Ohne Pass oder das Vorgenannte macht ihr euch strafbar.

Die Plus-, die „guten“ Brasilianerinnen

Er ist da drüben – in Abständen – seit dreißig Jahren und hatte bisher – prozentual hochgerechnet – 1% Probleme mit den Mädchen. Ein Mädchen von Hundert. Eine ist immer dabei, klar.

Wie hält man die Quote?

Indem man das Vorbeschriebene – die Minus-Brasilianerinnen – tausend Mal liest und auswendig lernt. Und befolgt. Dann nur noch an das Positive denken. Sonst macht ihr euch den ganzen Urlaub kaputt. Euer Unterbewusstsein passt auf euch auf – ihr habt es ja programmiert.

Noch eine seiner Regeln. Im Privatleben, im Beruf, und beim Vergnügen jeder Art. Jeder Fall hat eine extrem nachteilige Seite und eine extrem positive Seite. Stellt euch das vor wie eine offene Schere. Links und rechts. Wenn ich das so mache, kann schlimmstenfalls das und das passieren. Wenn ich das so mache, kann bestenfalls das passieren. Man kann also schon vorher bestimmen, wie weit man gehen will. Aber oft ist die negative Seite auch die ‚die die schönsten Erlebnisse verspricht.

Folgt ihr der und es geht schief – in der Arbeit, im Privaten, bei der weiblichen Seite – habt ihr das schon vorher gewusst und einkalkuliert. Ihr habt jetzt keine Ausrede mehr vor euch selbst – ihr habt's vorher gewusst. Tragt die Konsequenzen jetzt. Macht das so bei strittigen Fragen – und ihr lernt eine neue Dimension kennen. Wenn ihr nur der Sicherheit lebt – wie langweilig. Riskiert was und schöpft das Leben aus. Das macht alles weniger Aufwand, als wenn ihr wie ein blinder Gockel in jede Falle tappt.

Respektiert jedes Mädchen. Jede. Behandelt die korrekt und zügelt eure Zunge. Die hört's am Tonfall, wenn ihr euch über die lustig macht oder schlecht über die redet. Warum solltet ihr das auch tun? Die Mädchen da drüben sind so hübsch und liebenswert, da müsst ihr in Deutschland lange suchen, um so ein Mädchen mit nach Hause zu kriegen.

Zieht euch korrekt an, pflegt euch – lauft nicht rum wie die Penner. Wie das so viele tun. Trinkt nur so viel, dass ihr euch immer kontrollieren könnt.

Wenn ihr die wie Damen behandelt, habt ihr schon gewonnen – voraus-gesetzt, ihr wisst um das „wie". Betrügt die nicht und zahlt den vereinbarten Preis.

Denkt daran, 95% der Mädchen haben ein Kind, manche auch zwei, bereits mit achtzehn Jahren. Oder auch früher. Verliebt euch, aber behaltet die Kontrolle über eure Gefühle. Zwei Mal lesen! Urlaub ist Urlaub. Der Alltag in Deutschland sieht anders aus. Die Mädchen gehen gerne mit euch nach Deutschland, der Kinder wegen. Der Sicherheit wegen. Dann erst kommt ihr. Aber, dann habt ihr auch gleich zwei Kinder am Hals. Die Frauen tun alles für ihre Kinder, ihr kommt immer erst an zweiter Stelle. Ihr zahlt für die Frau, die Kinder und die Familie, die meistens von denen unterstützt wird. Ist das nicht zu teuer, „nur" für Sex?

Ihr schafft es nicht, eine Brasilianerin in Deutschland zu integrieren – die denken anders. Tagsüber arbeitet ihr, kommt müde heim, aber die ist voll wach und will weg. Nichts wie raus. Bis morgens um 5:00 Uhr. Tanzen und sich zeigen. Wirkliche Hausfrauen sind das nur sehr, sehr selten. Bedenkt das. Meistens kocht ihr und die Wäsche macht ihr auch, wenn ihr nicht das Geld habt, die wegzugeben.

Haut da drüben nicht auf den Putz mit eurem Geld. Wird's ernst, Karten auf den Tisch. Sagt was ihr verdient und was ihr macht. Er hat da drüben nur Ingenieure und Architekten kennen gelernt. Niemand sagte, dass er Schlosser ist.

Eine wunderschöne, unvergessliche Zeit habt ihr da drüben, wenn ihr euch mit einem Mädchen jeweils nur ein Mal einlasst. Nur ein Mal – beim zweiten Mal gibt's bereits Probleme. Da sind Probleme, die ihr in Deutschland mit deutschen Frauen habt, ein Klacks.

Lernt sofort Portugiesisch, die haben null Bock, eure Sprache zu lernen und wenn, steht meistens dahinter, dass sie sich nach einem anderen umschauen, der ihre finanziellen Wünsche erfüllt. Und: die finden einen. Immer und ihr steht da, abgebrannt und sauer. Dazu kommt, die sind eifersüchtig, krankhaft. Alle. Aber sie dürfen alles und ihr gar nichts. Macht nicht den Trottel für ein schönes Gesicht. Die Frauen da drüben sind wie eine Honigfalle und supergefährlich für jeden Mann, in ihrem Charme, Liebreiz, ihrer Art, sich zu bewegen, ihrer Schönheit, ihrem Lachen und ihrer Zärtlichkeit.

All das packt in einen Abend, eine Nacht. Genießt es und seid dankbar. Lasst sie nicht bei euch schlafen. „Danach" freundlich verabschieden. Ihr schlaft solo. Also: nur einmal mit einer, dann wechsle. Das ist der Punkt. Das ist die wirklich einzige Garantie, nach Deutschland solo zurückzukehren. Und gerne wieder zurück nach Brasilien zu gehen.

So wie er – er liebt sie alle. Aber innerhalb des vorher errechneten Finanzplans.

Brasilien ist wunderschön, faszinierend – aber jede Medaille hat zwei Seiten. Licht und Schatten, das ist, war und bleibt Brasilien. Und besonders der weibliche Teil.

So abgeklärt, wie sich das liest, ist er selbst auch nicht. Jedes mal gilt es den gleichen Kampf zu führen. Die Versuchungen sind einfach zu groß und zu vielfältig. Aber jetzt wisst ihr wenigstens, was euch blüht. Und sagt nicht, ihr hättet das nicht vorher gewusst!

Porto Alegre – Erster Stop in Brasilien. 10.000 Dollar weg und die Polizei

Dieses Erlebnis ist nur zu vergleichen mit der „Titanic" – die den Amazonas im Linienverkehr befährt. Und reicht zur Entmündigung vor jedem Gericht der Welt.

Visa – American Express – Diners Club – Traveller Reiseschecks – nur ganz begrenzt einsetzbar, damals. Der Dollar, wie auch noch heute, jeder kannte den und nahm den auch sehr gerne an.

Ankunft im Hotel. Und er tat, was er bis dahin noch nie getan hatte und selbst bis heute nicht (mehr) tut. Einmal war genug. Er deponierte die dreißigtausend Dollar – seine Reisekasse – und die Rolex im Hoteltresor. Je Gast ein Schließfach.

Zwei Wochen später Abreise. Geld nachgezählt – zehntausend Dollar weg. Der Rest von zwanzigtausend Dollar noch da, wie auch die Rolex. Ein Profi hätte wohl alles leergeräumt.

Der erste Gang zur Polizei, freiwillig – von sich aus – in Südamerika. Er schilderte den Fall und ehe er sich versah, saß er im Polizeiauto mit drei Polizisten. Zivilen, Hemd über der Hose. Im Hosenbund, hinten, die Smith & Wesson. Rein ins Hotel – direkt zum Manager – die machten den fertig. Verbal, aber das reichte auch. Nun, das Geld war und blieb weg – aber er sah das erste Mal die brasilianische Polizei in Action, für ihn, und wie.

Er war beeindruckt – wenn auch die ganze Aktion mit zehntausend Dollar wohl überbezahlt war.

Rio de Janeiro

An der Küste entlang, per Bus, weiter nach **Rio de Janeiro**. Die altvertraute.

Die Luft, die ihm immer vorkam – bis heute – wie champagnergetränkt. Die Luftfeuchte, so als wenn du ein nasses Handtuch ins Gesicht geschlagen bekommst, der irre Verkehr, der Geruch nach Abgas, die Busse in Vollgas auf vierspurigen Straßen durch die Stadt, alle fünfzehn Meter ein Straßencafe. Der Strom von Menschen und Girls - Girls - Girls.

Nun, es war ja nicht sein erster Besuch in Rio – aber, dieses Mal hatte er Zeit, als Privatmann. Keine Termine und keinen vollen Terminkalender. In der Zeit, als er als Geschäftsmann unterwegs war, blieb kaum Zeit, dem „Laster zu frönen". Dieses Mal hatte er alle Zeit der Welt.

Ein Anruf bereits in Argentinien getätigt an pedus, ob er die Wohnung haben könne – der gab sein o.k. Eine Duplex-Wohnung. Zweistöckig in der Avenida Atlantica, der Strandstraße, die jeder die „Copa" nennt. Ist sie aber nicht, sondern die Copa ist die Parallelstraße hinter der Avenida Atlantica. Avenida Nossa Senhora de Copacabana.

Copacabana, der Stadtteil.

Sei es drum – die Copa ist die Strandstraße – für alle und jeden.

Restaurant Jardim und die Pleite durch Voodoo

Erster Weg dort hin. Zu Eugen. Eine Institution bis 1998, dann macht Eugen Pleite. Eugen, der Chef. Ein Jude, den er bereits fünfundzwanzig Jahre kannte. Man war befreundet und er ging jeden Abend von 20:00 Uhr bis 23.00 Uhr in dieses Restaurant. Dem zweigeteilten. Ein Teil war überdacht und zum Garten hin frei. Der andere Teil offen, mit Garten und großen Bäumen.

Das bevorzugte Restaurant aller Luftlinien und auch der Lufthansa. International. Wie viele Stunden verbrachte er darin. Mit Eugen zusammensitzend. Mit wie vielen Mädchen war er dort und wie oft ärgerte er sich über die. Eine Besonderheit der Brasilianerinnen bestand darin, das Teuerste zu bestellen aber nur ein Löffelchen davon zu essen. Der Rest ging zurück. Eugen war verheiratet und geschieden. Dessen Frau kam aber jeden Abend, aß dort und nahm eine Plastiktüte voller „Reserven" mit. Dann hatte Eugen noch zwei Freundinnen, die jeden Abend da waren – aber ohne Vorräte wieder gingen. Die Exfrau von Eugen traktierte den wo nur möglich, aber das regelmäßig. (Die hatte Eugen aus Ungarn mitgebracht.)

Erst war das Restaurant über die Jahre hinweg voll, dann, von Jahr zu Jahr wurden es weniger Gäste. Auch das Fluglinienpersonal blieb nun aus, weil die Landerechte in Rio für die gestrichen bzw. sehr stark eingeschränkt wurden. Eugen schwor darauf, dass die „Ex" per Voodoo das Restaurant verhext hatte. Nein, er lacht nicht darüber. Er hatte zuviel erlebt und gesehen, um das absurd zu finden. Eugen ließ eine Voodoo-Priesterin kommen, um das Restaurant enthexen zu lassen. Die war teuer, und wie – Eugen hat fast immer geweint als er die jedes Mal bezahlte. Ehrlich. Die war so zehn Mal da und jedes Mal fand die ein bis zwei Voodoo-Püppchen vergraben im Garten oder sonst wo versteckt.

Der Eugen fehlt ihm jedes Mal aufs Neue - was kamen da immer für Gespräche auf den Tisch.

Zwanzig Jahre lang ließ Eugen den Stromzähler manipulieren von dem zuständigen Ableser. Ersparnis je Jahr ca. dreißigtausend Dollar. Eugen gab dem Ableser dafür zweihundert Dollar im Jahr.

Das war Eugen plötzlich zu viel und gab dem nur noch hundert Dollar, worauf der nun korrekt ablas. Nun sind die Brasilianer ja auch nicht von gestern und stellten sehr schnell die plötzliche Differenz – sehr erheblich – fest. Eugen wurde geschätzt und musste viel nachzahlen. Diese Summe gab ihm dann auch den Todesstoß. Das war kein Voodoo – das war gespart am falschen Platz.

Oder der vergessene Geldkoffer auf der Toilette, von der Mafia, mit zwei Millionen Dollar. Eugen wollte damit verschwinden, traute sich aber nicht. Verständlich. Aber jedes Mal hat er gejammert, hätte ich doch – wäre ich doch ...

Seine mütterliche Freundin, die „Bethe" – die Lebenshilfe für die Blumen der Nacht

Fünfzehn Jahre kennt er sie jetzt, die Bethe. Eine Weiße, groß und blond. Gelernte Krankenschwester aus Brasilia – wo auch deren Familie, sehr gut situiert, lebt.

Schon immer wollte er sich da drüben eine Dauerfreundin „aufbauen". Das geht, aber nur, wenn da sexuell nichts ist. Er glaubt nur sehr bedingt an Freundschaft zwischen Mann und Frau, wenn die nicht – von Anbeginn an – keimfrei war – ist – und bleibt.

Oft traf und trifft man sich, heute noch, zum Essen im Restaurant oder bei der zu Hause. Die wohnt direkt an der Copa, nahe dem „**Mab's**". Vis à vis vom Meridien Hotel. Wer kennt es nicht, das Mab's? „Der Treff" aller Gringos, deswegen ist er auch sehr selten dort – abends und nachts. Außer mittags, zum Essen.

Vor dem Restaurant stehen so dreißig Tische à vier Plätze. Treffpunkt der Mädchen, das geht rund um die Uhr. Im Restaurant drinnen eine andere Welt. Viele hohe Militärs, Chefs, Ärzte, Familien mit Kindern essen dort. Die Küche ist wirklich sehr gut. Schaut man raus, blickt man auf die Copa, das Meer, Palmen und immer huscht ein Mädchen durchs Blickfeld.

Vier Chefs hat das Mab's. Und immer liegt für ihn ein Hase im Kühlschrank. Den er gerne isst, im Gegensatz zu den Brasis. Beim letzten Essen dort aß er den wieder, als plötzlich eine schwangere Brasilianerin vor ihm stand und um ein Stückchen Hase bat. Der sei gut für ihr ungeborenes Baby – den Knochen nahm die auch noch mit.

Die Bethe und das Mab's (gesprochen: Mabese) – untrennbar verbunden.

Die ist die Mutter der Blumen der Nacht. Hat eine von denen ein Problem, finanziell, familiär, Liebeskummer, jede holt sich bei Bethe Rat. Wenn man abends ab und zu zusammensitzt, kommen in einer Stunde mindestens zehn Mädchen zur Audienz.

Alles wird vor ihm offen besprochen und oft wird er um seine Meinung gefragt, besonders wenn es um Gringos geht. Das wird dann so gewertet – wie man in Mannheim sagt – als wenn man einem Ochsen ins Horn pfetzt (kneift), das Negative wird weggeschoben, nur was angenehm rüberkommt, ist wahr. Und Bethe immer dazwischen. Cool – weise nickend – rauchend wie ein Schlot – nie Alkohol – aber immer dozierend. Dann ist die auch noch streng gläubig, katholisch, da passt alles zusammen.

Bethe, seine Vertraute, zuverlässig und Gott und die Welt da drüben kennend. Und ehrlich bis auf die Knochen. Jeden Monat ruft die ihn einmal in Deutschland an, obwohl Dollar bei der auch Mangelware sind. Hat ein Brasilianer oder eine Brasilianerin einmal von irgendwoher Geld, muss das sofort ausgegeben werden. Ohrringe, Kosmetika, Klamotten, Parfüm – nur weg damit. Nur das Heute zählt. Morgen ist ein anderer Tag.

Mit Bethe zu Dr. Fritz, dem Geistheiler – Das Phänomen

In Brasilien, in Rio eine Legende. Aus der ganzen Welt kommen die Fernsehteams, um den zu sehen. Doktor der Medizin, deutschstämmig.

Die Regierung stellte dem in einem Stadtteil in Rio ein altes Fabrikgebäude zur Verfügung. Da kommen drei Mal wöchentlich bis zu tausend Menschen je Besuchstag aus allen Bevölkerungskreisen mit ihren Beschwerden. Alles ist gratis. Die Besucher sind ab 5:00 Uhr früh schon da – er kommt gegen 10:00 Uhr. Auf der Straße davor Imbissbuden, Obststände – ein malerisches Durcheinander voller Leben. Drinnen ist alles streng organisiert, besonders der Ablauf. Kommt der in die Halle – Totenstille. Das muss man erst einmal hinkriegen bei tausend Brasilianern.

Die Bethe redete so oft von dem, dass er beschloss, einmal mitzugehen. Natürlich kannte Bethe auch dort die Maßgebenden und man hatte die Plätze vier und fünf. Für fünf Dollar unter der Hand. Auf Platz drei stand eine Frau mit Röntgenbildern im Umschlag. Nun reden die Brasis ja unter sich ab dem ersten Moment sehr offen, wenn sie sich nicht kennen. Kennt man sich, bleibt vieles ungesagt.

Die Frau von Platz drei sollte an Brustkrebs operiert werden und wollte den Rat von Dr. Fritz, ob sie das tun oder lassen solle. (Er sagte nein, sagte die ihnen später.)

Auf Platz zwei stand ein Junge mit seiner Mutter, der hatte ein Problem mit einer Geschwulst im Magen.

Fritz operierte in der Reihe; der, der operiert wurde stand. Jeder schaute zu. Fritz hatte zwei, drei Assistenten/Assistentinnen – eine hatte ein farbiges Eimerchen in der Hand, da warf Fritz das Herausoperierte hinein. Vorher bekam jeder eine Spritze in den Hals, jeder die gleiche. Ob der nun operiert wurde oder nicht. Gefragt wurde erst danach, warum der Besucher da ist. Er lehnte ab, keine Spritze.

Dann kam Fritz zu Bethe, deren Bruder hatte Krebs. Sie bat Fritz um Beistand und Fürsprache für den. Genutzt hat es nicht – der starb vergangenes Jahr, fünfundvierzigjährig an Krebs.

Dann kam Dr. Fritz (gesprochen: Dr. Frit-sche) zu ihm – vorher wurde ihm gesagt, nur einen Satz zu sprechen. „Warum bist du hier?“ Antwort: „Aus dem und dem Grund.“ Basta. Fritz schaute ihn an – vierzig Jahre alt, einen Meter siebzig groß, schlank – unglaubliche Ausstrahlung. Fritz fragt, um was es gehe – er antwortet, dass er schon so viel von ihm gehört hätte, dass er unbedingt ihn kennen lernen wollte, um ihm seinen Respekt zu erweisen.

Der schaut, lächelt, gibt ihm die Hand, bedankt sich und geht zum Nächsten. Vorher einen kleinen Schlag auf die Schulter – das war wie ein Stromschlag. Fritz fragte noch, ob er wirklich kein Problem hätte, er verneinte. Der lachte – vielleicht hatte der so eine Antwort vorher noch nie gehört. Der sprach fließend Deutsch – also er war schon beeindruckt. Der wird weltweit für hoffnungslose Fälle angefordert, und da Glaube Berge versetzt – wie man sagt – kann ja Glaube auch wohl heilen. Auf jeden Fall eine imposante Persönlichkeit.

Als er später verschiedenen Brasilianern und Brasilianerinnen von seinem Besuch bei dem erzählte, wollten die jede Kleinigkeit wissen. Viele wollten ja schon immer einmal zu dem – aber trauten sich nicht. Ohne das zu wollen und vorher zu wissen, brachte ihm als Gringo dieser Besuch einen großen Image-Gewinn und er gehört nun „zum Kreis“. Motto: Ein Gringo, ja – aber der war bei Dr. Fritz und kennt den.

Der verhinderte Banküberfall – keine Überlebenden

Banküberfälle in Rio? Alltäglich. Es überrascht nur, wenn keine sind. In Brasilien wird Geld für den Bankverkehr nur per Auto abgewickelt. Hunderte sind da allein in Rio täglich im Einsatz. Der neueste Schrei: Stop per Panzerfaust. Waffenmangel herrscht da drüben nicht. Sehr beliebt waren Überfälle auf Bankfilialen. Viele

Filialen hatten zum Schutz in der Mitte des Raumes eine Art kleinen runden Bunker mit Schießscharten. Eine Art Litfaßsäule.

Er lief auf der Straße, plötzlich Tumult, Schüsse und Polizisten, die eine Filiale stürmten. Die erschossen alle – die Gangster, die Bankkunden plus Personal. Nach dieser Vorgehensweise gingen die Überfälle drastisch zurück.

Nun spezialisierten die sich auf Geldtransportwagen. Schnell, professionell und ohne Rücksicht auf Verluste.

Vor kurzem, 2001, kam ein angeblich schusssicherer Transporter auf den Markt – entwickelt und gefertigt in Deutschland. Waren die alle froh, insbesondere das Begleitpersonal. Bis die Gangster herausfanden, dass das Dach des Transporters nur aus dünnem Blech bestand – Gewichtsreduzierung. Das war selbst mit einem Büchsenöffner aufzuschneiden. Ja, ja – die Deutschen – die Spezialisten.

Dabei ist doch alles so einfach. Wenn er als Privatmann sein Geld verstecken will, engagiert er „vorher" drei oder vier Professionelle, die das suchen sollen. Danach weiß man, wohin damit. Und wohin nicht. Den Umkehrschluss, meine Herren Chefs der Entwicklungsabteilung, reimt euch selbst zusammen. Den Film Tatort anschauen hilft da wenig. Auch die deutsche Polizei weiß nicht, wie ein Überfall in der Praxis in Brasilien abläuft. Wissen, vielleicht – aber Gegenmaßnahmen finden die keine im Rahmen des gesetzlich Erlaubten. Zahlt ihr sehr gut, nehmt Kontakt mit dem Schreiber auf – er checkt (lässt checken) eure Karren auf solche und andere Schwachstellen.

Meridien Hotel – Der Geburtstagsbetrug – die Studentinnen und Ray Charles

Über Jahre hinweg war das **Meridien** seine tägliche Anlaufstation – er wohnte ja nur eine Minute weg. Zu der Zeit hatte das Meridien – gegenüber vom Mab's – eine offene Veranda. Drei Meter breit, zum Meer hin. Marmortische und Bistro-Möbel. Schön war's. Musik von Ray Charles und französische Chansons, tolles Flair. Die Blumen der Nacht immer da, auch während des Tages. Das passte dem Manager ganz und gar nicht. Die Mädchen wussten das und passten sich an. Jetzt kamen die als Studentinnen mit Lehrbüchern und angepasster Kleidung, was sie noch erotischer machte. Auf jeden Fall etwas ganz Neues.

Oft fiel das Wasser in der Wohnung aus, der Druck war zu niedrig, um den zwölften Stock zu versorgen. Also ab ins Meridien in den Waschraum. Ausgezogen und am Waschbecken geduscht mit einer leeren Mineralwasserflasche, aufgefüllt am Hahn und über den Kopf. Alle paar Minuten kam ein Hotelgast rein – schön angezogene Gringos - deren Blicke waren schon leicht verblüfft. Heute ist das Meridien ein Touristenschuppen, die würden sich gleich zu hundert Prozent beschweren und Pauschalpreis-Reduzierung einklagen.

Oft duschte er auch zu Hause mit Mineralwasser. Sechs Flaschen à eineinhalb Liter war der Verbrauch je Dusche. Fünfzig Pfennig je Flasche war ja o.k., aber die Schlepperei ...

Vier Mal täglich duschen = täglich 24 Flaschen – trage das mal, 36 Kilogramm. Da kannst du gleich wieder duschen.

Jedes Jahr im Januar, wenn er Geburtstag hatte, nahm er dort seinen Kaffee ein und bediente sich am Frühstücksbuffet. Er genoss in Ruhe und ging dann jedes Mal ohne zu zahlen. Das war über Jahre hinweg zum feststehenden Ritual geworden.

Dann Änderungen. Veranda geschlossen aus Sicherheitsgründen. Hotelgäste-Wechsel, andere Preisklasse. Flair weg. Mädchen weg. Er weg. Adieu Meridien. Erst das Aus für das Restaurant von Eugen, Dann du, Meridien. Warum vergeht immer die Klasse, und der Schrott bleibt?

Du bist mir zu alt – Das Acht-Mädchen-Appartement

Gestern Abend auf der Copa ein Mädchen getroffen – wie Milch und Blut, bildhübsch. Angesprochen und was sagt die? „Du bist mir zu alt". Das war ein Schlag ins Gesicht und ein Faustschlag in die Magengrube gleichzeitig. Noch heut denkt er an diesen Ego-Schock. Aber er fand das Klasse, die pfiff auf sein Geld. Er griff in sein Hemd – das Geld war innerhalb, auf der nackten Haut - und gab der fünfzig Dollar. "Weil du ehrlich warst". Nun war die ganz aus dem Häuschen. Sie hätte das nicht so gemeint und wolle gerne mit ihm nach Hause gehen. Er lehnte ab, obwohl die bat und bat. Das hätte nie was gegeben – der Stachel saß zu tief. Manchmal sah er die noch – man trifft sich ja immer wieder auf der Copa, dann kam die sofort und gab Küsschen oder winkte. Aber der Zug war durch. Der Lack war ab.

Aber Hochachtung für die Mädchen da drüben. Wenn die einen Mann unsympathisch finden, läuft's nicht, auch wenn die das Geld noch so dringend brauchen. (Außer, die Miete ist am nächsten Tag fällig.)

Jeden Tag kommen in Rio ja Hunderte von Mädchen an und suchen ihren Gringo–Prinzen. Jung und schön und reich. Zu sechst oder acht schlafen die in einem Raum. Ein kleines Appartement. Ein Schlafraum, eine kleine Küche, ein Bad, ein Kühlschrank. Der Kühlschrank – permanente Streitquelle. Eine isst der anderen die Vorräte weg. Die Kleider werden untereinander getauscht – so hat jede jeden Tag etwas anderes zum Anziehen. Kein Mann darf jemals in so ein Appartement – es gibt Ausnahmen – er war oft eingeladen und mit denen zusammen. Eine einzigartige Atmosphäre. Rührend, spannend und knisternde Erotik.

Entstehend durch Unterdrückung der Gefühle. Acht Mädchen, ein Mann. Besitzansprüche macht eine geltend, der Rest respektiert's (so lange die im Raum ist ...).

Nely Pamela – Und die 10.000 Dollar im Bett

Milchkaffeefarben, einsfünfundfünfzig groß, dreiundvierzig Kilogramm, einundzwanzig Jahre. Haare bis in die Kniekehlen.

Acht Jahre kannte man sich, auseinander ging's. Jetzt verheiratet in Paris. Er kam mit der Mentalität nicht klar. Nie. Wenn sie mal sauer war, beschimpfte sie ihn als Militärkopf, Cabeça militar. Es war eine schöne, süße, anstrengende Zeit. Er blieb immer für sechs Monate und hatte dann so 10.000 Dollar in bar dabei. Deren größter Wunsch war, die 10.000 Dollar im Bett zu verteilen und dann sich darauf zu lieben. Was tut ein Deutscher „danach"? Er sucht das Geld zusammen und zählt es nach. Unglaublich, wo sich das immer hinverteilt.

Drei Mal hat er die nach Deutschland mitgenommen! Und nach vier Wochen bereits wieder zurückgeschickt. Am Abend vor der Abreise las sie ihm aus der Bibel vor und sagte zu ihm, „Gott wird dich dafür strafen". Aber er sah der Strafe relativ gelassen entgegen. Gott sah ja beide – und wenn er ein Mann ist, verstand er ihn. Milderungsgrund: reine Notwehr.

Es war die eine von einer Million, wie man in Brasilien sagt. Die kochte prima, putzte ohne Ende. Eitel und gepflegt – aber seinen „Änderungswünschen" gegenüber hart wie Krupp-Stahl. Vielleicht ein Beispiel dafür, das die verschiedene Denkungsweise am besten veranschaulicht.

In Deutschland hatte er Rosentalgeschirr, nicht mehr nachlieferbar. Er: „Pass' auf die Tassen auf, dass keine kaputt geht". Da fiel der der Unterteller runter, kaputt. Darauf er: „habe ich dir nicht gesagt, dass du aufpassen sollst?" Was sagt sie? „Du sagtest, ich solle auf die Tasse aufpassen und nicht auf den Unterteller der Tasse". Im Ernst, die war darauf noch böse auf ihn – nicht umgekehrt. Das summiert sich – kumuliert sich – bis zum Urknall.

Zurück bleibt eine bitter-süße Sehnsucht nach etwas Verlorenem, das man nie hatte. Eine Vollgasfahrt auf der Autobahn mit Sommerreifen auf vereister Fahrbahn. Aber, verdammt noch mal, schön war es doch. Und acht Jahre verbinden, Mentalität hin oder her.

Adeus, querida – minha pequena prinçesa. Nunca vou esquecer a você ...

K.o.-Tropfen, das absolute Blackout

Gegenüber vom Meridien drei Nachtbars. Schon immer wollte er da mal rein. Nun, nach zehn Jahren des Wollens erster Besuch. Angenehmes Ambiente, sympathische Leute und natürlich hübsche Mädchen. Eine tat es ihm an und die nahm er auch mit.

Die damalige PEDUS-Wohnung war in einem Haus mit zwölf Stockwerken. Davon hatte die PEDUS-Wohnung zwei Stockwerke. Blieben zehn Mieter. Je Etage ein Mieter.

Um „Condominio" (umgelegte Allgemeinkosten je Mieter) zu sparen, war der Porteiro nur bis 18:00 Uhr anwesend.

Der Fahrstuhl hielt je Stockwerk, und ohne Schlüssel war ein Verlassen des Fahrstuhls nicht möglich. Zusatztüre. Dann gab es noch die Appartement-Tür plus Eingangstür. Alles Sicherheitsschlösser zweifach.

Anstelle wie vorbeschrieben, die Schlüssel nach Eintritt in die Wohnung zu verstecken, ließ er die im Schloss stecken.

Er machte einen Drink für das Mädchen und einen für sich. Trank – und wachte zwölf Stunden später wieder auf. Speiübel. Höllische Kopfschmerzen. Alle Möbel in der Wohnung verstellt, alles durchwühlt, das Geld wurde nicht gefunden, das war an drei verschiedenen Plätzen versteckt.

Wenn die ihm den Hals durchschnitten hätte, würde er wahrscheinlich noch heute in der Wohnung liegen. Ja, wie wirken die k.o.-Tropfen? Das Mädchen muss die wohl bei irgend einer Gelegenheit in den Trank gegeben haben – ein Schluck und du bist weg. Das geht so schnell, wie man das Licht ausmacht.

Von der erheblichen Übelkeit abgesehen, die drei Tage lang anhielt, verblieb nichts weiter. Das Geld wurde ja auch nicht gefunden – „hätte" er den Schlüssel versteckt, wäre die nicht mehr aus der Wohnung herausgekommen. So ist es, wenn man seine Regeln bricht.

Keinen Drink unbeaufsichtigt stehen lassen, ist in der Praxis kaum durchführbar. Verbleibt, nichts zu trinken. Das geht. Als er am nächsten Tag in die Bar ging und dem Barmann wie auch dem Geschäftsführer den Fall schilderte, bedauerten die. Das Mädchen wäre erstmalig da gewesen und man wisse nichts weiter über die.

So läuft's und es ging trotz allem noch gut aus. Hätte er seine eigenen Regeln befolgt – „die Minus-Brasilianerinnen" – wäre das alles nicht passiert. Euch passiert das bestimmt nicht – ihr wisst ja, wie man das alles vermeidet. Er hat es euch lang und breit erklärt.

Denkt also daran: Das Wissen um die Gefahren ist gut.
Das Wissen um das Vermeiden von Gefahren ist besser
Und das Einhalten der Regeln ist am Besten.

Übrigens: K.o.-Tropfen nennt man in Brasilien Cindarella.

Nicht kaufen, mieten eines Polizisten

In seinem Revier an der Copa, in dem er bevorzugt verkehrte, hatte immer der selbe Polizist – mit einigen anderen – Dienst. Der Chef einer solchen Drei-Mann-Gruppe war daran zu erkennen, dass der zwei Colts trug. Einen vorn im Hosenbund, einen hinten. (Das war keine Angeberei und hatte einen ganz einfachen Grund, die Trommel fasste nur fünf Schuss.) Der kam an seinen Tisch und bat um zwanzig Dollar, seine Frau sei krank und er könne die Arznei nicht bezahlen. Er gab dem hundert Dollar und sagte dem, dass er die behalten könne. Wenn er wolle, könne er ihm jedes mal, egal wann oder wo er ihn sehe, auf die Schulter klopfen und zwei, drei Worte dazu sagen. Der wollte wissen, warum. - Nun, das würden alle sehen und denken, dass er gute Kontakte zur Polizei habe. Also besser, man ließe den Gringo in Ruhe.

So wurde es auch gemacht. Ob das was nutzte? Auf jeden Fall konnte es nicht schaden.

Das Help, Südamerikas größte Disco in Rio. - 3.000 Liter Gin/Tonic aus Kübeln

Es ist an der Copa, ganz oben. Vom Mab's bis zum Help sind es sechs Kilometer. So lang ist die Copa, die Strandstraße.

Jede Nacht pilgern da die Mädchen hoch – und je nach Erfolg – Freier gefunden – auch wieder zurück. Das Taxi kostet drei Dollar, keine hat das Geld. Da drin geht schon etwas ab. Er geht selten hin, zu sehr auf Abzocke getrimmt. Nicht die Disco – die Mädchen. Außerdem zu viele Gringos. Aber gegen die Mädchen dort ist Hollywood ein durchgeliftetes Altenheim für Seniorinnen.

Als er das letzte Mal dort war, trank er einen Gin/Tonic, serviert aus einem tausend-Liter Kübel mit Schöpfkelle. Nach dem Drink sah er die Welt in Regenbogenfarben, er war allem entrückt und dachte zu schweben. Probleme reduzierten sich auf ein Nichts – so wie ein Kurs eines Gurus. Von Nichts eine Ahnung, aber alles schön verpackt – und jeder nickt wie ein Blödian.

"Denk positiv!" – ruft der einem Schwimmer zu, der gleich ertrinkt. Nun, manchmal hat er ja so seine Hochstimmungen, war das so ein Highlight? Aber, wo kamen all die Farben her?

Also: Eine Insiderin, die er kannte, gefragt – was geht hier ab? „Ein Mafioso hatte Geburtstag und spendete drei Kübel à tausend Liter Gin/Tonic, schön versetzt mit irgend einem „Aufheller" – Rauschgift". Er machte, dass er rauskam – wenn die erst alle auf dem Trip sind, passiert zu Vieles. An Negativem. Alle Schranken fallen – weniger bei den Einheimischen, aber bei den Gringos.

Blumen der Nacht – Zurück von Europa

Da sitzen sie nun beim Mab's in Pariser Klamotten und ohne einen Dollar. Gerade aus Europa zurück. Die fahren bevorzugt nach Mailand und Barcelona und verbringen dort sechs Monate, um anzuschaffen. Das heißt bei denen, „ich gehe arbeiten". Viel Geld wird verdient, und jede kommt zurück mit überdimensionalen Koffern voller Klamotten. Die verbleiben auf dem Flughafen in Rio, es fehlen fünfzig Dollar, um die auszulösen.

Dann schwadronieren die herum: „Ihr seid zu billig – verlangt hundert Dollar – Europa ist das Paradies" – und jede glaubt's. Dann – deren Negativerfahrungen haben in denen alles Weiche, Zarte zerstört. Eiskalte Piranhas (so werden die Abkocherfrauen – privat oder beruflich – in Brasilien genannt).

Viele waren verheiratet in Deutschland, Ehe gescheitert, und immer war und ist der Gringo schuld. Bitternis – Wut – Hass – gescheiterte Illusionen, genährt durch die latenten Minderwertigkeitsgefühle gepaart mit übersteigertem Selbstwertgefühl, dem einzigen persönlichen Rettungsanker – ein superexplosives Gemisch.

Auch das eine Droge, wenn auch eine sehr selbstzerstörerische, denn im Kern bleibt die Sehnsucht nach Liebe und Zärtlichkeit und Hingabe. Immer wieder versuchen die es – einen Neubeginn mit einem Gringo. Aber schon am Anfang zum Scheitern verurteilt. Aus der bisherigen Erfahrung wurde nicht gelernt – immer wird die Schuld für das Scheitern bei anderen gesucht und nie bei sich selbst.

Das ist übrigens ein Hauptübel aller Brasilianer. In dreißig Jahren hat er nicht einmal gehört, dass jemand gesagt hätte „ich bin schuld". Oder dass jemand Verantwortung übernommen hätte. Wer als Gringo darauf besteht, kann gleich die Koffer packen – das gibt viel böses Blut, wenn man das nicht akzeptieren kann. Und man muss: Das ist Brasiliens Gesetz.

Große Kinder, fern jeder Realität – und das natürliche, frauliche Denken, von dem die beherrscht sind, wird in der eiskalten Welt des Vorteildenkens – auch ihres eigenen – mit dem Fuß zertreten, wie ein brennender Zigarettenstummel auf der Straße. Das sind frischgeschürfte schmutzige Diamanten. So lange man von denen nichts verlangt und sie nicht mit der Wirklichkeit konfrontiert. Keine Chance für euch, Gringos. Aber behandelt sie wenigstens mit Respekt und all eurer Liebe, so lange ihr mit denen zusammen seid. Eine Zukunft habt ihr beide nicht.

Je mehr man als Mann in Brasilien über all dies weiß, je mehr geht die Unbeschwertheit flöten und der ganze exotisch-erotische Zauber. Eine eiskalte Dusche für jeden, der eiskalte Duschen hasst!

Das ist so, als wenn viele Männer im Alter sagen, ich wollte, ich wäre noch einmal jung und wüsste all das, was ich heute weiß. So ein Schwachsinn. Alle Träume und Illusionen im Kern, von Anbeginn schon; im Kern zerstört. Nein, was wirklich alt macht und illusionslos – sind ja gerade die Erfahrungen. Bleibt Kind und erhaltet eure Träume. Kämpft darum – ab und zu ist eine kleine Selbstlüge gestattet. Denkt nicht so viel über so vieles nach. Lasst das Analysieren. „Das Leben hat kein Ziel – das Ziel des Lebens ist das Leben selbst.“

Stadtrat von Rio

Da saß er an der Copa, schnuckelig angezogen, trank in Ruhe mal wieder einen Rotwein. In Brasilien wird der serviert in einem Champagnerkübel voll mit Eis, darin die Flasche – eiskalt – das klingt barbarisch. Schmeckt trotzdem klasse. Aber nur in Rio! Er hat das mal in Deutschland versucht und gleich alles ausgespuckt. Widerlich.

Nur in Rio und nur nachts. Das Meer musst du dabei sehen und riechen und schmecken. Und die Palmen. Und den Kuppler aller Liebenden über dir – den Mond.

Da kamen drei Mädchen an seinen Tisch. Durchgestylt, verlegen, und mit Augen so groß, dass die ganze Welt darin Platz fand. Alle Köpfe drehten sich – ob sie Platz nehmen dürften. Also aufgestanden, Stühle zurechtgerückt – Drink bestellt – ein bisschen geredet – alles so herrlich leicht und unbeschwert. Noch.

Dann kam's. Sie wären so eine Art Abordnung von den meisten Blumen der Nacht von der Copa und würden für so dreihundert Mädchen sprechen. Jede kenne ihn hier – seine Alarmglocken schrillten – und respektiere ihn (in Brasilien das höchste zu vergebende Lob und Wertschätzung). Immer ehrlich und korrekt. Sagten die.

Nun sei Wahl – und sie wollten, dass er kandidiere – er bekäme alle Stimmen. Auch von deren Familien und Bekannten. Er solle sie dann vertreten, nach seiner Wahl.

Deren Augen leuchteten, überschlugen sich in Argumenten und waren doppelt so hübsch in ihrer rührenden Unschuld. So was haut jeden Mann um – wenn auch fern jeder Realität. Man steht da, verlegen, gerührt und mit einem Herzen voller Liebe für diese Mädchen. An die hundert Mal musste er denen erklären, dass er als Deutscher in Brasilien nicht wählbar sei. Aber die wollten - die eine kannte den, die andere den – die würden das schon machen. Nach Stunden hatte er die überzeugt, dass das nicht durchzusetzen sei. Überzeugt?

Auf jeden Fall nickten die und gingen ganz traurig weg. Nun waren alle Brasilianer und Brasilianerinnen im Cafe auf ihn sauer, weil die dachten, er hätte die beleidigt – weil die doch so traurig waren ...

Immer kehrten solche Momente wieder, die verschiedensten Situationen – so kindlich, so ernst und altklug. Und dann die riesengroßen Augen, die Gesten, um den Worten noch mehr Nachdruck zu verleihen - man ist so hilflos vor so viel

Unschuld, entwaffnet und schämt sich im Nachhinein für jedes böse Wort, das man je über die sagte.

Scheinbar hatten die drei, die Abordnung, die anderen Mädchen über das stattgefundene Gespräch informiert. Nun winkten die ihm noch mehr zu, wenn sie an seinem Tisch vorbei gingen. Jedes Mal interessant, die Reaktionen der Touristen, der Ehepaare und besonders der Ehemänner.

Die Mädchen, vorwiegend zwischen achtzehn und dreiundzwanzig Jahren, dann dem harten Kern – immer noch sehr attraktiv.

Wäre er wählbar gewesen und auch gewählt worden – er hätte die vertreten. Welcher Politiker hat schon so eine Wählerschaft? Und die hatten Macht. Ihre Bekannten, Freunde. Liebhaber aus höchsten Kreisen. Stadtrat von Rio – Stadtteil Copacabana, eine Million Einwohner – es gibt Schlimmeres.

Pussy Cat, der Disco-Club und ein neuer Fremdenlegionär

Die Institution. Sein zweites Zuhause. Der Fernando. Der Assi, der Barmann. Der lange Bartresen, davor die Mädchen, die kleine Tanzfläche, mittendrin die Tänzerin mit Strip, der Rauch von Zigaretten, Alkohol, hundert verschiedene Parfüms und sonstige Gerüche, das Lachen, die versteckten abschätzenden Blicke.

Die Türe geht auf, Mädchen kommen rein. Mädchen gehen raus – ein Kommen und Gehen.

Seine Bestellung, immer: Uma sopa (eine Suppe), ein Gin/Tonic ist das. Jede schaut – eine Suppe? Dann kommt der Gin/Tonic, lila im UV-Licht glänzend. Ein Glas = zwei Drittel Gin, ein Drittel Eis und Tonic Wasser. Die allabendliche Frage: Trinkst du einen dritten GinTonic, oder gehst du mit einem Mädchen heim? Denn, nach dem dritten Gin/Tonic bist du am Ende. Als Mann. Das waren und sind harte Entscheidungen. Beides geht nicht.

Dann der Türsteher, zehn Jahre kannte er den inzwischen. Oft holte er sich einen Barhocker und setzte sich draußen vor der Tür neben den. Jedes Mädchen, das kam oder ging, musste an ihm vorbei. Jede sprach einige Worte mit dem Türsteher, sonst kam die nicht rein.

Dann die Streifen der Polizei, die immer interessiert schauten. Ein Gringo auf dem Barhocker vor der Bar, Gin/Tonic auf dem Boden stehend, eine Zigarette drehend – Mädchen drum herum – „Hoffentlich ist bald November". Brasilianer öffnen erst ihr Herz, wenn man die Jahre lang kennt. Und eines Abends sprach der über sich, seine Ängste, seine (nicht vorhandene) Zukunft. Viele da drüben wussten ja, dass er in der Legion war und jeder wollte „alles" darüber wissen. Mit den Auskünften blieb er vorsichtig und nicht in die Tiefe gehend. Um dem Türsteher eine Perspektive zu eröffnen, schlug er dem vor, in die Legion zu gehen.

Französisch Guyana lag ja an der brasilianischen Grenze. Er schickte den auf das französische Konsulat in Rio zwecks Visum – aber die wollten Referenzen. Also gab der dem seinen Namen und die Dienstnummer und ein Empfehlungsschreiben. Drei Wochen später war der weg – nie mehr gesehen. Nun, clever wie der Junge war, hat der das bestimmt gepackt und wurde angenommen. Den Willen hatte der ja dazu.

Nun gibt es dort einen neuen Türsteher und er selbst sitzt nun nicht mehr draußen bei dem Neuen. Aber drinnen schon.

Das Sunset, die Elizama und der bitter-süße Verzicht.

Fünfhundert Meter weg von der Pussy Cat. Seit drei Jahren gehören die beiden Lokale nun einem Besitzer. Chef in seinem Alter und man versteht sich. Das Flair im Sunset, anders als in der Pussy. Andere Mädchen, schaumgebremster. Trotzdem, oft ist ein Juwel dazwischen. Elizama kennen gelernt. Die sah aus wie sechzehn, einsfünfzig groß, vierzig Kilo, schwarze lange Krusselhaare. Immer fröhlich und absolut offen.

Sein damaliger Freund, mit dabei, verabschiedete sich, er ginge. Käme die Polizei, sei er dran wegen der Minderjährigen. Er könne sich dieses Negativ-Image nicht erlauben.

Die also gefragt, wie alt bist du – die sagte siebenundzwanzig – er verlangte deren Ausweis und wahrhaftig. Oft war er mit der zusammen und die hätte er auch mitgenommen nach Deutschland – alles hat die mitgemacht. Barfuß nachts die Copa hochgelaufen, Gläser gespült, Kaffee gekocht, Haare aus dem Waschbecken entfernt. Und wenn die lief, hoch erhobenen Hauptes, stolz, lachend, ihr Gang, das Klappern der Absätze auf dem Pflaster, immer voll da. Voll fit. Voll Frau. Voll Humor und Intelligenz. Aber: zwei Kinder. Er schlug der vor, die Kinder für die Adoption freizugeben und mit ihm zu kommen. Ein klares Nein. Eine klare Trennung seinerseits. Sofort. Ewig schade um diese Frau. Das war die zweite von der Million, in all den Jahren. Und wieder kostete das Herzblut. Viel. Ein Jahr später kam die ins Flor do Inhaga, seinem Restaurant mit Straßenveranda. Er saß da mit einer anderen als Elizama kam, sich an den nächsten Tisch setzte und ihn todtraurig ansah. Er verabschiedete die andere, brachte die zur nächsten Straßenecke und kehrte zurück.

Die saß noch da – sah ihn – sprang ihn an und krabbelte an ihm hoch. Diese Freude von der und er mit dem Wissen, das gibt alles nichts. Er sagte das der – Man könne doch befreundet bleiben, sagte die. Er: Nein. Sie ging, er blieb – in ihm war an diesem Abend alles nur noch kalte Asche – stehend k.o. – und natürlich sich selbst bedauernd. Er trank, um zu vergessen – jedes Glas machte ihn nüchterner.

Nicht für alles gibt es eine Lösung, aber in Brasilien gibt es da einen guten Ausspruch: „O que nao tem remédio, remediado está". Frei übersetzt, „wofür es keine Lösung gibt, hat es sich schon gelöst." Vielleicht versteht er den tieferen Sinn noch, später.

Der verschwundene linke Schuh und die Polizeikontrolle

Auf ins Sunset. Gesprochen ‚Sannsetsche'. Wahrscheinlich sah er aus wie jemand, dem alle Felle weggeschwommen waren. Der Chef zahlte alles, was er trank. Und das war viel. Von den Frauen hatte er sich eine dreitägige Auszeit genommen. Mindestens!

Die Musik war gut – todtrauriger US Blues – genau passend. Selbst Sinatra war an diesem Abend schlecht drauf. Nun kam da ein Mädchen zu ihm an die Bar – die wollte tanzen und wie auf Kommando wurde auch die Musik lebendiger – Adieu Tristesse. Am nächsten Tag erzählte man ihm, er sei auf den Knien um die im Kreis herumgetanzt. Absoluter Filmriss. Null Erinnerung. Das ist schon erschreckend.

Nun zieht er in Rio beim Tanzen grundsätzlich die Schuhe aus und tanzt barfuß. Man tanzt einfach besser – Um 3:00 Uhr nachts suchte er seine Schuhe und nur noch der rechte war da. Also barfuß heim, den einzelnen Schuh in der Hand.

Plötzlich, vor ihm, keine Möglichkeit mehr auszuweichen, Polizei. Auf der Avenida Nossa Senhora de Copacabana, zehn Mann, Maschinenpistole durchgeladen. Alle Autos wurden durchsucht, Körperkontrolle. Volles Programm. Und die Brasis voller Angst. Die haben vor der Militärpolizei mehr Schiss als vor den Gangstern.

Er wusste noch, wo er wohnte, sein Fixpunkt war immer die nächste Laterne – auf die steuerte er zu – aber vor der nächsten die Polizei. Er ohne Ausweispapiere, ziemlich angeschlagen, barfuß, Schuh in der Hand, aber sofort hellwach.

Nun gehen die Brasis ja der Polizei aus dem Weg, weichen denen aus – er, voll durch die Mitte. Schön gegrüßt – alle stoppten jegliche Aktivitäten. Autokontrolle, Körperkontrolle – jeder stand da und starrte ihn an. Was sagte der Chef? „Passe", passiere. Er dankte und weiter ging's. Sein fehlender Schuh machte ihm in seinem Zustand mehr Sorgen als deren durchgeladene Maschinenpistolen. Die verblüffte wohl am meisten, dass er frontal durch die durchging ohne einen Zentimeter auszuweichen.

Auf dem Weg heim wollte er mehrmals seinen einzelnen Schuh in einen Abfallkübel werfen, aber er hielt sich zurück. Am nächsten Tag – Sunset – ein Mädchen brachte ihm den linken Schuh zurück, der sei gefunden worden. Bloß gut, dass er den übrig gebliebenen Schuh nicht weggeworfen hatte.

Fünfter Überfall und der Bison-Tabak

Mal wieder hatte es ihn erwischt – selber schuld – nachts um 4:00 Uhr läuft kein Mensch mehr die Strandstraße entlang. Schon gefährlich bei Einbruch der Dunkelheit um 20:00 Uhr. Es war so eine schöne Nacht, nicht müde, alles lief so glatt und rund. Fast schon wieder langweilig.

Wie aus dem Nichts standen fünf Mann um ihn herum, sternförmig, und griffen an. Aber nicht wie im Kino, einer nach dem anderen, alle zusammen, bestens eingespielt.

Je einer packt einen Arm, je einer blockiert ein Bein, der fünfte macht dich leer. Die Taschen werden aufgerissen, die Brille geht zu Bruch.

„Regeln bei einem Überfall". Die kündigen den Überfall an, immer. „Das ist ein Überfall." Bleibt man stehen, rührt und wehrt man sich nicht, passiert einem als Person nichts.

Aber er konnte noch nie einfach so dastehen und sich ausrauben lassen. Wofür hat man für den schwarzen Gürtel im Teakwondo geschwitzt? Zwei oder drei schaffte er immer, fünf Mann sind zu viele. Dazu kommt, dass die gepflasterte Strandstraße des Nachts von einer hauchdünnen Schicht von Feuchtigkeit über zogen ist, mit Ledersohlen darauf ist das wie ein Ölfilm und man rutscht aus. Nun, die klauten fünf Dollar, die Uhr wollten die nicht, zu billig, Brille kaputt, Hose und Hemd zerrissen, also 1.000 DM sind dahin. Und der Schock ist auch da. Drei Tage brauchst du, um den loszuwerden, um den Adrenalinspiegel wieder runterzubekommen.

Beim Aufreißen der Hosentasche fiel das Paket Bison-Tabak auf den Gehsteig. Und was machen die restlichen zwei Brasilianer? Bücken sich und geben ihm den Tabak in die Hand. Und das, obwohl noch immer zwei Mann von denen auf dem Boden liegen.

Polizei ist ab 22:00 Uhr keine mehr auf Streife an der Copa unterwegs. Nur sporadisch fahren die die Copa ab. Und, überall können die auch nicht sein. Also Jungs, braucht ihr einen Kick, geht nachts auf die Copa. Wenn ihr Glück habt, werden ihr auch schon mittags überfallen. Keiner mischt sich ein, keiner hilft dir. Du bist ganz allein auf dich gestellt, das bringt Farbe ins Spiel.

Wird irgend jemand in Rio auf der Straße überfallen und getötet (weil der sich wehrte), und das ist täglich mehrmals, kommt so nach acht Stunden der Leichenwagen. So lange liegt das Opfer auf dem Gehweg. Mitten im Fußgängergewühl.

Die Polizei deckt ihn mit einer billigen Plastikplane ab und irgend jemand stellt eine brennende Kerze neben den Toten. Unter der Abdeckplane, die immer zu kurz ist, schauen die Füße raus – bis heute ist er nicht immun gegen diesen Anblick.

Das kann dir schon für einige Stunden die Petersilie verhageln.

Kontakt mit dem Jenseits – Die Voodoo-Priesterin erklärt es

Bisher hat er das nur zwei Menschen erzählt, das war irgendwie zu intim und zu einmalig. Aber jetzt, raus damit. Spottet oder nehmt es ernst – ihm ist es egal.

Um 22:00 Uhr ins Pussy Cat, viel zu früh. Ein Wasser getrunken, kein Bock auf nichts. Also heim, Gin/Tonic gemacht mit Limone, schön rumgerührt und voller Genuss langsam getrunken.

Gegen Mitternacht ins Bett – er wachte auf und da saßen drei „Gebilde" auf seinem Bett. Drei Mal verschieden in den Umrissen. Zwischen einen Meter achtzig bis einen Meter dreißig hoch und ca. vierzig bis sechzig Zentimeter breit. Die Gebilde waren umgrenzt von intensivst blauen, unregelmäßigen, vibrierenden Linien. Umriss–Linien – flackernde Strahlen. Also keine menschlichen Gebilde – nur diese gezackten, strahlenden Umrisse. Die schwebten im Sitzen. Wie ein schmaler Kleiderspind, um den ihr eine Lichterkette legt, ohne den Schrank zu sehen, Dazwischen ist nichts.

Die redeten mit ihm – nicht per Worte – telepatisch. „Komm mit uns, wir wurden geschickt, dich abzuholen." Er frage, „wohin?". Keine Antwort. „Bringt ihr mich zurück?" Keine Antwort. Mit letzter Kraft schrie er, haut ab. Und er war allein – hellwach – stocknüchtern sowieso.

Oft hat er sich später gewünscht, sie kämen nochmals – dieses Mal wäre er mitgegangen.

Er kannte eine Voodoo-Priesterin aus Bahia, kennen gelernt durch einen Kaffee, den er ihr brachte; die saß so allein auf einer Steinbank. Die war ganz gerührt, erst später erfuhr er, wer die war – er solle sich von der fern halten. Jeder und jede hatten Angst vor der.

Stundenlang saß er mit der oft auf irgend einer Steinbank an der Copa. Die ging in kein Café – und sprach mit der.

Jeder sah sie zusammen und er hatte einen neuen Namen weg – Macumbero! Macumba-Anhänger. Eine Voodoo-Sekte. Extremer als Voodoo.

Der erzählte er von dem Besuch der drei. Die meinte, eine realistische Vision sei das gewesen und ohne Beschwörungszeremonien geschehe das nur in Rio. Die Erotik, die vielen Mädchen, der Sex. Die Energie, die wie ein Schleier über der Stadt liege, brächte das zustande.

Blaue Energie – nur positiv. Es gäbe auch graue und schwarze – das sei der Tod. Sie bat, ihn an der Stirn berühren zu dürfen – sie wolle ihn in sich einbringen. Und ein Stückchen seiner Energie für sich konservieren. Seit der Zeit behandelte die ihn anders, stand auf, wenn er kam – aber sie berührte ihn nie mehr danach.

Vielleicht sollte er noch erwähnen, dass er mit Esoterik und Geisterglauben nichts am Hut hat – trotzdem, dreißig Jahre Brasilien prägen …

Manchmal, sehr selten, ertappt er sich dabei, wenn er mit seinen guten und weniger guten Geistern spricht. Eine Antwort bekam er von denen bis heute noch nie. Aber er weiß, sie sind da – und sind positiv für ihn. Zu viel ist in seinem Leben passiert an ausweglosen Situationen – und immer kam er gut raus.

Und all das Gute und Schöne, die Erfolge, das Finanzielle, ein gesunder Körper – trotz der Ausschweifungen – „ohne Limit" – wie viele Leben hat eine Katze? Wie viele das auch sein mögen, er hat mehr. Was bleibt, ist Dankbarkeit, wem gegenüber auch immer. Oft glaubt er, dass er nur noch lebt, um irgend etwas zu bewirken und zu erfüllen. „Wann" ist ungewiss. „Was" auch.

Und er weiß, dass er dabei sein Leben verliert – das ist der Preis, den er zu zahlen hat. Sein letztes Abenteuer, das ihm vorher offenbart wird, aber ohne Chance, sich davor drücken zu können, und auch nicht zu wollen.

Copacabana – Palace Hotel, die Legende

"Das Hotel" in Brasilien und von Rio sowieso, direkt am Strand, der Copa gelegen. Geschichtsträchtig, traditionsgetränkt, eine mythische Größe. Er sah die Lina Turner dort, die Frau vom Mike Jagger, weiß geschminkt wie ein Zombie, und, und, und.

Im Innenhof des Hotels ein großer Swimming-Pool, Palmen drum herum und eine am Pool direkt angrenzende Fläche, bestellt mit Sitzgruppen für Cocktails oder zum Essen. Im Hause, links angrenzend, wohnt der schöne Konsul Weyer. Ob das eine Referenz ist? (Für das Hotel?)

Welch gediegener Luxus, eine andere Welt. Ist er in Rio, kann man ihn dort ein Mal die Woche treffen. Beim Gin (Gordon) und Tonic (Schweppes). Ein paar Nüsse knabbernd und die Atmosphäre genießend.

Zwanzig Meter weg, hoch auf der Terrasse im ersten Stock, mit angrenzendem Ballsaal – die Crème de la Crème – festlich gekleidet und mit viel Geschmack (was ja die Ausnahme in Rio ist), viel Musik und noch mehr schönen Frauen. Ein anderes Brasilien. Für ihn selbst eine Zuflucht – eine Flucht zurück in die Kultur, wenigstens ausstattungsmäßig.

Natürliches Naturell, von den Touristen als Lebensfreude definiert, wie es draußen vor dem Hotel herrscht, ist nicht alles. Manchmal sollte es schon etwas mehr sein. Nein, der normale Tourist geht da nicht rein, Hemmungen. Die Eingangskontrollen sind rigoros und die haben einen geschulten Blick.

Einmal wollte er mit seiner kaffeebraunen Mulattin, der Nely, rein. Prompt wies man ihn ab. Keine Schwarzen, bitte. Er verlangte den Empfangschef, der wies ihn ab. Seine Begleiterin zitterte vor Angst und er vor Wut.

Er informierte die, dass er die Polizei rufe und sagte denen, wenn die nicht seine Mulattin reinlassen, würde er die anzeigen wegen Rassismus. Das heißt, das Hotel wird geschlossen. Das Wort Rassismus muss da drüben für alles herhalten. Und das wird ausgenutzt. Danach durfte er rein – er verlangte eine Entschuldigung vor seiner Begleiterin – die Entschuldigung kam – aber er sah die blinde Wut in deren Augen. Er konnte das nachvollziehen.

„Gutmenschen", hört zu – Schwarz und Weiß kommen nie zusammen. Die Denkungsweise ist einfach zu verschieden. Das hat mit Chancengleichheit nichts zu tun und auch nicht mit all den anderen Argumenten, die da ins Feld geführt werden. Aber da niemand die Fakten und die Wurzeln dazu zur Kenntnis nimmt, glaubt er kaum, dass er da mehr Chancen hat, in seiner Gegenargumentation – deswegen Ende. Nein, er sah im Copacabana Palace noch nie einen Neger als Gast und das hat auch mit der Hautfarbe wirklich nichts zu tun. Auf jeden Fall wünscht er sich, dass es dieses Hotel ewig gibt, oder wenigstens noch zwanzig Jahre lang.

Die aufgegessene Quittung über 30.000 Dollar

Gestern im Mab's traf er einen Deutschen. Geschäftsmann. Clever. Aber in Rio nicht clever genug.

Der kaufte eine Appartement Wohnung für 30.000 Dollar, fünfzig Quadratmeter, beim Notar. Übergab das Geld in bar und erhielt eine Quittung dafür. Genau spezifiziert für was, etc.

Am nächsten Tag rief der Notar den an und bat um einen Besuch, es wären da noch einige Fragen offen und er solle die Quittung mitbringen. Der Notar bat um die Quittung und aß die vor dessen Augen auf. Darauf der Deutsche, „und was ist jetzt mit der Wohnung?" Darauf sagte der Notar, welche Wohnung und wo das Geld, die 30.000 Dollar als Kaufpreis wären?

Das Geld war weg. Die Wohnung natürlich auch. Anzeige bei der Polizei? Rechtsanwalt? Aussage gegen Aussage. Da hätte selbst ein Brasilianer keine Chance. So läuft das in Rio und in Brasilien. Also, Wenn ihr schon Geschäfte macht und eine Quittung bekommt – hütet die wie Bargeld und gebt die nie mehr aus der Hand. Fotokopie machen, die übergebt dann (auch an Behörden).

Abschied von Rio – Amazonas

Alles wird zur Routine. Und ist nach einer gewissen Zeit Routine. Die Langeweile lauert – eines Abends saß er mal wieder an der Copa und da schoss ihm ein Gedanke durch den Kopf.

Was wäre wohl die größte Strafe für ihn, im Moment? Um 3:00 Uhr nachts, eine Flasche Rotwein (eiskalt) intus. Er stirbt und kommt in den Himmel. Bitte nicht. Da kennt er niemanden. Und muss jeden Abend, jeden (!) von zwanzig wunderschönen Mädchen eine aussuchen, mit der er die Nacht verbringen muss. Muss! Jeden Abend! Nun, für unerfahrene Männer in solchen Fragen, ein Traum – für erfahrenere ein Albtraum. Das ist harter Frondienst, wenn du musst und gar nicht willst. (Ehemänner und noch mehr, die Ehefrauen wissen, was der Schreiber meint.)

Da wusste er, hau ab von Rio und das schnell. Die Alternative ruft, nein schreit: „Amazonas".

Flug gebucht, ausnahmsweise einmal, und ab nach Belem. Von da aus weiter nach Manaus per Schiff und den Amazonas erkunden. Allein. Wie? Das wusste er noch nicht. Aber er würde einen Weg finden. Nein, er las vorher keine Bücher über den Amazonas, verfasst von Gringos, die tagsüber den Amazonas bereisen und des Nachts im Hilton schlafen.

Amazonas – Ohne Vorbereitung, ohne Planung und so für alles offen

Ankunft in **Belem**, Hotel Excelsior, mitten in der Stadt, am Marktplatz, dreizehnter Stock. Das weiß er deswegen noch so genau, weil er x Mal die Treppe hoch ging in Begleitung – um nicht von der Rezeption gesehen zu werden. Die wollten keine Blumen der Nacht im Haus. Auf Anfrage warum, sagten die, es sei zu vieles an Unangenehmem passiert. Diebstahl und so.

Belem ist der Treffpunkt aller Geschäftsleute, die im Amazonas Geschäfte abwickeln – Manaus besuchen die nicht. Die fliegen auch nicht da hin – zu gefährlich, sagen die.

Kleine Geschäftsleute nehmen das Schiff. Belem – Manaus. Manaus ist zollfreie Zone und die kaufen dort alles, was sie brauchen. Alles. Das Schiff, die billigste Verbindung. Gringos nehmen das Schiff seltener als selten. Die fliegen. Belem, sehr bekannt für das Feiern des Weihnachtsfestes. Umzüge. Millionen von Glühbirnen aufgereiht zu langen Lichterketten, viele Touristen. Nur, das vergangene Jahr fiel das Fest aus. Die Sozi kamen an die Macht und verboten alles.

Der Badestrand in Belem zu weit weg und die Stadt Belem selbst hatte er nach zwei Wochen „durch“. In Belem Aufsuche des Honorarkonsuls und das Geld deponiert plus Notfalladresse. Hinterlassen, dass, wenn er sich in sechs Monaten nicht gemeldet hat, die deutschen Behörden zu informieren seien. „Vermisst in Amazonien.“

Schiffspassage – Die Einzelkabine und fünfhundert Hängematten im Unterdeck

Großes Problem, die Buchung. Alles über das Marineministerium. Das Schiff hatte sechs Einzelkabinen à vier Betten, der Rest im Unterdeck, wo an die fünfhundert Hängematten aufgespannt waren. Nein, er wollte keine Hängematte. Eine Kabine komplett gebucht für ihn solo. 1.500 Dollar für 1.700 Kilometer.

Abschied von den Mädchen der Rezeption. Bildhübsch, intelligent. Eine sagte, „nehme mich mit“. Er überlegte kurz und entschloss sich, diese Reise doch besser allein durchzuziehen. Er wusste ja selbst noch nicht, wie das ablaufen würde – und eine Frau als Begleitung im Amazonas? Er konnte die damit einhergehenden Schwierigkeiten sich jetzt schon ausmalen. Also, mit Bedauern abgelehnt. Mit großem Bedauern.

An Bord. Die Kabine gesucht, abgeschlossen und ersten Rundgang absolviert. Da war was los. Ein Ameisenhaufen. Geschubse, Gedränge, Verstauung des Gepäcks, „wo ist meine Hängematte?“. Achtzig Prozent Männer, fünfzehn Prozent Frauen in Begleitung. Fünf Prozent Frauen solo, vorwiegend ältere. Keine Gringos, wieder mal allein. Auf dem Schiff ein ca. zweihundert Quadratmeter großes Restaurant mit Buffet. Nicht für Hängemattenreisende. Die verpflegten sich selbst. Fünfzig Studentinnen in extra abgeteiltem Raum, Brasilianerinnen. Fünfzig Mädchen und null Chance. Die waren bewacht wie das Gold der Bank von England und nur bis zum Einbruch der Dämmerung an Deck. Dann wurden die im wahrsten Sinne des Wortes weggeschlossen.

Jetzt trank er erst mal einen Kaffee in dem Restaurant, Oberdeck. Blitzsauber alles. Die Offiziere – sechs Mann und eine Frau – anwesend. Man machte sich bekannt und die waren entsetzt über seine Anwesenheit auf diesem, ihrem Schiff.

Rückfrage, was ist los? Diese Verantwortung für sie als Verantwortliche. Und wenn nun etwas passiert?

Er sollte versprechen, die Kabinentür immer geschlossen zu halten und abzuschließen und ab 20:00 Uhr in der Kabine zu bleiben. Das Versprechen gab er nicht. Noch wusste er ja nicht ,wie und was auf solchem Schiff alles abging. Schließlich dauerte die Fahrt sieben Tage und sechs Nächte. Drei Stops gesamt. Anlegedauer zwei Stunden. Kein Landgang für die Weiterreisenden mit Ziel Manaus. Natürlich war in der Kabine die Klimaanlage kaputt, Bullenhitze. Noch lag das Schiff im Hafen und er schaute sich nochmals in Ruhe das Gewühl an. In Jeans, Hemd, Adidas Schuhen und der Rolex am Arm. Endlich legte das Schiff ab und der Moment war da. Unter ihm der Amazonas leise gurgelnd und eine kerzengerade aufgewühlte Wasserstraße hinter sich lassend. Links, Dschungel – rechts, Dschungel. Zeitweise hundert Meter vom Ufer fahrend, dann wieder kilometerweite Abstände zum Ufer. Grüne, undurchdringliche Wände.

Der Fahrtwind kühlte die Luft und er suchte sich seinen Platz und fand ihn. Auf dem Oberdeck, über der Schiffsschraube, die relativ leise vor sich hindröhnte. Zehn Meter weg die offene Schiffsbar für alle. Getränke, Essen und jede Menge Troubel. Ein Kommen und Gehen. Weiße, Schwarze, Mulatten, Indianer – alles da. Ein Gemischtwarenladen der Extraklasse.

Gin/Tonic für Macumba – Die erste Nacht an der Schiffsbar

Nacht auf und über dem Amazonas. Der Sternenhimmel über ihm, links und rechts, jetzt in der Dunkelheit eingerahmt von einer dunklen Wand, undefinierbar, dem Dschungel. Unter ihm der leicht vibrierende Schiffsboden, der sich seinen Weg suchte durch den ruhigen, vor sich hinschlafenden Fluss. Nach dem Abendessen, am Kapitänstisch, brachte ihn einer der Offiziere zur Schiffsbar und stellt ihn dem Barmann vor. Dialekt, kein Wort verstanden – nur, das Minenspiel des Barmanns sagte alles aus. „Nossa". (Die Abkürzung für Nossa Senhora de Copacabana. Drückt aus, lieber Himmel, auch das noch, ein Gringo – eben "Nossa".) Ein unterdrückter Seufzer für alle Imponderabilien und für alles passend). Nur nicht für das Positive!

Die behandelten ihn wie einen Schüler aus der Großstadt, der das erste Mal von zu Hause für eine Nacht weg ist – im Landschulheim oder so. Und die Leute, die sich um ihn - eigentlich mehr um sich - sorgten, nicht zu beleidigen, nahm er alles todernst zur Kenntnis, bedankte sich für die Einführung und gab einen Drink aus.

Der Barmann teilte ihm einen Vorzugsplatz zu, für ihn reserviert für die sieben Tage und sechs Nächte. Außen rechts an der Bar, und er bestellte seinen ersten Gin/Tonic, den er all seinen guten und weniger guten Geistern widmete. Den schüttete er ungetrunken in den Amazonas. Der Barmann: „ist das Glas dreckig?" Darauf er: „Nein, der ist für Macumba."

Der setzte sich vor Schreck erst einmal hin. Den nächsten Gin/Tonic bekam er gratis! Nun waren de Fronten ein wenig klarer.

So ein Schiff kommt niemals zur Ruhe, eine Promenade läuft da vierundzwanzig Stunden ununterbrochen ab. Die fünfhundert Hängemattenbenutzer haben ja keinen Auslauf – es bleibt ein ein Meter fünfzig breiter Gang rund ums Oberdeck. Das Restaurant, die Einzelkabinen, die Schiffsbar, der Bug und das

Heck – da wälzte sich alles durch. Sechshundert Meter Wegstrecke mögen das wohl gewesen sein rund um das Oberdeck des Schiffes.

Keine Frauen – Kein Blickkontakt – Oder du gehst über Bord

Er war nicht müde, hellwach wie in Rio-Nächten. Aufgedreht wie eine Feder, die einfach nicht erlahmen will. Um 4:00 Uhr früh, die Bar ziemlich leer und der Barmann kam auf einen Plausch. Und Interna. Interna, den lebenswichtigen. Die Hintergrundinformation, den Gringos meistens unzugänglich, weil verschwiegen.

Nein, das Schiff war nicht Rio mit seiner offenen Denkungsweise. Hier gab es Regeln, die es zu beachten galt – „oder du kommst nie in Manaus an. Vielleicht angeschwemmt, aber nicht lebend", sagte der.

Die Frauen, lasse die in Ruhe. Kein Flirten, Blickkontakte vermeiden. Auch die Frauen werden sich nicht mit dir einlassen, sonst gehen die genau so über Bord wie du, im umgekehrten Fall.

Die Brasilianer mögen nicht, dass sich Brasilianerinnen mit Gringos einlassen. Die sind eifersüchtig auf euch, euer Geld und eure Chancen bei den Frauen, und überhaupt. Nun, das konnte er als Mann nachvollziehen und somit auch akzeptieren.

Rückfrage: Über Bord gehen – wie läuft das hier ab? Nun, des Nachts kommen zwei, drei Mann, hauen dir was über den Schädel und werfen dich in den Amazonas. Basta.

Da kannst du schreien, wie du willst, die Schiffsschraube deckt alle Geräusche zu. Selbst wenn die Fahrrinne an der Stelle, wo die dich über Bord werfen, nur hundert Meter breit ist, ersäufst du, weil du durch den Schlag auf den Kopf noch bewusstlos bist. Oder, kommst du bis zum Ufer, gehst du da drauf. Dass dich jemand findet - oder du jemanden - ist sehr unwahrscheinlich. Auf Befragen erklärte der, dass vorwiegend Mädchen über Bord geworden würden, das sei einfacher als bei Männern.

Nun, auch so kann man Probleme lösen – und genau wie in ganz Brasilien, besonders den Großstädten, niemand mischt sich da ein. Niemand hat etwas gesehen, niemand hat etwas gehört. Das gilt schon bei einheimischen Opfern – bei Gringos erst recht.

Nun wurde er doch langsam müde – der Morgen zog herauf und er ging in seine Kabine. Ein Backofen. Ein Jagdmesser hatte er ja immer dabei, das rammte er in die Kabinenwand über seinem Kopfkissen – Türe auf. Egal, ob da nun Hunderte vorbeilaufen je Tag oder Nacht. Lieber überfallen werden als zu ersticken.

Kaum war er eingeschlafen, rüttelte man ihn wach. Die Schiffsoffizierin bat ihn händeringend, die Kabinentüre zu schließen – zu gefährlich, die offen zu lassen. Aber es war einfach zu heiß. Sechs Nächte lang blieb die offen. Außer er hatte Besuch.

Die Kanus der Indianer – und das Ende aller Illusionen und seiner Träume

Wie oft hat er vor sich hingesponnen und sich alles so schön ausgemalt, was den Amazonas betraf. Und seine Bewohner, die Indianer. Den Dschungel dort, die Natur, die wild wachsenden Orchideen und die dort hausenden Tiere.

Und jetzt die Fakten: Das letzte Paradies - Jahr für Jahr sich mehr und mehr reduzierend. Und das einzig Steigende - die Ausrottungsquote der Indianer. Gleichgültig zur Kenntnis genommen. „Bedauerlich, aber was kann man dagegen schon tun?", entgegnen die Brasilianer und die Welt. Und, der Amazonas ist ja so weit weg.

Man hat seine eigenen Probleme. Der Reis im Supermarkt wurde schon wieder teurer und der Bus auch. Und die Probleme in der Familie, und am Wochenende müssen wir schon wieder zur Oma.

Aber er wollte in den Amazonas und noch mal all das sehen, was diesen Zauber begründet und ausmacht, bevor alles endgültig vor die Hunde geht.

Eines der letzten großen Abenteuer – nun stand er an der Reling – nach zwei Tagen Fahrt und schaute auf das Ufer, das langsam vorbeizog. Sich wiederholte, erneuerte – wie eine verschiedenfarbig bestückte Perlenkette.

Es war gegen 11:00 Uhr früh und viele kleine Indianerkanus begleiteten ein Stückchen des Weges ihr Schiff – oder fuhren sonst wo hin. Vorwiegend darin eine Frau und ein bis zwei Kinder, die winkten und lachten.

Plötzlich sah er an die zehn Brasilianer mit großen, grauen Plastiksäcken auf die Reling kommen. Er dachte, jetzt schmeißen die auch noch ihren Müll über Bord. Mehr oder weniger war es auch Müll. Müll, der von den dahinpaddelnden Indianern jedoch sehr begehrt war.

Was war in den Säcken? Alte, verbeulte Pfannen und Töpfe, abgetragene, zerrissene Jeans, gebrauchte Hemden und Schuhe, Plastikflaschen und andere Gebrauchsgegenstände, ausrangierte.

Das warfen die den Indianern zu und Hunderte schauten von dem Schiff aus belustigt zu, wie die Indianer das begeistert und dankbarst in Empfang nahmen.

Noch heute sieht er dieses Bild vor sich – und damals auf dem Schiff liefen ihm die Tränen über das Gesicht. Danach in der Kabine heulte er Rotz und Wasser. Zu seiner Schande muss er gestehen, dass er damals weniger der Indianer wegen heulte, als über den Knall seines Luftballontraumes der unabhängigen, frei lebenden Indianer dort.

Besonders widerlich der Spott und die Belustigung der Zuschauenden, wenn ein verbeulter Topf, unerreichbar für die Kanus der Indianer, im Fluss versank.

Und er dachte noch, diesem Pack, das sich da Mensch nennt, gehörst auch du an – die geben wenigstens noch zerrissene Jeans, was tust du? Du bemitleidest dich um deinen geplatzten Traum.

Die Perspektive und Erwartungshaltung seiner Reise änderte sich ab diesem Moment. Das Abenteuer blieb, aber seine Wertschätzung vor den Indianern blieb und er schwor, sich seiner sozialen Verantwortung in Amazonien zu stellen und diskret, und ohne die Würde der Menschen dort zu verletzen, im Rahmen seiner Möglichkeiten zu helfen. Ohne sich aufzudrängen.

Seit diesem „Müllerlebnis" mochte er die Indianer noch mehr, viele gab es ja in Rio. Männer, die Souvenirs an der Copa verkauften und die vielen Mädchen dort mit indianischem Blut und Gesichtszügen.

Die lachten und bewegten sich anders, sprachen anders, nahmen die Umwelt anders auf und fühlten anders. Voll innerer Würde, Stolz und unendlicher Traurigkeit in den Augen. Nur wenn sie vergaßen, kurz, zog ihr Lächeln den Schleier der Traurigkeit von ihren Augen und ersetzte diesen durch tausend hüpfende Sonnenstrahlen.

Die Mulattin – Ihr Freund, der Polizist - Und das Nichthören des Weckers

Abend, klar – an die Bar. Scheinbar saß er da, einen Hauch von Traurigkeit ausstrahlend und unhörbar um Hilfe rufend. Jemand strich ihm über das Haar, wie ein leichter Sommerwind, und seine negative Stimmung im Nu vergessen machend. Er drehte sich um und da stand sie – jung, unbeschwert lächelnd und umwerfend hübsch in ihrer leichten Amazonas-Reisekleidung. Nie vorher gesehen, aber die wohl ihn, sie sagte ihren Namen, er den seinen – und er nahm sie an der Hand und führte sie zu „seinem" Platz über der Schiffsschraube. Ein zwei Quadratmeter großes Fleckchen Ruhe. Weg vom Trubel. Allein mit ihr, dem Amazonas und dem Sternenhimmel so klar und zum Greifen nah.

Ein seltenes Gefühl des Verstehens zwischen ihnen, ohne Worte und doch kommunizierend, hörend, fühlend.

Man traf sich in seiner Kabine, er ging zuerst – sie kam nach und dieses Mal schloss und verschloss er die Türe. Sie sagte, sie müsse um 5:00 Uhr früh gehen, die beste Gelegenheit, unbemerkt von den anderen die Kabine verlassen zu können.

Natürlich verschliefen sie – und wachten um 8:00 Uhr früh auf. Sie ging – und viele sahen sie, die Mulattin aus der Kabine des Gringos kommend.

Im Frühstücksraum suchte ihn sein Barmann – jeder wisse Bescheid und was er denen auf deren Fragen antworten solle. Er verstünde auch nicht, was die Brasilianerin bewogen hätte, alle Regeln zu brechen und er mache sich Sorgen über sie beide.

Er sagte dem, er solle auf Befragen denen sagen, er sei Macumbero und jede ihrer Taten würde ihnen von Macumba vergolten werden. Scheinbar machte der das gut – die Brasilianer beschlossen, sie beide zu ignorieren. „Macumba", so gefürchtet, dass niemand der Brasilianer diesen Namen laut ausspricht. Der Inbegriff des Unheilvollen, ein Fluch, der Krankheit und Tod über jeden bringt, der Herrscher des Jenseitigen, Unbegreifbaren und immer im Gegenwärtigen präsent. Selbst Drogenabhängige unter Strom oder Volltrunkene, Frauen und Männer, werden bei Nennung dieses Namens wieder ansprechbar und hellwach. Schon wer diesen Namen laut und ohne Scheu ausspricht, muss nach deren Meinung mit dem im Bunde sein. Die Spinne und ihr Netz – alles im Griff habend – Straßenkehrer oder Minister – über allem herrscht er, Macumba.

Er blieb mit der Mulattin zusammen, noch in Manaus, und eines Tages hielt ein Polizeiauto mit quietschenden Reifen neben ihnen und ein junger Polizist stieg aus. Die Mulattin stellte sich beschützend vor ihn und eröffnete dem, „aus" ist. Er selbst sah sich schon im Polizeibericht erwähnt „auf der Flucht erschossen" oder so.

Weltweit gehen die Ex-Männer auf den neuen Mann los. Warum nicht auf ihre Ex-Freundin? Oft weiß der neue ja noch nicht einmal, dass die einen Freund hatte oder gar verheiratet ist. Also, meine Herren, lasst den Mann in Ruhe und haltet euch doch bitte an eure Frau, Freundin oder was auch immer. Wenn die Frau nicht mehr will, ist sowieso Schluss – warum also Krieg anfangen mit dem Neuen?

Manaus – Fünfzig Studentinnen suchen für ihn ein Hotel – Und der IBM-Rabatt

Ankunft in **Manaus** und Verabschiedung durch die Schiffsoffiziere. Man kannte sich inzwischen gut und mochte sich. Angebot: In drei Tagen würden sie ablegen – Ziel Belem – und wenn er wolle, könne er mit zurückfahren, gratis und zwischenzeitlich auf dem Schiff wohnen, was strengstens verboten war.

Da war sie wieder, diese brasilianische, sich über alles hinwegsetzende Gastfreundschaft. Unüberlegt vor Konsequenzen, aus dem Herzen kommend – „Amigo, bleib."

Er lehnte bedauernd ab und erklärte denen, was er vorhatte. Einmal mehr schlugen die die Hände über dem Kopf zusammen – und man sagte „Adeus".

Seine Mulattin wurde von der Familie abgeholt, aber er hatte ja deren Telefonnummer.

In Manaus, alle Hotels voll. Nachdem er sieben oder acht abgeklappert hatte, setzte er sich in ein Cafe – Stühle und Tische auf dem Gehsteig, wie üblich. Wer kam vorbei? Der ganze Schwarm Studentinnen, und die kamen an seinen Tisch. Auf dem Schiff sah er die nur zum Frühstück und den Mahlzeiten, Nie hatte man auch nur ein Wort zusammen gesprochen – aber die kannten ihn alle. Was los sei? – Er, „kein Zimmer frei". Drei blieben bei ihm, der Rest ging auf Zimmersuche. Die drei Mädchen quetschen ihn aus mit Fragen und wollten alles über ihn wissen: woher er käme – wohin er wolle – und warum er nie auf dem Schiff mit ihnen gesprochen hätte? Ob er keine weißen Frauen möge?

Nun gibt es ja in Brasilien von weißen, blonden mit blauen Augen, bis zu tiefschwarzen Frauen die ganze dazwischenliegende Farbpalette. Selbst ein Maler kann sich diese verschiedenen Schattierungen nicht ausdenken, geschweige denn vorstellen. Die Wirklichkeit übertrifft alle Vorstellungen.

Er beruhigte die, zu streng bewacht gewesen – die lachten, ob man in Deutschland Frauen bewachen könne, rund um die Uhr? Er musste auch lachen und verneinte, darauf die – in Brasilien gäbe es immer einen Weg. Das geflügelte Wort in Brasilien „sempre tem jeito" – es gibt immer einen Weg. Für alles.

Der erste Spähtrupp kehrte aufgeregt zurück. In ihrem Hotel sei etwas frei – also hin. Der Preis: 250 Dollar die Nacht! Er sah über der Rezeption ein Schild „IBM Hotel". IBM Hotel in Manaus? Auch gut. Er sagte dem Rezeptionisten, er sei von IBM, Stuttgart, und zahle die Hälfte bzw. den Firmenpreis. Was macht der? Der ruft IBM in Deutschland an – sein Name sei dort unbekannt. Er schob alles auf wieder einmal nicht funktionierende Computer – aber null Chance. Respekt, der Junge war clever.

Die Mädchen wollten ihn auf ihrem Zimmer unterbringen, die hatten Nerven. Aber er wusste natürlich, das gibt nie etwas.

Zurück ins Cafe, die nächste Delegation hatte ein Hotel ausgemacht. Libanesische Besitzerin und arabischer Service. Direkt am Hafen gelegen mit wunderschönem Dachgarten. Da blieb er und buchte für vier Monate. Er lud die ganzen fünfzig Mädchen ein zum Essen im Dachgarten über dem Hafen – allein dieser Abend war ganz Amazonien wert.

Er fühlte sich wie ein kastrierter Gockel zwischen fünfzig Hühnern – diese Mädchen in ihrer Unbekümmertheit und Unschuld und voller Bereitwilligkeit lähmten ihn. Er wollte und konnte das nicht ausnutzen. Es war auch „ohne" sehr schön und bis heute unvergesslich.

Manaus, die Stadt – Wo ist der Indianer mit Kanu für vier Monate

Drei Wochen gammelte er nun schon in der Stadt herum, die Mulattin zeigte ihm alles. Orte, die nie ein Gringo sehen wird, außer der hat jemanden, der ihn an der Hand nimmt.

Er wurde unruhig, er wollte weg – rein in den Amazonas – weg von dem allen, dort. Aber wie? Wen fragen? Wer hat Erfahrung mit Gringos, die in das Amazonas-Gebiet wollen, allein – mit Indianer und Kanu? Die langten sich an den Kopf und suchten fluchtartig das Weite.

Direkt am Hafen gab es einen Friseur. Nur für einheimische Fischer und Händler, die die Siedlungen im Amazonas belieferten und für Hafenarbeiter. Haarschnitt fünfzig Pfennig und so sah der auch aus. Nur schlimmer.

Der Friseur, ein wettergegerbtes Gesicht, zerklüftet, mit Augen, die schon alles gesehen hatten – nur noch lebend, weil dem noch nie etwas am Leben lag. Er kannte diesen Ausdruck aus Vietnam.

Genau sein Ansprechpartner. Kein gelackter, degenerierter Macho-Brasi, von nichts eine Ahnung habend aber von sich selbst glaubend, alles zu wissen. Er trug dem vor, was er suchte. Vier Monate Amazonas, einen Indianer, ein Kanu. Und tausend Dollar für den. Der Friseur bat ihn, wo anders zu suchen – er wolle nicht noch einen Menschen auf dem Gewissen haben. Der Indio kassiere sein Geld, bringe ihn um und würde nie mehr gesehen. Er solle eine Touristentagestour buchen.

Er ließ sich die Haare schneiden, ging, kam am nächsten Tag wieder und setzte sich, ohne ein Wort zu sagen, in dessen „Salon". Nach drei Stunden kam ein Indio, sein Indio. Jung, dreißig Jahre und sah ihn an. Und er sah den an. Kein Wort. Dann sprach der – aber nicht portugiesisch. Er versuchte es mit Spanisch, das verstand der zu sechzig Prozent. Das reichte auch. Schließlich wollte man keine Vorträge halten, sondern „erleben", und das pur. Worte stören da nur.

Trotzdem, um dem klarzumachen, was er wollte, nahm er ein Stück Papier und zeichnete dem Indio seine Wünsche auf. Er hatte sich eine Karte von der Umgebung, plus/minus fünfhundert Kilometer um Manaus herum besorgt. Seitenarme, Siedlungen, Missionskirchen (jede Menge, wenn auch zerfallen, aber jeder Indio kennt deren Lage) und zog eine Linie von Manaus ausgehend in das Gebiet, wo er es am ansprechendsten fand. Darauf zog der Indio eine andere Linie auf der Karte – um hundert Kilometer abweichend – da sei sein Stamm. Hundert Kilometer hin oder her, ihm war es egal. Man gab sich die Hand und vereinbarte für den nächsten Morgen einen Treffpunkt. Bedingung: Kein Gepäck, nur das, was er am Leibe habe und darin unterbringen könne. Im Kanu sei kein Platz. Fünfhundert Dollar jetzt – fünfhundert Dollar bei Rückkehr.

Er informierte die Libanesin vom Hotel, deponierte sein restliches Geld, Notfalladresse und nahm Abschied von seiner Mulattin. Welch schönes Gefühl, die Libanesin, eine ehrliche, superkorrekte Frau und seine Mulattin – beide waren davon überzeugt, ihn nie mehr wieder zu sehen. Das war nicht motivierend, aber es war ihm egal. Was gibt es schon umsonst? Erfüllte Träume schon gar nicht.

Der Einsatz war gemacht – nun mach dein Spiel, Gringo!

Den Amazonas zu beschreiben – Vergleichbar, dem Menschen, der ohne Geruchssinn geboren wurde, den Duft einer Rose zu vermitteln.

Endlich drinnen, in Amazonien und drauf, auf dem Amazonas. Ein Gefühl, vergleichbar wie damals im Aufnahmebüro der Legion. Ein neues Leben, nein, kein Abschnitt des Lebens. Alles ist neu, ganz neu. Alte Erfahrungen des bisherigen Lebens nicht verwendbar, nicht unterstützend, nicht helfend. Eher hinderlich. Da gibt es nur eine Maxime: Loslassen des Alten, bereit sein, dem Neuen ungeprüft gegenüber zu treten. Hellwach und ganz schnell lernend, was da auf einmal neu angesagt ist.

Bücher, wie schon gesagt, hat er auch darüber nicht gelesen. Erfahrungen, die andere vor ihm machten und die von deren Persönlichkeit und bisherigem Werdegang und Lebensstil eingefärbt sind. Man wird dadurch zu sehr beeinflusst in seiner eigenen Wahrnehmung und vergleicht unwillkürlich fremde Erfahrungen mit den eigenen. Er wollte unbeleckt dahin. Den Kopf frei haben für neue Eindrücke und ohne fremde Erfahrungen, die einem selbst unbewusst Denkmuster vorgeben.

Erlebnisfilme, insbesondere nach seiner Reise über den Amazonas, hat er einige gesehen. Alles Abklatsch, miese Kopien der Realität. Es kann ja auch gar nicht anders sein. Besonders wenn man, wie er, das hautnah erlebt hat.

Das ist so, als wenn man einer Biene (bildlich als der Amazonas) erklären müsste, was die Menschen mit dem Honig machen, den sie vorher gesammelt hatte. Sie würde zuhören, sich wohl wundern – aber verstehen wird sie es nicht. Vielleicht weiß sie auch gar nicht, warum sie den Honig sammelt. Hat man sie gefragt vorher? Sie macht es eben wie Generationen vor ihr. So läuft es ab im Amazonas. Logik – warum, wieso, wem nutzt es – vergiss es. Analysieren? Man wird zu Ergebnissen kommen. Jeder zu seinen eigenen – „glaubt" der! Sind es aber nicht, sonder eine Mixtur aus Gesehenem in Filmen, Gelesenem in Büchern, Gehörtem von anderen.

Warum schmeckt ein Kuss im Regen so anders als bei Sonnenschein?

Der, der ein Mädchen schon einmal im Regen küsste, findet die Worte, das Gefühl zu beschreiben. Jetzt fragt einmal einen Chemiker! Der erklärt es wissenschaftlich. Darf es eine Formel mehr sein? Auf jeden Fall ist die Romantik dahin, abgewürgt. Vor lauter Erklärungen stirbt das Mädchen mit dem regennassen Gesicht. Das Leben ist „out" – das Wissen ist „in" und der Kuss blieb auf der Strecke.

Versucht nicht zu verstehen, lasst euch fallen. Seid wie ein kleines Kind. Lasst eure Augen leuchten, bewundert – aber fragt nicht nach.

Habt ihr in seinen vorgenannten Äußerungen einen Sinn erkannt, was er euch sagen wollte?

Die, die jetzt „ja" sagen, sollten hin zum Amazonas.

Die, die jetzt „nein" sagen, sollten weg bleiben. Weil zu vernunftgesteuert.

Der Amazonas ist wie ein Traum – nur für Träumer zugänglich und verständlich in seinem geheimnisvollen Ursprung. Hinterfragenden Vernunftmenschen bleibt der Mythos verschlossen. Ihr seid zu „erwachsen" – ihr habt das Kind in euch verschlossen, weggesperrt und als kindisch ad acta gelegt. Schon zu lange.

Das Ganze ist eben auch ein Zeitfaktor. So wie die Amerikaner und Japaner in sieben Tagen ganz Europa bereisen und dann sagen, sie kennen Rom und London und Paris und München, so kann man auch sagen, man kennt den Amazonas. Vom gebuchten Luxushotel aus, mitten im Amazonas gelegen.

Gar nichts kennt ihr, keinen Schimmer habt ihr – erkennt wenigstens das und respektiert den Mythos, indem ihr schweigt. Schweigt und lächelt. Der erste Schritt zu einer neuen Dimension, die euer ganzes bisheriges Leben und Streben in Frage stellt. Lasst es besser nicht darauf ankommen – eure Familie und andere Abhängige werden euch dafür steinigen. Der „Versorger" setzt sich ab, der hat abgehoben, der spinnt.

Sein viermonatiges Zuhause und die verlorene Orientierung

Am nächsten Tag stand der Indio am vereinbarten Treffpunkt. Neben ihm sein Kanu. Einbaum. Hinten ein Brett – sein Platz – weniger als vierzig Zentimeter lang und dreißig Zentimeter tief. Am Heck ein Johnson-Motor, der auch schon bessere Tage gesehen hatte. Vorne auf dem Kanu eine dreißig mal dreißig Zentimeter große Stellfläche, eine Art Plattform, zum Jagen mit dem Spieß. Im Kanu ein uraltes Gewehr, Langlauf, eine Machete, eine Angelschnur mit verschiedenen

Haken und Ködern, ein Benzinkanister, ein Wasserkanister, einige Melonen, Paddel und Ende.

Das sollte alles sein für eine viermonatige Reise? Er fragte nicht nach – der war der Boss. Man legte ab und nach einer Stunde lag die so genannte Zivilisation so weit weg, als hätte es diese nie gegeben. Er bemühte sich, die Orientierung anhand der Karte aufrechtzuerhalten – unmöglich. Der kreuzte so viele Seitenarme des Flusses, dass er aufgab und einfach alles wegschob, was die Frage betraf „wie kommst du allein zurück?" Der Motor wurde nur ganz selten benutzt, der Indio nutzte die verschiedenen Strömungen meisterlich aus.

Der Amazonas-Geruch und die Parfümpresse von Krupp, Jahrgang 1930

Regen, immer wieder Regen. Heftigste Schauer, jeweils vier bis sechs Minuten lang. Schmerzhaft, wenn die Tropfen das Gesicht trafen und auf der Haut zersprangen. Nach dem Regen, ohne Übergang, die heiße, stechende Sonne. Die Kleidung, trocknend und mit der Zeit ausbleichend, den modrigen Dschungelgeruch annehmend.

In Europa oder sonst wo, in Städten oder der sogenannten Zivilisation mit all ihren Duftseifen, Sprays, Parfüms wird der Schweißgeruch überdeckt. Im Gebiet des Amazonas – für die Folge nur noch Amazonas genannt – traf er niemanden, der nach Schweiß roch. Der abgesonderte Schweiß dort war geruchsfrei bzw. roch nach dem Fluss, den Bäumen und der Natur. Erst jetzt, im Nachhinein, fällt ihm das ein und auf. Lag es an der Nahrung, frei von Konservierungsstoffen und künstlichen Aromastoffen? Sollte er seinen Körpergeruch dort beschreiben müssen, würde er sagen: frisch gesägtes Tropenholz gemischt mit modernden Blättern, Orchideen und dem Eigengeruch des Stroms. Auch eine Art von Parfüm.

Wuschen die sich, dann wurde Kernseife mit Glyzerinzugabe genommen. Er hat das einmal in Rio benutzt und gleich wieder abgestellt. Die Mädchen hassten diesen Geruch, er beugte sich und kehrte zurück zum ARAMIS! Grundregel im Amazonas: Keine parfümierten Kosmetika – dem Lieblingsgeruch der Moskitos.

Pause. Irgendwo. Der Indio wollte noch einen Fisch fangen und er ging auf Erkundung.

Einen Hügel hoch – keine Spur von Zivilisation. Niedriges Buschwerk, eine kleinere Wiese. Jetzt stand er auf der leichten Anhöhe, schaute hinunter und da stand sie, eine uralte „Krupp-Maschine"! Ver- und bewachsen. Eine Pressmaschine mit dem Zweck, Extrakt für Parfüms aus den Pflanzen und Orchideen zu gewinnen. Im Abfüllstutzen war noch ein verdickter Rest, eine halbe Kaffeetasse voll. Er steckte den Finger hinein und roch daran – welch schwerer, betäubender Duft.

Wahrscheinlich wurde das natürliche Verfahren, Duftstoffe zu gewinnen, eingestellt, als das synthetische Parfüm auf den Markt kam und die natürliche Gewinnung zu kostenaufwendig wurde. Er vergisst es nie, dieses Krupp-Ungetüm mitten im Dschungel. Bewachsen und ohne jeden Rostfleck. Er glaubt, sich noch an die Jahreszahl der Maschine zu erinnern „1930". Wie brachten die Krupp-Leute dieses Ungetüm hierher? Den ganzen Fluss runter mit all den vielen Einzelteilen? Pionierarbeit – in Gedanken zog er den Hut.

Schliefen sie im Dschungel, dann auf dem natürlichen Boden. Unterlage? Keine. Moskitonetz? Keines. Einmal zu voluminös, kein Platz und zweitens, der Indio wusste, wo zu biwakieren war. Auf dieser Reise wurde er von Moskitos weniger gebissen, als das in Rio der Fall war.

Oft sagte ihm der Indio, er solle selbst einen Platz für die Nacht suchen – genau dort waren auch immer die Moskitos. Der verlegte den Platz um zwanzig Meter, und da waren keine. Er fragte sich, warum – und fragte den – doch der lachte nur. Wahrscheinlich waren es der Boden und verschiedene Sträucher, die die Moskitos durch ihren Eigengeruch fernhielten.

Machten sie irgendwo Pause und betraten das Ufer, war alles so jungfräulich, dass er jedes Mal dachte, hier war vor dir noch nie ein Mensch. Du bist der erste hier – welch ein Gefühl.

Wie es wohl wäre, hier – genau hier an diesem Platz zu bleiben und zu leben, Allein! Allein?

Wie lange würde es dauern, bis andere, irgendwo – nah oder fern, Lebende Kontakte suchten – und ruck, zuck sind Kompromisse einzugehen und wieder ist man eingeschnürt in einem Korsett. Im Dschungel überlebst du allein kaum – er wusste das. Also weg mit diesen Gedanken. Erlebe den Augenblick, die Gegenwart. Spinne ruhig ein wenig vor dich hin – aber verliere nicht den Boden unter den Füßen. Es ist ein zeitlich begrenztes Abenteuer und im Grunde ein bezahltes Abenteuer.

Nichts gibt es gratis, hier schon gar nicht. Entweder du bringst dich als Person ein oder deine Dollar. Nichts ist für nichts.

Schwimmen, und die Piranhas, die keinen Hunger hatten

Er ging schwimmen. Der Indio schaute wortlos zu. In der Mitte des Seitenarmes eine kleine Insel – zu der schwamm er rüber und nach einer kurzen Zeit wieder zurück.

Sie saßen am Ufer, schauten auf den Fluss und plötzlich ein Aufpeitschen des Wassers. Sehbar und hörbar. Der Indio sagte nur ein Wort: „Piranhas". Fast wäre er dem an die Gurgel gegangen: „was, und du hast mich da rüber schwimmen lassen?“ – Was sagte der? „Zu der Zeit, als du rübergeschwommen bist, hatten die Piranhas keinen Hunger.“ Fraßen die etwa nur zu festen Zeiten? Nie mehr schwamm er im Amazonas, nie mehr.

Der Indio sagte ihm noch, dass die Piranhas sich sehr vermehrt hätten durch die Abnahme der Krokodile. Die einzigen natürlichen Feinde der Piranhas. Schuld an der Reduzierung seien die Metropolen mit ihren Nachfragen nach Krokodilschwänzen. Viele jagten jetzt die Krokodile, hackten denen den untersten Teil der Schwänze ab und die Krokodile verbluteten. Die Schwänze wandern in die Teller der Feinschmecker.

Auch die Viehzüchter, die ihr Vieh über die Seitenarme des Amazonas ans andere Ufer trieben – manchmal nur einen Meter tief – hätten große Verluste an Vieh. Früher hätten die ein Tier abgeschlachtet und als Köder treiben lassen. Die Piranhas fraßen den Köder und zwischenzeitlich war der Viehtrieb beendet. Heute müsste man je Überquerung fünf bis sechs Tiere abschlachten, so hätten sich die Piranhas vermehrt.

Der schwimmende Drugstore – Vom Büstenhalter zum Angelhaken

In kilometerweiten Abständen voneinander – mindestens zwölfstunden-Reisen – sind in dem Fluss schwimmende Drugstores verankert. Bei Hochwasser heben die sich und bei Normalpegelstand senken die sich. Auf dem Festland gibt es keine Verkaufsniederlassungen. Diese bleiben mobil und wechseln ihren Platz wie ein schwimmender Wanderzirkus. Geld haben die dort lebenden Indios nur zu verschiedenen Jahreszeiten. Je nachdem, mit welchem Produkt der einzelne Stamm oder die Gruppe handelt. Allein die unermesslich große Vielfalt von Früchten, die zu verschiedenen Jahreszeiten reifen, geerntet und zum nächsten Umschlagplatz transportiert werden. Diese Termine stehen fest und die Drugstorebosse wissen genau, wann der oder der Stamm Erlöse erzielt und somit Geld für Einkäufe hat.

Sie mussten mal wieder einen Drugstore besuchen. Das Benzin war zu Ende und die Angelschnur hatte sich in irgendeiner Wurzel verheddert und ging verloren. Wohin sie auch unterwegs waren – immer schwamm die Angelschnur, hinten am Heck befestigt, mit. Ein Fisch biss immer an. Und Früchte gab es auch immer. Das war ihr Essen. Früchte in einer Vielfalt und nie vorher gesehen. Selbst nicht im Ursprungsland – die Hitze verdirbt alles sehr kurzfristig, sind die Früchte erst einmal abgeerntet.

In diesen Drugstores gibt es alles, was man im täglichen Leben braucht. Und nicht braucht. Auf einer Fläche von zwanzig Quadratmetern hängt und steht da alles herum. Kreuz und quer und trotzdem geordnet. Töpfe, Sandalen, Büchsenfleisch, Coca Cola, getrocknete Fische, eingesalzene, Felle, Munition, Messer, Bekleidung, Lippenstift, Bonbons, Schokolade, Milch ... Ihn wunderte nur immer, wie die das alles unterbrachten – und nie hörte er „haben wir nicht".

Der Aufenthalt dort war immer nur sehr kurz, weil zu gefährlich, sagte der Indio. In diesen Drugstores oder in nächster Nähe davon – zehn Meter weg war das Ufer verbunden mit einem Holzsteg – lungerten immer irgendwelche exotisch aussehende Typen herum. Alle mit Gewehr und Buschmesser. Die Jungs brauchten eben auch Geld – verständlich, aber ihres sollte es auch nicht gerade sein. Cool rein – cool raus und ohne ein unnützes Wort.

Der Indio bestellte und brachte die Ware zum Boot. Der sagte ihm, der inzwischen zum Boot zurückgegangen war, den Betrag, übergab das Geld ihm, der es dann dem Drugstoremensch brachte. Zwischenzeitlich war das Boot ablegebereit, der Motor lief und ab ging's. so machten sie das immer.

Der Indio hatte bei solchen Besuchen mehr Probleme als er. Wird ein Indio getötet, keiner fragt nach. Bei einem Gringo stellt man in einem solchen Fall wenigstens Fragen. Wenn auch nur „pro forma". Aber auch dann sind ein paar Dollar fällig, die der Drugstorebesitzer zu zahlen hat. Nur dann verschwindet der Bericht oder wird frisiert. Der Gringo ist ertrunken, oder so. Die Polizei kommt sowieso erst Wochen später, wenn überhaupt. Der Amazonas gibt das, was er erst einmal hat, nicht mehr her. Alles liegt unter einem Mantel des Schweigens und ist sofort vergessen.

Der Postbote ist da – Der Trommelbaum und die Einladung

Eines Nachts, fast in jeder Nacht, Trommelgeräusche. Dumpf und weit entfernt. Für ihn klang der Rhythmus der Trommeln immer gleich. Aber nicht für die Einheimischen. Wie Morsezeichen, weitergegeben von anderen, die Amazonas-Post. Schnell und zuverlässig. Der Indio weckte ihn – sein Stamm gäbe ein Fest – er wollte ja sowieso irgendwann dahin – ob er interessiert wäre.

Klar, so eine Chance ist zu ergreifen, wenn sie sich ergibt, nicht wann man das selbst will. Da fällt ihm ein Spruch der Legion ein: „Gegessen wird, wenn etwas da ist. Nicht, wenn man Hunger hat":

Also Aufbruch – in drei Minuten war man abreisebereit. Laut dem Indio ein ca. zwanzigstündiger Anreiseweg. Wenn alles glatt geht.

Jetzt hatte der ernsthafte Probleme mit seinem Mitbringsel. Er müsse ein Geschenk mitbringen, wovon jeder seiner Familie etwas hätte. Nichts Gekauftes.

Das Babykrokodilgeschenk und der Selbstmord

Der Indio entschloss sich, ein Baby-Krokodil mitzubringen, ca. einen Meter lang. Das musste allerdings erst noch gefangen werden. Er wisse da einen Platz – allerdings sei das Tier nur des Nachts zu fangen. Und, wo er das Tier dann unterbringen wolle? Hinterherschwimmen würde das ja kaum, oder? Der sagte, „im Kanu". – „Im Kanu? Wo denn da?" – „Zu deinen Füßen." Ihm brach bereits jetzt der Schweiß aus.

Nach Stunden kam man an. Der hatte eine Taschenlampe dabei, mit der parallel zum Wasserspiegel geleuchtet wurde. Ca. zehn Zentimeter darüber. Traf der Strahl die Augen der Krokodile, leuchteten die auf.

Sie paddelten mit den Händen, um so geräuschlos wie möglich zu sein. Erst viel später las er in einem Bericht, dass die Krokodile und Kaimane im Maul und über dem Maul eine Art Noppen haben, die jede Veränderung des Wasserspiegels an das Tier melden. Auch die kleinste Veränderung.

Der Indio stellte sich auf die vordere Plattform, dreißig mal dreißig Zentimeter, mit dem Spieß in der Wurfhand. Nun warteten die Tiere ja nicht, bis der Indio auf Wurfnähe herankam. Die Tiere ließen sich einfach auf den Grund gleiten. Für sie unerreichbar. Er fragte den: „und wenn du nun ein ausgewachsenes Krokodil triffst, verwundest, und das Tier ist gereizt? Ein Schwanzschlag von dem und das Kanu geht in tausend Stücke. Wie kommen wir dann ans Ufer, ohne dass uns etwas passiert?" Der meinte, auf dem Festland seien die immer noch schneller als sie, und er wisse, ob das Tier ein altes oder ein junges sei. Er selbst sah gar nichts. Nicht, ob da überhaupt ein Krokodil war, geschweige denn, ob jung oder alt.

Nach Stunden des Herumpaddelns mit den Händen, immer verbunden mit der Angst, „jetzt frisst dir so ein Vieh gleich die Hand ab", warf der einen Spieß. Und er traf – nach heftiger Gegenwehr warf er das Tier in das Kanu und band dem das Maul mit Klebeband zu. Das ging ruck, zuck – zwei Griffe. Der Schwanz lag nach vorne, der Kopf nach hinten. Das Tier, ca. einen Meter zwanzig lang zu seinen Füßen. Das Krokodil schaute ihn an und er das Krokodil. Er dachte nur die ganze Zeit über, hoffentlich hält das Klebeband.

Natürlich hatten sie nun einen erheblichen Zeitverlust, aber es ging im normalen Trott, mit Paddel, weiter. Nach weiteren zehn Stunden etwa kam man an – das kleine Krokodil war tot. Er machte dem Indio heftigste Vorwürfe, das erste Mal, dass sie aneinander gerieten. Der Indio sagte, das Krokodil habe Selbstmord begangen, als es realisiert hätte, die Freiheit verloren zu haben. „Und wie?", fragte er den. – „Es hörte einfach auf zu atmen."

Das Ganze war kein schönes Erlebnis und ein Geschenk hatte der nun trotzdem nicht für seine Leute.

Das Fest ohne Blickkontakt - Und Sprechverbot

Nun bekam er vom Indio Verhaltensregeln. Schaue niemandem direkt in die Augen. Bleib sitzen, wo ich dich hinsetze. Keinen Meter ohne mich. Keine Fragen, keine Antworten. Sag, wir sind befreundet aus Manaus, ohne weitere Einzelheiten.

Bei dem angesagten Fest dachte er zu aller erst an einen Indianerstamm im Baströckchen, Fußgestampfe beim Tanzen und alten Rhythmen zum Trommelschlag des Medizinmanns. Die Luft geschwängert vom Rauchen verschiedener Drogen und so. Die Frauen, oben ohne und von natürlicher Schönheit – fern aller Zivilisationsspuren. Das war die Vorstellung, wie er sich das Fest in seinen Gedanken ausmalte.

Die Realität war anders. Ca. hundert Menschen. Keine Kinder. Frauen und Männer so fünfzig zu fünfzig. Sitzgelegenheiten, ein paar Bambusstangen – eine Art Ausschank – und gleißendes Licht vom Generator. Keiner der Männer unbewaffnet und keiner legte auch seine Waffen ab. Macheten, Gewehre, vereinzelt Trommelrevolver. Später fragte er den Indio, wieso die alle Waffen getragen hätten, sie wären doch alle vom gleichen Stamm.

Ja, aber die Polizei sei hier gewesen, gestern, und sie würden wiederkommen. Entweder die gingen gleich wieder oder es gäbe keine Polizei mehr.

Das Fest war ein Treffen, wie es jährlich stattfand und viele kamen von weit her. Alle in Jeans und abgesehen von den Waffen, die die alle trugen, hätten die überall, in jeder Stadt herumlaufen können. Die Männer verbittert, die Frauen um Ausgleich bemüht, Spannungen vermeidend und, wo vorhanden, glättend.

Natürlich erregte er Aufmerksamkeit, und er tat alles, um sich klein zu machen. Nur keine Herausforderungen, keine Rivalitäten aufkommen lassen – alles Weibliche, besonders, ignorierend. War das ein Stress – er war froh, als nach einigen Stunden alles vorbei war. Er hatte den Eindruck, sein Indio auch. Es war rührend, wie der versuchte, ihn aus allem herauszuhalten. Ihm etwas zum Essen und Trinken brachte, zur nicht vorhandenen Toilette begleitete und auch sonst nicht aus den Augen ließ.

Er wollte wissen, wo sie wären und wie weit vom Ausgangspunkt Manaus weg. Der machte sich schlau und sagte ihm, ca. 750 Kilometer bis Manaus. Er hätte sich zugetraut, irgend wie auch allein wieder zurückzukommen, vorausgesetzt: Keine Krankheit, kein Fieber. Das ginge nur topfit und hellwach. Er war heilfroh, die Reise allein unternommen zu haben. Die Rezeptionistin aus Belem, die schöne und attraktive – die hätte selbst vom Platz her nicht in das Kanu gepasst. Und auch sonst nicht in das Amazonasgebiet.

Das erschossene Fohlen – Die Polizei – Und Taekwondo

Und ein Mann, Freund, als Begleiter? Angenehm beim ersten Überlegen – aber nach seinen Erfahrungen auch nicht das Gelbe vom Ei. Immer war das Problem darin zu sehen, dass man nie vorher weiß, wie der andere auf bestimmte und unvorhersehbare Situationen reagiert. Meistens falsch und den oder die anderen mit hineinreißend. Wie damals in der weiteren Umgebung von Rio.

Unterwegs mit einem Holländer und dessen Auto. Ein junges Fohlen auf der Straße und zwei Polizisten, die das Tier erschossen. Wegen Verkehrsbehinderung – gesetzlich gedeckt. Er sagte dem Holländer, gebe Gas und nichts wie weg. Was macht der? Der hält und schaut zu. Die zwei Polizisten, ein junger und ein älterer, kamen sofort zum Auto. Die Revolver noch in der Hand. Alles raus. Kontrolle – und die noch voller Adrenalin von der Todesjagd auf das Tier. Er sah den Mordgedanken in den Augen des älteren – der junge spürte das und sah seine Tasche mit dem Taekwondo-Aufkleber. Er lenkte den älteren Polizisten ab und fing mit ihm ein Gespräch an. Er mache auch diesen Sport, welche Graduierung er hätte, usw. Dadurch entspannte der die Lage – der ältere hätte den Holländer wie auch ihn umgelegt, in den angrenzenden Dschungel geworfen und das Auto verkauft. Er schwört – so wäre es gekommen.

Nein, besser allein – die Eigenerfahrung vermeidet Situationen und Probleme solcher Art – die Begleiter schaffen diese meistens erst. Mangelnde Erfahrung und übersteigerte Selbstüberschätzung.

Der Kautschuk – Die Erblindung – Und der Weltmarktpreis

Mitten im Amazonas, Rauch ein Stück landeinwärts. Schauen wir nach? So geschah es. Sie fanden einen alten Indianer in einer Art runden Hüte mit drei Quadratmetern Durchmesser. Gemacht aus Zweigen und lose abgedeckt mit großen und noch frischen, grünen Blättern. Den Rauch gewollt am Abzug hindernd, aber nicht ganz vermeidend. In der Hütte ein offenes Feuer, am Brennen gehalten mit Zweigen und vielen Blättern und zwar so, dass eine Rauchentwicklung erst entstand. Über der Feuerstelle ein Drehspieß und darauf ein milchiger, breiiger Klumpen, der laufend beim Drehen des Spießes betröpfelt wurde mit der weißen Milch des Kautschukbaumes.

Das Endprodukt waren runde, gleichmäßige Ballen von zwanzig bis dreißig Kilogramm. Rohkautschuk. Je Ballen bekam der Indio fünf Dollar für eine extrem zeitaufwändige Knochenarbeit, die sich gewaschen hatte.

Drehen, Tröpfeln, Blätter auflegen, Drehen, Tröpfeln, Blätter auflegen. Der Rauch der verbrannten Blätter sollte das Trocknen langsam und gleichmäßig beschleunigen. Der fertige Ballen sah am Ende aus wie ein Teil eines Korsos einer Mumie, schön gleichmäßig mit Binden umwickelt

Der alte Indio, mehr als halb blind, mit tränenden und dick verschleimten Augen. Sein Indio fragte den, ob er nicht wisse, dass dieses System der Kautschukgewinnung seitens der Regierung vor zwei Jahren verboten worden sei. Grund: Über neunzig Prozent der daran Arbeitenden erblindete an dem dichten Rauch, der durch das Verbrennen der grünen Blätter entstand.

Der Alte meinte, das sei so wohl gewesen , aber nun zahle die Regierung für jeden Ballen fünf Dollar, Alle sechs Monate käme ein Boot und sammle die Ballen ein. Was der Alte nicht wusste, aber sein Indio wohl, war, dass die Preise für Kautschuk auf dem Weltmarkt wieder gestiegen waren.

Tausend Blinde mehr oder weniger, egal. Wenn der ihn darauf aufmerksam gemacht hätte, dass sie nun drei Monate keine Zähne mehr geputzt hatten – wäre in dessen Stimme wohl mehr Emotion gelegen als beim Vorgesagten, die Blinden betreffend.

Zu Essen hatte der Alte auch nichts. Also fing der Indio dem ein paar Fische und er suchte inzwischen für den Alten Früchte. Baum rauf – Baum runter. Man überließ dem noch einen Klumpen Salz und verabschiedete sich dann. Meistens „salzten" sie selbst ihren Fisch mit Asche – das Salz war immer schnell zu Ende. Es waren die plötzlich hereinbrechenden Regengüsse schuld – die lösten alles Salz auf, egal, wie gut verpackt.

Amazonas – Ciao – Zurück über Belem nach Rio

Sie stellten fest, die Luft war raus. Die Fische und die Früchte, eine Delikatesse. Trotzdem, die Natur hing ihnen beiden zum Halse heraus. Vier Monate, permanent unterwegs – sie wussten nicht mehr, wie hinsetzen in dem schmalen Kanu. Fahren wir zurück? Ja, fahren wir zurück. Langsam und noch einmal hellwach alles betrachtend. Bewundernd. Und mit dem festen Vorsatz, wieder zurückzukommen.

Langsam ging es ans Abschiednehmen vom Amazonas, dem brasilianischen. Abschied von der Natur, wunderschön und doch so grausam. Man bekommt das Schöne nicht, ohne das Hässliche. Das Gute nicht, ohne das Schlechte.

Seit der Zeit ist er davon überzeugt, dass auch das Paradies – das himmlische – seine Nachteile haben musste. Ohne irgendwelche Organisation läuft wohl auch dort nichts.

Organisation = Regeln = Zwang = Lob und Tadel = Demokratie.

Gibt es ein Paradies, gibt es auch eine Hölle = Diktatur.

Yin und Yang.

So ein Quatsch – aber, wer weiß es besser? Also lässt er das mal so stehen.

Sie kamen an wie aus einer anderen Welt. Jeder klotzte und schaute gleich wieder weg. Die Klamotten waren ja sauber – aber ihr Aussehen war schon pittoresk. Die Haare waren inzwischen schön lang und der Bart spross auch lustig vor sich hin.

Als Erstes gingen sie zum Friseur, wo der Indio seine restlichen fünfhundert Dollar bekam. Und er einen Kaffee.

Der Friseur fragte ihn, ob er gefunden hätte, was er wohl gesucht habe. Er schaute den alten Friseur lange und wortlos an. Der schaute zurück, ebenso wortlos und nickte ihm nur mit sehr ernstem, wissenden Gesichtsausdruck zu.

Er umarmte seinen Indio und der ihn. Und er dachte, nun hast du mal wieder einen Freund gefunden und hast ihn eben so schnell wieder verloren. Keine Bitternis – ein Hauch von Traurigkeit – und wieder einmal ein „Adeus". Und er dachte aufs Neue, Freunde zu haben, ist etwas Schönes, aber für den eigenen Seelenfrieden ist es besser, du bleibst ohne sie. Wenigstens bei dem Leben, das er führt und führte.

Sein Hotel stand auch noch, seine Wertsachen komplett und die libanesische Chefin bekochte ihn persönlich und servierte auf der Dachterrasse. Er bat um eine weiße Tischdecke und eine Kerze auf dem Tisch und trank einen sündhaft teuren chilenischen Wein. Er freute sich selbst über den gepolsterten Stuhl und streckte seine Beine ganz lang aus. Welch ein Genuss ...

Er blieb noch drei Tage in Manaus. Flug nach Belem, Rückmeldung im dortigen Konsulat und gleich weiter und zurück nach Rio!

Wieder daheim in Rio

Welch ein Kontrast. Und wieder einmal stellte er fest, dass er am Ende doch eine Großstadtpflanze war. Jeder Ausbruchsversuch, auf dem Lande zu leben, in der Natur, endete mit der Rückkehr in die Stadt. Selbst mit Hund, Motorrad, Jeep und Pferd – irgendwie fehlte immer etwas. Wahrscheinlich die Abgase der Autos ...

Auch das Stadtleben langweilt irgendwo, irgendwie, aber für ihn doch der bessere Kompromiss. Und Rio ist kein allzu schlechter Kompromiss.

Er taucht also wieder ein, in diese Stadt und diese nahm ihn auch gleich wieder auf; so, als sei er nie weg gewesen. Wie immer, hüllte ihn schon die hohe Luftfeuchtigkeit beim Verlassen des Flugzeuges so ein, dass er glaubte, keine Luft zum atmen mehr zu bekommen.

Dann die Fahrt vom Flughafen in die Stadt – der Verkehr, die Staus, das Hupen der Autos, Zutaten eines überschäumenden Lebens.

Kaum im Appartement zurück, klingelte das Telefon. Pedus am Apparat. Er würde in Deutschland gebraucht. 1.000 DM am Tag, netto. BMW, freie Spesen – er zögerte noch, mal wieder etwas Neues? Ja oder nein? Da sagte der Anrufer, dass er sich vorher bei einem Dr. Nebel vorstellen müsse – der würde entscheiden. Er sollte sich vorstellen und bewerben bei jemandem, von dem er schon so viel gehört hatte – aber nichts Positives. Das erleichterte seine Entscheidung und das Nein. Wenn ihn einer kannte, dann war das pedus – und der wollte ihn nun an die dritte Garnitur weiterreichen. – No Sir - So schloss sich also der Kreis – mit einem Missklang.

Gestern las er eine sogenannte chinesische Weisheit: „Nur der ist frei und unabhängig, der keine Schulden hat und niemandem schmeicheln muss."

Jetzt geht er an den Strand, dann schlafen und am Abend steht die Pussy Cat auf dem Programm. „Assi", eine Soppa, ein Gin/Tonic, por favor. Die Nacht ist dann noch jung – aber suche nicht, lasse dich finden. Zu was auch immer ...

Inhalt